中国名律师办案实录

商业秘密诉讼案代理纪实（续）

朱妙春律师办案辑（十）

朱妙春 著

Handling Records of Cases on Trade Secrets

知识产权出版社
全国百佳图书出版单位

▲左一为天津天力士集团总裁助理、法务总监郑永峰，正中为中国社科院知识产权研究中心副主任李顺德，右一为上海中医药大学知识产权中心主任宋晓庭，右二为国家知识产权局医药生物发明审查部部长张清奎

◀作者与最高人民法院知识产权庭原庭长蒋志培博士合影

▶ 2003 年 4 月 18 日在苏州研讨会与上海市知识产权局原局长钱永铭合影

▲ 2010 年上海律协召开商业秘密论坛

◀作者在中国人民大学律师学院授课

▶作者与时任张江高科技园区常务副总经理刘小龙合影

▲作者及助手王小兵律师与浙江开化模具厂厂长合影

▲作者与上海天恺微硅粉公司总经理奚松林合影

▲作者在德森公司生产车间

序

朱律师的第五本书《商业秘密诉讼案代理纪实》出版时，他的太太就下了禁令，我曾以为那将是他的封笔之作。岂料朱律师越写越多，年年都有新书出版。每次朱律师出书，我都信守诺言，为他作序，这是第十次了。亲眼见证他坚持了十年终于取得今天的成就，我祝贺他！如有可能，我将继续为他的书作序。

朱律师是一位知识产权专业律师。他40岁才开始执业，不久便主攻知识产权。从年龄上说，他算是入行较晚的人，但就知识产权领域来说，朱律师又是入行较早的人。早在20世纪80年代，知识产权这个概念在我国还为众多法律人士所陌生之时，朱律师便以知识产权作为专业定位，成为国内最早的知识产权专业律师之一。知识产权是一处大金矿，希望有更多的律师参与开采。

朱律师是一位勤奋好学的律师。知识产权案件尤其是商业秘密案件专业性较强，所涉及的技术领域覆盖面广，科学技术日新月异，对于一个并非该领域技术人员的律师来说，问题数不胜数。要想代理这样的案件，律师光有深厚的法律功底显然是不够的。朱律师并未因为不懂专业就裹足不前，好学不倦的他勇敢地接受了一个又一个挑战，从机械、高分子化学到网络、软件各个领域，他都有所涉足，并积累了大量的案例。

朱律师是一位讲究诉讼技巧的律师。这本代理纪实中所展现出来的诉讼技巧和策略，耐人寻味，值得揣摩。一个“山重水复疑无路”的案子，经过他的分析点拨，犹如一位经验丰富的老中医开出一剂良方，往往能达到“柳暗花明又一村”的效果。

朱律师是一位乐于奉献的律师。对于如何办理知识产权案件，这些年来朱律师通过刻苦钻研，积累了不少经验，当然也走过一些弯路。他将自己办案的过程和心得写成纪实性的文章，孜孜不倦，笔耕不辍，或披露于报纸杂志，或汇编成书，把宝贵经验无私地与同行分享，为后来者鉴。我听说，不少法律工作者都把他的著作列入参考书目。有些年轻人正是读了他的书才踏进知识产权大门，朱律师堪称是这些年轻律师的引路人。高尔基说："书籍是人类进步的阶梯"，朱妙春律师就是做阶梯的人。这就是一种贡献，更是一种奉献。律师著书立说，既有利于提高自己的专业水准，也有利于同行之间的交流，促进全行业的进步。

细读起来，本书收录的案件有四个特点：

第一，案件种类更加齐全。商业秘密案件不仅有民事案件还有刑事案件，如《喜获自由》、《鉴定博弈》、《重回人间》等文，这些本可通过民事诉讼化解的纠纷，由于当事人的偏执，导致剑拔弩张，甚至动用刑事法律程序来解决争端，不禁让人叹息、担忧。对于这类问题，朱律师也都耐心依法代理。

第二，增加了国内企业应对跨国公司诉讼的案件，如《无畏"航母"》、《峰回路转》、《巧言退兵》等。面对外国企业的知识产权"围剿"，国内企业应当敢于抗争、善于应对，本书为国内企业如何利用知识产权法律武器应对跨国公司的知识产权诉讼，提出了独到的见解。

第三，本书涉及的商业秘密不仅有常见的技术秘密类型，更有难得一见的经营信息类案件，如《她坐对面》等。企业员工尤其是销售人员跳槽引起客户流失常常让企业头痛但又无奈，其取证难度大，胜诉概率低。朱律师及其助手成功地代理了这类案件，为企业面临商业秘密侵权时的应对以及律师如何代理这类案件都提供了宝贵的经验。

第四，本书的商业秘密案件以化工、医药类为主，同时也涉及机械、电子领域，这也反映出商业秘密案件所涉技术复杂、专业性强、代理难度大等特点，更从另一个侧面反映了朱律师老当益壮、敢于接受挑战的精神。

弹指一挥间，已过十余载。虽然朱律师尚未言退，可岁月不饶人。年过花甲的人，必然老态渐显。然而，在办案之余，他仍然坚持写作，这就显得更为难能可贵。古人曰：“行百里者半九十”。意为行程一百里，走了九十里才算完成了一半，做事愈接近成功愈困难，也说明要完成最后百分之十的工程，往往要花费百分之五十的工作量，诚可谓末路之难也。然而，最后的十里才是最关键的十里，坚持走过来就成功了，否则就会功亏一篑。我由衷地希望朱律师保重身体，多出好书，持之以恒，如愿以偿。

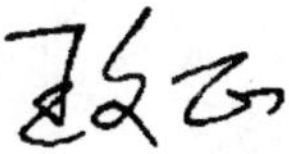

目　录

第一部分　案件代理纪实

A. 技术信息类

第二部分　相关学术文章

第三部分　相关论坛纪要

第一部分

案件代理纪实

A. 技术信息类

1 摸石过河

——全国首例确认商业秘密不侵权纠纷案

案由

夏光电力设备制造有限公司（以下简称“夏光公司”）是一家以生产有载分接开关为主的高科技企业，公司经过多年的发展已经成为该领域的龙头。夏光公司创始人夏工是我国高压有载分接开关（以下简称“有载开关”）行业内的领军人物。他早在20世纪60年代中期为支援三线建设就从D市来到N市原南方电器厂（以下简称“南方厂”）工作，该厂后改制为南方电气股份有限公司（以下简称“南方电气”）。1984年，夏工离开南方厂到原越川开关总厂（以下简称“越川厂”）工作。1989年，夏工受聘于D市工程研究中心（以下简称“工程中心”），继续从事有载开关的研发。1995年，夏光开关厂改制为夏光电力设备制造有限公司，夏工任技术总负责人。2005年9月20日，N市公安局立案调查夏工、夏光公司侵犯南方电气商业秘密一案。2007年3月11日，最高人民检察院（以下简称“最高检”）批复G省检察院，认为夏工不构成侵犯商业秘密罪。同年3月29日，N市人民检察院撤销了对夏工的批捕决定。2007年2月，南方电气曾以夏光公司及夏工侵犯其商业秘密为由向×省高级人民法院（以下简称“×省高院”）提起诉讼，但于同年6月22日向法院提出撤诉申请。至此，系争刑、民两案均已结束。但此后南方电气仍向媒体散布不实之词，宣称夏光公司及夏工侵犯其商业秘密，致使夏光公司名誉受损，难以上市。2008年4月，夏光公司不得已以“确认不侵权”为由向D市中级人民法院（以下简称“D市中院”）提起诉讼。2008年10月9日，D市中院以本案不属于民事诉讼受理范围为由驳回夏光公司的起诉。2008年11月11日，夏光公司不服D市中院的驳回裁定，向D市所属高级人民法院（以下简称“高院”）提起上诉。2009年6月10日，高院撤销了D市中院“驳回起诉”的民事裁定，并指令D市中院进行审理。2011年3月，被告南方电气就管辖权问题向最高人民法院（以下简称“最高院”）申诉，要求再审。同年6月8日，最高院裁定驳回南方电气的再审申请。2011年7月11日，D市中院再次开庭，因被告南方电气二次无故未到庭，故D市中院缺席审理。2011年9月7日，D市中院进行了法庭调解。9月21日，原告夏光公司向D市法院提交撤诉申请书。目前，该案尚未作出判决。因该案为全国首例，故合议庭和夏光公司及其代理律师正在小心谨慎地“摸石过河”。

愤而起诉

2008年春节刚过，人们还沉浸在新年祥和、喜庆的气氛之中。一天，夏光公司执行董事夏鼎来电约我谈一件重要事情。我们十多年前就已相识，其父亲夏工是我国有载开关领域的风云人物，创建的夏光公司也是业内龙头老大，是中国民族企业的榜样。近几年，夏董与我们律师并肩作战，携手合作，成功应对了N市方面的刑、民两案。期间，夏董充满睿智的炯炯眼神与近一米九〇的高大身材给我留下了深刻的印象。

2008年3月初，我如约来到夏光公司，会议室里还有陈律师和徐律师，他们也是我多年的老朋友了，与之前相比，他们风采依旧。陈律师略胖了点，一副学者风度。徐律师头发虽已花白，但说话仍然抑扬顿挫，字正腔圆，宛如司法局局长。他俩都是D

市律师协会副会长，是资深大律师。前两年我与两位律师曾一起成功地合作办理夏工和夏光公司侵犯南方电气商业秘密系列案件，最后，对方刑、民两案均以撤诉告终。因而，我们已经形成了一个配合默契的律师团队。

大家寒暄了几句便坐定，夏董随即摊开一份《中国知识产权报》说："各位律师，你们看，南方电气又在发难了！"我接过报纸细读，原来这篇报道是南方电气总经理在接受记者采访时的一些看法，文中提到南方电气历来都认为夏光公司与夏工侵犯其商业秘密，并强调时间会给出答案。

看了这篇报道，我不禁沉思起来：夏光公司与南方电气的恩怨由来已久，当年夏工离开南方电气时就与其产生了矛盾。直至夏光公司成立，南方电气仍不断向有关部门举报夏光公司及夏工有侵权行为，并一度动用刑事手段，意在追究夏光公司和夏工的刑事责任。好在当时最高检复函给G省人民检察院，认为夏工不构成犯罪，这才使沸沸扬扬的"侵犯商业秘密第一案"画上了句号。如今，南方电气又在媒体上散布不实言论，这无疑会给夏光公司的生产及夏工的生活带来不利影响。

看得出来，夏董的情绪还没有平复，他看着我说："从目前南方电气的行为来看，它无疑对夏工的名誉和夏光公司的商誉均造成了困扰。根据司法实践，我们可以通过提起确认不侵权的民事诉讼，让法院宣告夏光公司和夏工未侵犯南方电气的商业秘密。"闻听此言，我不禁佩服起来，夏董带领夏光公司与南方电气对抗多年，法律水平提高很快，特别是在商业秘密法律方面积累了不少经验，正所谓"久病成医"。我与几位律师均认为，这个想法很好，可以尝试一下。夏董的眉头顿时舒展开来。"但是"，我停顿了一下继续说："目前，我国法院已经受理了多起知识产权确认不侵权纠纷案件，涉及专利、版权、商标，但还未有确认商业秘密不侵权的案件，故这条路将在摸索中前进，势必步履维艰，不过如果走通了，就将是一起影响深远的案例。"夏董果断地表示，为了能够彻底将此事了结，此战一定要打，而且要打赢！夏光公司张总经理也说："我们的官司能打赢，因为M型有载开关技术来源于Y市变压器厂，不存在侵犯南方电气商业秘密问题"。

从夏光公司回来，我便立即召集助手详细讨论确认商业秘密不侵权诉讼立案的可行性。由于这是前所未有的案件，我虽然认同此办案思路，但难免担心法院能否受理。

初战告捷

确定思路后，我便吩咐助手起草起诉状，由于确认不侵权案件的目的在于使不稳定的知识产权得以稳固，并还可消除夏光公司侵权的潜在风险，故我们在诉状中重点突出了南方电气不断向夏光公司发出侵权威胁的事实，以及夏光公司生产已受到影响的事实。我们认为：涉案有载开关技术（CM/CV/CMB/CMD四种型号）是原告在通过合法途径获得相关技术的基础上，依靠自身科研力量自主研发的，至今原告未从被告处窃取任何技术资料。被告历时两年，数次向有关部门举报原告侵犯其商业秘密，并向媒体和公众散布所谓的"侵权事实"，致使原告的技术权属一直处于不稳定状态。被告的行为属于滥用权利，这不但使原告正常的生产经营活动受到影响，同时也给原告的名誉造成无法估量的损失。希望法院能够通过判决的方式，宣告夏光公司并未侵犯被告的商业秘密。2008年4月16日，D市中院正式受理本案。初战告捷，大家都颇为高兴，但我知道后面的路还很长……

风云突变

D市中院对此案十分重视，指派优秀的知识产权法官审理此案，为搞清事实，仅庭前的听证就举行了多次。我和陈律师代理夏光公司出庭参加听证，合议庭法官将审查的重点放在原告夏光公司是否收到被告南方电气的侵权警告函以及原告夏光公司能否提供被告南方电气的商业秘密，以便法庭比对，这显然对夏光公司不利，故我们强调：首先，确认不侵权案件中的警告函不能作狭隘的单一理解，被告通过向媒体散发侵权信息的行为，其本身就比仅向原告发出警告函的影响更大；其次，原告并不知道也不可能知道被告的技术秘密；第三，原告的技术有其合法来源，故也不必向法庭出示被告的技术秘密。

遗憾的是，D市中院经过半年多的庭审，最终却认为：确认不侵犯商业秘密案件在《民事案件案由规定》中并未提及，故该案不属于民事诉讼案件的受理范围，遂裁定驳回原告夏光公司起诉。接到裁定书，我与夏董都感到困惑，如果任由南方电气在媒体上继续向夏光公司发难，那么夏光公司的后续经营将受到很大影响，D市中院的裁定显然不能令人信服，夏光公司毅然上诉。

我深知，在D市中院已作出驳回裁定的前提下，要让高院改判的难度显然很大，但我们仔细研读了D市中院的裁定书后，发现了其中的问题：一审法院在民事裁定书第2页提到："最高人民法院2008年4月1日起实施的《民事案件案由规定》中列举了请求确认不侵犯专利权纠纷、请求确认不侵犯商标权纠纷、请求确认不侵犯著作权纠纷，并不包括请求确认不侵犯商业秘密纠纷，故原告提起请求确认其不侵犯被告的商业秘密诉讼，不属于人民法院受理民事诉讼的范围。"

从该裁定书的文字表述来看，一审法院作出"驳回起诉"的裁定所依据的法律是《民事诉讼法》第108条第（四）项规定，即"起诉必须符合下列条件……（四）属于人民法院受理民事诉讼的范围和受诉人民法院管辖"。而一审法院则认为，"原告提起确认其不侵犯被告商业秘密诉讼，不属于人民法院受理民事诉讼的范围"，是因为《民事案件案由规定》中"并不包括请求确认不侵犯商业秘密纠纷"。如此看来，一审法院存在这样一种不当的逻辑推理，即其认为：凡在《民事案件案由规定》中没有具体明确列出的纠纷类型都不属于人民法院受理民事诉讼的范围。显然，这样的逻辑推理是不成立的。

峰回路转

按照最高院《关于印发〈民事案件案由规定〉的通知》（法发［2008］11号）规定：民事案件案由是民事诉讼案件的名称，它反映案件所涉及的民事法律关系的性质，是对诉讼争议的法律关系的高度概括。由此可知，民事案件案由仅仅是对民事诉讼争议的法律关系的分类和概括，其本身的性质决定了案由仅仅是一种人为的划分，是建立在“民事诉讼受理范围”的基础上，但两者并不能等同。民事诉讼受理范围是人民法院在考察当事人起诉所依据的法律关系之后，综合判断是否应当由人民法院依法处理。只要是平等民事主体之间发生的人身法律关系或者财产法律关系纠纷，法律法规没有禁止性规定的，人民法院都应当作为民事诉讼案件来受理。这是法院在受理案件过程中首要考虑的问题，再决定受理后才会依据法律关系的不同确定不同的民事案由，这是法院在受理案件过程中其次要考虑的问题。因此，确定民事案件案由与确定民事诉讼受理范围是两个不同层次的问题。一审法院实际上是混淆了“民事案件案由”和“民事诉讼受理范围”的区别，导致作出错误结论。

2008年11月11日，夏光公司向D市高院提起上诉。在上诉审理期间，最高院于2009年4月21日颁布了《最高人民法院关于当前经济形势下知识产权审判服务大局若干问题的意见》。该意见第13条明确规定：“探索确认不侵犯商业秘密诉讼的审理问题，既保护原告的合法权益和投资安全，又防止原告滥用诉权获取他人商业秘密。”这无疑是对夏光公司的确认不侵权案件最好的支持。这说明，最高院对受理“确认不侵犯商业秘密”案件是持肯定态度的。果然，2009年6月10日，D市高院作出裁定：撤销D

市中院驳回起诉的裁定，并指令D市中院继续审理。这是一个令人激动的消息，它一方面说明法院审理此类案件的态度在发生转变，另一方面也给夏光公司的维权活动带来了曙光。

前所未有

2009年7月1日，在D市高院指令D市中院继续审理该案后，D市中院再次举行了该案的听证。被告律师在听证中再次强调了本案不应受理的观点，试图以案件的受理问题再次作为听证的重点，以期阻挠法院对关键问题的查明。我们即刻反驳：由于高院已经裁定D市中院审理，说明本案可以受理，且也无管辖问题，所以，后续的庭审不应再将是否应当受理作为重点。法庭采纳了我们的意见。但法庭认为：审理确认商业秘密不侵权案件应当将原告夏光公司的技术方案与被告南方电气的技术方案进行比对，以判断原告是否构成侵权。所以，在被告不提供其商业秘密的前提下，法院也不能强制其提供。如此，比对就无法进行，案件也就不能继续审理。说实话，法庭的上述观点也是我们所担心的，因为被告完全可以以“商业秘密可能会被泄露”为由不提供其技术方案。此时，法庭如何判断原告的技术不构成侵权呢？看来，此类案件真可谓是前所未有的，其审理的复杂程度超乎想象。为协助法院将案件顺利审理下去，也为将来其他律师办理此类案件提供范例，我们的当务之急是要理清思路，找到突破口，以扭转法官目前的观点。好在“三个臭皮匠顶个诸葛亮”，我们充分发挥律师团的作用，集思广益。陈、徐两位律师也表现出高超的专业素质，大家一致认为，原告可以从自身技术的合法来源入手，寻找突破口，如有合法来源，就不构成侵权。

其实，确认不侵权纠纷案件与侵权类纠纷案件的性质相同，它们所要解决的问题都是要求法院判定原告的行为是否构成对被告知识产权的侵犯。这两类案件实质上是殊途同归。换言之，法院审理的只是案件本身的“侵权与否”问题，所有在侵权诉讼中被告可以使用的不侵权抗辩理由，均可作为在确认不侵权诉讼中原告要求法院确认不侵权的理由。比如：专利侵权纠纷中的现有技术抗辩和先用权抗辩，商标和著作权侵权纠纷中的合理使用抗辩，以及商业秘密侵权纠纷中的反向工程抗辩和公知信息抗辩等，都可以在确认不侵权纠纷中作为原告的理由来要求法院作出确认不侵权的判决。所以，在知识产权确认不侵权案件中，应当允许原告使用在侵权案件中被告可以运用的所有不侵权抗辩理由，来请求法院以此为由，作出不侵权的判决。只有这样才能更好地保护原告的合法权益，同时也更符合确认不侵权案件受理的初衷。在商业秘密确认不侵权案件中，如原告有证据证明其技术信息或经营信息有合法来源，例如通过反向工程获得，或有证据证明其技术信息或经营信息属公知信息，那么即便这些信息与被告的所谓商业秘密相同或相似，也不能认定侵权成立，这是由商业秘密权的相对排他性所决定的。所以，原告是否知晓被告的商业秘密，被告是否愿意向法庭提交其商业秘密，以及原告的技术信息或经营信息与被告的商业秘密是否相同？这些均不重要，重要的是原告所提交的证据，能否充分说明其所使用的信息来源具有合法性。如来源合法，法院就应作出不侵权的判决。

确定这样的思路后，证据的搜集和整理工作就提上了议程。由于该案涉及夏工与南方厂二十多年前的纠纷，所以很多证据都年代久远，搜集整理的工作量很大，难度很高。为此，我们不得不投入了大量人力、物力和财力来寻找证据。

追根溯源

从我们搜集整理的证据来看，对于本案涉及的四种型号有载开关，夏光公司均有自己的合法来源。

关于 M 型有载开关的技术来源，主要是 × 市变压器厂。这要从20世纪说起：20世纪70年代初，×市变压器厂是国家机械工业部组织反向工程测绘MR公司有载开关的参与者之一，加之当时的测绘图纸在行业内推广，所以×市变压器厂拥有原始的M型有载开关的全套图纸。1989年4月，工程中心与×市变压器厂一致认为，国内有载开关的生产远远跟不上变压器发展的需要，拖了变压器发展的后腿，宜采用一种新型的生产模式即联合开发、设计统一的产品图纸合作生产，实现开关零部件生产专业化。为此，工程中心与×市变压器厂通过真诚的洽谈，本着互通有无、互惠互利、联合开发、合作生产的精神，签订《联合开发合作生产有载分接开关协议书》。1991年3月，夏光开关厂的上级单位D市市曹安街道生产服务合作联社与工程中心签订了有载分接开关的技术转让合同。1995年，夏光开关厂进行企业改制，组建夏光公司，相关技术均转移至夏光公司。

关于V型有载开关的技术来源，主要是越川厂。1986年，越川厂通过J省国际信托投资公司与德国MR公司签订了引进三台V型开关样机和一台M型开关样机及61套V型组件、部分检测设备和技术资料的《定购合同》。同年，MR公司向越川厂交付了V型开关整机、组件及相关图纸等技术资料。越川厂随即组织技术骨干进行测绘研发，V型有载开关于1987年4月研制成功。这说明，越川厂拥有完整的V型有载开关制造技术。1990年3月，越川厂起诉夏工和工程中心侵犯其V型有载开关技术，后经越川县人民法院（以下简称“越川法院”）于1993年7月调解结案。在案件审理期间，越川法院发现仿V型图纸已经以“工程中心”的名义转让给×市变压器厂，遂委托N市机械工程学会进行鉴定，鉴定结论为：该套图纸与越川厂正在生产使用的仿V型图纸完全相同。这就说明，工程中心所拥有的V型有载开关图纸来源于越川厂。越川法院在《关于越川开关总厂诉夏工、工程中心侵占技术成果权、返还财产一案的请示报告》中提到：“夏光开关厂可以继续使用该项技术成果，但应当向原告支付合理的使用费125 000元。”

最后，在越川法院的主持下，双方达成协议，夏工和工程中心分别一次性补偿越川厂人民币 3 万元和 24 万元，以结束此案。

此后，夏光开关厂便合法拥有该 V 型有载开关技术成果。后该厂改制，组建成夏光公司，V 型有载开关的相关技术也均转移至夏光公司。夏光公司建立后，多年来坚持自主创新，又先后研发出新一代的 M 型和 V 型开关，即 CMB 型和 CMD 型，并申请了专利数十项，逐步成为有载开关业内的领军企业。

通过上述一系列证据，我们可以清晰地看到夏光公司的有载开关技术从无到有、由弱变强的过程，这就充分证明了夏光公司现在使用的有载开关技术具有合法来源，并未侵犯被告南方电气的商业秘密。看着这整理出来的厚厚一大摞证据材料，我心中充满了成就感，但愿这些证据能够为法院所采纳，并支持夏光公司的不侵权诉讼主张。

开庭风波

由于此案属新类型案件，故法官慎之又慎，审理进展缓慢。本案自 2009 年 7 月以来，先后开庭五六次。其中，2010 年 2 月 1 日和 5 月 13 日均因对方代理人提出程序异议，致使案件中途休庭。同年 6 月 7 日，D 市中院开庭，合议庭要求被告南方电气提供系争商业秘密的秘密点，被告当庭拒绝。于是合议庭要求我们进一步提供技术来源的详细证据，并给予 1 个月的举证期限。2011 年 1 月 12 日再次开庭，此次开庭合议庭为五人，其中两位人民陪审员是技术专家，不料被告和代理人均未到庭。审判长当庭宣布：本次开庭经合法传唤，被告无故不到庭，故缺席开庭。此次开庭因无对方，故原告对系争技术的合法来源向法庭做了充分的陈述。审判员和人民陪审员对原告进行了仔细询问，原告代理人一一作了认真回答，应当说此次开庭的效果甚好。庭审后，合议庭认为兼听则明，并再给被告一次抗辩机会，故决定于 1 月 28 日再次开庭，并通知被告及代理人，强调其必须到庭。

1月28日上午九时，我们按时来到法庭，做好了一天开庭的准备。被告代理人果然也准时到庭，看来他们还是珍惜这次抗辩机会的。对此，我们也感到欣慰，因为双方只有对簿公堂，才能听取对方的抗辩意见，然后我方就能针对性地发表意见，以使法庭能够掌握事实真相，正确判决。

庭审一开始气氛就骤然紧张，被告代理人对本案提出五点异议：

1. 原告诉讼的条件不具备，侵权警告不成立，其总经理对媒体所言只代表个人，不能代表被告。

2. 原告诉讼请求不明确，而且几次变更请求，应予驳回，被告不能明确商业秘密的具体内容，否则将导致被告商业秘密的泄密。

3. 原告诉讼的事实和理由均不成立。

4. 夏工是夏光公司的股东，不能成为本案的第三人。

5. 法院不公正，原告要求均予以满足，被告要求调取证据被驳回。

我方代理人针对被告代理人提出的五点异议均一一予以驳斥：被告总经理对媒体所言不代表个人而代表被告，故侵权警告成立；我方并未变更诉讼请求，只是对诉讼请求、诉讼事实和理由的明确；因夏工与夏光公司关系密切，故夏工在本案诉讼中理应列为第三人；法院严格遵循诉讼程序，公正执法，并无不当。接着，由原告举证，我方代理人将原先提交的29份证据和后补的28份证据共57份证据一一作了详细说明。然后，被告代理人对我方证据进行了质证：

1. 原告后补的28份证据已过举证期限。

2. 原告的证据多为图纸，如×市变压器厂的图纸并未经过比对，缺少关联性。

3. 对原告证据的真实性有异议，要求核对原件。

对于被告代理人的质证意见，我方代理人反驳：

1. 后补的28份证据是在法庭认可的举证期限内提交的，故并未过举证期。

2. ×市变压器厂的图纸有真实性和关联性，我方同意对方核对原件，但被告代理人却突然一改初衷，当庭表示不要核对原件。

然后，由第三人举证，被告方和原告方先后进行质证：

被告方代理人再次强调其总经理对媒体所言并非侵权警告；

原告方代理人对第三人举证没有异议。

此时，已近中午时分，审判长敲槌宣布休庭。

下午两时，继续开庭。主审法官先向原、被告和第三人询问了×省高院案件的有关情况，如南方公司为何撤诉，以及其向×省高院提交的商业秘密范围。南方公司代理人对在×省高院为何撤诉含糊其辞，对向×省高院提交的商业秘密范围是否其秘密点未置可否。

原告代理人对法庭的询问则明确回答，南方公司在×省高院撤诉的原因是证据不足；其向×省高院提交的商业秘密范围只是系争产品的零部件名称，并无商业秘密的具体秘密点。对此，法庭当庭要求被告提供其秘密点，以便与原告的技术方案做同比鉴定，但被告代理人先含糊其辞，后拒绝提供。我方代理人见状立即提出：即使被告不提供其秘密点，我方也完全可以举证说明系争产品的技术有合法来源，因此不构成对本案被告的技术侵权。

接着，法庭对本案进行了实体审理，特别是关系到图纸中的技术问题，两位专家陪审员先后向当事人进行了询问，我方代理人均一一做了详细回答。审判长再次询问被告商业秘密的秘密点，被告代理人仍然闪烁其词。最后，审判长限期被告于2月15日前向法庭提交图纸，以便进行比对。此时，一则因时间不早，二则被告举证尚未完毕，故法庭未进入辩论。于是，审判长敲槌闭庭。

再起波澜

2011 年 3 月下旬的一个午后，我正按照惯例午休，突然一阵急促的电话铃声将我惊醒。接听后，从电话里传来夏董略带焦急的话音，原来夏光公司刚刚收到最高院送达的南方电气提交的再审申请书副本和再审受理通知书。

2009 年 6 月 10 日，D 市高院裁定撤销 D 市中院不受理本案的裁定书，并指令 D 市中院继续审理本案。被告在法定的提交答辩状期间，对管辖权提出了异议。被告认为：本案不属于侵权之诉，不适用侵权行为地管辖原则，同时亦不符合原告住所地管辖的基本情形，认为应由被告住所地（即 N 市）司法机关管辖，请求驳回起诉，或将本案移送 N 市人民法院管辖。

对此管辖权异议，D 市中院于 2009 年 8 月 11 日作出裁定书认为："本案系原告为确认其有关行为不侵犯被告所主张的商业秘密而提出的诉讼，属于侵权类纠纷。《民事诉讼法》第 29 条规定：因侵权行为提出的诉讼，由侵权行为地或者被告住所地人民法院管辖。本案中，由于原告的住所地在 D 市，原告在此从事被告认为侵犯其商业秘密的经营活动，故该地点应视为'侵权行为地'。鉴于上述地点在本院辖区内，本院对本案具有管辖权。被告的异议理由不能成立。"驳回被告的管辖权异议。

随后，被告方不服 D 市中院的上述裁定，向高院提起上诉。高院经审查认为："被上诉人称并提供起诉证据材料表明，上诉人多次向国家机关举报被上诉人侵犯其商业秘密，并在相关媒体上发表涉嫌侵权的相关言论，给被上诉人的正常生产经营活动造成了不良影响，遂提起确认不侵权诉讼，属于侵权类案件。上诉人对外发表言论称被上诉人生产了涉嫌侵犯其商业秘密的产品，原审法院据此将被上诉人住所地视为'侵权行为地'并无不当"。故，D 市高院于 2009 年 11 月 16 日作出终审裁定，驳回上诉，维持原裁定。

2011年3月1日，被告南方电气向最高院提交了再审申请书，请求：撤销D市高院民事裁定书；驳回原告起诉，或将本案移送G省相关法院管辖。最高院于3月15日作出了受理决定，并向原告夏光公司发送了受理通知书，要求夏光公司自收到之日起15日内提交书面答辩意见。

3月23日上午，我带着两位助手赶到夏光公司，与夏光公司的夏董、张总以及陈、徐两位律师就再审事宜进行会商。会议中，夏董首先发言，希望三位律师能就再审的可能后果及应对策略作出分析。接着，陈、徐两位律师先后谈了他们的想法。

陈律师先谈了两点意见：

1. 此次再审能立案比较蹊跷，我们不能掉以轻心，应当做一场重要的诉讼来对待。

2. 再审答辩意见应包括下列四方面内容：

（1）法院对不侵犯商业秘密诉讼的立案是有依据的；

（2）确认不侵权诉讼属于侵权之诉；

（3）对侵权警告问题应重点论述，着重强调《中国知识产权报》上的内容；

（4）强调D市中院开庭后，被告也已多次出庭，现在还申请再审实际是拖延时间。

接着，徐律师也发表三点意见：

1. 把案件相关的全部内容都提交给最高院。

2. D市中院开庭后，被告已应诉并提交了相关证据，足以证明被告已接受管辖。

3. 被告申请再审的观点中明确表示其并未发出侵权警告，因此要把《中国知识产权报》中相关内容着重提出。

大家发言后，我强调了应将答辩意见尽快提交最高院，并及时与最高院承办法官取得联系。

最后，大家对再审答辩意见定了基调，应从以下三个方面回复：

1. 确认不侵权诉讼属于侵权类纠纷，理应适用侵权行为管辖原则。

2. 原告向被告提起确认不侵权诉讼的立案事实清楚，程序合法，符合我国《民事诉讼法》的起诉条件。

3. 请求最高院驳回被告的再审请求。

在夏光公司提交了再审意见书和相关证据材料后，最高院于2011年6月8日作出“民事裁定书”，指出：“南方电气认为确认不侵权纠纷为确权之诉由被告住所地法院管辖于法无据，本院不予支持”。然后，便驳回南方电气的再审申请。最高院的一纸裁定，使本案得以继续审理，案件虽然再起波澜，但最终还是波澜不惊。

缺席审理

2011年6月10日，我们接到D市中院的传票，通知于6月20日下午开庭。

6月20日上午10点半左右，我们正在为下午的开庭做准备，D市中院知产庭突然通知，因被告不能出庭，且无合理解释，故原定下午的开庭取消。

午后，我又驱车赶赴夏光公司，由于夏董上午有事，12点30分才能赶回夏光公司。于是我、夏董和张总从12点半开始进行了讨论，讨论的内容主要是：

1. 最高院的裁定只解决了管辖权的问题，对于是否立案并未处理，我们对此需做好准备，以应对对方就是否具备立案条件申请再审的可能。

2. 继续催促法院尽快开庭以审结本案。

2011年7月1日，D市中院知产庭再次发出传票，定于7月11日14时开庭审理本案。

2011年7月10日，我带着助手再次在夏光公司的会议室与夏董、张总开会，为第二天的出庭做准备。由于陈、徐两位律师有事不能出庭，会议决定由陈律师的助手小陈律师与我搭档作为夏光公司的代理人，而夏董则代替徐律师与张总搭档作为第三人夏工的代理人。

2011 年 7 月 11 日下午，我们带着三大包的证据材料前往 D 市中院，由于对方以涉及商业秘密为由申请不公开审理，所以我的助手也只能帮忙把大包的资料搬进法庭，然后在外面等候庭审结束。下午 2 时，因对方当事人和代理人均未出现，故书记员通知合议庭决定推迟 15 分钟开庭，但对方当事人和代理人仍未到庭，审判长便宣布因南方电气无故不到庭，故缺席开庭。

虽是缺席开庭，但开庭的程序还是一如既往。审判长敲槌开庭后，先询问原告和第三人有无新的事实补充，两当事人均表示没有补充。然后，开始法庭辩论。在第一轮辩论中，小陈律师从三个方面发表了代理意见：

1. 在确认商业秘密不侵权案件中，原告的主要举证责任是证明其技术有合法来源。

2. 原告 CM、CV、CMB 和 CMD 型有载开关均有合法的技术来源：

第一，原告 CM 型有载开关技术来源于 × 市变压器厂和工程中心；

第二，原告 CV 型有载开关技术来源于越川开关厂和工程中心；

第三，原告 CMB、CMD 型有载开关属于自主研发产品。

3. 被告生产的 M 型有载开关不存在商业秘密，其主要理由是：

第一，作为被告南方电气主要证据的鉴定报告说明，被告 M 型有载开关的技术信息大多为公知信息；

第二，上述鉴定报告所认为的非公知技术信息也早已公开；

第三，其他鉴定报告，如 D 市科技咨询服务中心出具的鉴定报告，也认为被告 M 型有载开关系公知技术；

第四，1983年6月29日，原国家机械工业部发布意见，使被告M型有载开关在行业内早已公开。

第一轮辩论中，第三人的代理人同意原告律师的代理意见。

在接下来的第二轮辩论中，我就从以下两个方面补充了代理意见：

1. 夏光公司的有载开关产品有其技术来源，主要以D市科技咨询服务中心的两份鉴定报告和科学技术部知识产权事务中心的一份鉴定报告佐证说明：

第一，被告所谓的非公知技术信息实为公知信息；

第二，原告的产品比被告的产品其技术更先进。

2. 2006年1月25日，原机械工业部老领导的座谈会纪要中有关讲话均证明被告产品无非公知信息。

然后，张总作为第三人夏工的代理人补充了一些技术问题，用以证明系争技术的合法来源。

由于是缺席审理，没有对方与我们进行激烈辩论，故而庭审进行得很快也很顺利，整个开庭仅用了一个多小时就结束了。如无意外，这次庭审应该是一审中的最后一次开庭吧。我对我方的庭审表现基本满意，接下来就是等待D市中院的判决了。

顺水推舟

转眼间，距离上次开庭已一月有余。夏董也多次向我打听法院是否与我有过联系。我深知法官工作忙碌，不过一个多月仍无任何讯息，我的内心也不禁有些焦急起来。

2011年8月15日下午，我打电话给本案的主审法官，可惜他正在开庭，不在办公室。我又打电话给本案的审判长，向他询问了合议庭对本案的审理进展，并表达了当事人夏光公司和夏工希望尽快审结本案的意思。审判长则向我表示，本案作为全国首例确认不侵犯商业秘密纠纷案件，院里非常重视，也比较谨慎。现在院里就本案已向上级法院请示，并上报了案件的相关材料，预计本季度即见分晓。

与审判长通过电话后，我便放心了。确实本案作为全国首例，法院谨慎行事也无可厚非，第一个吃螃蟹的人是要冒风险的！

2011 年 8 月 16 日的下午，我因其他案件与高院知产庭高法官联系，在谈完那起案件后，高法官突然和我谈起了夏光公司的这起案件，他表示：他们对于本案的态度是希望夏光公司能主动撤诉，以和解方式来解决纠纷；对于恢复名誉权的问题，夏光公司可以考虑召开新闻发布会来实现，未必走诉讼途径。我听后就惋惜地说："本案系全国首例，意义重大"。但高法官却认为，本案的司法意义不大，甚至对司法资源来说是一种浪费，仍坚持希望我能做当事人工作。我想高院的意见肯定也并非他个人的意见，于是就表示，我会向当事人转达他的意见，也会帮助做工作，同时我提醒高法官说，此案诉讼已历时三年，好不容易等到庭审结束，故同意撤诉的可能性不大。至于和解问题，我方一贯主张可以通过和解方式解决纠纷。早在本案是否可以立案时，夏光公司就向法院表示过和解的意愿，当时夏光公司的要求并不高，只需要南方电气登报发表个声明，消除影响即可，但是南方电气却不同意，导致本案旷日持久。

当天下午 5 点，主审法官给我打来电话，询问我们对本案和解的态度，他也表示希望夏光公司能主动撤诉，主要原因在于本案被告拒绝向法院提交其商业秘密，法院也不能强迫被告提交，被告担心泄密的想法有其合理性，这就导致本案中无法对原、被告的技术秘密进行同一性比对，因而难以作出判决。我便将上午高法官的说法也告知他。最后，主审法官也希望我做当事人的工作，力求和解结案；另外他还说，他会通知对方，择期到庭调解。

结束通话后，我反复思量着法官们的话语，感到前景又模糊起来，看来这场全国首例确认不侵犯商业秘密纠纷案的审理还是任重而道远啊！感慨一番后，我又拨通了夏董的电话，简单地告知了几位法官的想法。夏董听后不知所言，立即让法务通知我和陈、徐三位律师，第二天上午到公司商议对策。

8月18日上午9点30分，我带着两名助手来到夏光公司，与陈律师和夏董共同讨论案件的最新进展情况，徐律师由于身在国外，未能赶来参加会议。会议中，我介绍了几位法官在电话中向我传递的信息；夏董、陈律师和我达成一致意见：（1）我们支持调解结案，这也与当前构建和谐社会的理念相吻合；（2）我们撤诉也是可以的，但要确保将来没有后患，因为我们诉讼的目的就是要消除隐患。讨论结束后，我们即刻将上述想法告知主审法官。

9月5日下午2点30分，在中院的调解室开庭调解本案。本次调解由本案主审法官主持，夏董、张总、徐律师和我参加了调解，但是对方代理人因故未能到庭，并表示请求法庭延期两日。

9月7日上午10点半，我接到本案主审法官的电话，确认对方代理人已到庭，此时陈、徐两位律师身在国外，我便只身驱车赶赴中院。

调解时对方代理人说："朱律师，我真心对你说，自从我方上次撤诉后，对于系争商业秘密双方已无争议，我方也不会再起诉了，所以你方撤诉就完了。"听他说完后我思忖：对方代理律师也是名牌大所的律师，说话也必定是负责任的，原、被告双方虽未达成书面和解协议，但被告代理人明确表示了南方公司不会再以夏光公司侵犯商业秘密提起诉讼的态度，实际上双方对于原告没有侵犯被告的商业秘密这一观点业已达成共识，继续诉讼已无必要，故撤诉的方案是可以考虑的。

9月21日上午，我与回国的陈、徐两位律师在夏光公司的会议室举行会议，讨论是否撤诉。因夏董正在美国，便采用电话会议的方式。经充分讨论，我们达成共识，一致赞同撤诉为好。

感　由

本案是确认不侵犯商业秘密案的全国首例，为该类案件的审理提供了许多宝贵的经验：如人民法院能否受理此类案件，该案的受理应具备什么条件，以及该类案件如何举证和审理等。此案虽以原告撤诉而告终，却对司法实践、业务水平的提高是不利的。可见，对审理确认不侵犯商业秘密纠纷案件的探索仍任重道远。笔者在此谈一点自己的体会和感想。

一、关于确认不侵犯商业秘密案件的审理问题

撰写本代理纪实时，D市中院对本案尚未判决，但原告已提交撤诉申请书，最终裁定撤诉结案已成定局。回顾三年多曲折的历程，可见“摸石过河”之艰难。原告方诉求中要求法院确认商业秘密不侵权，法官自然会要求被告将系争商业秘密提交法庭，以便法庭将原被告系争商业秘密进行对比，然后得出不相同、相同或近似三种结论。而第一种情况显属不侵权；第二种情况就属侵权；第三种情况可能侵权。但被告却不肯提供其商业秘密，致使法官难以审理，几次开庭均中途而止，增加了法庭的诉讼成本，亦使审理陷入僵局。

合议庭谨慎审理固然正确，但亦需视情况变换思路，既然被告不愿提供其系争商业秘密，合议庭可以转向要求原告举证，证明其产品技术的合法来源。如此，也能判断原告是否侵权：若原告技术有合法来源，则不构成侵权；反之，则构成侵权。这一审理思路不失为是一种创举，可为审理此类案件提供了一个案例，这将是审判实践一种新的尝试，且这种思路是有法可依的，如：

1. 最高院于2009年4月21日发布的《最高人民法院关于当前经济形势下知识产权审判服务大局若干问题的意见》第13条规定：“……继续探索和完善知识产权领域的确认不侵权诉讼制度，充分发挥其维护投资和经营活动安全的作用……探索确认不侵犯商业秘密诉讼的审理问题，既保护原告的合法权益和投资安全，又防止原告滥用诉权获取他人商业秘密。”

2. 最高院鼓励各级法院积极探索确认不侵犯商业秘密诉讼的

审理问题中的“探索”，就是要研究前所未有的问题，要推陈出新，就是要从确认不侵权诉讼制度设立的目的和原则出发。至于“防止原告滥用诉权获取他人商业秘密”，这说明，最高院并不希望强制要求被告提供其商业秘密进行侵权比对，以防被告商业秘密二度泄密。那么，在被告拒不提供其商业秘密供法院进行比对时，法院就将如何“保护原告的合法权益和投资安全”的举证责任落到了原告身上，即原告方要举证其技术的合法来源。当然，这种举证方式显然加重了原告的举证责任，但原告要洗刷自己的不白之冤，承担这种举证责任的加重显然是值得的。

“既保护原告的合法权益和投资安全，又防止原告滥用诉权获取他人商业秘密”是最高院对各级法院探索审理确认不侵犯商业秘密诉讼所提出的原则和要求。至于如何权衡原、被告双方的利益，这就需要各位法官具备创新的精神，即具有“摸石过河”的勇气和智慧！

二、关于撤诉的思考

原告最终审时度势，顺水推舟，主动撤诉，此案画上句号。对一个全国首例的案子来说，最终缺少判决结果，虽是一大憾事，但笔者仔细思考了案件审理过程中的方方面面后，感到就本案而言，原告的撤诉也确是最佳的处理方式，符合笔者历来通过调解或和解结案的一贯思路。

（一）原告向法院提起诉讼实为不得已而为之

2007年6月，被告虽然就原告侵犯其商业秘密案件提交了撤诉申请，但撤诉仅仅是被告对其自身诉讼权利的处分，并非对其实体权利的放弃，按照法律规定，被告尚可另行起诉。

原告感到关于侵权问题实际上并无肯定的说法，被告亦无任何放弃诉讼的表示，隐患仍然存在。2007年8月，被告总经理通过媒体发表言论，更加增加了原告的担忧，为此，原告也做好了应诉的准备。然而，被告在媒体上发表警告言论后，却又迟迟不向法院起诉，导致所谓“侵犯商业秘密”的问题一直悬而未决。原告的生产经营为此而遭受了重大的损失，甚至连上市的进程也受到影响。

被告通过媒体指控原告侵权，这是一种特殊的警告方式，其影响力大大超过一般公司间的警告函；被告发出侵权警告后，又未在合理期限内提起侵权诉讼；原告也因此蒙受了重大损失。上述三点，完全符合了最高人民法院关于确认不侵权之诉的立案条件。原告为了保护自身的合法利益，向法院提起确认不侵犯商业秘密诉讼实是不得已而为之。

（二）原告主动撤诉基于其诉讼目的已经达到，是一种境界上的升华

本案逾三年的诉讼过程中，被告一直怠于应讼，公司法定代表人从未参与庭审，仅仅由其代理人出庭应诉。

被告代理人在法庭审理中，也经常以各种理由拖延甚至不到庭，即使到庭也只是纠结于管辖权等程序问题，很少涉及实体问题的答辩，同时也不配合法院的要求，不提交其技术秘密，致使法院无法进行技术同比鉴定。

在多次庭审中，特别是2011年9月7日的调解中，被告代理人均希望原告撤诉，其主要理由是：当年被告已经以撤诉的实际行动表达其看法，实质上认同原告并未侵犯被告的商业秘密，今后亦不可能再起诉原告侵犯其商业秘密。

原、被告是国内两家生产高压有载开关的龙头企业，原告正在筹备上市，而被告已经是上市公司。原、被告的工作重点理应放在研发生产和技术创新上，应当更加注重开拓国际市场，而不应花费大量的人力、物力和财力去为一个几十年前的事情而对簿公堂。既然被告在调解中有上述表示，表明原、被告双方对于原告没有侵犯被告的商业秘密这一观点已达成共识，原告的实际诉讼目的业已达到，继续诉讼已无必要。因此，原告适时撤诉不失为一种“明智之举”，是一种境界上的升华和理念上的飞跃，显然符合当今构建和谐社会的潮流。

2 曙光初现

——砌块成型设备技术信息纠纷案

案由

成立于1997年的德森（中国）建材机械有限公司（以下简称“德森公司”），地处L市，系某国德森集团在中国的一家独资子公司，主要生产砌块成型生产线、混凝土块生产设备、混凝土轨枕生产线及配套模具。德森公司依托其母公司雄厚的技术，并根据中国市场需求的特点，成立以来已向中国客户提供了逾百台（套）各种型号的混凝土成型设备及配套模具，可以说为中国新型建材行业的发展作出了重大的贡献。

2009年2～10月间，公司正蒸蒸日上，有一批高级管理人员“不约而同”地先后向总公司提出辞职。在这批离职人员中有公司的副总、财务主管、技术主管、人事主管和售后服务工程师等公司骨干人员。他们的集体出走可以说是抽掉了德森公司的整套班子。随后，上述离职人员中的部分人员及其亲属在L市注册了一家公司，该公司不仅与德森公司经营范围类似，而且其生产和销售与德森公司相同的产品，并采用不正当竞争手段向原德森客户销售相关机器的附属设备。经调查发现，他们制造并向德森原客户销售与德森公司相同的“RH”系列混凝土制品成型自动化或半自动化生产线，且价格远低于德森设备价格，导致德森丢失部分客户，给德森公司带来了严重损失。

德森公司认为，上述离职的原德森公司高管，非法利用了在德森公司任职期间所掌握的公司商业秘密（包含技术文件、制造工艺和供应商及客户信息等）另立门户，他们的行为是对德森公司商业秘密的侵犯，致使德森公司陷入经营危机。无奈之下，德森公司只好寻求法律武器来维护自己的合法权益。

盛情难却

2010 年初春的一天，我正在天津办案，午间休息时手机上打来了一个陌生号码，接通后电话那边传来一个女声，只听对方说话干脆利落，其音如黄莺出谷，洋洋盈耳。交谈中得知她是 L 市德森公司的委托代理人河北商宇律师事务所主任邢少华律师。原来德森案已由邢律师接手，但商业秘密案件诉讼难度较大，且本案背景较为复杂，因而专事刑事诉讼和涉外非讼的邢律师有些力不从心，她查阅了大量商业秘密诉讼资料欲亲自操刀，但又担心效果不尽如人意，眼见开庭日期渐近，邢律师与德森公司均不踏实，情急之下便邀我相助。“朱律师，您是律师界知识产权诉讼的专家，我们想把此案办得更好，希望您能指导。”我见对方一番诚意，加之我平素好抱不平，闻此情况岂有不助之理？但电话里一时很难道清案件原委，于是约定次日在津面谈。

第二天下午，他们准时来到约定的会面地点——天津火车站附近的上岛咖啡馆。来人共有三位，两男一女。女士先开口，尚未表明身份，我便据她的声音确定其为邢律师无疑。她的嗓音颇有特色，说话如同唱歌，悦耳动听，给人留下深刻印象。只见她中等身材、举止得体、思维敏捷、落落大方，是位精明能干的女律师。经介绍得知另外两位是德森公司的技术主管。大家落座后我仔细听取他们对案件的介绍，使我意外的是他们三人均手持一本我的第五本书——《商业秘密案代理纪实》，此举令我十分感动。后来得知这其中还有一段故事，原来邢律师在接受德森公司委托后，为能精益求精便前往书店寻找有关商业秘密诉讼的书籍，最终，邢律师发现了我的那本著作，就购买回去细细品读。“这本书是我见到的关于商业秘密诉讼的最好的书，我把它当作工具书来读”，邢律师接着谦虚地说：“但是毕竟自己不是这方面专业出身，对于一些关键问题的把握尚先天不足，考虑到案子的重要性和复杂性，因而还是想请朱律师出马”。当时天津案件尚未了结，也比较紧急，我并没有当场接受邢律师的邀请。当日，我听取了邢律师以及德森公司两名技术主管关于案件基本情况的讲解，心里已有大致轮廓，对于诉讼下一步应该如何进行，我也初步表达了自己的看法。此时，天津美籍华人陈博士案件正处于诉讼难分难解之时，与对方形成犬牙交错之势，因此我也颇感为难。然而，这一边邢律师的盛情相邀也令我难以推却。经过一番考虑我决定兵分两路，由我的助手王律师留守天津，我则连夜奔赴 L 市，一探究竟。

夜奔 L 市

L 市与天津相距数十公里，当天傍晚，我便随他们的车前往 L 市。时值初春，北国的春日尚未褪去隆冬的寒意，迎面吹打着车窗的春风依然凛冽。但寒冷的天气丝毫没有影响我们交谈的热情，一路上我们一直在交流案件信息，车子在京津高速飞驰了近个把小时便到达了目的地 L 市。

此时，天色未黑，我们直奔德森公司，先去车间看看系争机器以及加工设备，虽走马观花，匆匆而过，但对于系争机器我却已有感性认识。拗不过公司方为我洗尘的盛情，在市区我受到了德森公司高层的款待，同时出席晚宴的还有邢律师及其助手。持续了一个多小时的宴请，案情介绍成了主题，虽偶有觥筹交错，但一直没有离开诉讼该如何进行这个话题，不过离开具体涉案材料，只靠大家空口描述也很难让我有个准确判断。医者问诊尚需

“望、闻、问、切”，律师办案难道不也是如此吗？于是，我和邢律师便商定次日前去商宇律师事务所翻阅资料，以进一步了解案情。当夜，德森公司将我安顿在当地有名的和平宾馆入住。

经过一夜休整，第二日一早我便动身前往位于L市开发区的商宇律师事务所。到了开发区，只见路边建筑多为厂房，鳞次栉比，简洁整齐。但随着车子行进，我们来到了一片与厂房建筑风格迥异的建筑群，这里的建筑外观华丽，千姿百态，典雅大方，俨然是一座别墅庄园。邢律师所在的律所就坐落在这片优美的别墅区，能将律所安置于此，我不禁暗暗赞叹邢律师的眼光和商宇所的实力。在后来的交谈中我才得知，原来邢律师外语水平十分了得，堪比专业人士。而L市开发区内有许多外资企业，这片别墅区尤其居多，因而商宇所的服务对象多为外商客户，并且他们在L市开发区已是名声远扬，这也是德森公司选择商宇律师事务所，选择邢律师的重要原因。为了详尽了解案情，也为了对德森设备的秘密点进行判断，我和邢律师以及德森公司的相关人员，一起在商宇所仔细观看了涉案机器设备的视频资料。整个下午乃至晚上，我们都围绕案情进行讨论。午夜，公司CEO张总也提供了不少有益的情况，直至凌晨两点才散会。由于该案涉及十分专业的机械知识，单凭这些资料以及一次浏览来判断德森公司设备的秘密点显然是不够的。总的说来，当天得到有价值的信息并不算多，不过我心中已有初步判断。我向他们作了秘密点的解答，告诉他们此案寻找秘密点的方法及重要性。同时，对德森公司设备是否具有秘密点问题，我也做了肯定的答复。我认为这套设备秘密点的存在还是较为明显的，并且指出了秘密点所在的方向，但是精确的秘密点还有待于技术专家的权威鉴定，毕竟法律的准确性理应建立在技术的基础上。

他山之石

在熟悉案情后，接下来的任务就是寻找秘密点，这是商业秘密诉讼的关键之所在。秘密点也即不为公众所知悉的信息，它是商业秘密的核心，如果涉案机器设备不具备任何秘密点，那么也就无商业秘密可言，任何人进行的相关行为都不能构成对其所谓的商业秘密的侵犯。德森公司的设备是否具备秘密点？对此有位专家曾有形象的表达："为什么机器会这么贵？就是因为有知识产权在里面！"德森公司是其所属行业在华投资最早的外资企业，正是凭借其产品独特的技术、优秀的质量才成为享誉业界、客户欢迎的成功企业。因此，设备秘密点的存在与否不是我们需要解决的问题，而如何发掘秘密点才是当务之急。在正式介入德森案之初，我便提出应该引入相关专家就设备秘密点进行鉴定的建议，我虽专于商业秘密诉讼，但因技术隔行如隔山，我只是精通相关法律和具体操作，各类具体的技术信息虽也略有涉猎，但无法做到样样精通、面面俱到。因此，邀请技术专家参与寻找秘密点，并作出权威鉴定就显得十分必要。

2010 年 3 月底，上海市百技咨询服务中心（以下简称"咨询中心"）的几位专家已接受邀请，并参与到本案调查中来。在这之前，我前往河北商宇律师事务所与邢律师以及德森公司的张总和另外几名技术人员一起举行了案件讨论会。大家通过观看视频和图片资料，讨论寻找秘密点之所在。这次会上我初步判断应该从客户信息（特殊供应商），节距式输送的"推抓"，码垛机的工作中上下、左右、旋转三个动作的动态移动距离、停顿时间和旋转角度等几个方面，八大配件中各个配件的各种参数（公差与配合）的集合等几个角度来寻找秘密点。但这次讨论只是较为粗略地提出大致方向，目的在于使大家心里有个概念，以便配合专家技术鉴定工作的开展。

由于涉案德森设备（即“RH系列混凝土制品成型自动化生产线”）均已售出，德森公司并无存货或样机，因而需要委托咨询专家前往涉案设备所在地进行现场考察和勘验。实际上这套“RH系列混凝土制品成型自动化生产线”分为闭式和开式两种，当时在河北C市有一套闭式生产线；在广东F市则有一套开式生产线。专家们先赴C市德森客户处，现场勘验了闭式设备，由此得出了涉案设备具有的部分秘密点，包括但不限于码垛机的整体、多自由度机械手臂及其动作顺序、流程、动力及齿带传动系统、小车和由液压驱动的升降机构等。C市之行收获颇丰，发掘了不少秘密点，但是侵权设备却是与之类似的开式设备，故仍有必要飞赴F市德森客户处现场考察和勘测开式机器设备，然后再依据南北两次的现场勘验结果出具咨询报告。

C市之行后不足半月，2010年4月12日，咨询中心的专家们又远赴广东F市对与侵权设备型号相同的开式生产线进行了现场勘察，之后结合在C市和L市德森公司现场勘测的结论，经召开专家鉴定会，咨询中心于2010年5月6日出具了技术咨询意见书。该技术咨询的结论为：

1. L市德森公司制造、销售的“生产线”，其产品生产技术中含有12项不为公众所知悉的技术信息。

2. L市德森公司“生产线”系列产品的客户名单、供应商名单等属不为公众所知悉的经营信息。

考虑到之前递交给法院的诉状中诉讼请求不够具体，无侵权所涉具体商业秘密内容，故依据专家调查取得的成果，我方变更了诉讼请求，主要是向法院提出了较为明确的涉案秘密点。变更后的诉讼请求将要求被告停止使用的商业秘密具体内容（包括经营信息和技术信息）列入诉状，并将经营信息和技术信息的具体内容又进一步细化，明确指出两者各自所含事项，这些都是秘密点之所在。

咨询报告的出具等于给我们吃了一颗定心丸，其犹如他山之石使我们已经成竹在胸，被告的侵权事实也因此而变得显而易见，接下来要做的就是进一步搜集证据，准备与被告对簿公堂。

初次交锋

咨询报告出具后，我有胜诉在望的感觉。两周后，我们便迎来了与对方的庭上初次交锋——证据交换。我方不仅有权威机构的咨询报告，而且还有案件起诉至法院时法院的证据保全。因此，对于证据交换我方自然是胸有成竹。然而，在L市中院举行的证据交换远非之前所想象的那般轻松。

对方对于自己在诉讼中所处的被动地位有着清醒的认识，因此采取针锋相对的策略对于他们来说显然是有害而无利的。于是，他们避实就虚，不从实体上与我们展开争锋，而是从程序入手与我们纠缠，使我们难以达到快刀斩乱麻的目的。在法庭上，我方提交了若干证据后，对方却始终不肯提交任何证据，这使得证据交换陷入僵局。对方出乎意料的举动确实让我们有些措手不及，对于我方要其提供自己机器的技术图纸的要求他们根本不予理会，相反却要求我方详尽列出涉案秘密点，并要求我们将已呈交法庭的咨询报告也要给他们查看。对这种无理要求，我们自然不能接受。但随后对方提出的理由却也不无道理。他们提出："首先，己方是被告，你们起诉我们，但却不明确系争生产设备的秘密点，导致我们无法答辩；其次，作为原告，你们不拿出作为证据的咨询报告，使作为被告的我们如何质证呢?"对方表示，只有见到咨询报告才能进行质证，才能对咨询机构是否合格、鉴定程序是否合法、咨询意见是否准确等事项作出判断。对于被告的上述辩解，我方并没有进行激烈的反驳，出于让诉讼程序得以顺利进行的考虑，我们做了一定的让步，我们向法庭提出，可以将咨询报告交给对方查看，但前提是必须对已被采取证据保全措施的被告机器采取进一步证据保全措施，并委托专家对被保全的机器进行现场测绘、勘验以锁定证据，防止证据因人为因素而灭失。

其实，本案在起诉之初，在法院裁定对涉嫌侵权机器采取证据保全措施后，我们曾向法院申请对机器进行异地保全，将系争机器运至第三方保存。因为机器虽被保全，但仅是采取了贴封条等表面措施，机器本身仍在被告厂内，也就是仍处于对方控制之下，那就存在着对方根据我方指控的侵权秘密点对机器进行有针对性改动的可能。如果那样的话，将造成专家的咨询报告以及其他证据失去意义，诉讼也将因此而陷入绝境。可能由于机器体积庞大，异地保全存在操作困难，因而我方异地保全的申请，法院并未核准。在这种情况下，我们的担忧是十分合理而必要的，咨询报告中详尽地列举了涉嫌被侵权的德森公司的大量技术信息和经营信息等商业秘密，如果不对其进行证据锁定，就很难保证被告在当前诉讼处于极其被动的情况下，不采取“非常”手段来拼死一搏。因此，我们向法庭提出，当务之急还是要对被采取保全措施的涉案机器进行证据锁定，通过专家的现场勘测，对相关数据进行记录，实际上这也是为下一步对涉嫌侵权机器与德森公司相应的机器进行同比鉴定的必要步骤。

勘测受阻

因担心被告对被保全的机器进行人为改动，我们请求司法机关邀请相关专家前往被告厂区，对已被保全的机器进行现场勘测，以进一步锁定系争机器的技术特征。2010 年 7 月初，在征得司法机关同意后，我们前往 L 市被告厂区，准备对被保全的机器进行现场勘测。同行的有邢律师，还有咨询中心的鉴定专家。另外，司法机关的有关人员也一同前往。前文中已经提到通过现场勘测既可以达到固定证据，防止对方的人为破坏，也可为下一步技术鉴定提供材料，可谓一举多得。为此，我方积极准备，但当我们到达现场时，却遭到对方百般阻挠，现场勘测无法进行。

对方拒绝接受我们对被保全的机器进行现场勘测，也提出了一堆理由，这些理由大都缺乏法律依据，属于无理取闹。但其中有两条却似乎也有些道理，使我们一时难以反驳。他们提出：其一，现场勘测需两名以上专家进行，现专家只有一名，显然不符合程序规定。在此情况下作出的勘测结论也未必合法有效，因此不同意现场勘测要求。其二，对专家个人的资格以及鉴定机构的资质也提出异议，认为专家不能证明其为鉴定专家的资格，同时认为根据相关法律规定，鉴定机构应该通过国家司法部批准认可，鉴定专家也要通过司法部门专门培训考核，而此专家所属的咨询中心虽由最高人民法院（下称“最高法院”）核准，但未经司法部核准，因此对于其合法资质难以认同。

对方上述两条理由令我方颇感无奈。只能说，我们的准备工作做得还是不够，存在一些疏忽。实际上在邀请专家之初，我们邀请了咨询中心的三位专家一同参与现场勘测，但由于各位专家同时也是各高校教授，其中两位由于公务繁忙，未得脱身。这种情况下我们只能邀请上海交通大学的专家一人前往勘测，也因此给对方留下话柄。对方第二个理由是对专家和鉴定机构资质的质疑，这严格来说是站不住脚的，该专家为业内专业学者，是所属专业领域的领军人物，其专业知识丰富，理论扎实，对相关领域熟悉，当然具备提供勘测和咨询鉴定的资质。而受我们委托的咨询中心是经最高法院司法鉴定中心审核批准，并列入最高法院司法鉴定人名册的合法鉴定机构。对方认为唯有经司法部批准的鉴定中心才合法的观点是荒诞无据的。最高法院是司法鉴定机构的正当管理机构，其权威性应当高于司法部。因此，对方的这种说法实属无理取闹，但他们当时态度强硬，任凭我方专家作任何说明都置之不理，一味地“据理力争”，使现场勘测无法进行。毕竟这不是法院的执行程序，我们也不能申请司法机关采取强制措施进入现场勘测，迫于当时情况，现场勘测只得暂停。

玉宇澄清

其实我们要求现场勘测不仅是为了锁定证据，也为了根据现场勘测获得的资料与原告机器作同比鉴定。既然现场勘测没能按计划进行，而且对方在庭上又拒绝提供其技术资料，我们只得寻求其他途径继续举证。这时我们想起当初法院对被告的机器进行证据保全时，对现场拍摄了大量全方位多角度的照片，因此，可将这些照片与原告的机器实物进行比较，进而得出相同或相似的结论。我带着这个设想咨询了专家，他们认为这种方法不失为查明事实的一种手段，于是我们通过申请获得了法院提供的证据保全照片，委托咨询中心就被告的生产线设备中是否含有原告德森公司产品的技术信息等问题进行对比分析。

2010 年 9 月初，咨询中心出具了咨询报告，其咨询结论如下：

L 市众威公司的系争成型生产线设备，在 6 个方面含有 L 市德森公司产品开式生产线的技术信息。

同比鉴定结论揭示了被告机器与原告机器存在上述诸多相同或相似之处，也就是说，涉案机器中含有原告机器的非公知技术信息。这里值得一提的是商业秘密诉讼中的“接触加相似”原则，依据该原则，原告只要证明：(1) 被告对原告的商业秘密有接触；(2) 被告的产品与原告的产品相同或相似；(3) 这种客体的相同或相似与被告的接触具有法律上的因果关系。如此，就完成了原告的举证责任。至此，事实已经清楚，即从对方机器的照片中可发现许多原告产品和生产线的秘密点，如咨询报告中所列的六大点。此时，举证责任便转移，应由被告举证其技术的“合法来源”。据此，在同比鉴定完成之后，我方的举证任务已经完成，剩下的举证责任转归对方。若对方对鉴定结论不予认可，那么还可由法院指定其他鉴定机构另行鉴定。

感　由

本案从起诉至今已一年有余，然而双方至今仍僵持不下，案件尚未进入法庭审理阶段，商业秘密诉讼难度之大可见一斑。但正如美国著名的现代实用主义创始人霍姆斯的那句名言——“法律的生命源于经验而非逻辑”那样，诉讼代理的生命也在于经验，当诉讼经验和知识的积累达到一定程度时，就会对商业秘密诉讼的思路有了把握，然后在商业秘密诉讼时才能稳住阵脚、沉着应对。因此，注重经验的总结和积累是在诉讼代理中保持思路清晰，进而克敌制胜的重要基础。对于德森案，我投入了大量的时间和精力，代理过程中遇到的一些问题也引发了我的深入思考，特此与读者共享。

一、商业秘密诉讼代理应“民主刑辅”

本案在诉讼之初原告已向公安机关报案，打算通过刑事途径制止侵权行为，但效果一直不理想，最终经过斟酌还是选择了民事诉讼途径。

我国《刑法》第219条规定了“侵犯商业秘密罪”，其内容为：“有下列侵犯商业秘密行为之一，给商业秘密的权利人造成重大损失的，处……”条文中列举了三种侵犯商业秘密的行为，其与《反不正当竞争法》第10条规定的侵犯商业秘密的三种行为基本一致，所不同的是，《刑法》中规定构成犯罪的条件是“造成重大损失”，但是条文中并没有对“重大损失”具体量化，缺乏具体数额规定，因而实践中，发生侵犯商业秘密行为后往往可以有刑事和民事两条途径可以选择进行。两条途径均可达到制止不法侵害，维护正当权利的目的，但对于商业秘密权利人来说，两条维权途径还是要慎重选择。按照我的观点，应当优先选择民事诉讼途径，刑事诉讼应作为备选的辅助途径。其理由主要有两点：

首先，刑事制裁是最为严厉的法律制裁方式，刑事被告人往往最终身陷囹圄，人困财亡，严重者甚至家破人散，结局甚为悲惨。而民事诉讼被告在败诉后要承担停止侵权、赔偿损失的财产责任，财产上的惩罚足以让侵权者警醒，从而达到告诫惩罚的效果。这种情况下选择严厉的刑事制裁未免有些残酷无情。

其次，民事诉讼中，商业秘密案第一审大多由中院管辖，中院由于其高素质的人才队伍，法官经验丰富，能够保证案件公平、合理、科学地审理；但刑事诉讼案件，商业秘密案一审往往由基层法院受理，商业秘密属知识产权范畴，其专业理论较强，对办案人员要求较高，因而在基层法院往往难以保证准确审理。

商业秘密诉讼民事途径优先的原则也存有例外，如在通过民事诉讼途径取证特别困难时，不妨考虑通过刑事途径，如此可解决取证难的问题。因此总的来说，商业秘密诉讼途径的选择应是“民主刑辅”。

二、律师应相互合作以求共赢

律师之间应该相互合作，摒弃“文人相轻”观念。本案是由我和邢律师合作代理的，缺少任何一方都可能没有理想的结果。律师界藏龙卧虎，并不缺少能征善战、德才兼备的优秀人才，但没有一个人敢拍着胸脯说自己可以独步天下，包打官司。此即律师界虽有不少专家，但却没一个“全家”、“通家”的道理之所在。真所谓“闻道有先后，术业有专攻”，每个律师都有自己的专业领域，各有所长，因而在代理自己非擅长领域的案件时，合作就成为必然。

律师之间的合作实是一种双赢。通过双方合作，使两人变一人，此一人具备两人的专长，相互满足了对方的需求，实是难得的好事。实际上，律师在接受一个案子，当发现一己之力不足而需要帮助时，应当从当事人利益角度出发，积极寻求合作伙伴，以求最佳效果。在这方面邢律师的做法堪称楷模，在合作代理的过程中，其高尚的职业道德令人称赞。同时，她努力工作、恪尽职守的工作作风也给我留下了深刻的印象。正是邢律师的盛情相邀促成了我们的合作，也最终取得了令各方满意的双赢结果。前不久，我又应邢律师之邀前往L市，为邢律师客户的一起专利纠纷提供咨询意见，为应对诉讼做准备，这也正说明了律师合作的双赢。

三、巧用他山之石，取得诉讼胜利

商业秘密诉讼难度之所以大，一方面在于其所涉领域是较为新颖的知识产权，相对于其他形式的诉讼而言难度较大；另一方面还在于商业秘密诉讼往往涉及非法学领域的其他专业知识，如本案中涉及的大量机械方面的知识。作为律师，尤其是非商业秘密诉讼专业律师，代理此类诉讼要跨过横在面前的两条大河——商业秘密诉讼思路和其他专业知识。因而借鉴“他山之石”，搭桥铺路，以跨越障碍，争取胜利是十分必要的。

本案中，他山之石所指的有二者：一是我可作为邢律师的“他山之石”；二是专家可作为我们律师的“他山之石”。邢律师因缺乏商业秘密案诉讼经验，因而需要引进商业秘密诉讼经验相对比较丰富的我来作为“他山之石”，以达到共同解决诉讼思路的难题；而我虽擅长商业秘密诉讼，熟谙诉讼策略，但诉讼中的一些机械专业问题我也无法做到像机械专家一样，因而诉讼中需要引入机械专家作为我的“他山之石”，来精确寻找涉案技术秘密难题。在上述两种条件具备后，再按照商业秘密诉讼“接触加相似”的原则进行诉讼，就能争取积极主动，最终收到良好的诉讼效果。

3 峰回路转

——太阳管材技术信息纠纷案

案由

上海金建特种材料工程公司（以下简称“金建公司”）是“一种耐腐高强度管材及其生产方法”发明专利的专利权人。该管材具有隔热、耐腐、高强度等功能，可以广泛用于工业及民用建筑。原告上海太阳高分子材料有限公司（以下简称“太阳公司”）是一家外资企业，同时也是该专利的独占实施许可人。2004 年 5 月 25 日，太阳公司向人民法院提起诉讼，状告上海风云高分子材料有限公司（以下简称“风云公司”）及上海光辉机电物资有限公司（以下简称“光辉公司”）侵犯其专利独占实施权，并要求两被告在《解放日报》《新民晚报》刊登向原告赔礼道歉的声明；赔偿原告经济损失人民币 100 万元。

被告接到诉状后不知所措，压力颇大。后慕名前来聘请律师，理清思路并制定应对策略。被告答辩称，被告生产的高分子管材是由被告自己独自开发研制而成的，与原告的管材及生产方法截然不同，并未落入原告专利权利要求的范围，请求法院驳回原告所有诉讼请求。法院在充分了解双方证据的基础上依法对被告涉嫌侵权的产品与原告专利权利要求进行对比鉴定，鉴定结果表明被告不构成专利侵权。原告无奈，遂分别于 2004 年 8 月 5 日、2004 年 11 月 16 日向法院申请撤回对第二被告和第一被告的起诉。

2004年8月9日和2004年11月24日，法院依法作出裁定：准许原告撤回起诉。历时半年多的官司终于落下帷幕，虽然被告获胜，然而却因为身心受到损害并没有品尝到胜利的喜悦……

2004年4月的一天傍晚，刚刚下过一场春雨，天边的一道彩霞分外美丽。我坐在办公室的转椅上欣赏着窗外的美景，不禁深深地陶醉其中，暂时忘却了工作的疲劳。突然，身边的电话铃声响起，打破了办公室的宁静，我回过神来拿起电话。

电话那边传来一个熟悉的声音："朱律师吗？你好啊！我是一路发公司的胡建勇。"闻听此声我顿时高兴起来。胡经理与我是在1999年的一起官司中相识的，当年一路发公司是专业从事文化产品开发、生产、销售的知名企业，1998年开发成功了一种新型"嵌镀金或镀银牌挂历"，投入市场后大受欢迎，但不久就发现有人开始仿冒。一路发公司委托我作为其代理人将侵权者诉至法院。当时围绕这一新型挂历出现了七案共诉的复杂局面，被告最终还是投降寻求和解。我与胡先生在这场官司中结下了深厚的友情，也算是老朋友了。

悉闻老朋友的声音顿感亲切，我说："胡总，我们好久不见了，最近还好吧？是不是把我给忘了啊？"对方哈哈大笑起来，还是和以往一样的豪爽："朱律师，哪里啊？怎么会把你给忘记？我这段时间太忙了，这次找你是有个朋友想介绍给你，他现在遇到了点麻烦，你看什么时候有空帮助解决一下？"胡总声音洪亮。我说："是什么样的麻烦？"胡总说："大概是和商业秘密有关的，他前几年投资高分子材料行业，生产一种管材，但近来有一家外资企业发现后要告他，但现在对方还没有什么动静，我这位朋友很着急，饭吃不香，觉睡不着。我看这事只有你能帮一下忙了，商业秘密的东西我也不太懂，你什么时候有空我让他去找你。"老朋友的事当然义不容辞，"那就明天晚上吧？在沙申酒店见面……"我一口答应了，和胡先生又寒暄了几句便挂断了电话……

柳暗花明　先忧后喜

第二天晚上7点钟，我如约来到沙申酒店坐定，一会工夫进来两个人，一高一矮，他们径直向我走来。高个的那个人先开口："朱律师，久仰久仰，胡总向我推荐你。我看过你的书所以刚进来一眼就认出你了。我是上海风云高分子材料有限公司的董事长，姓王，这是我们公司销售部的张经理。"我微笑着与他们一一握手，顺便打量了他们一下，王董大概30多岁，一副知识分子的模样，张经理体态稍胖，但看起来也是一位做事干练的猛将。

"朱律师，我现在遇到一个很大的麻烦，最近茶饭不思，精神都快崩溃了，希望朱律师可以为我解除烦恼啊！"王董说话声音不高，但脸上的表情复杂，似乎有什么难言之隐，一副忧心忡忡的样子。我让他们坐下来慢慢讲，王总喝了口水表情严肃地打开了话匣子："我原来在一家生产管材的外资企业——上海太阳高分子材料有限公司工作，后来觉得这样下去没有什么前途，于是辞职和几个朋友共同出资组建了一家高分子材料加工企业，主要生产管材，我们生产的管材与太阳公司的管材是有很大不同的。但太阳公司发现我们的产品之后便告知我们侵权，说要起诉我们。我知道如果他们告我侵犯商业秘密的话，我有可能要坐牢，一想到这里我就害怕，近来更是经常失眠。所以，我想找个知识产权专长的律师咨询一下，看看我这种情况怎么办？帮我出出主意，目前太阳公司虽然还未起诉，但未雨绸缪做好准备，否则就会措手不及。"王董说着说着声音就有些发颤了。

我一直在听他讲，偶尔对细节问题询问一下，没有表达自己的观点，心里却在仔细琢磨，依王董所说这种情况应该是侵犯商业秘密的典型套路。当事人先是在一家企业从事技术核心工作，后来辞职组建另外一家公司从事相同或相似的产品生产，与原来的企业相竞争。本案这种情况似乎对王董十分不利，侵犯商业秘密的可能性还是有的。不过我还是尽量安抚王董，让他把情绪放轻松，不要着急。

王董停顿了一下便继续讲："其实这个管材是由上海金建特种材料工程公司研发成功的，2001 年许可给太阳公司使用，据我所知金建公司在 1998 年就申请了专利……"闻听"专利"二字，我立刻打断了他的讲话："你确定金建公司已经申请了专利吗?"王董点了点头。"呵呵，王董你不用坐牢了。"我打趣道。他看着我，脸上布满了疑惑："朱律师，你不是在开玩笑吧?""你都担心成这样了，我哪还敢和你开玩笑?"我笑着说："商业秘密侵权与专利侵权是两码事，商业秘密具有保密性，技术信息是不公开的，而专利涉及的技术都是公开的，不具有保密性。侵犯商业秘密造成他人重大损失的可以构成侵犯商业秘密罪，要追究刑事责任，但侵犯他人专利权无论如何也不会构成刑事犯罪。你刚才说金建公司对管材的生产方法已经申请的专利，这说明对方的管材生产技术已经公开，不符合商业秘密的特征，充其量也只是专利侵权，不会构成侵犯商业秘密罪，所以，你不必这么担心了。另外，既然是涉及专利侵权，那么还要看你们产品的技术特征是否落入对方专利权利要求的范围，如果没有落入则不构成专利侵权，因此是否侵权还是未知数。"王董听完我讲的这些话，紧锁的眉头顿时舒展开来，先前的紧张情绪也烟消云散了。他握住我的手激动地说："朱律师，真是太感谢你了！原来我一直为这个事烦恼，听你这么一说现在心情好多了，我应该早点认识你！"我摆摆手说道："过奖了，我的工作就是为当事人排忧解难，何况你也是胡总介绍过来的，也算是我的朋友，只是希望你不要因为这件事情影响到正常的工作和生活。"我们又聊了一会儿，王董和张经理见时候不早，便起身告辞。

看着王董远去的背影，我心里不禁感慨：对于律师来讲，打官司是家常便饭，习以为常了，而王董是典型的知识分子，对打官司还没有一个直观的概念，中国人害怕诉讼的传统特点在他身上体现得尤为明显，我甚至怀疑一旦太阳公司起诉风云公司专利侵权，王董能从容应对吗？未来对于他也许不仅仅是诉讼那么简单。

专利之战　力求鉴定

预料中的事情最终还是发生了。2004 年 5 月 25 日，太阳公司以侵犯其专利独占实施权为由向人民法院提起诉讼，要求被告风云公司、光辉公司立即停止侵权、赔礼道歉并赔偿经济损失 100 万元。原告在诉状中称：“本案涉讼专利依法只有原告能够生产并销售，其他单位和个人都无权生产销售。被告生产并销售本案涉讼专利产品，是对金建公司专利权的侵犯，也是对原告专利独占实施权的侵犯。”对方以侵犯专利实施权为由起诉是我先前意料之中的，说明我开始对这件事情的定性没有错误。王董像热锅上的蚂蚁一样急得团团转，他找到我希望我作为他们的代理人参与这场诉讼。由于我当时数案缠身，时间上无法保证，所以让我的学生出面参与此案，两人搭档至少是对当事人的一种负责。原告战书已下，我们惟有全力以赴应战！

接下来的工作就是对整个案情进行分析，然后制定有效的诉讼策略。就目前的状况来看，原告的专利技术来源于金建公司，而金建公司在 1998 年就对该种管材及其生产方法申请了专利，并于 2001 年获得授权。同年，金建公司与原告签订专利实施许可合同，将该专利技术以独占许可的方式转让给原告，可以说原告对这种耐腐高强度管材及其生产方法是享有专利独占实施权的。按照我国《民事诉讼法》的相关规定，新产品制造方法发明专利引起的专利侵权诉讼，由制造同样产品的单位或者个人对其产品制造方法不同于专利方法承担举证责任。所以，如果被告认为原告的诉讼请求不成立的话，被告必须举证证明自己生产方法与原告的不同，并且被告产品的技术特征也未落入专利权的保护范围。

我把这些意见给王董说后，他心里虽然稍稍安定一些，但仍然害怕官司输掉，终日提心吊胆。

思路整理好之后，我们准备从两个方面向对方发起进攻。首先，积极准备证据，通过在法庭上举证和质证来证明被告产品的生产方法与原告不相同并且被告产品的技术特征没有落入涉案专利权的保护范围。其次，因为本案涉及许多高分子材料方面的专业知识，法院在审理此案的过程中对一些技术问题很可能产生模糊的认识，不利于案件审理，故应当请求法院对被告产品的技术特征与涉讼专利权利要求中的技术特征进行技术对比鉴定。制定好了作战策略，我们便马上开始准备。调查取证、向有关专家咨询，申请法院组织专家鉴定，两个步骤有条不紊地进行，就像两支利箭正朝对方要害部位射去。

图表举证　庭审交锋

2004 年 7 月 7 日，法院开庭审理此案。我方提交了两份证据：（1）涉案专利与答辩人技术对比表；（2）答辩人 PP-C 高分子管材生产工艺标准。此两份证据证明被告的高分子管材的配方及其生产方法与原告的专利不同，不构成侵权。在“技术对比表”中，我们对涉案专利与被告技术进行逐项对比，找出很多不同点。比如：专利技术中含有稳定剂而被告产品中不含稳定剂；专利技术权利要求 2 中的矿石粉末为滑石粉、镁粉、铝粉和白垩石粉，被告产品中的矿石粉末为滑石粉、高岭土粉和碳酸钙粉；专利技术权利要求 3 中甲苯的加入方法是分次加入，而生产被告的产品，甲苯的加入方法是一次连续加入……

针对我们提出的“技术对比表”中的几个技术问题，原告提出反对意见。原告认为：用滑石粉、高岭土粉、碳酸钙粉替代滑石粉、镁粉、铝粉和白垩石粉，是明显等同，它们都是矿石粉末，都属无机物；被告产品中不用稳定剂，必然会影响产品的黏性和强度，使产品脆化，导致降解，加速老化，缩短产品寿命，因此不用稳定剂是一种变劣技术方案；甲苯在涉讼产品中是作为溶剂而加入的，在搅拌过程中起到融汇、混合和助塑的作用，一次倒入也好，分次倒入也好都需要搅拌均匀，没有实质差别，属于等同的技术手段。

对原告的反驳意见，我们认为，被告提供的证据已经证明被告产品及其生产方式与涉案专利有多处不同。专利权利的保护范围应当以权利要求书为准，说明书和附图可以用于解释权利要求。权利要求所界定的保护范围应当具体明确，不应当随意扩大解释，这是保障专利权人与公众之间利益平衡的重要标准，否则将会使公众的合法权益受到损害。至于是否是等同的技术手段，需要进行专家鉴定，而对专利权利要求中的技术特征与被告产品的技术特征进行对比，这是一个复杂的过程，不能由原告认为等同就是等同。

法院也认为有必要进行等同鉴定，遂组织专家进行鉴定。我知道这次鉴定的结果对本案具有重大意义，希望鉴定结果能对我们有利。

对方失势　撤诉息鼓

鉴定结果很快就出来了。法院委托的鉴定机构认为：被告的产品及其生产方法与本案涉讼专利不相同，没有落入专利权利要求的保护范围。此时我松了一口气，心想如果不出什么意外的话，已胜券在握。果然，原告自知该鉴定结果对其不利，便分别于2004年8月5日、2004年11月16日匆匆向法院申请撤回对光辉公司和风云公司的起诉。2004年8月9日、2004年11月24日，法院依法作出裁定：准许原告撤回起诉。此时，历时半年之久的专利之战终于落下帷幕。

拿到法院的裁定，一种成就感油然而生。我拿起电话想第一时间把这个好消息告诉王董。拨通电话，那边传来一位女士的声音，自称是王董的妻子，姓刘。我把原告撤诉的消息告诉了刘女士，刘女士听后也很高兴。我询问王董近来的情况怎样，请她尽快把这个好消息也早点告诉他。不料刘女士叹了口气说："从被起诉那天起，他就整日提心吊胆，精神紧张，心理压力很大，经过这半年多的折腾已经身心疲惫，现在夜不能眠、日不理事，精神状态很不好。"我听后心里一沉，明知发生了情况，但又不知该说些什么好，电话那端也是一阵沉默。我嘱咐刘女士好好照顾王董，等他病情稳定后再陪他来所，说完便挂断了电话。

坐在办公室的转椅上，回想起这半年多来为这场官司所奔波的情景，虽然官司打赢了，但当事人却没有胜利的喜悦。王董才三十多岁，是个有专长的青年企业家，未来的路对他来说还很长，然而却被这场官司打趴下了，不得不令人唏嘘感叹。半年前和他初次相识的情景还历历在目，而现在的他已经没有往日的笑容。中国的民族企业家在国外公司的知识产权打压下所表现出来的心理脆弱着实令人担忧。泱泱中国入世后，不知还有多少个像王董这样的企业家正在面临这样的困扰？深秋的傍晚，寒意渐浓，窗外亮起的万家灯火才让我感到了一丝丝温暖。此时此刻，对于王董，我没有太多的话想对他说，唯有默默地祝福他早日康复。

感　由

此案结束之后，我一直有些想法想欲与大家探讨。本案的原告是一家外资企业，被告是一家民族企业。这些年来外资企业、外国企业针对我国民族企业的知识产权诉讼日益增多。中国的民族企业面对国外企业知识产权的打压应该昂首阔步勇于迎战，不能害怕，更不能退缩，唯有如此才能保护自己。

加入 WTO 以后，随着关税壁垒日渐消失，一些跨国公司纷纷在中国大量申请专利，由于众多产业核心技术掌握在这些国外企业手里，所以对中国企业来说形势非常严峻。在中国的发明专利中，外国企业和外资企业占绝对多数，且外国企业和外资企业的专利集中分布在高科技领域，其中在无线电传输、移动通讯领域占到九成以上；在西药、计算机领域也在六成以上。在专利申请者中，中国企业有99%没有申请专利，而外国专利申请人多为企业。由于缺乏核心技术，中国企业不得不将每部手机、计算机和数控机床以20% ~40%的售价作为专利实施许可费支付给国外专利持有人。虽然中国知识产权工作近年来取得长足进步，但仍然面临着日益严峻的挑战。

科技部部长徐冠华在向全国人大作《关于增强自主创新能力及加强知识产权有关情况》的报告中说，加入WTO以来，从DVD、彩电、摩托车，到数码相机、MP3芯片、汽车和电信设备等，“中国企业因知识产权纠纷引发的经济赔偿累计超过10亿美元”。“有些纠纷对有关产业甚至形成毁灭性打击，一些企业已为此付出了沉重代价。”国外企业利用其自身优势已经开始向中国企业发起一场没有硝烟的知识产权战争。不论是英特尔诉东进，还是海信的商标之争、DVD收费问题、思科诉华为、MP3和EVD的专利费问题，都暴露出中国企业面临跨国公司层层的知识产权包围问题。

面对这样的形势，在知识产权诉讼面前，中国企业大多底气不足，中国的知识分子也显得心理脆弱、精神萎靡，往往还没有交锋就败下阵来，要么缴纳高额的知识产权许可费，要么继续为国外的企业打工，仅赚取廉价的加工费。之所以出现这样的情况，一方面，是因为这些民族企业在过去本身就没有自己的核心竞争力，企业缺乏研发能力，只能模仿别人；另一方面，是因为国内企业对知识产权方面的法律和国际惯例不熟悉，也不重视，一旦外国企业起诉侵权，立刻心虚害怕，不敢应诉。本案的被告就是这些企业的典型代表，害怕打官司，特别是害怕打知识产权官司。以这种战战兢兢的状态去和外国人较量，可想而知怎么能取胜？

其实，知识产权诉讼并不可怕，只要我们掌握了法律武器，提起精神、坚强应对、巧妙应诉，通过合法的手段完全可以和外国企业一比高低。我一直认为中国的民族企业应该有这样的一种胆量和气魄！何况近年来，中国的民族企业在这方面也开始觉醒，开始重视研发，开始关注知识产权，只要有雄厚的技术力量做后盾，知识产权诉讼也就有底气。

作为一名从事知识产权工作近三十年的律师，我也真诚地希望我国民族企业能够重视知识产权，敢于面对境外公司的知识产权诉讼，在这场没有硝烟的战场上取得一个又一个胜利！

4 无畏“航母”

——微硅粉技术信息纠纷案

案由

微硅粉（学名为“硅灰”，英文名为“Silica Fume”或“Microsilica”）是冶炼铁合金或工业硅的副产品。因其超微和高活性，在混凝土和耐火材料等领域获得了广泛的应用。由于我国基础设施建设及房地产行业发展迅猛，微硅粉在国内拥有巨大的市场需求。

原告埃肯国际贸易（上海）有限公司（以下简称“埃肯公司”）系挪威最大的跨国工业企业集团之一，世界上最大的金属硅、铁合金供应商Elkem ASA（以下简称“挪威埃肯”）的全资子公司，成立于1997年，其微硅粉业务一直在中国市场上处于垄断地位。

被告上海天恺硅粉材料有限公司（以下简称“天恺公司”）系由国内专业科技人员和留学回国人员共同组建的民营企业，法定代表人奚松林。近年来，天恺公司联合国内外研究机构开发SICON微硅粉，广泛应用于高性能混凝土、耐火材料、涂料、橡胶等领域，发展迅速，在该领域享有一定知名度，占领了一部分原属于埃肯公司的市场。

原告埃肯公司前员工张某于2003年6月离职，同年10月加入被告天恺公司工作，并于次年1月离开天恺公司创建新企业西肯公司。原告认为，张某连带西肯公司、天恺公司构成了对埃肯公司经营信息商业秘密的侵权，于是在2005年年初，将张某、西肯公司以及天恺公司作为共同被告，向上海市第二中级人民法院提起诉讼，要求法院判令三被告停止侵权、赔礼道歉、赔偿经济损失100万元。

同时十分巧合和令人意外的是，天恺公司一现员工陈某与原告埃肯公司另一前员工陈某（已离职）姓名竟然完全相同，实际上两个同名同姓的“陈某”并不是同一个人。埃肯公司误认为离职的陈某带走并非法使用了其商业秘密，同样以陈某连带天恺公司构成了对埃肯公司经营信息商业秘密的侵权为由提起诉讼，并向法院申请了财产保全，查封了天恺公司的银行账户（以下简称“陈案”）。天恺公司同时面临两项指控，经天恺公司展示证据与埃肯公司交涉之后，埃肯公司发现了事实上的错误，现已将“陈案”撤诉。

本案经过多次庭审，天恺公司出具多项有力证据，在法庭上据理力争，原告埃肯公司最终与天恺公司达成了和解协议，撤回了起诉，两官司终于落下了帷幕。

2005年2月中旬，刚过完春节，同往年一样，所里已经开始上班了。我正在翻阅卷宗，助手进来告诉我有一位奚先生碰到了商业秘密方面的麻烦，要找我面谈，听口气非常焦急。我听完汇报，按照惯例便安排我的两个助手先去和当事人沟通了解案情。对我来讲，因为当事人往往对法律都不太了解，不能把握案件的关键，而经我的助手提炼后转述给我的，就是案件的关键所在了，这对他们来说也是一个锻炼机会，在这方面助于我们的表现还是令我满意的。半小时后，我出来与奚先生会谈。奚先生是一位40岁左右的企业家，谈吐文雅，对法律知识有一定程度的认识。我一询问，原来也是一位高学历的专业人士，毕业于中国科学院上海硅酸盐研究所和同济大学，从事硅酸盐研究工作多年。后出来创业，一手创办了上海天恺硅粉材料有限公司，并担任该公司董事长。没想到就是他引以为荣的研究领域却给他带来了麻烦。看着奚先生焦急无奈的表情，我连忙安慰。

按照我执业的习惯，在与当事人签订合同时，一定要明确约定当事人提供的信息是真实完整的，否则因为虚假信息导致的所有后果由当事人自行承担，这也是我恪守的职业道德之一。听完了奚先生和助手的介绍，我对案情有了大致了解，对案件的前景还是比较乐观的。最后我问奚先生是通过什么信息渠道找到我的，这也是我的习惯之一。因为我的案件大多都是当事人慕名而来的，也有少数是朋友推荐过来的，是朋友们对我的信任，对于朋友推荐的，我应该表示谢意。没想到问及是如何找到我的时候，奚先生居然笑而不答，最终也引出了一段趣事。

求贤若渴　祸从天降

奚松林早年毕业于国内硅酸盐研究的领先研究机构——中国科学院上海硅酸盐研究所并获得硕士学位，后又在研究所工作多年，下海创业后，一手开办了两家公司，上海天恺建材科技有限公司和上海天恺硅粉材料有限公司。天恺建材从事混凝土膨胀剂、灌浆料、堵漏剂等产品的销售和技术服务；天恺硅粉则联合国内外研究机构开发 SICON 微硅粉，广泛应用于高性能混凝土、耐火材料、涂料、橡胶等领域，已成为该领域知名的品牌。两公司因为注重研发，技术过硬，产品质量好，价格又有优势，很快便在本领域内享有较高的知名度。奚先生本身也是知识分子，深知企业的竞争力在于人才，因此也爱才惜才，公司创办后就一直高薪聘请海外归来的以及国内的高新技术人才。埃肯公司前员工张某于 2003 年 6 月离职后便一直在行业内求职。张某也是微硅粉行业内从业多年的资深人士，正是在这样的背景下，2003 年 10 月公司聘用了张某，希望其能够带给天恺公司先进的管理经验，帮助其建立业务团队。没想到其短短四个月后就又跳槽自主创业，不仅没有给公司经营带来多大帮助，反而还带来了一个大麻烦。原告埃肯公司认为张某带走了公司销售渠道信息，且该信息构成商业秘密，被告天恺公司聘用了张某，侵犯了其商业秘密，并以此为由起诉天恺公司，索赔达100万元之巨。

与此类似的是，原告还有一名员工陈某离职后进入其他公司任职，原告在天恺公司网页上发现了一员工与陈某同名，未经详细核实，即认为该员工即是离职的陈某，认为陈某侵犯其商业秘密，同样以陈某连带天恺公司共同侵犯其商业秘密为由提起起诉，并申请财产保全，查封了天恺公司的公司账户。

突然之间，天恺公司祸从天降，遭遇两起诉讼，公司上下顿感压力。作为公司董事长，奚松林更是焦虑无比，又急又气。急的是账户被封，公司业务受到影响，同时两案件深受关注，已经在同行业内引起了不良影响；气的是公司合法经营，为了引进人才，居然受到如此无端指控。好在奚先生也是见过大风大浪的人，如此阵势并没有使他乱了阵脚。他一面向外发布声明，表明公司立场；一面积极应对，准备应诉。奚先生也有一定的法律知识，仔细阅读了原告的诉状及证据资料，发现诉状通篇法言法语，措辞严谨，对商业秘密侵权论述详细，证据组织严密。奚先生意识到原告方代理律师一定是专业的知识产权律师，不可轻视。在对方律师的律所网页上一看，发现两位代理律师居然都是出自上海天宏律师事务所，而且都曾经做过我的助理。后来奚先生跟我笑称，当时他找到了我，感觉就像是“贫苦大众盼到了解放军”。于是就有了本文开头的一幕。

没想到这次奚先生居然不是慕名而来，也不是经过朋友推荐，而是自己顺藤摸瓜找过来的，这也反映了奚先生的精明能干，说来也是一件趣事。不过倒是让我有些为难了，本来为民族企业保驾护航，对抗外国企业的知识产权打压是我们中国律师义不容辞的责任。但是对方律师都是我以前的学生，虽然奚先生信任我，但是让我这个老师出面跟学生对簿公堂，在感情上我还是难以接受的。最后经过多次商议，最终与天恺公司达成了一份协议，由我为其提供法律帮助，负责整体诉讼策略的规划，指导应诉工作，但是由我推荐的另外一位学生——在另一家律师事务所的刘申荣律师出庭，负责代理天恺公司出庭应诉，于是便出现了随后“同门师兄弟斗法上海滩”的精彩一幕。

兵来将挡　指挥若定

我打官司惯用“机关枪”战术，依据侧重点不同，组织证据进行全方位的进攻，这次案件也不例外。根据我国《反不正当竞争法》第10条第3款的规定，商业秘密是指不为公众所知悉、能为权利人带来经济利益、具有实用性以及经权利人采取了保密措施的技术信息和经营信息。因此，在我国商业秘密的判定需要符合三个要件：（1）新颖性、秘密性，即作为商业秘密的技术信息和经营信息应当不为公众所知悉；（2）价值性和实用性，即该信息能为权利人带来经济利益、具有实用性；（3）保密性，即权利人对其采取了保密措施。在涉案信息构成商业秘密的前提下，目前司法实践中认定构成侵犯商业秘密的标准一般采用“接触+相似+没有合法来源”原则，即如果行为人接触了权利人的商业秘密，使用的经营信息或者技术要点与权利人的商业秘密相似，并且行为人不能证明自己的经营信息或者技术是由自主开发的或者有其他合法来源的，则推定行为人侵犯了权利人的商业秘密。

虽然天恺公司事实上并没有从原告埃肯公司获取商业秘密，但是由于存在聘用原告埃肯公司员工张某的事实，再加上双方从事着相同的经营业务，也有个别共同的客户，所以天恺公司的处境很不利。因此，如何将天恺公司没有侵犯埃肯公司商业秘密的客观事实转化成为法院支持的法律事实，还需要狠下一番工夫。既然天恺公司早在2003年10月聘用张某之前就已经开始了微硅粉的生产销售活动，而且客户都是自己一个个努力开发出来的，就应该立即收集这方面的证据，证明天恺公司的微硅粉生产技术和客户的自主开发过程，这是这场诉讼的关键。同时，目前国内微硅粉市场透明化程度较高，供需双方的交易日渐成熟，上海地区微硅粉需求量较大的几家企业在市场上都是公开的。埃肯公司将这种公开的市场信息宣称为属于自己的商业秘密，也是不符合法律规定，站不住脚的。除了这关键的两点之外，我还提出，对天恺公司是否接触埃肯公司宣称的商业秘密、天恺公司的经营信息与埃肯公司宣称的商业秘密是否实质相同等一一进行调查分析，最终发现多个突破口。

此案案情复杂，时间跨度大，于是我一面请刘申荣律师向法院提出延期举证申请，一面组织展开了调查取证工作。通过生产报告、获奖和销售记录、证人证言等证据，我们将天恺公司近年来微硅粉的生产销售活动一一重现。并且通过调查，我们发现原告埃肯公司有超出保税区业务范围外经营的违法行为，同时还发现其因产品不合格导致客户流失的情况。几名早年对奚先生研究、创业进行过指导的硅酸盐研究领域内的专家学者在得知案情之后也很愤慨，表示不能让外国企业这种试图垄断微硅粉研发生产、打压民族企业的意图得逞，纷纷表示愿意出庭作证，将当年与奚先生合作的过程客观完整地讲述给法院听。这朋友之情、民族大义让我很受感动。经过精心组织，我方的证据体系构建起来了，审阅了整套的证据资料，我对案件结局的前景已经有了大致的估计。

同门兄弟　各显神通

我一向喜欢勤奋上进的年轻人，在知识产权领域内从业 20 多年来，最得意的成绩莫过于培养了数十名年轻的知识产权律师，他们大多数已经成为业界的青年精英，活跃在知识产权法律界，让我颇为欣慰。我对学生要求很严，每一位跟随过我的学生都从阅读卷宗、旁听庭审等最基本的工作做起，随后还要撰写每个案子办案纪录的“大事记”，参与过数十个案子之后，根据个人的掌握情况我才会指导其负责一些案件，最终才让其独立办案。只有这样，才能打下扎实的基本功，在日后的律师执业活动中游刃有余。

作为一名律师，只有进行系统认真的研究，准备充分详尽的证据，再加上良好的庭上表现，才能更好地维护当事人的合法利益，确保案件审理朝着有利的方向发展，这也是我多年以来对学生的一贯要求。对方的代理律师早年从担任律师助理开始，跟了我七八年之久，也是我很赏识的知识产权法律界的新秀，在商业秘密领域内也有一定的研究，而且办案严谨细致，庭上表现积极主动，很有“攻击力”。因此，尽管证据已经准备充分，但是我还是组织当事人与刘申荣律师进行了多次商讨、模拟。后来事实证明，这种精心的准备为应对随之而来的正式开庭帮助很大。

本案在上海市第二中级人民法院审理，由在知识产权领域内有丰富办案经验的资深法官陈默担任审判长。在法庭的主持下，审判活动紧张有序地进行。数次开庭下来，双方交换了证据，听取了证人证言，交锋非常激烈。原告埃肯公司方面也做了精心准备，提交了三十多项、厚达数千页的证据，始终围绕着商业秘密侵权这一核心展开了凌厉的攻势。最后，双方围绕着原告是否拥有诉称的商业秘密、被告是否接触原告商业秘密、被告经营信息与原告诉称商业秘密是否实质相同、被告经营信息的合法来源等近十个争议焦点展开了激烈辩论。我方提供了充实详尽的证据来证明天恺公司的微硅粉业务是如何一步一步开展起来的，并提供了大量证据证明对方所谓的商业秘密事实上早就公开。由于之前的精心准备，再加上刘申荣律师在庭上的出色表现，庭审效果我还是很满意的。另外，我经过慎重考虑，鼓励被告的法定代表人奚先生出庭，向法庭讲述了他自己多年来在微硅粉行业研究、创业的艰辛，并且回顾了企业数年来不断进行技术研发、开发市场、服务客户的过程，取得了很好的庭审效果。经过多次庭审，案件始终朝着我预期的方向发展。

艰苦谈判　终告功成

就在法院准备判决的前几天，原告方终于主动跟我方联络，表示愿意和解。尽管对方的这一举动早在我的意料之中，但是我仍旧对原告方的这一行为表示赞赏。在多年的诉讼活动中，在维护当事人合法权益的前提下，无论代表原告还是被告，我始终坚持息讼宁人、减少诉累，鼓励双方进行和解。我表示，微硅粉行业的发展方兴未艾，市场潜力巨大，埃肯公司有责任与天恺公司和平共处、有序竞争，携手为中国微硅粉这个特殊行业的良性健康发展作出贡献。这种无谓的诉讼活动，只会为双方增加诉讼成本，造成隔阂，不利于双方经营活动。作为国际著名企业和中国新崛起的同行，埃肯公司与天恺公司应当放眼于未来，携手合作，而不是相互倾轧。对方对我的看法表示认同。奚先生也是一位有识之士，对我的意见很赞同，他进一步表示，微硅粉在中国还属于一种粗放型的工业副产品，应用领域有待进一步开发，中国微硅粉市场目前还呈无序状态，但微硅粉的深层次的研究、开发与利用关乎中国工业烟尘回收环保产业发展的未来。埃肯公司通过突然的起诉来解决双方在市场竞争环境下的分歧，是一种欠妥当的方式。这只会降低原告在业界的声望，并在市场中处于被动地位，同时也会对天恺公司造成不必要的伤害。双方尽快和解，走向合作才是正途。原被告双方领导皆为识大体之人，为谈判定下了良好的基础。但是谈判的过程与庭审一样，也是一场力量与智慧的较量，既要坚持原则，也要灵活机动。

本次谈判，原告否定侵权、撤回诉讼是我们的底线，而象征意义的补偿也是我们可以接受的。经过数次艰苦磋商，我方最终与原告达成了撤诉协议：原告方撤回起诉，不再就本案或类似案由主张任何其他权利；我方也同意补偿一万元作为原告方的诉讼成本，而且为了显示诚意，我方也作出了很大的让步，对原告方因为“陈案”错误保全我方财产、查封天恺公司账户造成我方较大经济损失的行为表示不予追究。最终双方握手言和，此案终结。

感　由

与专利侵权案件类似，商业秘密侵权案件因为取证难度大、证据体系复杂庞大、涉及技术专业性强、是否构成商业秘密争议大等特点，一直是知识产权案件中的热点和难点，也是我近年来投入了较大精力的专业领域。

本案中，我方天恺公司是一家注册资金不过几十万元的民营小企业，而原告埃肯公司作为行业内的国际巨头挪威 Elken ASA 的全资大型企业，由最初要求赔偿百万元之巨到最终同意补偿一万元撤诉，态度前倨后恭，令人感慨。此案终于画上了圆满的句号，虽然不是惊天动地的大案，却是一起典型的外资企业起诉中国民营企业未果的案件，在今天民营企业屡遭外国企业知识产权围堵打压的情形下，颇具参考意义，有一些感慨，不吐不快。

一、中国企业如何面对外资、外国企业起诉

“涉外”（外国、外资）知识产权案件目前已在我国知识产权案件中占有很大的比例，尽管民族企业知识产权意识在不断提高与进步，但是在强手林立的当今世界，中国是后起之秀，无论从经济上还是法律上，与发达国家还有很大的差距。中国的民族产业在国际产业巨头和西方国家政府挥舞着知识产权大棒的打压下，面临着严峻的形势。如何打破禁锢，突出重围，是我们民族产业生存、发展的重中之重。

但是也应该看到，我国知识产权保护实行二十多年来，尽管起步较晚，然而发展很快，党和国家领导人、各级政府、司法界、学术界以及我们律师界都为推动我国知识产权保护发展作出了不懈的努力。可以说，我国的知识产权保护水平已经今非昔比，面对外国企业的知识产权“围剿”，民族企业应当敢于自觉利用知识产权法律武器进行抗争。经过这个案例我们也可以发现，民族企业面对类似外国企业进行知识产权“围剿”，不要怕、不要慌，兵来将挡，水来土掩，应该及时找专业的知识产权律师合作，只要应对得法，准备充分，民族企业的合法权益完全是可以维护的。

二、经营信息构成商业秘密的问题

本案的争议焦点之一就是原告的经营信息是否构成商业秘密。目前，构成企业商业秘密大致有两类，一类是技术秘密，另一类就是经营信息。随着人才流动的加快，涉及侵犯经营信息商业秘密而引起的纠纷也越来越多。经营信息其本身往往秘密性不高、内容又不够确定，因此确认其商业秘密属性相对于技术秘密而言困难较大。

1. 哪些经营信息可以构成商业秘密

《反不正当竞争法》提到的商业秘密主要是“技术信息和经营信息”。依照国家工商行政管理局颁布的《关于禁止侵犯商业秘密行为的若干规定》，构成商业秘密的经营信息包括管理诀窍、客户名单、货源情报、产销策略、招投标中的标底及标书内容等信息。而 TRIPS 协定对商业秘密构成要件的要求比我们的《反不正当竞争法》低，说的是“未披露的信息”。“未披露的信息”可能比技术信息和经营信息范围要大，因此保护范围更宽。在单行法没有出台前，TRIPS 协定的规定是我们审理这类案件时可以参考的。随着市场经济的进一步繁荣，构成商业秘密的经营信息的内容必将更加广泛。

2. 客户名单构成商业秘密重点在于自主开发

本案中的原告主张的经营信息即是客户名单，由于与专利不同，商业秘密的法律保护是“弱保护”，而对于客户名单构成商业秘密的要求则更是非常严格。一般要求开发客户名单须耗费一定的人力财力，权利人要主张客户名单构成商业秘密，一般应当主张其开发的过程，证明其拥有的客户是经过努力开发得来的。客户名单本身并不具备多大的创造性，往往来源于从公共渠道收集的信息。但法律对这类信息也加以保护，原因就在于，权利人为此耗费了人力和财力，进行了二次开发投资，如客户的交易培养过程、双方特有的交易习惯、特有的销售数据的开发等。单纯的记录一些公开的信息或通过单独的调查即可获知的客户名单不能构成商业秘密。

3. 商业秘密并不存在独占性

这一点同样与专利不同，商业秘密并不存在排他的独占性，即使经营信息构成商业秘密，权利人也不能阻止他人通过自身努力开发并使用与其商业秘密内容相同的经营信息。在市场竞争日益激烈的情况下，为适应市场需求，提高竞争力，企业都在不断开拓新市场、开发新客户，企业原来的一些客户无疑可能被其他企业抢走，故通过商业秘密保护经营信息，企图垄断市场的做法显然是不可取的。

5 巧言退兵

——旋转接头技术信息纠纷案

案由

2003年，金氏兄弟从山东来到上海创办银璇公司，事业发展顺利，生意日渐红火，可好景不长。2005年4月6日，江苏A市经侦大队两名警官来到银璇公司调查，称某跨国公司举报其涉嫌侵犯商业秘密和假冒专利，警方在公司厂房查看相关产品，拍照取证后离去。第二天，警方又找到金氏兄弟的一位朋友刘工，就该跨国公司举报他将该跨国公司的商业秘密泄露给银璇公司向其了解情况。刘工曾于1999年6月至2000年11月在该跨国公司工作，但因待遇等问题于2000年11月离开，后受聘于另一家外资企业工作至今。

金氏兄弟于2005年4月8日来律所进行法律咨询，向我寻求法律帮助。在了解相关情况后，我判断该案不涉及刑事犯罪，公安机关应当不予立案。在进一步调查取证后，我亲自驱车前往江苏A市，出示了有力的证据，最终说服江苏A市经侦大队作出不予立案的决定，使对方企图利用公安机关调取民事侵权证据的目的没有得逞。

飞来横祸

2005年4月8日，又是忙碌的一天，我刚刚与一位当事人沟通完案情，已近晚上七点，正准备下班，还没等我走到电梯口，助手从办公室飞跑出来叫住我，说有一位金总来电，称其遇到知识产权方面的麻烦，想约我面谈，听起来语气十分焦急。为当事人排忧解难是律师义不容辞的责任，尽管当时我已经略感疲惫，但还是毫不迟疑地返回了办公室。我从助手手中接过电话，与对方约定半小时后在附近的年年有鱼饭店见面，先由助手前去了解基本情况，我在稍事休息后与对方会面。放下电话，我抱歉地对身边的两名年轻助手笑了笑：看来你们还得加班。从一早到现在我们已经连续工作了十几个小时，但我已年过花甲，精力比不上年轻人。况且我通常每天凌晨两三点才入睡，故下午有休息的习惯，但今天一直忙碌未得空闲，故我想趁着这个空当休息一下以恢复精力，哪怕打个盹也好。

我安排两名助手先与当事人沟通，了解基本案情。事实上，这也是给助手们提供一个难得的锻炼机会。多年的办案经验告诉我，当事人往往对法律不太了解，不能把握案件的关键。让助手先了解情况，而后提炼要点转述给我，这样不仅能锻炼他们的归纳综合能力，也能有效地提高我的工作效率。经过一段时间的训练，他们的表现还是令我满意的。

在办公室稍作休息后，我便赶到见面地点。一进包厢，两位体形富态却愁容满面的青年男子就起身相迎，稍年长的那位握着我的手有些激动地说："朱律师，您无论如何也要帮帮我们啊！我们兄弟俩都是正经生意人，一直遵纪守法，从没干过违法乱纪的事，也从没与司法机关打过交道，这次警方找上门，我们都慌了，不知怎么办。"我笑着安慰说："你们不要慌乱，律师就是排忧解难来的。"待我坐定后，助手便开始向我汇报基本案情。汇报时，兄弟俩一脸焦急神情，时不时想插上一句，生怕他们遗漏了什么细节。当事人的心情我非常理解，便对他们说："不用担心，别看我的助手年轻，但个个身经百战，这方面不会出差错的。"通过汇报，我了解了案件的基本情况。

银璇公司是一家民营企业，产品以旋转接头为主，这一产品主要应用于干洗机、造纸机等机械设备上。该公司是金氏兄弟于2003年来沪投资设立的。早在1995年，金氏兄弟就在家乡山东滕州白手起家，开办了一家设计、生产旋转接头的工厂，经过两兄弟的艰辛努力，工厂在当地已小有名气。但滕州经济规模不大，发展空间毕竟有限，兄弟两人不甘心小打小闹，决心到上海开创另一番天地。于是，2003年兄弟俩在上海江桥经济开发区设立了银璇公司。公司成立后，兄弟两人共同努力，企业发展日渐红火，在行业内有了稳定的客户群，同时在周边地区也有了一定知名度。两兄弟正准备大干一场时，麻烦事却接踵而来，先是江苏A市经侦大队警官来到厂区进行调查取证，随后他们的一位老朋友刘工受到警方传讯，称其涉嫌向银璇公司泄露商业秘密。银璇公司及金氏兄弟面临着专利和商业秘密犯罪的指控。

汇报结束，金氏兄弟眼巴巴地望着我，想从我脸上看出些希望。我稍作思考后，笑着表了个态："从你们所述情况来看，本案够不上刑事犯罪。"兄弟俩听完长嘘了一口气，脸上顿时舒展开来。我接着补充道："这只是我从宏观上的一个初步定性，江苏A市公安经侦部门看来不会轻易放弃，想让他们不立案，我们还要做大量工作。现在时间不早了，要不明天上午到律所详谈。"金总连忙抱歉地说道："您给我们吃了颗定心丸，今天实在抱歉这么晚来打扰您。明天上午我们再谈。"

论案舒眉

与金氏兄弟会面的第二天，我一早就来到律所，组织律师及实习生开会分析案件，发表意见。根据本案当事人提供的情况，某跨国公司向警方举报，主要提到银璇公司涉嫌两方面犯罪：一是专利犯罪，二是商业秘密犯罪。江苏A市警方办案经验丰富，工作也比较谨慎，他们在接到报案后没有仓促立案，而是专程来到上海调查。

讨论中，律师及实习生各抒己见，有人从术语和法条的解释上分析案件，有人引用其他相似案例进行论述，有人更是进一步提出了下一步工作方案。最后，我对此案作了总结并发表了看法：从以往办案经验来看，此类案件构成刑事犯罪的可能性很小。首先，从专利犯罪来讲，我国《刑法》及相关司法解释规定的“专利”犯罪案件中，只有假冒他人专利的行为才可能构成犯罪——假冒专利罪（《刑法》第216条），而其他行为均不构成刑事犯罪，至多属于民事侵权的范畴。况且，假冒专利罪有其特定的犯罪构成要件，即必须在自己生产的产品上标注他人的专利号。除此以外，其他的行为，如技术和他人专利技术相同或相似等，都属于民事侵权的范畴，根本不涉及刑事犯罪。在本案中，银璇公司从未在自己的产品上标注过某跨国公司的专利号，这一点是毫无疑问的，警方在银璇公司的现场调查中，也没有发现标注有某跨国公司专利号的产品。

其次，从商业秘密犯罪来看，商业秘密犯罪是我国在1997年修订《刑法》时新加入的一项罪名，其犯罪构成与其他知识产权犯罪一样，都必须有一个特别构成要件，即涉案金额有一个底限。以前，《刑法》中只是规定“给权利人造成重大损失”，这一规定显然很模糊，给司法实践带来了较大困难。2004年11月，最高人民法院和最高人民检察院出台了《关于办理侵犯知识产权刑事案件具体运用法律若干问题的解释》，明确了知识产权侵权犯罪的数额认定。按照该解释，商业秘密犯罪案件中，行为人要给权利人造成50万元以上的损失，才可以追究其刑事责任。而法人犯罪的话，其数额要三倍于自然人犯罪，即150万元。而在本案中，银璇公司开办至今，总共销售金额才120多万，利润则更低，远远低于刑事犯罪的起算点。

案件讨论会还在进行中，金氏兄弟比约定的时间提前半小时来到律所。他们一早从嘉定出发驱车一个多小时前来，只想尽快从我们这里得到一些令人宽慰的建议。在听取了大家的一番讨论，特别是我的总结分析后，兄弟俩顿时眉开眼笑，当即表示委托我作为此案的代理人。

明之以法

虽然案情我已经了然于胸，但处理此事的关键是说服江苏A市警方不要插手此案，他们并不想轻易放弃到手的案件。金总告诉我，两位办案警官好像仍然逗留在上海，他们似乎不愿放过一丝线索。我心想，如果能约他们见面并说服其不予立案，不但可以立即消除委托人的忧虑，还可免去专程赴A市一趟。可惜事不遂人愿，两天后金总来电说没能联系上，为此他们失望不已。没能得到确切的结果，兄弟俩依然忧心忡忡。时间紧迫，必须在警方决定立案前说服他们。于是，我与金总商量后决定第二天亲赴江苏A市一趟，当面与经侦大队警官谈谈，希望通过有力的证据说服他们不予立案。对司法机关来说，涉及知识产权的案件如非情节严重，影响恶劣，通常不宜作为刑事案件处理。而对当事人来说，民事案件尽管有时比较烦心，但其责任承担形式至多是赔礼道歉、赔偿损失等；可一旦涉及刑事责任则，往往不可避免有牢狱之灾，甚至家破人亡。

2005年4月13日，天高云淡，风和日丽，高速公路两旁的树木抽出嫩绿的新芽，农田里一片片新插的秧苗，到处充满生机与希望，我与金总驱车赶赴江苏A市。一路上风光无限，我对此行满怀信心。而金总显然无心欣赏，他脸庞紧绷，眉头紧锁，车内的气氛有些凝重。于是，我劝他放宽心，这个阳光明媚的好天气，不正预示着我们此行定会马到成功吗?

来到江苏A市公安局，可不巧的是主管该案的潘队长有事出去了。金总有些垂头丧气地说："一开始不顺，看来今天的事不一定顺利呀!"其实有时候换个角度看问题，也许会豁然开朗。我倒与金总的想法不一样，往往好事多磨，况且根据现有证据，我们可以充分证明此案不涉及刑事犯罪。依我看，举报人无非是想借经侦大队的介入以达到搜集证据的目的。公安机关在办理刑事案件过程中所获得的证据不能直接作为民事案件的证据，但如果受理民事案件的法院向其调取，则这一证据可能被法院所采纳。

不一会儿，一位英俊威严又不失儒雅的年轻警官来到接待室，他就是潘队长，我暗想，好一个年轻有为的警官。当得知是来了解银璇案的，潘队长将我们带入他的办公室。一进门，不大的办公室里靠墙立着一排整齐的书橱，透过玻璃橱窗，只见一层层摆满了各种书籍，看来他这么年轻当上队长也在情理之中。顿时之间，我的信心更足了，必定不虚此行。

我直入主题向他表明来意，主要谈了三点：首先，本案不构成专利犯罪，并且目前无论警方还是某跨国公司都没有任何证据可以证明有犯罪发生的可能。专利犯罪是假冒专利构成。其次，也不构成商业秘密犯罪，因为我们开发的产品都有详细的研发过程记录、设计图纸等。退一步说，即使有侵权行为存在，涉案产品的销售金额只有 120 多万元，利润就更低了，远远低于司法解释中规定的 150 万元起算点，所以，无论如何构不上刑事犯罪。最后，既然本案不构成刑事犯罪，公安机关就不应立案侦查。况且，目前中国警力也不充足，还是把有限的资源用到打击真正的刑事犯罪中。本案完全可以通过民事途径解决，千万别让警方成为当事人搜集证据的工具。在我陈述过程中，潘队长不时点头表示赞同，末了他表示将与办案的警官进一步讨论，让我们与他保持联系以便及时沟通案件动向。临走时，我将我著的《商业秘密诉讼案代理纪实》赠给潘队长，希望与其分享我的一些办案心得。在得知我已经出版了 8 本知识产权案件代理纪实后，他对我肃然起敬，并表示期待拜读我更多的作品。

鸣金收兵

赴 A 市一行，虽然没有得到经侦大队潘队长的明确答复，但我认为他一定会认真考虑我的建议。不过，我们也不能坐等消息，为了进一步把工作做扎实，尽快让 A 市警方作出不予立案的决定，4 月 16 日，我带着两名助手又一次来到银璇公司厂区，现场查看涉案产品，并要求金总找来相关技术人员，带来产品设计图纸，了解详细信息。知识产权案件，尤其是专利和商业秘密案件，往往涉及大量技术性问题，单凭语言解释是不够的，还应到现场查看实物，比对产品设计图纸，拿出真凭实据来说服警方。

技术员向我们详细介绍了产品的研发过程及技术特征，说明这一技术是自行开发，而不像某跨国公司所称的，由刘工通过泄露商业秘密得到的。之后我们又将某跨国公司的产品与之进行对比，发现两者虽然有少量相同之处，但综合考察，两种产品在关键技术上存在差异。我们将这些内容一一记录，有了这些有力证据，江苏警方没有理由不接受我们的建议。

第二天，我让助手给 A 市经侦大队发了一封律师函，以书面方式陈述了公安机关不应立案的理由，同时附上了证明材料。函件发出后，我给金总打电话让他等着好消息。

没过几天，金总果真传来好消息，A 市警方已决定对此事不予立案。他激动地感叹道："您真是料事如神，这件事情不仅处理得迅速及时，而且干脆漂亮。"金总还告诉我，潘队长对我印象深刻，问他从哪里请来这么专业的律师？我听后深感欣慰，一直以来我都主张律师应该走专业化道路，并且自己也实践这样一种理念。律师如果各个领域都涉及，必定不能深入。律师初入行时，对自己的定位可以多做一些尝试，但应逐渐向专业化发展。

感　由

至此，本案获得了及时圆满的解决，当事人对此十分满意。短短的十几天，金氏兄弟经历了从大悲到大喜的戏剧性变化，而我也又一次积累了成功的经验。总结一下，本案所涉及的一些问题还是值得深思的。

第一，打击知识产权犯罪应当把握一个度。2004 年年底，最高人民法院和最高人民检察院专门针对知识产权犯罪出台了一个司法解释，业界普遍认为它降低了知识产权犯罪的定罪门槛。与《刑法》过去的笼统规定相比，该司法解释更具有可操作性，更有利于保护权利人的利益，这也符合国家加大对知识产权保护力度的政策。但我们也应注意到，知识产权本质上是一种私权，相关的纠纷应更多地从民事纠纷的角度来看待，刑事介入应格外慎重。另外，我国社会主义市场经济正处于发展初期，国内的中小企业往往规模不大，知识产权保护意识也有待提高，往往不经意间就涉嫌侵权，如果动不动就追究刑事责任，容易对企业造成破产倒闭，对个人造成家破人亡，这不利社会稳定，必将阻碍我国中小企业的发展。长此以往，也必将对我国的整体经济发展产生不利影响。当然，我在此并无意为那些侵犯知识产权的人开脱，只是在该司法解释出台后，担心我们对知识产权的保护从一个极端走向另一个极端。过犹不及，哪个极端都将会损害我们经济的发展。因此，我认为在涉及知识产权纠纷时，刑事介入一定要慎而又慎。

第二，刑事程序和民事程序应严格分开，互不干涉。不同的程序有其特定的规定和要求。比如对民事程序来讲，一般是“谁主张谁举证”（举证责任倒置的情形很少，必须有法律明文规定），当事人一般都要自行搜集证据，若举证不能则要承担败诉的风险；而在刑事程序中，搜集证据的责任主要在侦察机关。显然，司法机关搜集证据的能力要高于普通的民事主体，但是我们也要注意到司法机关的经费是由全体纳税人承担的，应该把有限的司法资源用在最需要的地方。因此，民事程序与刑事程序两者不能混淆。实践中，往往有当事人在明知对方不可能构成刑事犯罪的情形下也去报案，试图通过刑事侦查为民事程序搜集证据。这从某种意义上讲，这是骗取国家资源为其牟利，而某些侦察机关却不知不觉中被他们利用。在这方面，公安侦察机关应多加注意，避免被某些当事人所利用。本案中，A 市警方认真听取并采纳了律师的意见，及时作出不予立案的决定，其谨慎与敬业值得敬佩。

第三，一名成功的律师应该既专业化又有勇有谋。大家都知道律师是一个高风险的职业，尤其是在办理刑事案件中风险更大。但一名成功的律师绝不能因此而退缩不前，应该靠自己的勇气和智慧为当事人争取最大合法利益。同时也要看到，万金油式的律师已经不能适应时代发展的要求。一个成功的律师应当是某一领域的专家，这样才能切实解决问题，对当事人负责。在本案中，笔者就感触颇深。如果我作为律师没有勇气在侦察阶段就积极主动地和警方交涉，金氏兄弟可能现在还要过着忐忑不安的生活，无心经营，企业必将遭受更大损失。同时，如果我不是一位具有一定专业水准的律师，我们的意见也很难受到警方重视，更别说接受。可见两者缺一不可，这一案例也再次印证了我一直强调的专家型律师的重要性。

最后，我还不得不提一下对委托人的不诚信的困惑。尽管此案处理得及时、漂亮，但之后发生的一些不愉快的事情，让我不吐不快。在与银璇公司的委托合同中，我们约定了律师费数额，由于事情紧迫，我没有催促他们立即缴纳，而是先行处理案件。可当案件圆满处理完后，我要求银璇公司支付剩余律师费时，他们却提出希望减半支付，理由是此案比预期的处理时间缩短了许多。这一说法让我哭笑不得，我一心想要赶紧为当事人解决困难，不想他们竟以此作为减付的理由。我从不愿意因钱的问题与当事人闹不愉快，无奈之下只得作出让步。之前我也遇到过委托人不讲诚信的情况，有一家公司，在我圆满帮助其解决问题后，竟然拒付律师费。而相比之下，国外公司在诚信方面做得更好，这一点值得国内企业学习改进。诚信体系的建立利在千秋，中国企业绝不应当忽视，否则必然会自食其果的。

6 办厂风波

——萘系高效减水剂技术信息纠纷案

案由

柏某，原来在H市飞祥化工厂（以下简称“飞祥厂”）任副厂长，后来与厂里有些矛盾，便于2001年与该厂的技术科长章某一同离开，并于同年7月在郊区成立了另一家生产高效减水剂的澳星化学助剂厂（以下简称“澳星厂”），与飞祥厂形成相互竞争的局面。后来，飞祥厂遂以侵犯其商业秘密为由将澳星厂连同柏某、章某以及该厂的一位业务经理告上法院要求四被告停止侵权、恢复名誉、赔偿损失640多万元。本案先后经过两次技术鉴定，将原告提出的5个秘密点一一击破。之后，原告又提出保密措施证据，但被告称未见到过此文件，遂提出对此文件进行痕迹鉴定，而原告却又将文件原件取回，后称丢失。本案历经两次庭审，双方从法律和技术两个层面进行了多次交锋，互不相让，法院难以判决。之后，法院又经过多次调解，原、被告均各退一步，达成和解，终于避免诉累。

2006年2月6日傍晚，天色渐渐暗下来，助手告诉我刚才有位河南的常小姐打电话过来要咨询一下有关商业秘密的事宜，因我当时不在所里，故对方只简单地说了几句并留下了电话号码，待我回来后再联系。我按照她提供的号码打过去，接听电话的正是常小姐本人。她说，自己目前遇到了一个有关商业秘密方面的麻烦，后来在书店买了我写过的一本书，又在网上搜索了一下我的个人资料，感觉我是个很有实力的律师，所以慕名来找我，希望能帮助她一下。听得出来对方是一位资深的知识女性，说话慢条斯理，因为案情比较复杂，我当即决定约个时间要她到我的办公室面谈，她应允。

2006 年 2 月 12 日晚，常小姐如约来到我的办公室，她大概 30 多岁的样子，中等身材，长得眉清目秀，但仍掩饰不住内心的焦虑。我让她坐定，把案件的来龙去脉讲一下。她说，她的丈夫叫柏某某，原在飞祥厂任副厂长，2001 年离开该厂，并另行办厂。现在飞祥厂以侵犯其商业秘密为由将柏某某告上法院，要求赔偿。虽然常小姐不是本案当事人，但看得出她对这个案子相当关注。她说，会不惜一切代价打这场官司，而且一定要请我代理。

我听了她的讲述，对案情有了一个大概的了解，凭着多年的办案经验，我觉察到本案的关键之处在于四被告的行为能否构成侵犯商业秘密？被告的产品与对方的产品是否相同或相近似？但是说实话，我开始也不想接这个案件，因为被告方远在河南，来回路途遥远，花费精力。当地的法院也是第一次受理这样的案件，吃不准法官在这类案件上的态度，加之异地作战，人生地疏，增加了诉讼的难度。不过，看着常小姐诚恳的表情，想到此案事关重大，涉案金额达 600 多万元，如果法院判侵权的话，可能还要承担刑事责任，这将导致几个家庭的不幸。出于一种社会责任感，我答应了常小姐的要求决定接手此案。

出师中原　庭审交锋

2006 年 2 月 16 日中午，柏厂长来到所里，就本案的几个问题作进一步沟通。我向柏厂长介绍说：“目前的主要工作是判断你们生产的萘系高效减水剂是否是公知技术？另外，你们的产品是否有改进的地方？”柏厂长听后表示要全力配合我的工作。我想，一场硬仗又拉开了帷幕，虽然本案涉及很多修改的化工专业问题，但以我多年来对商业秘密案件驾轻就熟的掌握，再加上我的得力助手的协助，我对此案的前景还是比较乐观的，柏厂长也找了当地的两位律师协助我们，一个四人的律师团就此组成，很快就吹响了激越的战斗号角。

在此之前的2月13日，我所向上海某鉴定机构发出委托咨询函，就“β－萘磺酸甲醛缩合物钠盐”的生产技术是否属于非公知技术向该中心咨询。一个星期后，技术咨询报告就出来了，报告认为萘系高效减水剂的生产技术自20世纪70年代末引入我国，80年代开始先后投入市场，萘系减水剂为芳香族磺酸盐醛类缩合物。其生产技术从20世纪90年代初已经进入公知领域；“萘系混凝土高效减水剂”的生产企业所采用的工艺大体上都是经磺化、水解、缩聚、中和等工序，其工艺流程类同，属于公知技术信息。该减水剂的主要生产设备一般都是可以从市场采购的、通用的“搪瓷反应釜”，该设备为生产企业所普遍采用。看来鉴定报告对我方十分有利，胜诉似乎问题不大。

2006年12月17日，我和助手鲁律师便到达河南H市龙源大酒店，准备第二天交换证据。但令我们始料未及的是交换证据的过程并不顺利。我们并没有收到原告的任何证据材料，致使我们难以答辩和准备证据参加开庭审理。原告的这一行为明显违反了我国《民事诉讼法》及《最高人民法院关于民事诉讼证据的若干规定》。为此，我们要求法院给予四被告足够的答辩期和举证期并延期开庭。案情发展到现在，对方似乎在有意躲避着什么，冥冥之中我感觉到一丝不安。

2006年2月28日，河南省H市中级人民法院依法开庭审理了此案。双方针对法庭归纳的焦点问题进行了激烈的交锋。对于原告是否符合主体资格的问题，原告提交了两份证据，其一为H市精细化工厂的技术文件，其二为科技成果鉴定证书，以此来说明原告系高效减水剂生产技术的所有者。我们立刻对此予以反驳，我们认为，证据二关于科技成果鉴定证书中的成果完成单位是 H 市朝阳混凝土外加剂有限公司和铁道部科学研究院，这就是说，上述成果为朝阳公司和铁道部科学研究院所共有，显然与原告无关；原告仅以精细化工厂、朝阳公司和原告的法定代表人同是李某某一个人就认为该成果由三家公司所共同享有，显然依据不足。原告又提供了证人阮某某的证言，阮某某证实，1979 年煤炭部科技局组织清华大学与淮南矿务局合成材料厂共同协作完成了 NF 高效能减水剂的中试和材性测试工作，建成了一条生产线，并 1979 年参加了全部的研制、安装工作；1991 年 6 月 27 日，H 市二商局劳动服务公司决定找阮帮助上减水剂项目，并开办 H 市精细化工厂，12 月 7 日投料生产 。原告以此来证明高效减水剂的生产技术属于飞祥厂。但我们认为，原告没有提出任何证据证明阮某某曾经参与高效能减水剂的研发和生产工作，即便是参与了此工作也只能认为由其辅助参与完成的工作成果是职务技术成果，阮某某无权对淮南矿务局享有所有权的成果擅自进行转让。另外，阮某某现在的身份是原告的技术总监，与原告有极大的利害关系，由其出具的没有任何其他证据予以佐证的证言显然缺乏法律依据，不足采信。

对于萘系高效减水剂的生产技术是否为公知技术，双方都各执一词。我们依据上海某鉴定机构提供的技术咨询报告认为，“β－萘磺酸甲醛缩合物钠盐”（即高效减水剂）的生产技术已经公开，属于公知技术毫无疑义。但原告方提出，飞祥厂的萘系高效减水剂的生产技术在多个方面为原告所独创，并非公知技术。比如：在合成减水剂的过程中，磺化反应时，萘和浓硫酸的摩尔比为 1∶1.5 左右；缩合反应时，加大搅拌电机的功率能够大幅度提高反应物料的黏度，促使反应尽快增稠；生产过程中，若缩合反应有问题造成磺化反应延迟时，需要采取不水解、不降温、保温等待等措施；生产过程中，对产品通过化学检测、目测、手感等方法判断产品的质量水平；减水剂成品检测时，采用不同的水泥纵横向对比以及减水剂掺量的变化等检测方法。由于对方提出了这五个关键的技术秘密点，先前对我们十分有利的鉴定报告的作用力大大降低。开庭前那种不安的预感还是成为现实，对手在这个问题上还是有很充分的准备，而我们的准备工作却没有做好。从现有的证据来开，我们已没有了优势，而对方却渐渐占了上风。看来要想赢得这场官司并不像想象的那么简单，真不知道后面还有什么硬骨头等着我们去啃。

二次鉴定　峰回路转

俗话说，“打蛇要打七寸”。当务之急，还是要把对方提出的五个秘密点“打掉”，这个工作是整个案件成败的关键，如果做不好其他工作就很难开展，有可能还会前功尽弃。于是，2006 年 3 月 2 日，我们又向上海某鉴定机构发去了委托咨询函，针对原告提出的五个秘密点，要求该咨询中心给予技术鉴定。等待鉴定结果的那段时间，我与助手对案情进行反复推敲，针对第一次开庭对方提交的证据以及双方交手的经历，制定了更为详尽的诉讼策略，决定从主体、客体、证据等多方面向对手发起进攻。

3 月 7 日，鉴定报告终于出来了。报告针对原告提出的秘密点作出了六点意见：(1)“β－萘磺酸甲醛缩核物钠盐”（萘系混凝土高效减水剂）磺化反应时，萘和浓硫酸的摩尔比为 1.3～1.5 左右是公知技术。关键是磺化结束时控制反应物的酸度为 30%～33% 左右，这是从事本专业的技术人员都应掌握的技术信息。(2)“β－萘磺酸甲醛缩核物钠盐”缩合反应时，由于物料的黏度较大，所以需要加大搅拌机功率。并不是加大了搅拌电机功率，就能够大幅度提高反应物的黏度。(3) 减水剂的分散（减水）性能是由从原料品质开始的所有生产环节决定，“高酸度磺化”和

“增强搅拌”与此没有必然联系。(4) 生产“β－萘磺酸甲醛缩核物钠盐”采用磺化、缩合分釜反应的情况下，生产中为确保“磺化”与“缩合”同步，若缩合反应有问题造成磺化反应延迟时，必须采用不水解、不降温、保温等待，这是本专业生产过程的基本常识，属公知技术。(5)“β－萘磺酸甲醛缩核物钠盐”在生产过程中采用化学检测、目测、手感等方法判断产品质量，这是一种公知的经验，这种经验不能等同于“β－萘磺酸甲醛缩核物钠盐”生产技术。(6) 减水剂成品检测时，应该采用“42.5号硅酸盐水泥”或“标准水泥”。关于采用不同的水泥纵横向对比以及减水剂掺量的变化等检测方法是本行业绝大多数企业广泛采用的习惯方法，属公知技术信息。

这个鉴定结论对我们来说无疑是一场及时雨，消除了我们先前的疑虑，高悬着的一颗心终于落了下来。

2006年3月9日，法院第二次开庭审理此案。我方将此鉴定报告提交法庭，对方对此鉴定报告不予质证，坚持认为飞祥厂的生产技术为其独有，并非属于公知技术。法院对此问题亦没有作出任何表态。虽然摸不清法官的心态，但至少到目前为止案情在向有利于我们的方向发展。

伪造证据　做贼心虚

我们知道，商业秘密应当具有保密性，保密措施则是保密性的表现形式。权利人采取的保密措施应该是合理的、具体的、有效的。权利人采取的保密措施应该足以使承担保密义务的相对人能够意识到相应的信息为需要保密的信息，否则就不能认定该信息为商业秘密。

原告提交的证据中有一份《关于对重要岗位工作人员的管理规定》(H精化字〔1996〕17号) 文件，以此证明在柏某某和章某某离厂以前曾采取过保密措施。但曾经分别担任过精细化工厂技术副厂长和技术科长的柏某某和章某某却从来未见过这份制定日在1996年12月20日的文件。我们当即要求对此文件进行痕迹鉴定，如果该文件系伪造，则希望法院考虑追究原告方的刑事责任。原告闻听此言立刻慌了起来，在休庭的时候以复印该文件为由向法院要回了原件。后来法院要求原告提交该原件，原告却又谎称该原件已丢失并拒不提交。可见，原告在这个问题上还是做贼心虚的，用该《规定》系伪造的证据，对方在“紧要关头”终于“回头是岸”了。按照我国《民事诉讼法》的有关规定，仅有复印件而没有原件相佐证的证据，法院不予认定。我当即向法庭提出，对于原告的此份证据应当不予认定，应按举证不能处理。

法院调解　寓意和谐

到目前为止，本案总共进行了两次庭审，前后共三天时间。原、被告双方从法律和技术两个层面进行了多次交锋，互不相让，法院并没有当庭判决。我便先回上海等待判决结果，我的助手鲁律师则继续留在H市处理未完事宜。

2006年6月14日晚，柏厂长打来电话说，法院领导希望最好调解解决此案，毕竟原告是从该厂出来的，大家共事多年，今后还可以相互合作共同发展，这也有利于构建社会主义和谐社会，若非要判决，被告未必能赢……寂静的夜，柏厂长的声音通过电波从千里之外传到我的耳中，听得出这个案子背后有些微妙的关系。我当即提出两点意见：（1）若可判决就不要调解；（2）若要调解，原则应该坚持，不能认为是侵权，不能停止生产，不能赔礼道歉，不能赔偿损失，但可以给予适当的补偿，补偿数额限定在二三十万元左右为宜。柏厂长同意我的意见，同时我也告诉他要考虑周密，做好心理准备，调解之路可能不会一帆风顺。果然不出我所料，对方开出的条件是赔偿一百万元，低于一百万元免谈。对于这个条件，我们实在无法接受。应柏厂长的要求，我再一次来到 H 市，就本案的调解事宜与法院领导及主审法官作进一步的沟通。

一下飞机，我就投入到紧张的工作当中，找到了河南 H 市中院的冯副院长和周副庭长了解本案的进展情况，探询法院对此案的意见。冯院长说："现在这个案子在 H 市影响很大，各级领导都希望最好调解解决。现在中国的大环境还是要求以和谐为中心，尽可能减少矛盾的发生。作为法院来讲，我们当然也希望调解，如果非要判决的话，判决结果很可能对你们不利。"我说："我也支持法院调解，但目前的关键问题是补偿数额的问题，双方的差距太大。这个数额不能漫天要价，要有依据。我们主张以我方获利为主，减水剂项目的产值占飞祥厂总产值 6 000万元的 42%，即 2 500多万元，但是其利润率仅 1%，即只有 25 万元，所以我方主张只补偿 25 万元左右，最多放宽到 50 万元。对方提出 100 万元的补偿额实在与我们的底线相距甚远，我们难以接受。"冯院长一边听一边点头，表示会把我们的意见传达给对方。

由于在补偿数额问题上双方依然分歧巨大，调解之路走得异常艰难，如果真的能按照我所主张的方法计算补偿额从而达成调解协议，那么对四被告来讲也算是一种胜诉。四被告因为这个官司的纠缠已经疲惫不堪，早日摆脱诉累，轻装上阵，也是我所希望看到的。但愿本案的调解协议能够早日达成，为我们共同的努力画上一个圆满的句号！

10 月下旬，办公室楼下的枫叶早已染红，火红的一片煞是惹人喜爱。下午刚送走一位客户，我坐在办公室内正在整理工作记录，电话铃声响起，我望了一眼来电显示"03……"，是 H 市的电话，"难道是柏厂长？"我拿起电话，电话那头果然传来了柏厂长的声音，"朱律师，我和对方和解了"，简单的一句话使我悬在心头几个月的石头落地了。柏厂长说虽然最后达成的调解金额超出了其原先提出的数额，但对方给了他一段较长的期限，并允许其分阶段支付补偿金。最后，柏厂长表示他对本案的结果很满意，并向我表达了谢意。

感 由

此案在本书成稿之时虽然还未最终了结，但在代理这个案件的过程中，也不断引发自己的一些感慨与思考，我愿意把我的想法说出来与广大读者共同探讨。

一、对方当事人无正当理由不予质证的证据，法院应该认定有效

本案中，对我方第二次提交的鉴定报告对方不予质证。该鉴定报告是我们针对原告第一次开庭中所提出的问题而进行的二次鉴定。当我们向法庭提交时，对方当事人无正当理由拒绝质证。法院对此问题也没有一个明确的表态。我认为法院的这种行为不妥，法院应当对这份鉴定报告予以认定。

根据《最高人民法院关于民事诉讼证据的若干规定》第47条规定，“证据应当在法庭上出示，由当事人质证。未经质证的证据，不能作为认定案件事实的依据。”之所以这样，是为了更好地保护当事人的诉讼权利，保障民事诉讼公平、公正地进行。但该规定过于笼统，没有区分司法实践中的不同情况，导致了“一刀切”，反而造成了不公平、不公正现象的发生。比如一方当事人按照法定的时间和程序出示的证据，另一方当事人无正当理由拒绝质证，此时若按照该规定的解释，不能作为认定案件事实的依据。但是，如果法院对此份证据不予认定的话，却又明显地违背了诉讼权利平等的原则。因为提交证据的一方本身并没有过错，但由于法院对此证据不予认定，那么必然会对该方当事人产生不利的影响，让没有过错的一方当事人承担不利后果，显然是不合理的，也是不公平的。

本案也遇到了这样的情况，我们提交的鉴定报告是经过专家组鉴定后提出的，具有很高的权威性。该份报告的提交是符合法律规定的，所以对方没有任何理由来拒绝质证。如果拒绝质证，经审判人员反复说明，仍拒绝质证的，则应视为放弃质证权利。审判人员可以对该证据依照法定程序，全面、客观地审核，从而对其证明力有无和证明力大小作出判断。这不仅符合民法理论的公平原则，同时也是《民事诉讼法》中诉讼权利平等原则在质证过程中的体现。

二、对构建社会主义和谐社会的一点思考

"构建社会主义和谐社会"概念的首次完整提出，是十六届四中全会的《中共中央关于加强党的执政能力建设的决定》。《决定》将其正式列为中国共产党全面提高执政能力的五大能力之一。胡锦涛同志曾经指出，我们所要建设的社会主义和谐社会，应该是民主法治、公平正义、诚信友爱、充满活力、安定有序、人与自然和谐相处的社会。这些基本特征是相互联系、相互作用的，需要在全面建设小康社会的进程中全面把握和体现。和谐社会的思想体现在我们生活的方方面面，在司法领域也不例外，作为律师我时常可以感受到它的存在，也深深体会到它不可替代的作用。

中国人自古以"和"为贵，冤家宜解不宜结。在司法理论和实践中，我们国家独创了调解制度。调解就是经过第三者的排解疏导，说服教育，促使发生纠纷的双方当事人依法自愿达成协议，解决纠纷的一种活动。调解主要分为四种，即人民调解、法院调解、行政调解、仲裁调解，其中以法院调解最为重要，也最为人们所关注。现实生活中，有很大数量的案件是以调解结案，调解结案具有与判决同等的法律效力。从调解制度产生、发展和起到的作用来看，它也是构建和谐社会的一个重要途径。就拿本案来说，原被告双方能够调解解决，不但可以定纷止争，使双方摆脱诉累以尽快投入新的生产，而且对于保持社会的安定团结也起到了不可估量的作用。所以，我认为在构建社会主义和谐社会的过程中，应该充分发挥调解的作用。可以想象，一场官司打下来，原被告双方能够相逢一笑，握手言和，这个画面应该是每一位律师所努力追求并希望看到的。

7 悄然撤军

——高分子合成材料技术信息纠纷案

案由

上海S研究所（以下简称“S所”）系上海Y（集团）公司旗下全资子公司，主要从事高分子合成材料的研发与生产。2006年1月，S所与其职工仲某发生劳动争议：S所以仲某私自将其职务发明投资他地，并申请专利为由扣发其相关奖金。仲某在劳动仲裁未获支持后便向区法院起诉。仲某一审败诉，仲某又于2006年8月向上海市第一中级人民法院（以下简称“上海一中院”）提起上诉。在二审审理过程中，仲某辩称其专利已公告，上海一中院法官倾向于对一审判决改判。形势对S所颇为不利，若不采取有效措施，将面临败诉结局。关键时刻，我接受S所委托，采取釜底抽薪的战略，主动采取行动，起诉仲某侵犯商业秘密，以期由商业秘密案认定的事实为基础，来支持劳动争议案件的判决，最终赢得了战机，并使S所赢了这场诉讼。本案不仅代理过程曲折离奇、扣人心弦，而案件所反映出来问题更是发人深省。

临危受命　另辟蹊径

2007年2月22日，我收到Y集团的邀请函，说要召开一个知识产权案件论证会，研讨其涉诉案件的有关问题，特别邀请我参加。对于他们所说的案件，上海的一些媒体曾报道过，我也有所关注，于是欣然应允。然而，好事多磨。论证会定在2月26号下午13：30开始，之前我正在北京开会，于是就预订了26号上午的机票，准备赶回上海参加论证会。可是天公不作美，航班晚点，于是我电话通知助手先到会场。论证会在Y集团大楼中的圆桌会议室举行，由Y集团法务总监主持。到会人员除有S所领导、市国资委法务及集团和S所法律顾问外，还邀请了不少高校著名学者和上海知名律师。论证会主题是：S所扣仲某奖金的做法对不对？仲裁决议与一审判决是否正确？二审如改判其理由是否充分？如何防止二审改判？与会人员各抒己见，相互辩论，现场气氛非常热烈。然而，遗憾的是，没有人能给出化解S所案件二审危机的良方。见此局面，S所的领导心急如焚。

我于15：00赶到会场，讨论仍在激烈进行，但已近尾声，尚有S所和Y集团的法律顾问将要发言。我坐定后，迅速进入角色，边听发言，边看文件，边听汇报，边思问题，力求在最短的时间内熟悉案情、形成观点。不久就轮到我发言，我先问了两个问题：第一，S所的系争职务技术成果是公知的还是非公知的？第二个，对方在外地以技术入股办厂是否确有其事？S所的相关人员回答说，系争职务技术成果应该是非公知技术；对第二个问题的回答是确有其事。我听后，点点头，连连说“好”。边说边端起茶杯，轻呷一口，然后就慢慢放下：“首先，因为飞机晚点而迟到，向各位致歉。其次，各位领导与专家的看法都有道理。此案依我看，虽说是劳动争议案，实际上是商业秘密案，问题是在劳动争议案里无法审理商业秘密案”。说到这里，我又停顿了一下，会场静静地无人插言。我接着说：“目前要化解危机，应考虑三方面问题：其一，S所与仲某之间是否存在合法有效的劳动关系？如果存在，仲某违反保密规定就应扣其奖金，反之则否；其二，S所认为仲某泄密，关键要看涉密技术是否有秘密点，秘密点在哪里？其三，仲某是否泄露了具有秘密点的技术成果？弄清这三点，一切就将迎刃而解。”会场有些骚动，我继续说：“谈到对策，当务之急是以仲某与外地公司为共同被告向上海一中院起诉，状告他们侵犯S所商业秘密。只要上海一中院立案，我们就可说服上海一中院中止审理劳动争议上诉案。等到商业秘密案胜诉，劳动争议上诉案也就迎刃而解了。”我的发言得到大多数与会人员的认可。最后，S所领导高兴地说：“朱律师果然名不虚传，说话言简意赅，切中要害，我们就全权委托您，相信您定能妙手回春。”

立竿见影　缓兵中止

我正式接受委托后，便指派助手王律师抓紧阅卷并整理证据。我从中了解到，2006年8月10日，上海一中院收到仲某劳动争议案上诉状，并确定于8月22日第一次开庭审理。此后，上海一中院又于11月3日依法裁定延期审理。后又经当事人申请，上海一中院再次延长审限至2007年3月10日。从双方庭审及法官询问的问题来看，S所隐约感到二审结果对他们有些不妙，照此下去就会坐以待毙，改判败诉。如此，则所有的努力将会付诸东流，并且会在S所内部乃至整个Y集团的劳动和科研管理中造成不良影响。为此，S所和Y集团非常重视此案，他们下定决心，排除万难，力争胜诉。

根据S所与Y集团的要求，我们当机立断，连夜起草诉状，赶在劳动争议案最后审限前的3月7日递交给上海一中院，状告两被告侵犯原告商业秘密。值得欣慰的是，上海一中院于2007年3月8日立案。随后，我又立即与上海一中院劳动争议案件的法官沟通，陈述中止审理上诉案件的理由，并递交了商业秘密案受理通知书和起诉状，以证明两案的因果关系。上海一中院劳动争议案件合议庭经审查认为商业秘密案的审理结果与劳动争议上诉案有法律上的必然因果关系，于是同意我们的申请，并于2007年3月9日裁定对劳动争议上诉案中止审理。

首战告捷，我们成功地化解了当前的危局，使我们与S所和Y集团都松了一口气。从决策到成功，从临危到中止，前后不过三天，其速度之快、效率之高在诉讼中实乃罕见。对此，S所和Y集团都欣喜不已，并对我们的工作甚为满意。然而，此乃万里长征第一步。

确定秘点　步步为营

S所在劳动争议上诉案中之所以被动，究其原因就在于其所提供的证据薄弱，具体表现为缺乏书证、物证不足以及间接证据尚未形成链状。诉讼是讲证据的，谁主张谁举证，否则必然会承担举证不能的不利后果。因此，接手商业秘密案后，我便将工作重点放在证据的获取上。如前所述，我们制定的诉讼策略是，商业秘密案是基础，是劳动争议上诉案的因；而劳动争议上诉案是商业秘密案的果。前者的胜负将直接导致后者的成败，可谓“唇亡齿寒”。

作为商业秘密案的原告，要证明被告侵权，首先必须证明自己拥有商业秘密，也就是说，系争技术成果是非公知的，具有创造性，俗称具有秘密点。然而，对于秘密点的寻找，是很艰难的，其既涉及法律问题，也涉及技术问题。为此，我们于2007年3月26日到S所召集系争技术的专业人员和法务人员进行座谈。经过慎重研究，我们最终确定了两个秘密点：

第一个是J薄膜套管胶膜层的组分及配比，具体是指：J材料薄膜层由J酸X制成，该J酸X是用芳香二酐、芳香族二胺和无机填料共混聚合而成，无机填料为氮化硼。

第二个是J薄膜套管脱模工艺中采用的聚四氟乙烯模具。以前的金属模具脱模困难，不能规模化批量生产。

确定了秘密点，就说明系争技术的发明点是非公知技术。然而，法律上所定义的商业秘密，就是不为公众所知悉，能为权利人带来经济利益的，经权利人采取了保密措施的信息。那么这两个秘密点能否满足商业秘密的标准呢？之后，我们又多次去S所搜集证据，经过不懈的努力，我们掌握了大量的书证、物证和调查笔录。通过分析，可以确认四个事实：

（1）仲某在职期间，曾在原告处从事J材料套管的研发，并至少进行到小试阶段；

（2）原告利用自己的科研人员与科研设备成功地研制出J材料薄膜套管脱模工艺中所采用的聚四氟乙烯模具；

（3）S所具有保密意识，并采取了合理的保密措施来保护自己的科研技术成果；

（4）两秘密点对S所具有巨大的经济价值。

九层之台，起于垒土。经过不懈的努力，我们终于筑起“S所商业秘密”大厦。多日的奔波也使我们略感疲惫，然而情势紧迫，不容放慢脚步。于是，一杯茶水过后，我又投入紧张的战斗，“待从头，收拾旧山河，朝天阙！”

奇兵出击　证据保全

我们经过仔细分析、反复推敲和慎重研究，觉得本案在权利证据上尚有瑕疵，特别在权利证据和侵权证据上，要证明聚四氟乙烯模具是原告的商业秘密，并且还要证明被告使用了原告的商业秘密聚四氟乙烯模具，这必须在被告处取得物证，且该物证与原告的聚四氟乙烯模具相同或实质相同。可要证明这一点谈何容易？之前，S所和Y集团纪委曾派员前往外地公司调查取证，但是却无法进入厂区，故只能“望模兴叹”。正当我们一筹莫展之时，S所人员介绍说，有人提供消息，他们曾在外地公司发现过这些模具。听后，我想真是“踏破铁鞋无觅处，得来全不费工夫”。于是便当机立断，向上海一中院申请证据保全，但为防止被告转移、隐匿、销毁证据，我们的行动必须迅速且保密，以防打草惊蛇。

但法院对证据保全的要求较高，法官认为从我们现在提交的证据来看还不足以支持我们的证据保全申请。既然证据保全这条路行不通，于是我们赶紧商讨取证对策，大家很快达成共识，决定来个曲线救国，即通过财产保全的方式来达到证据保全的目的。也就是说，将模具作为财产，以对方隐匿财产为由要求法院进行财产保全，通过扣押模具的方式来取证。因为财产保全较容易获得法院的批准，果然，我们的这个设想很快就实现了。

2007 年 5 月 13 日，助手王律师与 S 所的人员先期抵达外地公司。不料却发现该公司大门紧锁，院内杂草丛生，仅有几个门卫驻守。据门卫讲：目前外地公司已停业，被管委会拍卖。不过也有意外收获，经门卫同意，他们进入厂区，在车间内发现了大量的聚四氟乙烯模具。获此消息后，我立即与上海一中院执行庭两位法官从上海直飞济南，立即对模具进行保全。下午，我们抵达外地公司时，两位法官向门卫出示相关文件后要求进厂，可是几名保安百般阻挠，拒不同意法官的要求。双方僵持达一小时之久，中间曾有几次摩擦，差点发生冲突，情势非常紧急。证据近在眼前却无法保全，我们都一筹莫展。关键时刻，保全法官表现出久经沙场的大将风范，提出要直接找县领导，此举引起了县管委会的重视。保全法官见有松动，便当场向他们出具了相关法律文件，并进行了耐心的解释，管委会负责人员终于同意法官、法警与双方代表进入。过程虽然曲折，然而在我们的共同努力下，特别是保全法官随机应变、处乱不惊，终于顺利地完成了保全任务。我们奇兵出击，在成功的道路上又迈出了坚实的一步。

一争是非　律师雄辩

一名优秀的律师，不仅要有过硬的分析能力，其法庭辩论亦要胜人一筹。为此，自执业以来，我始终孜孜以求。每每回味，“指点江山，激扬文字”的场景总会令我心潮澎湃，激动不已，这次S所商业秘密案的法庭辩论令我难以忘怀，这是助手王律师与我相得益彰的一次成功合作。

2007年12月11日，上海一中院开庭，外地公司未到庭，我们在代理席就座。因前期工作充分，我们胸有成竹，信心百倍。王律师分四大方面宣读了代理词，请求法院判决被告侵犯原告商业秘密，并赔偿相关损失。在大量证据面前，被告仅有招架之功，几乎没有还手之力，胜利的天平倾向我们。

在辩论时，仲某首先辩称：原告没有给其下达科研任务，其只是基于兴趣爱好，并利用业余时间做的小试。我们正言反驳：被告一的陈述与事实不符，被告一后续的行为，包括考察办厂、以涉案产品生产技术入股投资、将涉案产品技术申请专利等已不仅是一句“兴趣爱好”所能解释的。另外，被告一当时是原告J材料研发组的负责人，而涉案产品就是J材料做成的，所以，即便按照被告一的解释，其在职期间作出的与其在单位承担的本职工作有关的发明创造也理应属于职务发明创造或职务技术成果。听到我们的答辩，被告一顿时无言以对。后来，仲某缓过神来又继续辩称：涉案技术研发并未经过立项程序，不能代表原告下达过科研任务，也无法证明原告享有系争商业秘密。我们当即回应道：被告的辩解于法无据。科研立项只是一种管理手段，并不是下达科研任务的唯一方式，也不是享有商业秘密的必要条件。被告见其狡辩被我们一一破解，于是故伎重演，要求法庭否认我们部分证据的证明力。对此，我们早有准备。首先，对证据进行考察，应当从各证据与案件事实的关联程度以及各证据之间的联系等方面来进行综合审查判断。其次，由于商业秘密案件取证的艰难性和复杂性，此类案件中能够直接证明侵权事实的证据只占少数，大多数的证据都是间接证据。第三，对于间接证据不能一概否认其效力，而应该同其他证据放在一起进行综合比较判断。本案中，原告提交的部分证据也属于间接证据，但这些证据相互关联、相互印证，组成了一个证据链以共同还原事实真相。所以，不能孤立地看待原告的某一份证据，而应当通过证据之间的关联性来综合认定原告证据的证明力。

庭上经过几轮激烈的辩论，我们从事实和法律出发，将被告的辩解一一推翻，驳得其体无完肤。由于庭前作了充分准备，法庭辩论下来，我方占据了绝对的主动，被告方已难以应对。说来也巧，商业秘密案的证据也有力地补强了劳动争议上诉案，为此，劳动争议上诉案合议庭解除中止，并再次开庭审理，重点审查了被告的泄密事实。据此，在商业秘密案审结前就作出二审判决：驳回对方上诉，维持原判。由于劳动争议案的胜诉已达到制止被告侵权的目的，并使仲某受到应有的惩罚。为了和谐稳定，S所就向上海一中院申请撤诉，并获准许。古人云，“穷寇莫追”，此亦然也。于是一场惊心动魄、扣人心弦的，与劳动争议交叉进行的商业秘密诉讼也就在硝烟弥漫中骤然降下帷幕。

感　由

案件虽了，然留下三个问题值得大家深思。

一、关于纪委调查笔录能否作为法庭证据的思考

我国《民事诉讼法》对证据概念没有给出定义，学理解释基本上是引用《刑事诉讼法》的定义：能够证明案件真实情况的一切事实都是证据（第42条第1款）。然而，《民事诉讼法》第63条却又列举了七种证据。不难看出，《刑事诉讼法》中的这一定义与其对证据种类的严格规定存在矛盾。在采集证据时，法庭应该实事求是，还是恪守规定，实践中存在很大争议。

本案所涉及的纪委调查笔录能否作为法庭证据，即属于此种情形。对此，司法实践中通常是以公安做谈话笔录来替代纪委笔录。我认为，此举对刑案来说尚可理解，但对民案来说，在一定条件下纪委的调查笔录应可作为法庭证据，其理由如下：

（1）从搜集证据的目的看，法庭搜集证据，目的是借助证据还原事实真相，作出正确的裁判。从实体角度考虑，凡是能证明案件真实情况的一切事实，都可以也应该被法庭认可为证据，这一做法符合唯物辩证法的要求，也符合我国《民事诉讼法》关于证据学的要求；从程序角度考虑，突破《民事诉讼法》第63条的僵硬规定，未必导致裁判不公。只要纪委调查依法实施，不存在欺诈、胁迫、恐吓等违法情形，且每一份调查笔录均由被调查人亲笔签字，程序上并无瑕疵，那么纪委的调查笔录就完全可以发挥证据的作用，理应被法庭所采纳。

（2）从纪委的性质看，根据《中国共产党党章》的规定，纪委的性质是党的监督机关，其有权在法律允许的范围之内对单位涉案人员的违纪行为进行事实调查和核对。故只要纪委严格按照法定权限、程序制作调查笔录，则完全可以作为法庭证据。

（3）作为民事诉讼的证据要为法院所采信，同样应当经过质证程序，犹如鉴定报告、审计报告和评估报告那样，相关人员要出庭，接受双方的异议和法官的审查。只有这样才能确保程序合法和实体准确。

二、关于劳动争议上诉案的中止与商业秘密案的撤诉，中止与撤诉均为诉讼策略之需要

诉讼中止，是指在诉讼进行过程中，出现阻止诉讼进行的事由，经当事人申请或法院裁定诉讼暂时停止，待该事由消灭之后诉讼继续进行的情形。诉讼中止的事由很多，背后的目的亦是多种多样。本案中发生的中止诉讼，属《民事诉讼法》第136条第（五）项规定的情形：“本案必须以另一案的审理结果为依据，而另一案尚未审结的”。

我接手此案时，上海一中院的劳动争议上诉案因S所未提供足够的证据，而面临败诉的危险。当时，审限上不允许我们按部就班地搜集证据。于是，我们就充分利用《民事诉讼法》第136条第（五）项的规定，向上海一中院另行提起侵犯商业秘密诉讼。上海一中院认定侵犯商业秘密案与劳动争议上诉案判决结果可能存在关联，于是裁定中止诉讼。为此我们赢得了宝贵时间，去除了败机，而留住了胜机。随着商业秘密案庭审的推进，被告的侵权事实逐步明朗，因而该商业秘密案法院所认定的事实就可作为劳动争议上诉案的证据使用。此观点被劳动争议上诉案的法官所接受，便裁定解除中止，开庭审理，并择日宣判维持原判。当时，我们认为中止诉讼的目的与解除中止的目的并不矛盾，都是为了胜诉目的。所不同的是，前者是在不利形势下的缓兵之计，而后者则是在情势有利时的明智抉择。因此，中止与解除均是策略上的需要。事实证明了我们的策略是正确的。

至于商业秘密案的撤诉更体现了和谐精神，是基于更深远的考虑。既然劳动争议上诉案业已胜诉，那么，从社会和谐与稳定出发，原告就申请撤销商业秘密案。这一举动给仲某以反省和重新做人的机会，也充分体现了“以人为本”的方针政策。此举在S所产生了很好的影响，起到了惩前毖后、治病救人的作用，为构建和谐的劳动关系作出了贡献。

三、我国企业应当完善管理制度

S所虽然最终胜诉，但其在管理制度上所存在的漏洞也确实值得反省。

其一，对于科研立项，S所制定了规定，但却没有认真执行，险酿苦果。尽管对方的辩解未被法院采纳，但S所差点因缺乏书证而输掉官司确是事实。这不仅给S所，也给其他企业敲响了警钟，制定规定后还不能高枕无忧，关键是严格执行。通过执行规定来保存相关技术资料，即使日后诉讼也能立于不败之地。

其二，科研人员泄露商业秘密，给单位造成巨大损失，究其原因是什么？仲某是S所的老职工，工作成绩突出，多次受到S所表彰和奖励。那么，为什么其仍会置法律与职业道德于不顾，泄露单位商业秘密呢？这个问题值得我们探讨。自我国建立市场经济以来，各种思想、思潮充斥着我们的社会，更影响着我们的头脑。一切往“钱”看，讲究奢侈攀比，很多员工的职业道德水平急剧滑落，甚至铤而走险，实施犯罪行为。所以，作为单位，搞好生产是一方面，做好员工的思想工作更为重要。平时要通过法律教育、道德教育，帮助员工形成守法、诚信的人生观、价值观和世界观。同时，单位也应该在分配中实现公平，使员工能感受到自身价值，真心为单位服务，不损害单位的利益。这是每一个企业发展壮大的需要，更是构建社会主义和谐社会的要求。

8 师徒握手

——喜树碱技术信息纠纷案

案由

成都天源天然产物有限公司（以下简称“天源公司”）系美国Green生物化学公司依法在成都注册的独资企业。天源公司主要从事医药中间体、精细化学品等高科技产品的研制和销售，其产品包括：喜树碱、10－羟喜树碱、7－乙基－10－羟喜树碱、盐酸拓扑替康等，其中，经天源公司自主研发的10－羟喜树碱和7－乙基－10－羟喜树碱生产工艺具有国际领先水平。

在公司发展如日中天之际，吕教授的学生、公司技术人员方荀将公司部分技术秘密及研发资料带走，并新开公司，使用天源公司的技术，生产同类产品。这些行为严重侵害了天源公司的合法权益，导致天源公司产销一度停滞，造成严重经济损失。天源公司在报案无果后，转而求助律师维权，最终，经过曲折反复在法庭的主持下终于调解成功、不仅讨回公道、而且师徒重归于好。

2007年春，我在北京参加一个学术研讨会，京城深厚的历史底蕴和蓬勃的现代气息在此交相辉映，即将到来的奥运盛会让首都更具活力。正是由于历史的渲染，它的一草一木绿得更加浓郁，它的一砖一瓦古韵更加十足。短暂的公务行程无法尽然体会北京之美，深嗅一下首都清新的空气已足矣。

会议期间，接到一个电话，我一听就知道是女弟子郭秀华，她在求学期间曾来我所实习，后随丈夫进京执业。但师生情谊并未淡化，每次见面总会交流业务。没几年，她就成为律所二级合伙人，并且考入北大攻读博士，可谓青年律师之楷模。电话中她说有件复杂的商业秘密案件请我帮忙，于是我欣然同意。言谈间，我得知，一位吕姓教授在开办企业过程中，其技术秘密被其学生部分使用，致使损失惨重，后求助于北大法学院，由她负责此事。然而，一则学业太忙，无暇顾及；二则自感不足，难以胜任，便推荐我担纲此案。

情系北大

吕教授为何求助北大法学院而不直接聘请律师？后来得知，他是我国环境科学领域著名学者，与北大半个世纪的情缘曾传为佳话。故事还要追溯到 1957 年，吕教授读高三时，曾给北京大学生物化学教研室写过信，这是吕教授追梦北大的开始。虽然高考的失利让吕教授抱憾不已，但半个世纪来他对北大仍念念不忘。几年前，海外事业有成的他萌发捐资北大助学之念，他认为一个人的科研寿命是有限的，他希望年轻人能传承他的科研理想。于是，他找到北大生命科学学院院长，表达了这一心愿，最后双方议定，用 100 万人民币设立基金，并用每年利息的 80% 作奖金发放给优秀研究生，每年由他亲自发放（这是迄今为止，大陆人士以个人名义设立的最高研究生奖励基金）。正是其与北大之间存在的这层情谊，故其维权时首先想到的就是求助于北大法学院。对吕教授的义举我五体投地，但对他的遭遇又深感同情。于是便欣然答应，让其尽快安排与吕教授会面。

经小郭安排，她与吕教授亲自飞抵上海，直奔我所。乍看之下，他行走颤巍，面容沧桑，怜悯之心油然而生。于是，我上前扶他坐下，寒暄中他说他曾作过两次心脏手术，身体非常虚弱，行走甚为不便。

作嫁他人

在会议室交谈中，我得知吕教授的学生方荀于2001年7月5日受聘于天源公司，负责协助研制和生产喜树碱及相关产品，并负责设备、产品及原料的采购和保管等工作。双方在聘用合同中约定，方荀在聘用期间所有研制产品的知识产权均归天源公司所有，并不得泄露、转让和变相泄露转让给第三人，也不得在天源公司以外的其他地方生产相关产品。然而，方荀在掌握了上述产品的相关技术后，于2004年年初不辞而别，并将公司部分技术资料带走，事后天源公司曾屡次劝其回公司，并交技术资料，但其不予理会。

喜树碱及相关产品是天源公司的核心产品，这一事件对天源公司的影响相当严重。以有机碘为氧化剂生产10－羟喜树碱的方法远远优于国内外红外照射法，其收率提高一倍以上，成本降低一半，质量达到国际领先水平。7－乙基－10羟喜树碱是在合成7－乙基－喜树碱的基础上，用上述工艺合成实现的。在整个研制过程中，考虑到保密的重要性，公司对生产上所用的各种原料均以代号称之，对整个工艺流程中最关键的催化剂更是采取了曲线采购的措施，即让供应商在国外将货物先寄往东北一家关系企业，然后再从东北寄往成都，可谓用心良苦!

艰苦的研制取得巨大的成功。2003年，天源公司在国际上率先高效、优质地生产出喜树碱系列产品。产品上市伊始就迅速赢得了国内外客户的青睐，近九成的产品远销欧美。此时，天源公司迎来了发展的春天。然而，天有不测风云，面对巨额利润，私欲开始膨胀，方荀带走部分研发资料，致使天源公司的生产一度陷入混乱并无奈停产。由于没人能够全盘记住生产过程中的各种参数，天源公司只能凭记忆艰难地进行二次研发。然而，最担心的事情还是发生了，不久，市场上突然冒出与天源公司喜树碱相同的产品，并以低价销售。经查，该产品系由成都大发科技有限公司生产（以下简称“大发公司”），其法人代表就是方苟。众多科研人员的劳动，成为他人的嫁衣，真令人痛心不已！吕教授无奈之下决定求助北大法学院。

柳暗花明

了解案情后，我便召集助手讨论，大家各抒己见。一番分析后，大家认为此案难点主要在取证和管辖方面。首先，因涉案公司均在四川，我们人生地疏，取证和立案难免困难重重；其次，沪、川相隔数千里，往返费时费力，对连续作战不利；再次，吕教授孱弱的身体能否经得起漫长诉讼的考验也是一个重要问题。

取证问题，当初天源公司考虑到技术研发保密的重要性，对产品生产过程中的原材料均以代号称之，导致现在想证明自己的生产流程和原料都相当困难。

管辖问题，一般而言，在确定民事案件的地域管辖时，普遍适用的原则是“原告就被告”，即由被告住所地或所在地的法院管辖。但在民事诉讼中，原告方往往采取各种方法，争取对其有利的管辖“优势”。《民事诉讼法》第 29 条规定：“因侵权行为提起的诉讼，由侵权行为地或者被告住所地人民法院管辖。”而侵权行为地又包括侵权行为实施地、侵权结果发生地。据此分析，如果能够将管辖权移到上海，情况或许会有所改观。如此，若能增加一个销售涉案产品的单位作为被告，那么将会增大上海法院获得管辖权的机会。按此思路，大家便发挥团队的力量，一边通过网络搜索，一边通过其他渠道打听，主要目的是查明涉案产品在上海是否有销售。真是功夫不负有心人！在查找过程中我们发现上海某贸易公司正低价销售该争议产品，在其网站上有明确的宣传。见此情形，助手们如获至宝，一边电话通知吕教授，让其对该公司的销售产品进行核实，一边让助手去静安公证处将该公司网站宣传内容进行公证保全，以备起诉之用。同时吕教授还亲自打电话向该公司询问有无10－羟喜树碱和7－乙基－10羟喜树碱，在得到对方明确答复后又证实该产品正是源于方荀所设立的大发公司。如此，只要我们增加上海这家贸易公司为同案被告，便可在上海提起诉讼。

以退为进

时光荏苒，不觉间半年已过，忽然想起已经好久没有吕教授的消息，心中不由一紧。致电过去，吕教授低沉沙哑的声音让人揪心，原来他半年来多次奔走于京、川两地，在北京接受完治疗，稍有好转便返回成都工作。他甚至兴奋地告诉我现在可以走50米远了，真不知该为他高兴还是担心！由于起诉前吕教授必须来上海就相关事宜进行确认和准备，我提醒他保重身体，并邀请他在合适的时候来上海。吕教授一口应允，并于半月后抵沪。鉴于他的身体状况，我特地去宾馆将他接到所里，并扶他上楼。此次相见，吕教授变化不小。沧桑的脸上沟壑纵横，流淌过多少岁月的长河，不见似水年华，只映夕阳余晖。凌乱的头发、酱紫的嘴唇……很显然，是经过岁月的磨砺和精神上的打击，心中定有难以排解的郁闷。尽管这位老人晚年遭受不幸，但依然双目有神，思路清晰。他介绍了事情的最新进展，方荀的行为致使天源公司市场尽失，利润骤降。但他用肯定的语气说："朱律师，我现在行走不便，此次来上海，就想把所有手续都办好，以便你们立即起诉。"

吕教授走后，我们很快就将诉状递交法院，由于此案如打商业秘密则证据不足，坚持诉讼，必输无疑。故采取迂回战术案由定为其他科技成果权，希望通过开庭进一步搜集相关证据。

不久就收到法院传票，定于2009年4月29日开庭审理此案。开庭后，仍感证据不足，加之吕教授身体状况恶化，因此，诉讼无法进行，只能暂告段落，经与吕教授商量，决定暂且撤诉，待他健康恢复，时机成熟，以便再诉。

师徒言和

2009年9月11日吕教授身体痊愈，于是又向上海市第二中级人民法院（以下简称“二中院”）提起了侵犯商业秘密诉讼。

众所周知，打官司在一定程度上讲就是打证据。在知识产权案件中，原告难当正是因为举证困难。自己拥有的权利需要充分的证据来支持，他人侵权的事实也需要足够的证据来证明。所以在商业秘密案件中调查取证就成为关键之举，一旦证据不足，就难以胜诉。本案中，最困难的工作无疑就是搜集对方侵权的证据，由于本案还涉及侵权产品的生产方法，所以必须深入对方企业内部就整个生产过程现场取证，难度之大可想而知。在诉讼中我们向某中院申请证据保全，但由于路途遥远没有成行。

不仅被告的侵权证据难以取得，我方拥有的该商业秘密的权利证据也有瑕疵。对于商业秘密案件，原告必须要证明自己具有非公知技术或经营信息，但本案由于研发资料自始由方荀一人掌管，所以导致现在天源公司举证困难，诉讼难度加大。

11月3日，我们收到了二中院的传票，法庭定于12月1日质证，12月2日开庭审理。

12月1日，因我要去北京开庭，所以本案质证工作就由助手王律师负责，我让实习生小李和他一同前往，希望小李借此得到更多的学习和锻炼。临行之前，我们讨论了案件的进展，鉴于吕教授再次卧床，同时也希望老人能看到这场官司阶段性的成果而得到安慰，在此进退两难之际，调解是最佳方案。既能讨回公道又能保存实力，当然，前提是制定好此次调解的目标和底线。

12月1日晚我返回上海，王律师就质证过程向我作了汇报，“对方也愿意接受调解，承担律师费，并同意停止对侵权产品的生产也愿意适度赔偿。”我点头应允，于是我马上致电给他。吕教授说：“那就这样吧，我本意也不想把他一棍子打死，毕竟是自己的学生，赔多少并不重要，关键是让他认识到错误，以后知错能改就行了。”吕教授的高风亮节真无愧大师风范！

我问实习生小李对此次质证的感受。小李说：“我是第一次参加质证，学到不少东西。尤其是几位律师认真负责的态度，无论是王律师，还是成都的两位年轻女律师，质证时都非常仔细，把多达200多页有关单据的复印件与原件中的签章和内容一一核对，整个质证过程花了6个多小时。”听到这里，我也非常高兴。正所谓后生可畏，中国现代化法治建设正是需要这样一批年轻有为，尽忠职守的年轻律师。

12月2日上午，庭审过程中双方对于进行调解均无异议，经过谈判，双方都作出了让步，最终在法官的主持下达成了调解协议，被告停止使用侵权方法生产10－羟喜树碱，向原告支付侵权损害赔偿费5万元人民币，并承担诉讼费用。但7－乙基－10羟喜树碱并不包括在内。

回程路上，小李问我对这场诉讼的结果是否满意。我说：“这场维权的官司还没结束，仅获得了阶段性成果，调解书只是对部分侵权事实达成了共识，本案也仅是暂告段落，如果吕教授坚持，那么还可打一场7－乙基－10羟喜树碱的官司。”

我衷心希望吕教授能在明年春暖花开之季枯木逢春，重获康健。

感　由

一、在诉讼过程中合理地运用撤诉和调解形式不失为一种良策

撤诉是当事人对其诉讼权利行使处分权的表现。

不论是当事人申请撤诉还是按撤诉处理，都会产生一定的法律后果：

（1）法院裁定准许撤诉或按撤诉处理，都会直接引起终结诉讼程序的法律后果；

（2）诉讼时效重新开始计算，原告在诉讼时效期间内再次起诉的，人民法院应当受理；

（3）诉讼费由原告按原审的减半收取金额，再诉的仍由原告先付。

法院调解又称“诉讼内调解”。包括调解活动、调解的原则、调解的程序、调解书和调解协议的效力等。是当事人用于协商解决纠纷、结束诉讼、维护自己的合法权益，审结民事案件、经济纠纷案件的制度。诉讼中的调解是人民法院和当事人进行的诉讼行为，其调解协议经法院确认，即具有法律上的效力。《民事诉讼法》规定，人民法院审理民事案件，应遵循查明事实，分清是非、自愿与合法的原则进行调解，调解不成，应及时判决。法院调解，可以由当事人的申请开始，也可以由人民法院依职权主动进行。

我认为，原告撤诉或者接受调解除意味着一个诉讼结果外，还有更多的内涵。

就本案而言，首先，调解的结果使吕教授基本达到了本次诉讼的主要目的，即让对方停止侵权，承认和尊重吕教授的知识产权。吕教授诉讼主要是讨回公道，并非经济赔偿，因此对方承认、并停止侵权也就使得吕教授在心理上得到了一些慰藉。

其次，调解可以就部分争议事实达成共识，并不妨碍对未达成共识的部分提起再诉。本案中，对方承诺不再使用原方法生产10－羟喜树碱，但不愿承诺不再使用原方法生产7－乙基－10羟喜树碱。如果对方使用原方法继续生产7－乙基－10羟喜树碱的话，那么，原告就可以另案再诉。此时，基于前案的相关证据和调解书上达成的共识选择更为有利的法院提起诉讼和证据保全，以此来有效保护吕教授的合法权益。

最后，调解的结果可以和判决书一样具有强制执行的效力。

所以合理的运用撤诉和调解也是诉讼中斗智斗勇的过程。

二、非法占有公司技术资料行为的定性问题

员工占有公司技术资料并给公司造成巨额损失的行为已不仅仅是技术成果纠纷或者一般民事侵权行为，而是具有相当严重的

社会危害性，应以犯罪论处。然而，对这种行为的定性，在业界存在着不同意见：第一种观点认为是盗窃罪；第二种观点认为是破坏生产经营罪；第三种观点认为是侵犯商业秘密罪。

我则同意第三种观点。该员工的行为在现行《刑法》生效（1997 年 10 月 1 日）前，一般以盗窃罪论处。因为综合全案来看，方荀调出资料，并非法占有构成一个完整的行为，从客观要件上看，其行为具有“秘密窃取”的特征，且具有非法占有的目的，符合盗窃罪的特征。鉴于技术资料的价值在于其中具有经济效益的信息，而非载体本身，修订后的现行《刑法》对盗窃技术信息等行为，作了特别规定：“以盗窃、利诱、胁迫或者其他不正当手段获取权利人商业秘密的”是侵犯商业秘密罪的客观表现之一；“商业秘密，是指不为公众所知悉，能为权利人带来经济利益，具有实用性并经权利人采取保密措施的技术信息和经营信息。”天源公司的技术资料是采取保密措施的技术信息，属于商业秘密的范畴。因而，其占有天源公司技术资料的行为既构成了盗窃罪，又构成了侵犯商业秘密罪，属于法条竞合。根据刑法理论，法条竞合处理特别法优于普通法的原则，对其行为宜定侵犯商业秘密罪。

另外，方荀将公司研制过程中所记录的所有资料全部带走，造成天源公司的生产停滞，给天源公司造成重大损失的行为，似乎也符合《刑法》第 276 条之规定。可否以破坏生产经营罪论处？破坏生产经营罪是指由于泄愤报复或者其他个人目的，毁坏机器设备、残害耕畜或者以其他方法破坏生产经营的行为。方荀带走的是天源公司正常生产状态下所依赖的技术资料，主要是看重该技术资料的经济前景，利用它获得经济利益，虽然在客观上造成了天源公司的巨额损失，但由于其并不具有破坏生产经营的主观目的，对破坏生产经营罪而言，并不符合主客观相一致原则，因而其占有公司技术资料的行为不构成破坏生产经营罪。

综上所述，方荀占有天源公司技术资料的行为应以侵犯商业秘密罪论处。

9 同室操戈

——硅片行星轮碾磨机技术信息纠纷案

案由

宝林，浙西模具厂（以下简称“模具厂”）厂长，1991年创办模具厂，主要加工五金产品。1993年前后，宝林开始研制用于碾磨硅片的行星轮。经过多年改进，该厂生产的行星轮其性能可与国际同类产品媲美，而价格却低很多，因此迅速获得了全国大多数的市场份额。由于行星轮市场前景巨大，2001年，模具厂决定淘汰所有的五金产品，专做行星轮。

2007年3月31日，西汉向宝林提出要离开模具厂，宝林为使其弟掌握的行星轮商业秘密不被泄露，便于2007年4月30日与西汉签订书面协议，约定：支付西汉100万元的补助金，西汉离厂后不得生产经营模具厂的同类产品，违约退回全部补助金，并承担经济损失。西汉于4月30日正式离开模具厂，并将载有客户名单的资料原件以及行星轮图纸资料均带走。

2007年5月，西汉以他人名义开办浙江汉书模具科技公司（以下简称“汉书公司”）。西汉对外并不以汉书公司职员名义进行商业活动，汉书公司生产与模具厂相同的产品——行星轮，并将行星轮销往多家原模具厂的客户，同时设法挖走模具厂人才。

2007年7月1日，模具厂向当地工商局举报了西汉的违法行为。接到举报后，工商行政管理局经过认真细致的调查取证，于

2008年6月16日对西汉违反约定，披露、使用其所掌握的模具厂的经营信息类商业秘密的行为进行了行政处罚，同时对汉书公司也进行了相应的行政处罚。

2009年4月26日，模具厂向当地中级人民法院提起诉讼（以下简称“中院”）。经过中院大半年审理，查明了西汉的侵权事实，也分清了是非，本可以判决西汉败诉，承担侵权责任，但考虑原被告是同母异父的兄弟，故劝解双方和解，使兄弟得以当庭握手。

2007年7月，正值上海一年中最为炎热的时节，烈日当头，微风中也夹带着热浪。而此时，我正如火如荼地准备着将于7月20日举办的“‘娃哈哈’与‘达能’系列纠纷法律研讨会”，此次研讨会由《检察风云》杂志社、朱妙春律师事务所、上海市天宏律师事务所三家联手共同主办，与会者有近30余位来自法学界、企业界和有关政府服务部门的专家、学者，所以我丝毫不敢懈怠，夜以继日地筹备会务工作。

7月19日下午，正当我忙于会务工作时，电话铃声响起，电话另一端传来中年男子的声音，浙江口音，多年来我经办了多起浙江的案件，对浙江口音非常熟悉，也感到非常的亲切。这名男子开门见山，称自己现在遇到一件商业秘密的案件，感到很棘手，希望找一位专家律师帮助诊断，所以慕名找到我，希望我能够帮助他们。从他的语气可以感觉到，态度非常诚恳，并急于见面，因电话中不便详谈，并且手头又有急事，于是和他约定晚上到所里详谈。

当天下午刚过五点，我的助手就告诉我说有两位客人找我，原来他们刚挂上电话，就从附近的酒店赶来，可见其急切的心情，同时我也暗暗感到这个案件对他们来说至关重要。两位客人个子不高，虽面露倦色，但从眼神中我看出这是两个有着丰富阅历的人。经过一番介绍，我知道其中一位略显苍老的是模具厂厂长宝林；另一位姓赛，是陪同宝林厂长一同前来的，先前的电话是赛先生打来的。他们简单介绍说，模具厂是国内生产用于硅晶片碾磨的行星轮的龙头企业，但2007年4月总经理西汉辞职，并带走了商业秘密，之后与他人共同成立一家新的公司，使模具厂陷入困境，所以希望通过法律途径来讨回公道，挽回损失。在他们介绍过程中，主要是赛先生在讲，宝林厂长不善言辞，只是在赛先生介绍的过程中稍作补充，可见宝林是典型的技术出身的企业家，正因为如此他才能够潜心研究多年，开发出领先国际技术水平的行星轮，同时也正是这样的性格，才使得西汉能够独揽销售大权。

又是一起员工跳槽侵犯原单位商业秘密的案件！这几年我又先后代理了数十起商业秘密案件，在这过程中积累了比较丰富的经验，并专门就商业秘密案件出版了一本《商业秘密诉讼案代理纪实》，希望能够给业内同行以及企业家们提供参考，可能正是因为有我之前的这些积累，所以宝林将企业重振的希望寄托于我，这使我感到责任更重大。

因研讨会尚有事情处理，所以在大概了解案情后我便让他们先回住处，晚上再继续详谈。晚上十点多，研讨会事务安排妥当之后我约他们到其住处附近的茶座继续商谈，对西汉在模具厂、汉书公司等各个阶段的行为作了更为详细的了解，谈话至深夜两点左右，情况基本清楚，从而为日后的案件进展打下了较好的基础。

据他们介绍，该厂原总经理西汉是宝林厂长的同母异父的弟弟。2002年3月下岗后赋闲在家，宝林将其安排到模具厂担任销售经理，并逐渐全面掌握了模具厂的客户资料和行星轮生产技术秘密等商业秘密。2003年年底左右，西汉与宝林在开发单晶硅业务问题上开始产生分歧。2007年3月31日，西汉提出要离开模具厂，并在宝林的要求下于2007年4月30日与模具厂签订了书面协议，约定：模具厂支付西汉100万元的补助金，西汉承诺在离开厂后不得生产经营模具厂的同类产品；如果违约西汉则须退回全部补助金，并承担经济损失。之后西汉于当日正式离开模具厂，并将客户名单的资料原件以及行星轮图纸资料全部带走。其后，西汉以他人名义开办汉书公司，生产与模具厂相同的产品——行星轮，并将行星轮销往多家原单位的客户，同时还将模具厂关键技术人才挖走。

通过他们的介绍，我对案情已有比较全面的了解，对此我感慨万分，一是，西汉为了私利，不念手足之情，实在有悖情理，身为知识产权专业律师，我理应义不容辞地帮助宝林讨回公道；二是，虽然模具厂与西汉签订了有关商业秘密的补助协议，但证据不够充足，若要西汉承担法律责任，模具厂在取证方面还有很多工作要做。因第二天恰逢“娃哈哈”与“达能”系列纠纷法律研讨会，将对企业如何开展维权行动展开讨论。所以我邀请他们参加第二天的研讨会，一是方便会后再详细商讨；二是可以让他们借此机会对企业间的知识产权法律问题有个大体上的了解。他们一听说是关于企业之间法律纠纷的研讨会便欣然接受邀请，说这正是他们现在所急需的东西。古人云，“授人以鱼不如授之以渔”，多年来，我主持和参加各种研讨会就是为了将自己对法律的理解通过这种方式告诉更多的人，让需要法律的人知道如何用法律保护自己的权益。

锁眉开解

7月20日的研讨会进行得非常顺利，与会的专家、学者就“娃哈哈”与“达能”之间的法律纠纷发生的深层次原因、具体法律细节集思广益，为我国企业，尤其是为民营企业今后的发展提出了许多很好的法律建议。会议中，宝林他们坐在会场的后面，不时记录着与会专家的见解，可见他们对于法律知识的渴求。我心想，现在国内有众多民营企业家还没有意识到法律对企业的重要性，更没有意识到知识产权对企业来说也是一笔巨大的财富。对于宝林来说这虽然为时稍晚，不过尚有补救机会。

一天紧张忙碌之后，我邀请宝林他们一起吃晚饭，以便继续商谈此案。可能因为听了白天的研讨会后，两位的思路明显更为开阔，对案件事实的介绍更为详细。宝林介绍说，他从1993年左右就开始研制用于碾磨硅片的行星轮，经过多年改进，形成现在性能领先国内同类产品的行星轮。行星轮虽然其本身是一种公知的产品，但模具厂经过多年研发，形成了一套独特的技术和工艺，这些信息仅限于本厂相关职工知道，并未公开。另外，因考虑到西汉是自己的弟弟，所以对他从一开始就非常信任，自己又忙于技术开发和生产，管理和市场方面的事情全部交由西汉负责。而西汉曾经给领导开过车，为人圆滑，处事精明，慢慢便掌管大权。2003年，模具厂经市场调查发现单晶硅行业市场发展潜力很大，但宝林与西汉在开发单晶硅业务问题上产生分歧，西汉认为要尽快筹备拉晶项目，但宝林却有自己的想法，拉晶并非模具厂的优势，而切片和研磨倒是模具厂的优势，而且工艺相对来说简单，容易在短时间内创造效益，待这部分业务稳定后再开始上拉晶项目。于是，模具厂开始筹备切片和研磨的工艺设备，并于2005年正式投产。经过半年的摸索，业务有了一定的起色，主要为长三角地区的一些公司提供切磨业务。2005年8月，宝林决定筹备筹备拉晶项目。谁曾想到，此时西汉摊牌告知其已经将S公司（模具厂的主要客户）的拉晶业务及原材料供应商介绍给了Y公司。2006年，原本只做单晶硅研磨业务的×公司，经西汉介绍，也开始从事拉晶项目。西汉于2006年4月至2007年4月期间，共将模具厂价值几千万元的单晶硅业务转卖给×公司，从而导致模具厂单晶硅车间停产，造成巨大经济损失。

谈到此处，宝林满脸无奈，一方面痛惜自己的损失，另一方面感慨自己在客户联系上过于信任西汉，以至于造成这样的局面。

根据宝林的叙述，我认为对本案中的几个主要问题需要加以明确：（1）本案中的行星轮加工工艺、客户名单是否属于商业秘密？（2）西汉的侵权行为包括哪些？（3）汉书公司是否使用了由西汉泄露的商业秘密？而结合本案实际情况，我简单谈了一下我的分析意见：

（1）商业秘密必须具备四性：秘密性、保密性、实用性、经济性。本案中的商业秘密包括两个方面：技术秘密和客户名单，其中技术秘密是宝林经过多年研发而成，正因为有其特殊工艺，所以模具厂的行星轮性能才能如此优越；客户名单是模具厂多年经营而积累下来的特定客户，包括客户名称、地址、联系方式以及交易习惯、意向、内容等，不同于一般公知的客户信息。所以本案中秘密性、经济性和实用性毋庸置疑，但是否具有保密性，即模具厂采用哪些保密措施，还需证据支持。

（2）西汉的侵权行为主要包括三个方面，其一，带走技术秘密，允许汉书公司使用模具厂的技术秘密并生产与模具厂相同的产品——行星轮；其二，带走客户名单，并利用模具厂的客户名单，将汉书公司产品销往模具厂的原客户；其三，西汉通过不正当竞争手段从模具厂挖走人才。但是，西汉是否带走技术秘密材料和客户名单并非法允许汉书公司使用这些商业秘密，以及如何采用不正当竞争手段挖走人才，都需证据支持。

（3）汉书公司已经开始生产、销售行星轮，并且其主要销售客户正是模具厂的原客户，但其是否采用模具厂的技术秘密生产行星轮，以及如何证明其利用模具厂的客户名单进行目前的销售，也需证据支持。

听完我的分析之后，宝林长舒一口气，感慨道："朱律师，您可是我们模具厂的救星啊！"他原先不知如何着手此事，现在已清楚下一阶段的主要工作就是搜集上述三个方面的证据，虽然我并没有给宝林百分之百的把握，但他显然已听清我的初步分析，于是对前景充满希望，紧锁的眉头也渐渐解开。

考虑到商业秘密案件中追究当事人的刑事责任比较难，取证宜早不宜迟，我建议宝林回去后可以先提请工商局进行行政处罚。因为在商业秘密案件当中，通过工商局能够较快地获得证据，并且工商部分处理此类案件的时限较短，可尽快通过行政处罚打击西汉的侵权行为，使得西汉不敢继续侵权，另一方面也可以为日后的诉讼提供有力的支持。

看到我如此细致地为他们考虑，宝林他们一再感谢。其实，从我自身角度出发，为当事人利益考虑，最大化帮助其维护利益，减少损失，是律师的使命。

乍到"浙西"

2007 年 7 月 25 日，为了更好地了解案件情况，我偕助手王律师前往模具厂。王律师曾协助我办理过多起商业秘密案件，在此过程中积累了比较丰富的经验，我希望此案中他能够有更为出色的表现。

第二天，我们乘车来到模具厂，眼前不显眼的大门、旧式厂房、安静的厂区，让我难以想象这样一个规模不大、并稍显陈旧的工厂，犹如上海里弄加工厂，居然能够发展成为我国生产行星轮的龙头企业。进入厂房，斑驳的墙壁上挂着各式各样的碾磨轮，厂房中间放置着十几台碾磨机，但只有一台机器还开着，其余都已停产，可见模具厂原先的辉煌以及现在的萧条，更让我亲身体会到了客户和技术秘密的流失，对模具厂造成的严重后果。

看到模具厂的目前所处的状况，我希望能够着手尽快帮助宝林开展维权行动，减少损失，早日恢复往日的繁荣。心动不如行动，我建议宝林马上在其办公室商讨解决本案的行动策略。

本案中，商业秘密的客户名单部分，问题解决相对比较简单。因为西汉是销售经理，其与客户名单之间肯定存在接触点，只需证明模具厂原来的客户已成为西汉所在汉书公司的客户，但如何取证在实际操作过程中还需进一步考虑；商业秘密的技术秘密部分，其难度就比较大，首先秘密点在哪里？模具厂和汉书公司两家生产的产品是否相同？西汉作为销售经理其是如何获取技术秘密的？这些问题都有待取证。通过上述分析，我们决定还是先从客户名单着手，同时宝林也认为他在上海时我提出的先向工商局举报的建议比较可行，于是准备了相关证据向工商局举报了西汉和汉书公司的违法行为，以期工商局能够秉公执法，对西汉和汉书依法进行行政处罚；对于技术秘密部分，我建议宝林先整理出行星轮的秘密点所在，以备将来诉讼阶段可以向法院进行说明。

在和宝林商定下一阶段行动安排之后，因还有其他案件急需处理，当天我和助手就返回上海。然而，几天之后模具厂又发生了一件意外的小插曲。

2007 年 7 月 29 日，宝林打来电话，急促地告诉我说："大事不好了，模具厂仓库被盗了！"原来，前一天天夜里，模具厂仓库墙壁被人撞开一个大洞，盗走价值 250 万元的单晶硅片。警方现场勘查后认为是熟悉模具厂的人所为，现场发现多枚脚印及轮胎印，初步判断是案件发生在 7 月 29 日凌晨 1 点至 5 点之间，宝林怀疑是西汉所为。因涉案金额较大，2007 年 7 月 30 日，上级公安部门介入模具厂被盗案。

2007 年 8 月，模具厂盗窃案告破，警方追回价值一百多万元的实物，还查清此案与西汉无关。虽然如此，模具厂原本已陷入经营困境，此时又遭遇窃贼，对于宝林来说无疑是雪上加霜。我心中不由暗暗担忧，不知宝林会不会一蹶不振，就此认命。出乎我意料的是，宝林一边保质保量继续生产，一边开拓客户扩大市场。盗窃案之后不久，模具厂就接到了一个大订单，从而将模具厂从困境中拉出来。我不由佩服宝林如此坚毅的意志，面临困境尚能重新振作，也可见模具厂能够发展到如此规模，显然是离不开宝林厂长的英明领导。

初见曙光

2007 年 8 月 1 日，模具厂向工商局提交了投诉书，投诉西汉和汉书公司侵犯模具厂商业秘密的行为。工商局接到举报后，非常重视本案，同时鉴于本案是该地区第一起商业秘密案件，所以投入了非常大的人力和物力，于2007年8月8日对宝林进行了询问，并于2007年8月22日、9月14日先后对西汉进行询问调查，西汉承认其于2002年3月至2007年4月30日期间，在模具厂从事原材料采购、市场营销工作，并全面掌握了模具厂的客户名单等经营信息。在2007年4月30日，其与模具厂签订了一份补助合约，并收取了现金15万元。西汉同时承认其于2007年5月20日到汉书公司从事行星轮的营销工作，并由其向模具厂的原客户销售行星轮的事实。

2007年8月9日和10日，工商局对模具厂的职工张小丽、王佳红、齐方进行了询问调查，证明模具厂对相关人员提出保密要求及模具厂宝林厂长在职工大会上明确向员工提出保密要求的事实。

2007年8月21日，工商局对汉书模具公司的法定代表人侯军进行了调查询问，证明西汉在汉书公司工作，从事行星轮的销售工作的事实。

2007年8月22日，工商局对汉书公司的生产车间进行了现场检查，拍摄现场大量照片，证明浙江汉书模具科技有限公司生产行星轮的事实。

2007年9月18日，工商局对汉书公司的财务计凭证进行了现场检查，获得浙江汉书模具科技有限公司的《汉书模具2007年度8月底之前销售开票查询情况表》以及浙江增值税专用发票记账联，证明汉书公司通过西汉向模具厂的原客户销售了价值124 268.38元的行星轮的事实；同时，汉书公司提供了《汉书模具科技工资计算表（正式工）》两份2张，证明西汉在2007年6月和7月两个月以正式工的身份从汉书公司领取了工资的事实。

工商局经过上述一系列积极有力的调查取证工作，为作出行政处罚决定提供了充足的证据，于2008年6月16日，正式作出如下行政处罚决定：（1）责令两当事人停止违法行为；（2）给予西汉罚款两万元的行政处罚；（3）给予浙江汉书模具科技有限公司罚款两万元的行政处罚。

在工商局的执法过程中，我们主要是起配合、辅助的作用。在此过程中，我见证了工商局的执法人员秉公执法、敢于面对各种挑战、不断提高业务水平的勇气，这让我感到由衷的赞叹。县工商局领导并没有因为本案是该县第一例商业秘密案产生畏难情绪推脱责任，而是为了维护社会正义、企业利益，勇往直前，排除种种困难，高效地完成了取证、作出处罚决定等工作。工商局的有力的行政执法，让我感慨基层行政队伍的素质已慢慢与经济发展速度相一致，更让我看到了法制完善和社会进步的美好前景。

工商局行政处罚决定作出的三个月内，西汉以及汉书公司未提起行政诉讼，可见其也自觉理亏，也就认可工商局的行政处罚，而这也为日后的诉讼提供了有力的支持。案件进行到此，结果已比我们预料中的要好，可以说有了一个良好的开局，但接下来的事情将更为复杂和艰巨。

三箭齐发

转眼到了2009年的春天，这是一个对于上海来说极为罕见的春天。从2月下旬到3月上旬，连绵的阴雨让人觉得似乎春天还很遥远，所以当雨霁初晴时，我感到一种久违的舒畅。

也正是在这个时候，宝林再次来到上海正式决定对西汉及汉书公司提起诉讼。对此，我早有预料，虽然西汉及汉书公司接受了工商行政部门的处罚并且也没有提出行政复议和行政诉讼。但是，考虑到西汉的所作所为如果不通过诉讼手段加以更为严厉的警示，此人是不会彻底停止侵权的。宝林对我的分析表示认同，言语中我看出他多少有点无奈，毕竟一奶同胞如今需要对簿公堂。

对此我感慨之余又觉得这何尝不是“家族式企业”的一种弊

端呢？由于国人深受儒家传统思想的影响，往往认为亲戚是最可信赖的人，但是也正因为此对亲戚碍于情面疏于管理给企业带来诸多不利的影响。

针对当时案件的进展，我向宝林说出了我的想法：“执业多年，我认为诉讼仅仅是一个解决问题的手段，属于战术层次。鉴于现在行星轮的技术是否属于商业秘密还有待于专家的鉴定，而且这也需要一定的时间。兵贵神速，我们不能把这段时间白白浪费。既然西汉曾和你签订过《补助合约》，约定其离开磨具厂之后不能从事相同的行业，现在看来其显然没有遵守该合约，是违约行为。我们可就此先提起诉讼，既可以避开涉案技术是否属于商业秘密的争议焦点，又能起到敲山震虎的作用，或许还能让他迷途知返，就此罢手。同时，我们应当尽快申请技术鉴定，为之后以侵犯商业秘密起诉西汉及汉书公司做好准备。”

听了我的分析，宝林的脸上终于露出了一点笑容，他说：“朱律师，听您这么说我就有底了。我现在是想明白了，虽然是家丑不可外扬，但自己的权利受到了侵害就应该得到保护。”

随后，我和王律师便投入到准备工作中，回想着宝林离去时的背影，我们丝毫不敢怠慢。

2009 年 3 月 26 日，我再次前往模具厂，同行的还有技术专家张教授。此行的主要目的就是为之后行星轮的技术鉴定做先期考察。张教授在了解生产工艺和设备之后，初步判断在西汉离开模具厂之前此工艺和设备未被公开，但还需委托专业的检索机构进行检索，同时还需机械方面的专家进行鉴定。3 月 27 日，王律师携带整理好的证据就西汉违约一案前往县法院立案。结果和我们之前的预料一样，违约事实不涉及商业秘密侵权问题，立案成功。

返沪之后，王律师便着手申请技术鉴定的相关事宜。2009 年 4 月 1 日，我们正式向上海市科技咨询服务中心提出关于鉴定“用于硅片材料的研磨载体——行星轮或行星轮系列产品的生产工艺及设备”是否含有不为公众所知悉的技术信息等专业技术问题的申请。时值世界知识产权日前夕，中心的工作人员听了我们的案情介绍后，对宝林在逆境中坚持科技创新的故事所感动，对他的遭遇表示同情，并承诺力争在较短的时间里完成鉴定。

执业二十余载，我感觉到大众对知识产权从陌生到熟悉，从恣意侵犯到慢慢对保护知识产权有了认同感。而宝林的这个案件更让我体会到，公众已经开始从意识上认为他人的知识产权受到侵犯就如同人身、财产受到侵犯一样，不仅值得同情而且应当得到来自法律和社会的保护。

殊途同归

2009年4月28日，就在王律师在县法院成功立案后的第二天，我们收到了上海市科技咨询服务中心的检索报告。报告认为宝林的技术在2007年4月30日以前没有被公开过。上海技术情报所属于国家一级资质检索单位，他们的检索结论让宝林长长地松了一口气。之后，三位技术专家在检索报告的基础上进行更为认真细致的分析，完成技术鉴定报告。鉴定报告认为，宝林的技术在2007年5月前（即西汉离开磨具厂的时间）其相关技术内容未被文献公开，属于不为公众所知悉的技术信息。鉴定结论一出，我们立即启动对技术价值的评估，这对证明模具厂因为西汉等人的侵权而造成的损失有着不可替代的作用。最终评估结果认为，仅技术工艺一项的市场价值就为人民币145万元。因此，加上经营信息和其他费用，诉请200万元并不为多。

然而就在此时，从法院传来消息，宝林诉西汉违约一案的合议庭经分析后认为，案件事实仍旧涉及商业秘密决定将此案移送至中院。对于这样的结果，我虽感到有些意外，但也想这未尝不是一件好事，如此，我们既可以集中精力准备在审理的商业秘密案，还能为宝林节省一笔诉讼开支。根据这个思路，同时在征得宝林的同意后，我们向县法院申请撤诉。不久，撤诉裁定就寄到了所里，王律师笑着对我说：“现在我们算是殊途同归，争取打好最后一战了。”看着眼前这位年轻人，我不禁感慨两年的历练已使他不仅在业务上突飞猛进，而且在心态上也已成熟，假以时日，必将成为优秀的知识产权青年律师。

坐观庭审

时间一晃，已是9月下旬，上海的天气已渐渐有了一丝凉意。开庭前的工作已经基本就绪，这期间为了方便调查取证宝林在当地委托了一名资深的法律工作者常先生。临行前的一天，我给常先生打电话询问有关证据事宜。常先生告诉我，他已经为庭审做好准备，并为了向我学习决定出庭。鉴于常先生为这个案件所付出的努力，加之王律师的日渐成熟，我决定退到旁听席上坐观庭审。

上次到浙西古城，因为要忙着转车，都没有仔细去品味一下这座城市。这些年因为办案我去了不少城市，这也使得我养成了一个习惯，每到一城就会花一点时间去品味一下这座城市。这座古城，居浙江之上游，控鄱阳之肘腋，制闽越之喉吭，通宣歙之声势，川陆所会，四省通达，1994年被国务院命名为国家历史名城。经过多年的发展，已具有现代气息，但仍保留着古典的隽秀之美。

第二天一早，我和王律师便驱车前往市中院。出租车司机说，中院是这几年新建的，离市区有些距离。我一听便来了兴趣，想赶紧一睹这座新法院的风采。随着经济的发展以及国家、社会对法治的重视，司法系统的办公条件有了很大改善，很多地方特别是沿海发达地区的法院都新建了办公大楼，这倒也符合“经济基础决定上层建筑”的一般规律。但是，浙西地区的经济水平相对于杭州等地还是有一定的差距，没曾想到地方政府也能在困难的条件下着力改善法院的办案条件，这也更体现了我国法治的进步。

大约20分钟后，市中院便出现在了我们眼前。这是一座具有欧式风格的建筑，高大而威严，中间的连廊巧妙地把整幢建筑分为两个部分，远远望去如同一座天平，寓意了法律的公正。

办理好手续，我和王律师径直来到审判庭，此时离开庭还有近半小时。提前到庭也是我多年的习惯，我总是利用这段时间一边熟悉周围的环境，一边再把案卷材料梳理一遍，以做到万无一失。

没过多久，一位50岁上下的男子走进法庭，此人个子不高，但脚步很沉稳，看他向我们走来，我猜出这应该就是宝林在本地委托的常先生。短暂的寒暄之后，常先生从包里取出了案卷材料，放在最上面的便是专门为庭审草拟的发言稿。发言稿大概三四页，并用曲别针整齐得钉在一起，看得出常先生为庭审做了充分的工作。

离开庭还有十分钟，三被告及其两位代理律师一行五人才赶到法庭。人数如此之多使得被告席顿时显得有些局促，再看两位代理律师我不禁为常先生和王律师捏了一把汗。被告代理律师均颇有风度，坐定之后将双手轻放在案上，两眼平视前方显得成竹在胸，其中一人，头发花白，远远看去和郎咸平有几分神似，看来今天的庭审又是一场恶战。

上午九时，主审法官准时宣布开庭。整个庭审整整历时一天，因双方证据材料较多，法庭调查阶段耗时最长，但最让人紧张便是双方之间的发问和辩论。

王律师首先向尚锐（被告二，原模具厂技术人员）发问："在进入模具厂之前你熟悉行星轮的生产技术吗？"

尚锐回答说："不熟悉，这都是在模具厂里由宝林传授给我的。"

王律师接着问："在离开模具厂之前你具体负责什么工作？到汉书公司后，你又从事什么工作？"

尚锐答："在模具厂我负责行星轮的生产，还有一些技术工作。到汉书公司后我仍然从事行星轮的生产和技术工作。”

“既然你在原、被告单位都从事过技术工作，那么请向法庭说明两家单位的行星轮制造技术有何差别？”王律师进一步问道。

“几乎没有差别。”尚锐的回答对被告来说无疑是致命的。

接着王律师又向西汉发问：“A 公司、B 公司和 C 公司曾经是模具厂的客户吗？”

“是的。”

“那什么时候成为汉书公司的客户？”

“在 2007 年 7 月。”

“也就是你离开模具厂来到汉书公司后两个月，同时也是汉书公司成立后的两个月，是吗？”

“这我就不知道了。”西汉显然在有意回避这个问题，但却间接地向法庭证明了的其非法使用模具厂商业秘密的事实。

最后，王律师又向被告三汉书公司发问：“汉书公司于 2007 年 5 月底成立，不到两个月的时间就已经完成了行星轮的研发、制造、试用、销售工作，请问汉书公司的行星轮技术从何而来？”

被告方律师显然无法回答这个问题，只能以“拒绝回答”敷衍。

王律师的发问结束，对方没有实质性问题向原告发问，庭审进入法庭辩论阶段。

王律师首先依据法庭调查所查明的事实及双方提交的证据，从商业秘密的构成、侵权行为的表现、损害赔偿的依据等方面全面陈述了原告方的观点。对方律师立刻起身反击：“原告所谓的客户名单是完全可以通过公共领域获得，何来秘密可言？如我方提供的中国电子材料行业协会半导体分会年会通讯录就可以找到原告所谓客户名单中企业的相关信息，包括联系人还有联系方式。”

王律师反驳道：“对方律师显然混淆了客户名单和客户名称的概念。前者是包括客户名称在内的客户地址、联系方式、交易习惯、意向、内容等非公知的信息，而后者仅指客户的企业名称或字号。模具厂早在20世纪90年代就开始生产、销售行星轮产品，客户遍及全国各地。这些客户都与原告有着良好的合作关系和稳定的交易关系，原告在开拓和维护这些客户过程中也付出了巨大成本。原告与这些客户之间关于行星轮产品的需求数量、产品价格、产品规格、交易习惯等，均是在长期合作中积累起来的商业信息，这些均应属于原告的商业秘密。”王律师的这番陈词一气呵成，将对方律师观点中的漏洞清楚地展现给法庭。

“西汉在离开模具厂时曾被要求签订一份《补助协议》，协议约定西汉在离开模具厂之后不得在相同的行业工作，但宝林会支付西汉共计100万元作为补偿。然而，这笔补偿金至今也没有支付给我的当事人。因此，不能要求西汉承诺保密义务，当然也不能认为西汉构成侵犯商业秘密。”对方代理人如是说。

对于这样看似有些“道理”的辩解，王律师再次起身予以还击，“竞业限制是指企业的职工在其任职期间不得兼职于竞争公司或兼营竞争性业务，在其离职后的特定时期或地区内也不得从业于竞争公司或进行竞争性营业活动。竞业限制义务，是基于当事人之间的约定而产生，并以支付经济对价为前提，没有约定则没有此义务，没有对价亦无此义务。而保密义务是指知晓商业秘密的特定人员应当保守秘密，禁止泄露商业秘密。保密义务属于法定义务，这种法定的不作为义务其目的是防止侵犯权利人的知识产权，并不需要支付保密费。即使约定保密费，而一方未支付费用时，保密义务人也不能以此为由，违反保密义务而泄密。说到底，只要商业秘密处于秘密状态，义务人就要永远遵守保密义务。对方律师再次混淆了两个对于本案定性有着重要意义的概念，认为只有支付了竞业限制费才负有保密义务，导致其一直纠缠于竞业限制费的发放问题，而忽略了承担保密义务不以支付任何费用为前提这一本质特征。况且，原告也已经向被告一支付了第一期竞业限制费15万元，故被告没有任何理由不履行保密义务。”王律师的表现近乎完美，作为老师，我由衷地为他感到高兴。

在双方最后陈词后，审判长宣布进入调解程序，由于双方积怨已深，一时难以进行，见状也不能勉强，就宣布休庭，择日再行调解。我倒以为，调解结案可以尽快地定纷止争，对于双方都是有利的。况且二者毕竟是同胞兄弟，理应调成握手言和走出法院，常先生对我说："王律师真是后生可畏啊，不愧是名师出高徒。"

"常先生，您过誉了。刚才听王律师说您在辩论前告诉他让对方先攻出来，这样就好一一击破了，看来您真是知己知彼啊。"

"一点经验罢了，何足挂齿。希望以后还有机会合作。"

"一定！"望着常先生离去的身影，我感到这位认真执著的法律工作者默默地为法治进程贡献着自己的力量。

回到上海后，我接到宝林的电话，他说，我们走后，法院又经过两次调解，迫使对方"停止侵权，并赔偿他损失 40 万元。"我看此案打到这样也就可以了，尽管对方有关系，有实力，但法院基本上还是秉公执法，分清是非，而且对方是弟弟，总要留条路给他走走吧，因此我就劝解宝林见好就收。不久宝林又来电话说调解已经结束，就照我的意思办。他再次向我表示感谢，并说模具厂现在已经回到正轨，案件的最终结果对他来说已经不再像以前那么重要，他会继续他的科研之路。

感　由

历时两年之久的模具厂商业秘密案算是告一段落了，这是一个本可以避免的纠纷，然而法律意识的淡薄以及管理方式的落后最终导致了这场"同室操戈"。虽然最终是"兄弟握手"，但毕竟是厮杀一场，在感情上留下裂痕。国庆休假期间，我给宝林写了一封信，谈了我的两点建议。

一、企业应增强知识产权保护意识，并选择恰当的保密措施保护商业秘密

通常的商业秘密保密措施包括：企业内的隔离措施（诸如设立保密库、建立电子监控装置、限制参观者或客户与核心样品或生产工具接触等）；缩小员工的业务知识面（即将员工所掌握的信息控制在必要范围之内，尽可能减少员工了解其他业务信息的机会）；文件的保管和销毁；严格控制对外发放资料的程序。总之，对于企业而言，必须根据实际的情况，选择好合适的保密措施来保护自己的商业秘密，时刻提醒自己的员工和相关访客："这是商业秘密，请勿打探或泄露！"企业应当建立内部的保密制度，并且告知所有员工。企业内部的所有保密措施不仅可强化企业内部人员对于商业秘密的主观认同，更进一步在客观上体现了商业秘密的保密性，这为商业秘密的保护提供了基础依据。

在企业与员工签订用工协议或与客户签订交易合同时，常用的方式是设置"保密条款"。所谓"保密条款"，即指通过合同的形式，对合同对方增设保密义务。保密条款一般应当包含以下内容：(1) 明示合同所涉及的需要保密的商业秘密范围；(2) 合同对方以及合同对方的任何员工、代理人均受保密条款的约束；(3) 受约束的保密义务人在未经许可的情况下，不可将商业秘密透露给任何第三方或用于合同目的以外的用途；(4) 受约束的保密义务人不可将含有保密信息的资料、文件、实物等携带出保密区域；(5) 保密义务人不可在对外接受访问或者与任何第三方交流时涉及合同规定的商业秘密内容；(6) 不相关的员工不可接触或了解商业秘密；(7) 保密信息应当在合同终止后交还；(8) 保密期限在合同终止后仍然保持有效；(9) 违反保密义务的，应当承担明确的违约责任。

二、企业对于亲戚、朋友等管理者也应有明确的商业秘密规章制度，并加以约束，做到"六亲不认"

中国众多的民营企业目前仍坚持家族式管理，任人唯亲，认为其他人不可靠，只有亲朋好友才信得过。但现实中，有较多的案件均因亲朋好友为一己之私而背信弃义，不顾血缘、亲情关系，采取不正当手段获取商业秘密，或者违背信任关系或合同约定披露商业秘密，从而损害了当事人的利益。所以，众多的实例告诉我们，企业的发展离不开一个好的制度，即使是有血缘关系的管理人员也应遵守企业的规章制度，而不应碍于情面而疏于管理，造成企业的技术信息和客户名单轻易外流，并且在纠纷发生后难以取证，给诉讼维权带来困难。

附件：代理词

代理词

受原告浙西模具厂的委托，上海朱妙春律师事务所王小兵律师作为其代理人参加了本案诉讼。代理人现根据原、被告双方提交的证据、法庭调查阶段查明的相关事实及本案的法律适用发表以下代理意见，供合议庭参考。

一、涉案技术信息和客户名单属于原告的商业秘密

1．涉案技术信息的具体内容

本案中，原告所主张的技术信息主要是：行星轮的生产工艺及其专用模具。具体如下：

（1）采用旋转定位分段冲压法加工行星轮。将待加工的行星轮工件置于专门设计的、体积相对较小的特定冲压模具内，以人工分数次旋转行星轮工件的方式、通过行星轮工件的中心孔和圆周齿与特定冲压模具的确切定位、将圆周上分布的全部齿分弧段多次冲压成形。该工艺的技术特征表现于：旋转中心定位；齿形分段定位；孔型均分定位。该工艺方法可以降低加工成本，减少行星轮累积误差，工艺简单可靠。

（2）采用数层叠厚、隔板分隔的加压预处理和热处理工艺。

将数片冲压成形的行星轮叠厚至3~5cm为一组（行星轮中心孔用专制的定位杆定位、磨料孔和外齿对齐），各组之间衬垫一块开有导热孔（与行星轮磨料孔对齐）的隔板进行分隔，从而形成整体加工组件；将整体加工组件先移至压力机，在8~12兆帕压力下加压3~5分钟；再将整体加工组件移至箱式热处理炉中，在310~380℃温度下恒温控制8~10小时；然后保温冷却。该工艺的技术特征表现于：数片行星轮中心定位叠厚；用隔板进行分隔形成整体组件；对整体组件加压预处理；控制整体组件热处理的温度和时间。该工艺方法可以降低行星轮热处理成本，消除残余应力，提高产品平整度。

2. 涉案客户名单的具体内容

《最高人民法院关于审理不正当竞争民事案件应用法律若干问题的解释》第13条规定："客户名单，一般是指客户的名称、地址、联系方式以及交易的习惯、意向、内容等构成的区别于相关公知信息的特殊客户信息，包括汇集众多客户的客户名册，以及保持长期稳定交易关系的特定客户。"可见，客户名单属于商业秘密中的经营信息，是不为公众所知悉的能为权利人带来经济利益和竞争优势的经济情报，理应受到法律的保护。特别是与企业保持长期稳定交易关系的特定客户，是企业花费时间、精力、财力获得的宝贵资源，其中蕴含的区别于相关公知信息的特殊客户信息是我国《反不正当竞争法》及上述司法解释所重点保护的对象。

另外，需要特别指出的是，客户名单与客户名称不同。前者是包括客户名称在内的客户地址、联系方式、交易习惯、意向、内容等非公知的信息，而后者仅指客户的企业名称或字号。被告代理人对上述两个概念的混同是造成其认为涉案客户名单可以在公开渠道得知这一错误结论的主要原因。

本案原告浙西模具厂早在20世纪90年代就开始生产、销售行星轮产品，客户遍及全国各地。这些客户都与原告有着良好的合作关系和稳定的交易关系，原告在开拓和维护这些客户过程中也付出了巨大成本。原告与这些客户之间关于行星轮产品的需求数量、产品价格、产品规格、交易习惯等，均是在长期合作中积累起来的商业信息，这些均应属于原告的商业秘密。

3. 上述技术信息和经营信息不为公众所知悉

原告所主张的上述技术信息和经营信息均无法从公开渠道获得。通过原告提交的《技术鉴定报告》和《知识产权检索报告》可知，在2007年5月（被告一、二离开原告处时间）之前，原告自主研发的行星轮生产工艺和专用设备并未被国内外公开文献所披露，属于非公知信息，具有秘密性。另外，原告所主张的客户名单资料也无法从公开渠道获得，亦属于非公知信息。

被告在庭审中一直强调原告所主张的技术信息和经营信息均可以从公开渠道获得，但并没有向法庭提交任何一份证据证明涉案商业秘密属于公知信息。原告并不否认，行星轮产品早已为相关公知所认知，其产品本身的技术参数（如直径、厚度、翘曲度等）也可以利用测量工具取得。但本案原告关心的商业秘密并非产品本身，而是制造产品的工艺技术和专用设备，这些是无法从公开途径中获得的，至少三被告没有证据证明可以从公开途径取得。因此，在原告已经尽最大努力举出初步证据的前提下，举证责任应该转移至被告，由被告举证证明涉案技术信息和经营信息已属公知，否则就应承担举证不能的法律后果。

4. 原告已经对涉案技术信息和经营信息采取了合理的保密措施

商业秘密的保密性要求权利人对商业秘密采取合理的保密措施，以此来说明权利人对待技术信息和经营信息的保密意识和保密效果。《最高人民法院关于审理不正当竞争民事案件应用法律若干问题的解释》第11条规定：“权利人为防止信息泄露所采取的与其商业价值等具体情况相适应的合理保护措施，应当认定为反不正当竞争法第10条第3款规定的‘保密措施’。”该司法解释所要求的保密措施仅限于“合理”，而并不要求做到天衣无缝。该条第 3 款列举了七项具体的保密措施。

具体到本案，原告对涉案信息采取了以下保密措施：

（1）限定涉密信息的知悉范围，只对必须知悉的相关人员告知其内容。浙西模具厂制定了严格的保密制度，严格限定涉密信息的知悉范围。技术人员不得接触单位的客户资料、销售人员不得接触单位的技术资料。在原告申请法院调取的工商局执法人员于 2007 年 8 月 10 日对王晓芳（浙西模具厂职工，负责行星轮的检验工作）询问笔录中可以看到，王晓芳作为产品检验员根本不知道也无法获知行星轮的生产工艺，这充分证明了原告对涉案商业秘密有着强烈的保密意识。

（2）对于涉密的机器、厂房、车间等场所限制来访者或者提出保密要求。在工商局对被告二的询问笔录（2007 年 8 月 16 日）中及本代理人对其庭审发问过程中，被告均承认，浙西模具厂法定代表人宝林在职工大会和中层干部会议上均要求职工对其知晓的商业秘密严格保密，未经许可不得擅自允许外单位人员进入车间参观。而且，提出该保密建议的正是当时任浙西模具厂车间主任的被告二。上述保密要求，在工商局对徐继红（2007 年 8 月 9 日）、张祖红（2007 年 8 月 9 日）的询问笔录中均有所体现。同时，原告提交的北京某半导体材料有限公司副总经理孙洪芳的证言也证实，该公司几名技术人员曾于 2004 年来浙西模具厂要求参观生产车间，但原告以保密为由予以拒绝。虽然证人孙洪芳未出庭作证，但该份证言可与其他证据之间相互印证，应当认可其证据效力。

（3）与相关人员签订竞业限制协议。为防止被告一西汉离职后到与浙西模具厂相竞争的企业任职，从而可能泄露其掌握的原告商业秘密，2007 年 4 月 30 日，原告法定代表人宝林与被告西汉签署了一份《补助合约》，要求被告西汉在离职后不得生产经营原告的同类产品。该合约一方面限制了西汉的同业竞争行为，另一方面也向其提出了保密要求。从根本上说，限制同业竞争也是企业为防止其商业秘密泄露而采取的一种保密措施。

5. 竞业限制义务不能等同于保密义务

竞业限制是指企业的职工在其任职期间不得兼职于竞争公司或兼营竞争性业务，在其离职后的特定时期或地区内也不得从业于竞争公司或进行竞争性营业活动。竞业限制义务是基于当事人之间的约定而产生，并以支付经济对价为前提，没有约定则没有此义务，没有对价亦无此义务。

保密义务是指知晓商业秘密的特定人员应当保守秘密，禁止泄露商业秘密。保密义务属于法定义务，这种法定的不作为义务目的是防止侵犯权利人的知识产权，并不需要支付保密费。即使约定保密费，一方未支付费用时，保密义务人也不能以此为由，违反保密义务而泄密。说到底，只要商业秘密处于秘密状态，义务人就要永远遵守保密义务。

由此可见，义务人违反竞业限制义务并不必然违反保密义务，反之，义务人解除竞业限制重新择业，并不影响继续承担商业秘密的保密义务。

本案中，原告起诉的案由是商业秘密侵权纠纷而非竞业限制的劳动争议纠纷。被告代理人在庭审中始终对上述两个概念产生混淆，认为只有支付了竞业限制费才负有保密义务，导致其一直纠缠于竞业限制费的发放问题，而忽略了承担保密义务不以支付任何费用为前提这一本质特征。况且，原告也已经向被告一支付了第一期竞业限制费 15 万元，故被告没有任何理由不履行保密义务。

二、被告实施了侵犯原告商业秘密的行为

我国《反不正当竞争法》第 10 条第（3）项规定：“违反约定或者违反权利人有关保守商业秘密的要求，披露、使用或者允许他人使用其所掌握的商业秘密，属于侵犯商业秘密的行为，第三人明知或者应知前款所列违法行为，获取、使用或者披露他人的商业秘密，视为侵犯商业秘密。”三被告的行为完全符合上述法律规定。具体说来，三被告主要实施了以下侵权行为：

1. 被告一违反约定和原告的保密要求，向被告三披露了其所掌握的客户名单

被告一西汉作为原告的高级管理人员，全面负责原告行星轮产品的销售工作，其在工作中接触了大量的客户名单信息。被告一离职后进入被告三处工作，从事的仍是行星轮的销售工作，使得被告三在成立不到一个月的时间内就已经将产品成功推销给客户，而且这些客户绝大多数为原告浙西模具厂的客户。上述事实在工商局调取的证据材料中均有记载。由此可见，被告一完全将自己所掌握的客户名单信息披露给了被告三。

2. 被告二违反原告的保密要求，向被告三披露了其所掌握的技术信息

被告二原为浙西模具厂行星轮生产车间主任，全面负责行星轮的技术和生产工作。其在本代理人发问过程中承认：其进入浙西模具厂之前，根本不懂行星轮生产技术，是宝林亲自教授给他此项技术的。被告二在2007年5月进入被告三单位处工作，从事的同样是行星轮的生产技术工作。从工商局执法人员对其所做的询问笔录（2007年8月16日）中，可以看到，被告二在被告三汉书公司所使用的技术与原告的技术基本上是相同的。从工商局执法人员在汉书公司生产车间拍摄的照片，可以看到，汉书公司使用的旋转冲压定位模具、电热炉、隔板等，均与原告使用的工具和设备完全一样。试问，如果被告二未向汉书公司披露上述技术，汉书公司怎能在成立后不到一个月的时间内就生产出行星轮产品呢？

3. 被告三明知被告一、被告二所掌握的商业秘密属于原告所有仍获取和使用

被告一于2007年4月30日离职，被告二于2007年5月离职，被告三汉书公司于2007年5月21日成立。之后，被告一、被告二

就进入被告三处工作，被告三于2007年6月下旬就已经开始对外销售行星轮产品。被告这一系列的行为清楚地向我们传达一个信号，即三被告实施侵权行为早有预谋，且被告三汉书公司就是为实施侵权而成立的。被告三明知被告一、被告二原为开化县模具厂的员工，掌握着原告大量经营秘密和技术秘密，仍加以获取和使用，其行为显然已经构成侵权。

4. 被告三无证据证明其使用的技术信息和客户名单有合法来源

被告三曾在庭审过程中辩解：其使用的技术信息和客户名单均来自公开渠道，属于合法使用，不构成侵权。

本代理人需要强调的是，被告未向法庭提交任何一份证据证明其使用的技术信息和客户名单来源于合法渠道。如果涉案商业秘密属于被告三自主研发、开拓，其应当很容易向法庭提交研发记录和开拓客户的相关资料，但被告却未提交，这足以说明，被告三所谓其使用的技术信息和客户名单来源合法的辩解没有任何事实依据。

三、被告的侵权行为给原告造成巨大损失

三被告的侵权行为，导致原告大量客户流失，又由于被告三降价销售产品，严重扰乱了市场秩序，使原告不得不花费更多的成本维护市场稳定。司法实践中，对于知识产权损害赔偿数额的确定是一个难点。本案中，虽然原告无法确定被告的侵权行为给原告具体带来多大损失，但原告可以确定的是，这个损失的数额肯定在200万元以上。

《最高人民法院关于审理不正当竞争民事案件应用法律若干问题的解释》第17条规定："因侵权行为导致商业秘密已为公众所知悉的，应当根据该项商业秘密的商业价值确定损害赔偿额。商业秘密的商业价值，根据其研究开发成本、实施该项商业秘密的收益、可得利益、可保持竞争优势的时间等因素确定。"原告委托无形资产评估机构对涉案技术信息进行科学评估，评估的结论为，仅技术工艺一项的市场价值就为人民币145万元。再加上被告因侵犯经营信息给原告造成的损失，可以预计，最终的损失应该在200万以上。况且，被告的生产、销售行为仍在继续，给原告造成的经济损失仍在不断扩大。

另外，被告三提交给县经贸委的一份《企业投资项目备案通知书》中也明确写道："……形成年产280万片研磨用游轮片的生产能力。"由此可见，被告三的生产规模和年产量是巨大的，年产280万片行星轮所获得的利润远远高于人民币200万元。原告主张赔偿200万元的损失，完全合情合理。

至于原告为调查取证所支出的合理费用，亦应得到法庭支持。我国《反不正当竞争法》第20条规定："经营者违反本法规定，给被侵害的经营者造成损害的，应当承担损害赔偿责任……并应当承担被侵害的经营者因调查该经营者侵害其合法权益的不正当竞争行为所支付的合理费用。"所以，原告为调查三被告侵权行为所支出的律师费、交通费、食宿费、鉴定费、评估费等合理费用均应由三被告予以赔偿，故本代理人请求法庭对此费用酌情给予认定。

综上所述，涉案技术信息和客户名单信息属于原告的商业秘密，三被告实施了侵犯原告商业秘密的行为，并给原告造成巨大损失，且这些损失仍在不断扩大。本代理人希望法庭在查明事实的基础上依法支持原告的所有诉请，尽早制止被告的侵权行为，以维护公平、诚信的市场经济秩序。

此致

浙江省衢州市中级人民法院

原告特别授权代理人：上海朱妙春律师事务所

王小兵　律师

二〇〇九年十月九日

10 拨乱反正

——咪唑技术信息纠纷案（二审）

笔者在2004年出版的《商业秘密诉讼案代理纪实》中曾发表了本案的前期代理纪实《巧借黄雀》，盐城中院一审判决三微公司败诉，三微公司不服上诉至江苏高院，但当时案件二审尚未结束，并且，本案代理纪实曾发表在《中国发明与专利》杂志2006年第9期。在本代理纪实中，该案二审由于盐城化工厂的要求过高，法官调解未成，江苏省高院遂依法改判，驳回盐城化工厂的全部诉讼请求。三微公司才得以从这场长达三年的诉讼中解脱出来，最终反败为胜，起死回生！

案由

盐城市药物化工厂（以下简称"盐城化工厂"）是生产咪唑及甲基咪唑等化工产品的厂家。1990年10月起，秦某到该厂工作，先后担任厂长助理，经营副厂长等工作。1995年8月，李某经由盐城市城区人事局分配到该厂工作。2000年10月，秦、李二人先后离开了盐城化工厂。

上海三微实业有限公司（以下简称"三微公司"）是生产经营精细化工、各类医药中间体及助剂的企业，曾向盐城化工厂购进咪唑产品进行销售。后来三微公司成立了分支机构——精细化工厂，开始独立生产咪唑系列产品。2001年3月15日，盐城化工厂以秦某离职后向三微公司披露、使用其咪唑产品的技术信息及经营信息，共同侵害其商业秘密为由，向盐城市中级人民法院（以下简称“盐城中院”）起诉，5个月后因故撤诉。同年9月16日，盐城化工厂以相同理由再次向盐城中院起诉秦某、李某及三微公司，三微公司依法提出抗辩后，盐城化工厂于10月26日向法院撤回了针对技术信息方面的指控，保留经营信息方面的指控。其间，宜兴市苏盛有机化工厂（以下简称“苏盛厂”）认为盐城化工厂1998年起利用苏盛厂员工杜某、沈某非法披露的咪唑产品专有技术和经营信息生产销售咪唑，侵犯了苏盛厂商业秘密，向无锡市中级人民法院（以下简称“无锡中院”）起诉，要求盐城化工厂等三被告赔偿298万元。无锡、盐城两案连环，出现了“螳螂捕蝉、黄雀在后”的局面。

三微公司认为苏盛厂一案的结果直接影响到自己案件的定性，遂要求盐城中院中止诉讼，但盐城中院未予采纳。同年12月24日，盐城中院作出一审判决，认为三微公司利用秦某披露的三家客户信息等销售咪唑产品，侵犯了盐城化工厂的商业秘密，判令秦某、三微公司分别向盐城化工厂赔偿3万元。2002年1月，三微公司和秦某向江苏省高级人民法院（以下简称“江苏高院”）提起上诉，并再次提出中止诉讼的请求。江苏高院认为本案盐城化工厂的商业秘密来源是否合法，应以无锡中院所审之案结果为依据，遂于2002年7月3日裁定中止诉讼。

2003年3月，无锡中院对苏盛厂诉盐城化工厂一案作出一审判决，认定盐城化工厂、杜某、沈某侵犯了苏盛厂的咪唑专有技术商业秘密，判令其赔偿298万元。盐城化工厂不服无锡中院的一审判决，遂向江苏高院提出上诉。在江苏高院的主持下，盐城化工厂的上诉以调解结案，盐城化工厂向苏盛厂支付98万元。案外盐城化工厂和苏盛厂的诉讼有了最终结果，继而三微公司与盐城化工厂的二审“启动”。二审中，江苏高院希望能调解结案，三微公司亦不想为讼所累，很有诚意地出具了一份调解方案，希望能了结此案。孰知盐城化工厂寸步不让，调解未果。2004 年 11 月 8 日，江苏高院开庭审理此案，并作出终审判决：撤销盐城中院的一审判决，驳回盐城化工厂的诉讼请求。至此，延续三年有余的侵犯商业秘密案终于以三微公司胜诉而落下了帷幕。

己欲息事　彼不宁人

此案二审诉讼真可谓一波三折。三微公司自 2002 年 1 月将上诉状提交至江苏高院后，因此案的审理需以无锡中院的判决为依据，便向江苏高院提出中止诉讼的请求，此案因而中止。无锡中院判决盐城化工厂败诉，盐城化工厂上诉至江苏高院，此案又须等待江苏高院的终审判决。最终，盐城化工厂和苏盛厂以调解结案，由盐城化工厂支付苏盛厂 98 万元了结。2004 年 6 月中旬，我接到承办法官的电话，希望调解此案，请我拟定一份调解方案。对于不想再被诉讼拖累的郭总来说，法官的意见无疑是在炎炎夏日中吹来的一阵凉风，让人好不惬意！在充分尊重郭总意思、合理维护三微合法权益的情况下，我让我的助手拟定了一份调解方案：（1）三微公司愿意承担诉讼费用（含一审、二审）的大头；（2）盐城化工厂不再向三微公司及原审两被告主张权利；（3）解除对三微公司账号的冻结。性格豪爽的郭总愿意而且也实际上作出了让步，孰料对方毫不领情，调解未果，双方最终仍然兵刃相见。

万事俱备　只欠东风

2004 年 9 月 10 日，所里接到江苏高院的开庭通知：法院将于 9 月 17 日开庭审理此案，我和助手连夜对此案做好开庭准备，真是“万事俱备，只欠东风”啊！然而，计划总是赶不上变化，9 月 15 日，突然接到法院通知，因对方律师开庭冲突，开庭延期。对于等待了三年之久的郭总，诉讼好像又进入了漫漫长夜。10 月 11 日，我又接到法院的开庭通知，法院将于 10 月 15 日开庭审理此案。接到电话只是感觉这个日期好熟悉，翻了一下工作日程，才发现 10 月 15 日正是武汉一个商业秘密刑事案子的开庭日期，这次是我这边“撞车”了。我马上和法官取得联系，由于此案已经拖了如此长的时间，法官希望我能派一个助手开庭，但郭总坚持让我前去开庭，一向急于开庭的郭总，这次却很“冷静”，希望法院延期开庭。我明白郭总不是不信任我的助手，只是悬了三年多的案子他真的输不起了，任何可能出差错的地方，他都不愿意看到。而这边的刑事案子又没有办法延期，于是我吩咐助手写了一份延期审理申请书，并附上我武汉开庭的通知交至法院。最后，法院同意了我的申请，开庭再次被延期。由于开庭经过两次延期，法院也考虑到双方律师业务繁忙，在第三次开庭日期通知发出之前，电话与双方律师先行进行了沟通，以免再次发生类似的开庭延期。最终，法院确定此案于 11 月 8 日开庭审理，企盼已久的东风终于姗姗而来。

唇枪舌剑　庭审争锋

时光荏苒，转瞬就来到了 11 月 8 日开庭这一天。上午主要是证据交换和事实调查，由于秦某在盐城化工厂工作过，并曾经担任过化工厂的销售工作，而且化工厂的工商笔录的证据里也有案外人证明秦某参与我方销售的“事实”，上午的证据交换和事实调查显得对我方有些不利。中午休息时，郭总看上去一脸的愁容，不时地对我说：“朱律师，怎么办？上午开庭对我们不利啊，我们不会就这样输了吧！”而且话语中在猜测对方和法官是不是有什么关系？也许是因为一审中郭总见到了一些本不应该在弘扬公平和正义的法庭上出现的情况，对此次开庭心里也存有一定的阴影。看到这样一个遵纪守法又懂得通过法律途径维护自身合法权益的市场经济弄潮儿此时的无助，我真的很感叹，司法救济是公民救济的最后一道屏障，如果这其中还有什么猫腻，那法治国家的梦想和现实之间的距离还有多大呢？作为一个法律工作者，我对我们国家的司法系统还是充满信心的，便连忙安慰郭总："你放心！我相信江苏高院的法官会秉公执法的，今天中午虽说对我们显得不利，但法官的调查和发问都是很有水平的，没有偏向任何一方；况且今天上午是事实调查，不能就此下结论，下午才是法律方面问题的辩论，事实调查的不利并不代表法律问题上我们就会输掉。"

下午继续开庭，合议庭主要是针对三微公司上诉状里的法律问题进行调查。法官首先固定了法庭辩论的三个焦点问题：(1) 盐城化工厂所主张的客户名单是否构成商业秘密？(2) 三微公司的客户名单是否有其合法来源？(3) 盐城化工厂的技术信息来源是否合法？如果盐城化工厂的技术信息来源不合法，那么由此技术信息而衍生来的经营信息是否合法？

在法官宣布当天的法庭辩论焦点之后，我首先对第一个问题向法庭陈述了我的观点：被上诉人所指的客户名单不能构成法律上的商业秘密。法律上的商业秘密是指"不为公众所知悉，能为权利人带来经济利益，具有实用性并经权利人采取保密措施的技术信息和经营信息"。由此可以看出，商业秘密必须具备以下特点：第一，不为公众所知悉即秘密性；第二，能为权利人带来经济利益即利益性。根据 TRIPS 协定，不为公众所知悉是指"不为通常从事该类信息工作领域的人们普遍知悉或者容易获得"，也就是说，商业秘密必须是不易通过正当手段或途径取得的信息，易于取得的信息不允许独占使用，即不能构成商业秘密。之所以有如此要求，是因为易于取得的信息为公众信息，取得这样的信息无须付出劳动或努力，法律对之没有进行特殊保护的必要。根据江苏高院《关于审理商业秘密案件有关问题意见》的相关规定，客户名单要成为商业秘密必须具备以下要件：权利人经过相当的努力、在一定的时间内相对固定、具有独特交易习惯。就本案被上诉人所主张的客户名单来看，包括上诉人在内的客户经营信息都可以通过公开渠道轻易获得，而且也不具有独特交易习惯。因此，也就不能称之为商业秘密。

我方观点陈述完毕，法官要对方律师对我的观点发表意见，而对方律师对我方观点避而不谈，想绕过这个核心问题，明察秋毫的法官也看出了对方的意图，几次提醒对方律师“答非所问”，即使这样对方律师还是和法官绕来绕去足足有十来分钟，最后还是在“不明不白”的回答中结束了第一个问题的辩论。

对第二个问题，我主要从几家客户向我们出具的证明来发表我的观点：几家客户都是因价格问题主动找到三微公司的，三微公司客户信息都有其合法的来源。但我方的证据内容与对方的“工商笔录”证据内容有矛盾之处，这牵涉法院证据采信问题，在此问题上花费过多时间没有什么意义，所以就未在此问题上与对方律师纠缠过多。

第三个问题是此次法庭辩论最有争议的问题，由于对技术信息与经营信息的关系法律没有明文规定，故双方对这个问题的争论很大。对此，我首先阐述了观点：在苏盛厂诉盐城化工厂一案中，无锡中院一审判决盐城化工厂停止使用咪唑专有技术，并赔偿298万元。盐城化工厂不服，便向江苏高院提起上诉，在江苏高院调解下，盐城化工厂给付苏盛厂98万元。在准备此案的代理词时，我们敏感地发现，江苏高院的调解书中没有一处提到“侵权”二字，那我们的基于技术侵权衍生的经营信息也没有合法基础的观点似乎就不很稳扎。果然不出所料，对方律师很快就提出江苏高院的调解书并没有认定盐城化工厂侵权，其支付给苏盛厂98万元的费用，是弥补因诉讼给苏盛厂带来的损失，并不是因侵权而支付的费用。对于这样的大是大非问题，我们丝毫没有让步，而是针锋相对地提出：虽然江苏高院的调解书中没有“侵权”的文字出现，但这只是措辞问题，并不影响侵权的成立。盐城化工厂同意支付98万元的巨额费用，也就是默认了侵权。对方提出98万元如是盐城化工厂补偿苏盛厂的诉讼成本，实乃牵强附会——这场诉讼的成本能有98万元吗？

对方又提出盐城化工厂是合法经营的，有工商局颁发的营业执照，而经营信息由盐城化工厂合法经营获得，故经营信息也是合法的。对此，我们针锋相对地指出：合法经营并不能代表经营合法，盐城化工厂有营业执照只能说明是合法经营，但因为其用的是不合法的技术，所以，其经营是不合法的。由于经营不合法，由此得到的经营信息也就不合法了。这样你来我往的辩论，对方律师的反驳理由越来越显得软弱，最后竟然违背民法的基本原则提出荒谬的观点："违法经营得到的经营信息是合法的"，还举出了私生子不因其父母婚姻不合法而认定其也不合法的例子。我们不禁哑然：对方律师显然没有考虑到人权的存在，人权和物权应有本质的区别……

法官苦口 对方罔闻

辩论一直持续到下午五点，在法院的主持下，双方进行了调解。考虑到这样诉讼下去将会增加双方的诉讼成本，心胸宽广的郭总就再次作出让步，同意"四六开"的调解方案，来结束此次诉讼。而对方却没有一丝让步的表示，始终坚持"三七开"的方案，调解遂以失败告终。这下我真的不明白了，今天的辩论明显我方处于优势，对方为什么不见好就收呢？此时天色已晚，由于沪上还有很多要事处理，我和郭总便连夜赶回上海。

12月9日，法院再次开庭，法官针对三微上诉状中的关于对方技术信息来源是否合法的问题再次进行了调查。我拿出无锡中院所调查确认的一些事实作为我们认为对方技术信息来源不合法的证据，而对方律师根本无法将其技术合法来源途径说清楚。法院最终还是希望双方能够调解，但盐城化工厂仍然一如既往，寸步不让，调解仍旧毫无结果。经过如此曲折，我们能做的就是等待法院公正的判决。

云随风逝　雨过天晴

12月23日，大家都沉浸在圣诞的气氛中，我在黄浦法院办理完另一个案件的执行问题后便径直赶回律所。还没有等我走进办公室，助手就向我汇报："朱老师，三微的案子江苏高院的判决已经下来了，江苏高院撤销了盐城中院的判决，我们大获全胜了！"

我仔细看了这份判决书，不禁为审案法官的专业水平拍案叫绝！针对盐城化工厂所主张的客户名单是否构成商业秘密这一焦点问题，判决书是这样写的："客户名单应当受到法律保护，他人非经许可不得使用，但作为商业秘密保护的客户名单必须符合商业秘密构成要件的要求，也就是说，该客户名单除了具备价值性，权利人对此采取了合理的保密措施外，还应当符合商业秘密'不为公众所知悉'的要求，即该客户名单不是简单客户名称的罗列，必须是具有商业秘密特征的信息。作为主张客户名单保护的权利人，不仅要证明其客户名单的存在，而且还要证明在其交易过程中形成了独特的信息，否则该客户名单就不符合商业秘密'不为公众所知悉'的要求，不能获得法律保护"。

法院还认为：首先，盐城化工厂未能提供证据证明在与涉案的三家客户发生业务往来过程中，形成了独特的、不为他人知悉的交易信息或交易习惯，因此其主张的三家客户信息不符合"不为公众所知悉"的要求。其次，咪唑作为一种医药中间体和化工原料，主要销往制药和生产医药原料的化工企业，因此生产咪唑的厂家一方面很容易通过制药和化工企业销售的产品获得他们需求咪唑的信息，另一方面还可以通过相关的公开资料获取他们的需求信息，而对于这些很容易被获知的信息，是不能获得商业秘密保护的。最终法院认定：盐城化工厂所主张的三家客户的信息不足以形成商业秘密意义上的客户名单，不能受到法律保护。

基于上述理由，江苏高院撤销了盐城中院的一审判决，驳回了盐城化工厂的诉讼请求，并判令盐城化工厂承担一、二审案件的受理费和一审财产保全费。看到这里，我笑了：我提前收到了圣诞礼物！

得到如此完美的判决，郭总只是松了口气。是啊，拖了三年多了，现在赢了，只是觉得心头的一块石头落地了，然而却没有胜利的喜悦，不过总算雨过天晴，他将乘风破浪迎接新的挑战。

感　由

这个案件的代理终于圆满结束，面对这样的结果，我确实感慨良多……

在此案的二审代理过程中，充分体现了我的办案理念——和为贵。此案开庭之前，承办法官希望双方调解，让我出具一个调解方案。由于郭总生性豪爽，也愿意作出一点牺牲以了结此案，于是我们出具的调解方案已经作出了充分的让步。然而，对方律师却毫不领情，无奈案件进入审理程序。在案件的审理过程中，法官仍然希望调解结案，再加上我也担心可能会遇到地方保护主义，所以我方再次作出让步，把调解方案从原先的“三七开”退步至“四六开”。这样做和我的一贯的办案风格有关系：一则希望双方能化干戈为玉帛，以调解方式结案，甚至愿意双方携手前进；二则此案由于在外地诉讼，地方保护主义在所难免；三则法官也愿意以调解方式结案，如果我们坚持己见，态度强硬，在案件有争议的情况下，法官很有可能驳回我们的上诉。为了最大限度地维护维护当事人的合法权益，我们决定在合理的范围内作出让步，避免当事人受到更大的损失，以免“小不忍则乱大谋”，所以在调解的全过程我们一再让步，充分表现出我们调解的诚意，这样至少让法官“不忍心”“刁难”我们。这一策略在后来的审判中被证明是高明的，由于对方态度一直很强硬，在我方一再让步的情况下还是咄咄逼人，给法官造成不好的印象，最终我方大获全胜，而对方真是“偷鸡不成反蚀把米”！

这次二审，江苏高院知识产权庭的审判体现了“艺高、胆大、公正”的作风。

所谓“艺高”是指江苏高院的专业水平高。针对商业秘密这种疑难知识产权纠纷案的审理，在理论、实践以及充分论证的基础上出台了《关于审理商业秘密案件有关问题的意见》，把许多模糊的规定具体化，使商业秘密的保护更具操作性。这一《意见》被实践证明对商业秘密案的审理是积极有效的。据我所知，上海法院在审理商业秘密案件时内部也常会参照此意见，足见此《意见》在实践中的可操作性。

所谓“胆大”，是指江苏高院敢于在法律没有明文规定的情况下，在此《意见》的第9条对“权利人经过相当的努力，形成了在一定期间内相对固定的且具有独特交易习惯等内容的客户名单”作出了是“商业秘密”的规定。这个规定也是我们在此次诉讼中大获全胜的关键法律依据。由于法律对于商业秘密的鉴定只有“秘密性”、“保密性”、“价值性”三性的规定，却缺乏构成此“三性”的客观标准，因而给实务操作造成了诸多不便。此《意见》的出台对尴尬的商业秘密保护来说真是“久旱逢甘露”！

所谓“公正”是指江苏高院的法官完全站在事实和法律的基础上审理此案。由于我方是外地当事人，而对方是江苏本地企业，开始我方诚惶诚恐怕被“地方保护主义”这块大石头绊倒。但在后来的审判中，法官的公正让我方逐渐减少了这样的顾虑，将全部经历放在事实和法律上，完成了一场精彩的法律对话，他们这种只对法律负责的司法精神让我们这些异地的当事人真正感受到了法律的正义。

附件　二审判决书

江苏省高级人民法院
民事判决书

（2002）苏民三终字第042号

上诉人（原审被告）上海三微实业有限公司，住所地在上海市××路××号××大厦。

法定代表人郭玉平，董事长。

委托代理人朱妙春，上海市天宏律师事务所律师。

委托代理人刘克峰，上海三微实业有限公司职员。

被上诉人（原审原告）盐城市药物化工厂，住所地在江苏省盐城市××路××号。

法定代表人沈文海，厂长。

委托代理人邹正美，盐城锐智律师事务所律师。

原审被告秦某，男，×××年××月××日出生，住所地在江苏省盐城市××路××号楼。

委托代理人朱妙春，上海市天宏律师事务所律师。

委托代理人顾惠民，上海市天宏律师事务所律师。

原审被告李某，男，×××年××月××日出生，住所地在江苏省建湖县××村××组。

上诉人上海三微实业有限公司（以下简称“三微公司”）因与被上诉人盐城市药物化工厂（以下简称“药化厂”）、原审被告秦某、李某侵犯商业秘密纠纷一案，不服江苏省盐城市中级人民法院（2011）盐知初字第16号民事判决，于2002年1月10日向本院提起上诉。本院于2002年4月27日受理后，依法组成合议庭进行审理。在本案审理期间，由于三微公司以“药化厂的商业秘密来源不合法、必须以江苏省无锡市中级人民法院审理的（2001）

锡知初字第18号案件的审理结果为准”等为由，向本院提出中止审理的请求。本院于2002年7月3日作出（2002）苏民三终第42号民事裁定，决定对本案中止审理。现本案中止审理的事由消失，本案依法恢复审理。本院于2003年12月23日、2004年11月8日、12月9日不公开开庭审理了本案。上诉人三微公司的法定代表人郭玉平及其委托代理人朱妙春、刘克峰，被上诉人药化厂的委托代理人邹正美，原审被告秦某的委托代理人朱妙春到庭参加诉讼。原审被告李某经合法传唤无正当理由拒不到庭，本院依法对其缺席审理。本案现已审理终结。

一审判决认定的事实如下：

药化厂是生产咪唑及甲基咪唑等化工产品的专业厂家。秦某从1990年10月起在药化厂工作，先后担任厂长助理和副厂长等职务，一直从事企业管理、产品开发和市场营销等工作。1993年7月26日，秦某与药化厂签订了《住房合同书》，其中第5条约定：乙方（秦某）应保证遵纪守法，严格执行厂纪厂规，保守甲方（药化厂）的技术和市场机密。李某于1995年8月分配进药化厂工作，1999年8月3日药化厂与李某签订了《劳动用工合同》，其中第8条约定：乙方（李某）应严格保守甲方（药化厂）的商业和技术秘密，否则甲方有权终止本合同并对乙方依法追究法律责任。

2000年10月22日，陈连设书面形式提出辞职未获得药化厂同意。此后，秦某与李某在没有解除劳动关系的情况下离开了药化厂。

2000年10月6～22日，药化厂先后给自己的客户单位包括三微公司、南京第二制药厂（以下简称“第二制药厂”）、金坛中兴医药原料化工厂（以下简称“中兴化工厂”）等9家单位发送了对账函。

2000年10月至2001年，秦某以三微公司的名义多次向药化厂的原客户单位第二制药厂、中兴化工厂等单位销售咪唑产品。

2001年1月9日，秦某给药化厂的法定代表人沈文海发送了贺卡，落款注明“上海三微实业有限公司　陈”。

2001年8月1日，江苏省盐城市工商行政管理局城区分局的执法人员调查在三微公司工作过的洪伟忠、马雪娥、凌玉秀证实，秦某、李某均在三微公司工作。秦某印制并向外发送的名片上，也注明其是三微公司的董事、上海三微实业有限公司精细化工厂（以下简称“三微化工厂”）副厂长。

2001年11月16日，药化厂与原客户单位台州丽晶化学有限公司（以下简称“丽晶公司”）因货款纠纷发生诉讼，后经法院主持达成调解协议，丽晶公司在调解笔录中证实秦某向其提供了三微公司的咪唑产品。

三微公司于2000年9月20日申请成立了三微化工厂，专门从事咪唑系列产品的生产与销售。秦某销售咪唑产品开给药化厂的原客户单位的增值税专用发票，均由三微公司提供。

为此，药化厂诉之法院，请求判令三微公司、秦某、李某立即停止侵犯药化厂商业秘密的违法行为，并互为连带赔偿药化厂经济损失18万元及承担全部诉讼费用。

一审判决认为：

药化厂在长期的生产经营过程中，经过一定的商业努力，先后与第二制药厂、中兴化工厂和丽晶公司建立了较为稳定的业务关系，取得了较高的商业信誉，属不为他人所知的经营信息，并为此采取了相应的保密措施，上述客户构成了药化厂的商业秘密。秦某在担任药化厂经营副厂长期间，掌握了药化厂大量的经营信息，并违反相关的保密协议，非法披露和使用药化厂的经营信息，为三微化工厂销售相同的咪唑产品，其行为已经侵害了药化厂的商业秘密，依法应当承担相应的民事责任。

三微公司曾是药化厂的客户单位，明知秦某违反保密规定，非法获取、使用药化厂的经营信息并从中获利，也侵犯了药化厂的商业秘密，应当承担相应的民事责任。

李某在药化厂工作期间没有掌握相关的经营信息，故药化厂要求李某承担侵权的民事责任依据不足，不予支持。

由于药化厂与客户之间经过几年的市场变化，以及诉讼过程中要求保护的客户信息已经逐步丧失原所具有的商业秘密的特征，在判令三微公司与秦某赔偿一定的损失外，再让三微公司不得从事与上述客户的业务关系已无实际意义，故对药化厂的此项请求不予支持。赔偿数额依据侵权的时间、情节等因素酌情确定。

综上，该院判决：（1）秦某、三微公司分别赔偿药化厂经济损失3万元，在判决生效后10日内一次性给付，秦某、三微公司互负连带责任；（2）驳回药化厂对李某的诉讼请求；（3）驳回药化厂的其他诉讼请求。案件受理费4 110元、其他诉讼费3 000元，共计7 110元，由药化厂承担3 555元，秦某、三微公司承担3 555元；财产保全费1 270元，由秦某、三微公司共同承担。

三微公司不服一审判决，向本院提起上诉称：一审判决认定事实不清，适用法律错误。具体理由：（1）药化厂的商业秘密本身不具有合法性，不应当受到保护。因为有证据证明药化厂的“咪唑”产品技术系从案外人宜兴市苏盛有机化工厂（以下简称“苏盛厂”）处偷来的，不具有合法性。因此基于销售其侵犯他人商业秘密的“咪唑”产品而获得的“客户业务关体系、销售渠道”等经营信息就更无合法性存在。另外，客户名单也系从苏盛厂偷来的，这些经营信息本身也存在侵犯他人商业秘密的问题，更不应当保护。（2）一审法院认定秦某在三微公司任职并参与销售“咪唑”产品的依据不足，一审法院仅凭名片和一封信件便认定秦某在三微公司任职不当。（3）三微公司与一审判决认定的三个客户接触完全是合法的，上述客户是通过三微公司的产品与三微公司接触到，并没有侵犯药化厂的经营信息。（4）由于苏盛厂因药化厂侵犯其商业秘密已经提起诉讼，而本案商业秘密的合法性必须以该案件结果为依据，故一审法院不中止审理违反法律规定。(5) 由于药化厂生产“咪唑”产品违法，而三微公司生产“咪唑”产品合法，故二者之间没有竞争关系，一审法院适用《反不正当竞争法》系适用法律错误。庭审中补充认为，药化厂的客户名单不具有秘密性，不属于商业秘密。请求二审法院依法改判，驳回药化厂的诉讼请求。

药化厂没有提出书面答辩，其庭审答辩称：(1) 药化厂的生产技术有合法的来源，三微公司没有证据证明药化厂的生产技术来源不合法。(2) 退一步说，即使生产技术来源不合法，也不影响其基于合法经营产生合法的经营秘密。(3) 三微公司通过秦某非法使用了药化厂的经营秘密，构成侵权。因此，一审认定事实清楚，适用法律正确，请求驳回上诉，维持原判。

原审被告秦某答辩称其同意三微公司的上诉理由和请求。

原审被告李某未提供书面答辩意见。

三微公司二审中新提供的证据为：

(1) 三微公司在2000年第65~66期、第70期、第77~78期，2001年第2期、第4期、第18期、第24期、第26期、第28期、第36期、第43期《化工市场七日讯》中刊登有关供应咪唑产品信息；

(2) 江苏省无锡市中级人民法院(2001)锡知初字第18号民事判决书；

(3) 江苏省高级人民法院(2003)苏民三终字第069号民事调解书；

(4) 浙江丽晶化学有限公司(即一审判决所指原台州丽晶化学有限公司)出具的证明；

(5) 化学工业出版社1996年版《化工产品目录》，内容为包括第二制药厂等单位的供求信息；

(6) 从丽晶公司网站下载的网页部分内容，内容为丽晶公司的产品供求信息；

(7) 从大众医药等网站下载的有关医药化工资料，内容为介绍咪唑产品的用途。

三微公司提供证据的目的如下：

证据1用于证明其销售咪唑产品的信息是公开的，丽晶公司在与药化厂断绝业务关系后，根据该公开信息与三微公司建立业务联系。

证据2、3用于证明药化厂生产咪唑的技术是不正当地从案外人苏盛厂获取的。

证据4用于证明丽晶公司自2001年4月起与药化厂断绝业务关系，该客户对药化厂来说不再具有价值，不能构成药化厂的经营秘密。同时证明是丽晶公司主动联系三微公司购买咪唑产品的。

证据5、6、7用于证明第二制药厂、丽晶公司、中兴化工厂客户的供求信息是公开的。

药化厂质证认为：证据2是未生效判决，不能作为证据使用，证据3中也未认定药化厂的技术是非法获取的；证据1、4、5、6、7不能证明三微公司的观点。

本院认证意见：药化厂对上述证据的真实性不予否认，本院对其真实性予以确认。对于上述证据的证明力将结合其他证据综合认定。

药化厂、秦某、李某二审中未提供新证据。

本案二审的争议焦点为：（1）涉案3家客户信息能否构成商业秘密；（2）三微公司是否侵犯了药化厂的商业秘密。

本院经审理查明：

（1）双方当事人对一审认定的以下事实不持异议，即药化厂与涉案三家客户在一定时期内发生业务关系，药化厂对其经营信息采取了保密措施，秦某、李某在药化厂任职及离职经过，秦某掌握药化厂主张的经营信息，李某不掌握药化厂主张的经营信息等，本院对此也予以确认。

（2）苏盛厂曾经药化厂、杜长胜、沈东清等侵犯其咪唑生产技术为由，向江苏省无锡市中级人民法院提起诉讼，该院经审理，作出（2001）锡知初字第18号判决，内容为：①药化厂、杜长胜、沈东清应于判决生效之日起3年内立即停止使用咪唑专有技术，并负有保密义务，不得对外进行披露；②药化厂应于判决生效之日向苏盛厂赔偿经济损失268.2万元，杜长胜、沈东清各人均应于判决生效之日向苏盛厂赔偿经济损失14.9万元，药化厂、杜长胜、沈东清之间互负连带责任；③驳回苏盛厂的其他诉讼请求。判决后，杜长胜、药化厂不服，向江苏省高级人民法院提起上诉。该案经二审法院主持调解，当事人自愿达成如下协议：①药化厂支付苏盛厂98万元，于签收调解书之日一次性付清；②药化厂自行采取保密措施；③苏盛厂与药化厂就涉案技术不再有其他纠纷；④苏盛厂不再追究杜长胜、沈东清的法律责任。另查，二审法院未在民事调解书中对药化厂是否非法获取了苏盛厂的技术秘密的事实作出认定。

（3）药化厂分别于2000年10月6日、10月12日向第二制药厂、中兴化工厂等客户发对账函，对客户们的关心和支持表示感谢，同时将双方间的欠款额进行确认。

（4）1996年出版的《化工产品目录》中记载第二制药厂等企业的产品需求信息。

（5）药化厂明确其客户名单仅指第二制药厂、中兴化工厂和丽晶公司3家客户的信息。

针对上诉人的上诉理由，结合一、二审查明的事实，本院认为：

客户名单应当受到法律保护，他人非经许可不得使用，但作为商业秘密保护的客户名单必须符合商业秘密构成要件的要求，也就是说，该客户名单除了具备价值性，权利人对此采取了合理的保密措施外，还应当符合商业秘密“不为公众所知悉”的要求，即该客户名单不是简单客户名称的罗列，必须具有商业秘密特质的信息。作为主张客户名单保护的权利人，不仅要证明其客户名单的存在，而且还要证明在其交易过程中形成了独特的信息，否则该客户名单就不符合商业秘密“不为公众所知悉”的要求，不能获得法律保护。

本案中，药化厂虽然能够证明其与涉案的3家客户建立了业务关系，但其除了提供其向3家客户发的对账函外，未能提供证据证明在与这3家客户发生业务往来过程中，形成了独特的、不为他人知悉的交易信息或交易习惯。因此，药化厂主张的3家客户信息不符合《反不正当竞争法》第10条第3款规定的商业秘密“不为公众所知悉”的要件，不能获得法律保护。此外，咪唑作为一种医药中间体和化工原料，主要销往制药和生产医药原料的化工企业，作为生产咪唑的厂家一方面很容易通过制药和化工企业销售的产品获得他们需求咪唑的信息，另一方面还可以通过相关的公开资料获取他们的需求信息，而对于这些很容易被获知的信息，是不能获得商业秘密保护的。本案中，涉案3家客户即属于上述制药或化工企业，作为生产咪唑产品的三微公司，完全可以通过3家客户销售的产品或公开出版物中获得他们需求咪唑的信息。因此，药化厂与涉案3家客户虽然存在业务关系，但在没有形成独特的交易信息或交易习惯，仅有咪唑产品的需求信息的情况下，有关该3家客户的信息不足以形成商业秘密意义上的客户名单，不能受到法律保护。

综上所述，药化厂主张保护的3家客户信息不符合商业秘密构成要件，不应受到法律保护。上诉人的上诉请求成立，应当支持。一审法院认定事实不清，适用法律不当，应当改判。依据《中华人民共和国民事诉讼法》第153条第1款第（二）项、第（三）项、《中华人民共和国反不正当竞争法》第10条第3款的规定，判决如下：

一、撤销江苏省盐城市中级人民法院（2001）盐知初字第16号民事判决；

二、驳回药化厂的诉讼请求；

三、一、二审案件受理费各4 110元，一审财产保全费1 270

元，均由药化厂负担（三微公司已预交的上诉费，本院不予退还，由药化厂直接给付三微公司）。

本判决为终审判决。

审　判　长　汤小夫
代理审判员　苏德军
代理审判员　汤茂仁
二〇〇四年十二月十六日
书　记　员　陈芳华

11 天妒英才

——华博士爆炸死亡索赔纠纷案

案由

2006年3月31日午夜，一声巨响唤醒了沉睡的浙西古城，浓郁的夜色很快将之淹没，困乏的人们恐怕尚未反应过来，又沉沉睡去。没人知道，一颗氟化学界的巨星已经陨落。第二天，各大媒体纷纷报道，浙西公司发生爆炸。华博士，美籍华侨，氟化学界后起之秀，国际上著名的氟化学专家。华博士在此次事故中不幸罹难，可叹我国一代氟化学专家就此死于非命。此事很快就传到华博士家人的耳中，闻此噩耗，无不悲痛欲绝。华博士生前即为家庭的顶梁柱，上有老，下有小，爱人以及一双儿女都定居美国，他的去世使家庭重担全落在了他的妻子聂平身上。然而祸不单行，聂平2005年时曾遭车祸，身体一直未能完全恢复，还被所在单位辞退，至今赋闲在家，华博士的去世使家人的生活一落千丈。

凡事皆有前因后果，此次爆炸还应当从2005年说起。2005年5月20日，华博士回到中国后与上海三石科技发展有限公司（以下简称“三石公司”）签订了聘用合同，担任该公司的高级顾问。该公司成立于2005年年初，其技术力量的核心人物即为华博士，因为华博士掌握着国内空白的某氟化物成熟产品的核心技术，而三石公司也就是凭借着华博士的技术实力才得以运行。另一核心人物是金杰，此人是三石公司的出资股东，同时也是该公司的董事长兼总经理。可以说这是一家规模不大的民营企业，然而凭借着华博士的加入，三石公司很快便与浙西公司签订了合作协议书。协议约定由甲方投入现金以及固定资产，乙方投入生产相关产品的技术和市场，成功后双方五五分成。签约后合作项目很快就正式启动，谁知天妒英才，中试快成功时，因设备、原料以及操作工人的操作失误等多方原因才发生本文开头的一幕。

事故发生后，华博士的遗孀聂平很快就回中国处理善后事宜。聂平首先是与三石公司进行了谈判，然而由于双方对赔偿数差距悬殊，虽经多次磋商，但仍无法一致，随后对方公司的态度越来越强硬，无奈之下，聂平只好诉诸法律。

2007年初春，我正在休息，以便养精蓄锐下午到上海交通大学去演讲。突然接到一个电话，对方的声音充满了悲戚，但仍谦和有礼，想来是位受过高等教育的女子。她说："朱律师，您一定要帮帮我，我已经走投无路。"说着就哽咽起来。我劝慰她别着急，慢慢讲。随着她的叙述，我才知道，打电话的人就是最近各大媒体纷纷报道的浙西公司爆炸案中意外身亡的华博士的爱人，这是一起"海归"人士在中国因公死亡要求得到合理赔偿的案件。对于此类案件，我还是有一定的兴趣的。一来同情使然，二来也是民族情节在起作用。我一向认为无论是国家还是社会，对海归派这个特殊群体理应给予特别保护，因为他们放弃了国外优厚的生活和工作条件，回到了中国，带来了国外的先进技术，给我们国家的生产力注入了强劲的动力，他们是有功之臣。如今一名如此优秀的化学新星，就这样陨落了，我感到不胜惋惜，同时也觉得应当帮他们孤儿寡母一把，使他们渡过难关。逝者已逝，生者依旧，因此我约他们过两天到所里来详谈。

转眼一个礼拜过去了，这天我正与助手分析案情，一位老者带着一位气质端庄的女士来到所里，她面带疲倦和悲戚之容。从来者的表情和穿着打扮我就猜是聂平来了。果然不出所料，来者就是华博士的遗孀聂平以及她的父亲聂老。落座之后，我们劝慰她要节哀顺变，并问她有什么法律上的问题需要我们帮助。她含着眼泪沙哑着嗓子说，她马上要回美国，两个孩子都未成年，需要照顾。这边的事情要全权委托其父亲，同时也需要我所的大力支持。我说，你放心，我们会尽最大的努力帮助你们渡过难关的。她点点头，眼里闪出一丝希望。

夜半惊雷

2006 年 4 月 1 日，各大媒体纷纷报道，浙西公司发生了大爆炸。“当时大概是零点 30 分左右，我听到一声巨响，好像山上放炮炸石头一样，起来一看，原来是厂里发生爆炸了！”离爆炸现场 200 多米的杂货店里，朱老板回忆说，“只见一股红色的烟雾飞速向南边飘了过去，好像烟囱冒的烟一样。”据调查，是位于浙西生产区域的浙西公司与三石公司合作开发的新产品中试装置突然发生爆炸，造成七人死伤的严重后果。

事故发生后，浙江省委习书记等领导分别对事故处理作出了重要批示。浙西公司主要领导第一时间迅速赶到现场，并启动浙西化学燃爆事故应急预案，成立“3 · 31”事故应急救援领导小组，下设事故现场调查小组和事故善后处理小组开展工作。据浙西公司介绍，由于发生爆炸的是中试装置，装置位于厂区边缘地带，相对独立，周边其他生产装置没有受到影响。据记者报道，发生爆炸的小楼是一座 4 层高的小楼房，由于爆炸发生在 3 楼，小楼西面 3 ~ 4 层的楼体墙面被炸出一个大口子，里面的反应釜装置也遭到了破坏。“和他们隔一个房间的人都没有事情，除了西墙外，整个房子结构也没有受到大影响！爆炸造成五死两伤。正在爆炸现场工作的五个人被当场炸死，其中一人就是美籍华人华博士。”

华博士，国际著名的氟化学专家，他引领发明了一种能广泛应用与汽车、航空、半导体的氟化材料，到2005年止，已公开的科研项目有73项，获美国专利有28项。可惜天妒人才，英年早逝。他的妻子本来身体就弱，不堪打击，遇此噩耗，几乎崩溃。但为了两个未成年的孩子，她强打精神来到中国，希望能为孩子们寻找一个生活和教育的保障。

聂平到中国之后，多次寻找三石公司，她希望三石公司能给一个说法，就赔偿问题提出一个双方都能接受的方案。然而，对方只答应赔偿人民币50万左右，远远低于她的期望。华博士在世时每年的收入就有50多万，他的离去，使整个家庭陷入经济困境。聂平早因身体原因而失去了工作，因此两个孩子将来的生活费和教育费便没有着落，才辗转找到我来帮她维权。听她诉说孤儿寡母的艰难，同情心油然而生，我们于是决定接受她的委托，其前期法律服务费用缓交。

铩羽而归

聂平走后，我跟助手们开了个会，商讨案情。我的思路是能和则和，和解不成再考虑诉讼。助手却说，对方没有诚意，和解困难比较大，还是及早准备诉讼。我笑笑地摇摇头，告诉他们和解的几个原因：一来当事人现已筋疲力尽，打官司时间颇长，恐怕远水解不了近渴；二来一些境外公司对此案亦很关注，启动诉讼程序可能会使他们得利，这不是我们愿意看到的结果；三来我代理的案子的理念和宗旨是能和则和，与政府提倡的建设和谐社会遥相呼应。由于此案涉及两个公司，上海三石以及浙西公司，故应当兵分两路，启动与他们各方的协商程序。我吩咐助手，尽快发律师函给三石公司，告知他们我已代理聂平索赔案，请他们及早拿出和解方案，以表诚意。同时联系浙西公司，准备近日就去浙西面谈一趟。

律师函发出几天后我就接到了三石公司自称是代理律师的电话，说希望能和我面谈，我便约他到所里来谈，他如约而至。落座之后，他就开门见山地说："华博士的死，我们也很痛惜，本来好好的合作项目，眼看就要成功了，却发生这样的悲剧。但是逝者已逝，所以董事长的意思也是希望及早息事宁人，找出一个双方都可以接受的方案。心平气和地把这件事情给解决掉。"我见他说话有诚意，就说："你们的想法我也能理解，聂平回国之后应当也跟你们接洽过几次。现在我们的意思还是应该综合考虑聂平的生活环境和教育需求，以及华博士给你们公司创造的价值来确定一个合理的赔偿额度。根据我们的调查，美国每人每年的平均生活费大约需要 4 万多美元，如今综合考虑我们认为赔偿 60 万美元应当是比较合理的数额。"对方律师静默了一会，说："数额差得太远，我们只能承受 50 万人民币，根据我国目前的法律，工伤损害赔偿只能赔到 20 多万。另外是我们董事长个人的一点道义上的补偿。"我笑笑说，"别忘记工伤赔偿和人身损害赔偿是可以并行的。另外，华博士去世时留下大量技术资料，这些应当归还他的后人，若需继续使用，则应当支付使用费。"我边说边观察着对方律师，并适时地以静制动、见招拆招。最后对方律师说他要回去请示董事长。此次面谈，我感到对方和解虽有诚意，但在赔偿额上双方落差悬殊，我静候二次会谈。

不几日，对方律师再次打电话给我，说董事长希望跟我面谈，并约在花园饭店，我欣然应允。这个花园饭店在上海也是数一数二的，风景秀丽，闹中取静，而且还颇有些历史，接待的大多是外宾，想来三石公司实力不凡。我带着助手如约而至。对方来了两个人，一个是上次见过面的代理律师，另一位就是三石公司的董事长金杰女士。董事长虽貌不惊人，但精明能干。谈到华博士时，她还失声痛哭，声泪俱下，使我难以开口。我渐渐明白了对方的想法，他们最多只能赔偿人民币 100 万，对方同意多出一倍的钱来了断此事。此次会谈的结果虽然离预期目标仍远，然而比原先的50万多了一倍，我感觉谈判还是有成果的。不料后来对方出尔反尔，企图注销公司，转移财产，最终双方还是兵刃相见。

至于浙西公司，我想还是直接上门晓之以理。正好金华有一个银行财产保全的案子需要去一下，于是跟浙西公司负责人联系后，就踏上了去浙西公司的征程。下午5时才到，浙西公司的负责人倒也热心等候。我坦然告知，不希望对簿公堂。他们认为：华博士的死亡与他们无关。华博士因为公职死亡，死在工作岗位上，是工伤事故。他们只是提供了场所、仪器设备等，虽然他们出资，但都是三石公司采购的，因此浙西公司并无过错。我极其愕然，未曾想到堂堂浙西公司，竟将责任推得一干二净，听完他们的话，我严词正告他们脱不了干系。谈话最终不欢而散，与浙西公司的和解希望也就成为泡影。

双管齐下

此后，我与三石公司和浙西公司又进行了多次斡旋，然而效果都不甚理想，三石公司已经越来越没有诚意，甚至打算注销一走了之，和解希望极其渺茫。至于浙西公司，虽然我数次对其晓之以理、动之以情、明之以法，告知利害关系，但对方似乎并不领情，坚持认为与己无关，拒绝赔偿。于是不得已，决定走诉讼程序。此案可以人身损害赔偿或工伤事故赔偿作为诉讼请求向法院提出给付之诉。不论如何，根据我国的相关法律的规定，其赔偿数额均不高，也允许两种赔偿方式同时并存，权衡之后还是决定同时启动两个程序。

2007年6月，我方以三石公司和浙西公司为共同被告，向三石公司注册所在地松江区人民法院提起了人身损害赔偿诉讼，要求两被告向华博士的法定继承人（包括聂平及其子女三人）赔偿460余万。其依据为《民法通则》、《民事诉讼法》、《最高人民法院关于审理人身损害赔偿案件适用法律若干问题的解释》的相关规定，要求赔偿的内容包括死亡赔偿金、丧葬费、精神抚慰金、被抚养人生活费等。

此案进入诉讼程序不久，我方又启动了工伤事故赔偿程序。首先从松江区劳动和社会保障局拿到了华博士的工伤死亡认定书。随后我即刻向三石公司发函要求支付工伤事故赔偿金，然而对方一直拒绝支付。于是同年 11 月，我方向上海市劳动争议仲裁委提出了仲裁请求。

至此，两个程序同时启动，双管齐下，交叉进行。由于人身损害赔偿一案涉及外国公民，属于涉外案件且数额巨大，此案被移送到上海市一中院。此案移送不久，我们即向法院申请证据保全，包括调取被告一和被告二之间的生产合作协议，以及事故调查报告。这两个文件至关重要，一方面可以了解事故发生的现场情况；另一方面也可以查清三石公司与浙西公司的关系，特别是可以查证浙西公司的过错责任。而且该证据在我们随后的诉讼中也有着至关重要的作用。这边申请调查取证，另一边仲裁程序也在按部就班地进行，我方要求对方赔偿包括丧葬补助金、子女抚恤金、一次性工伤死亡补助金在内共计约 27.6 万元。对方辩称：(1) 华博士是美籍华人，无法办理工伤保险，不能适用劳动争议解决；(2) 本案应同人身损害赔偿并案处理；(3) 已经支付了约 20 多万元，应当在赔偿额中予以扣除。对于第一点，我方认为办理工伤保险是单位的法定义务，是国家对所有就业人员的保障，即使未能办理，亦应当通过其他途径，比如办理其他保险替代此项义务，不能以未能办理为挡箭牌。而且华博士的死亡已被认定为工伤事故，理当享受此项待遇。对于第二点，我方认为工伤保险赔偿和人身损害赔偿虽竞合但可以并行。根据《安全生产法》48 条，“因生产安全事故受到损害的从业人员，除依法享有工伤社会保险外，依照有关民事法律尚有获得赔偿的权利的，有权向本单位提出赔偿要求。”另根据《最高人民法院关于审理人身损害赔偿案件适用法律若干问题的解释》12 条第 2 款规定，“因用人单位以外的第三人侵权造成劳动者人身损害，赔偿权利人请求第三人承担民事赔偿责任的，人民法院应予支持。”一中院的人身损害赔偿被告有两位，而本案被告仅为三石公司，因此应予分开。对于第三点，已支付的款项支付时并未说明是用于工伤赔偿，因此无需扣除。我方的理由得到了仲裁委的支持。随后仲裁委作出了与我方请求基本吻合的裁决。然而，由于仲裁中的另外两个原告即华博士的父母对裁决不满，所以又向松江区人民法院提出了工伤保险的民事诉讼，我方则作为第三人参加了诉讼，不过松江区法院维持了仲裁委的裁决。

至于一中院的人身损害赔偿案，由于一中院认为本案的审理应当以松江法院关于工伤损害赔偿的审理作为依据，因此本案审理应当中止，等待松江法院判决生效后才能继续进行。后来松江法院维持劳动仲裁委员会的裁定，一中院的人身损害赔偿案便重新启动。

义愤填膺

2010 年 7 月 20 日上午 9 时 30 分，华博士近亲属诉上海三石公司和浙西公司人身损害赔偿案于上海一中院第十法庭第三次开庭审理。坐在原告方席位的有我和助手王律师以及华博士父亲和他的两位代理人共五人。被告席位上共有三人，分别为三石公司的两位代理律师及浙西公司的一位代表。原审合议庭因原审判长的调动而进行了重组，由副庭长杨焕发博士担任新合议庭审判长。开庭前，审判长先是依照法律规定询问了原被告双方对于新合议庭的人员组成是否有异议及申请回避事项，双方均对新合议庭表示认可，并不申请回避。随后正式开庭审理。

在进行过庭前准备工作之后，审判长杨焕发宣布进入法庭调查阶段。首先是我方进行事实陈述，按照当事人聂平的要求，我方增加了诉讼请求，将精神损害抚慰金由 80 万元人民币提高到 95 万。理由是作为华博士的家人，聂平及其在美国读书的两个子女在华博士身亡四年后仍未能知晓事件真相，华博士的死因未明给聂平及其子女造成了无比沉痛的精神打击。随后，我们向法庭陈述了原告聂平及子女的诉讼请求：人身损害赔偿总额 480 万元人民币，其中，死亡赔偿金 240 万元；被扶养人生活费 100 万元；精神损害抚慰金 95 万元；交通、食宿、通信、公证等费用补偿 45 万元。上述金额计算中的死亡赔偿金及被扶养人生活费均按照美国年人均可支配收入依据法律规定的年限计算总和，并在充分考虑中国国情及被告方的承受能力后予以打折计算，取计算总额的 1/3，可以说最终提出的这个数字是合情合理的。

由于我方认为三石公司和浙西公司对华博士的死亡系共同侵权，为了进一步明确三石公司与浙西公司的关系以及双方在华博士死亡事故中各自的责任程度，同时也为了彻底弄清华博士死亡事故发生的具体原因等事件真相。我们包括华博士父母的代理律师坚持向两被告提出要求其提供两份重要的书证，其一为三石公司和浙西公司的生产合作协议；其二为导致华博士死亡的爆炸事故调查报告。

被告方代理律师在我方发言时始终面色冷峻，丝毫未为我方有理有据的事实陈述所动。针对我方提出的诉讼请求和提供证据的要求，对方作出无理的答辩，其理由着实让人愤懑。对于人身损害赔偿，被告一三石公司认为该请求缺乏合理性，认为该案就是一起工伤事故纠纷，且在 2007 年松江区法院已进行过审理，被告公司已就法院判决认定的工伤损害赔偿金进行了赔付，因此原告的人身损害赔偿系重复请求，原告不应就同一伤害事实取得两次赔偿。而对于我方提出的要被告提供两份书证的要求更是一口回绝，他们打起了商业秘密牌，声称两公司之间的合作生产协议涉及商业秘密不便披露。对于事故调查报告，被告一辩称事故已有专门认定，事故已被定性为工伤事故，因而没必要再提供事故调查报告。被告二浙西公司对于人身损害赔偿问题更是一副不屑的样子，提出华博士死亡事件系工伤事故，而华博士系三石公司雇员，因而赔偿事宜与自身无任何关系，甚至指出自己并非本案适格被告。

两被告庭上的这种不负责任的表现令我们原告方十分愤慨，没想到作为用人单位以及事故责任单位竟然表现出对生命如此的冷漠，对死者家属的遭遇丝毫没有怜悯之心。在随后的法庭辩论阶段，我们义愤填膺，拍案而起，围绕着审判长在法庭调查阶段概括的两个案件争议焦点我方据理力争，不仅从民法理论上阐述了相关原则作为理论支撑，而且还引用了《安全生产法》和《最高院关于审理人身损害赔偿案件适用法律若干问题的解释》等法律法规为直接论证依据，整个辩论阶段的发言逻辑严密，说理充分而颇具感染力。相应地，被告席上的三位虽然不改冷峻的面色，而且偶尔的发言也充满了不屑与傲慢，但辩论过程中明显处于劣势。但他们仍负隅顽抗，竟然血口喷人称我方要求出具合作生产协议意在获取其商业秘密，并提到华博士曾于某美国公司任职的背景，认为我方意在故意将事件扩大以便将事件政治化从而向中国政府施压。这种不负责任的言论不仅荒诞无稽而且也极大伤害了华博士亲属们的感情。

法庭辩论结束后，审判长依照法律规定提醒双方仍可就案件争议进行调解，并询问双方是否愿意接受法庭调解。我一直认为尽管双方已在法庭上兵戎相见，但还是能和则和，能调则调，当然这是以保证当事人正当利益为前提的。对于法庭的调解征询，我方一致同意可以接受法庭调解，但当审判长询问对方时，两被告对于我方释放的友好信号根本不予理会，未加思索，便予以回绝。

至此，法庭审理程序终结。双方最终还是不欢而散。本案中相对于被告方的冷漠与麻木我方代理人表现出了良好的法律及道德素养，特别是我的助手王律师的表现令我十分满意，他事实陈述清晰、说理充分，法庭辩论依据充足、有理有据。看到晚辈成长得如此之快我也感到无比欣慰，自己的辛苦培养总算没有白费。还要特别指出的是，本案审判长杨焕发法官的法庭驾驭能力实在令人钦佩，他刚刚接手此案就对事实了如指掌，驾驭庭审能力超群。在法庭调查时，他甚至记得被告在上次庭审中忘记提交的一份证据原件，可见他虽未参加上次庭审，但一定为了本次庭审而认真翻阅了繁杂的案件材料，其敬业态度着实让人敬仰。在辩论阶段，他不仅给双方充分发表意见的机会，还能合理控制双方发言内容，庭上他对案件两个争议焦点定位准确，显现出深厚的法学理论功底，不愧为一位博士法官。

敲山震虎

对于商业秘密诉讼，实属无奈之举。且不说商业秘密有诉讼难度，秘密点和接触点都不易找。然而，我的性格和处事风格就是“明知山有虎，偏向虎山行”。案件走到这一步，不打也得打，可以说商业秘密诉讼，并非我本意，其“醉翁之意不在酒”，实因三石公司和浙西公司不合作，我只能选择佯攻之举。

于是我连夜召集助手们商量商业秘密诉讼的问题，我的助手有来自交大的硕士，也有来自华政的高材生，更有已经拿到专利代理人和律师双证的高级人才，他们既是我的得力干将，又是我的智囊团。律师执业近三十载，这些高材生们大多是慕名而来，拜师学艺。我对他们是大力栽培，把我的心得、经验、人脉都悉数相教。他们也很勤奋，成长都很快，我很欣慰。夜已深，会议室里仍然灯火通明，这又是一个不眠之夜。

以商业秘密起诉遇到的第一个问题是，作为三石公司一员的华博士是否是商业秘密的所有权人，也就是说竞争技术到底是属于职务发明还是非职务发明？要明确这一点首先要证明该项技术的来源问题。前期收集的资料表明，三石公司核心组成人员仅为三人，一为金杰，她的身份是出资人，并无氟化学知识；一为郝某，是搞机械的，与化学也并不搭边。该公司成立后不久，就与浙西公司签下了巨额合作合同。作为一家几乎没有资历的公司，若没有华博士的参与是绝对无法接到如此大项目的，更不可能具有独立的知识产权。另外，也无相反证据表明华博士已将此项技术转让给三石公司。根据我们四处走访所获得的信息表明，合同中所涉及的化合物的合成是一个国际难题，目前世界上仅有几家公司可以生产。而华博士作为国际氟化学专家，在这个领域内名声显赫，此项技术是华博士的，也就是说系争技术的权属归华博士所有。解决了此项技术的归属问题，接下来需要解决的是商业秘密必备条件之一，即实用性问题，由于该爆炸发生于中试之时，中试的失败能否认定为不具备实用性吗？我认为也不尽然。实用性条件要求技术信息、经营信息具有确定性，它应该是一个相对独立完整的、具体的、可操作的方案或阶段性技术成果。此次爆炸，从有关资料表明并非由于华博士的过错导致实验失败，其原因是操作工人的失误，以及设备缺陷等外部原因。如果没有这些外部原因，中试是可以成功的。且不论中试成功与否，小试总归已经顺利完成，这也是一种阶段性成果，故具备实用性。至于秘密性和经济性，是不言自明的事实。

解决了竞争技术的商业秘密属性后，仍然需要解决商业秘密继承问题，关于商业秘密可以继承问题，国内似乎并无相关规定。商业秘密作为知识产权具有双重性，即经济性和人身性。经济性是财产权利，往往是一种使用权，可以成为遗产，继承人可以继承；人身权是精神权利，继承人不能继承，但可以维护。本次诉讼的目的并非为胜诉，而是一种策略，军事上称作“佯攻”，给主流诉讼的对方以压力，以提高我们的谈判地位，起到敲山震虎作用，迫使对方早日和解。

讨论完后，我心理有了谱，决定尽快起诉，并应当赶在一中院人身损害赔偿判决前进行。此案中两个关键证据“事故调查报告”和“三石与浙西的合作协议”，由于对方在一中院拒绝提供，因此可在商业秘密诉讼中提起证据保全，争取早日获取这两个证据。天理昭昭，希望能还聂平全家一个公道。

进退维谷

我历来主张的“和为贵”是以当事人的利益为前提，并非没有原则的“和稀泥”，纠纷能够和解的就不要诉诸法律，但是鉴于三石公司和浙西公司的不合作，使我不得不另辟蹊径来维护当事人的利益，那就是告三石公司和浙西公司侵犯商业秘密，给其以压力，希望他们在一中院的人身损害赔偿和精神赔偿中能够作出让步。但这实在是我的无奈之举，因为商业秘密案件的诉讼难度很大，对于秘密点的举证相当困难。虽然我曾经代理过许多商业秘密案件并绝地胜诉，但总的来说，我认为商业秘密案件的原告难做。原告首先要证明自己是权利主体；其次要证明客体的有效性；最后还要证明被告有侵权行为。在本案中，对于秘密点的把握我们的证据显然不足。

首先是系争商业秘密的权利主体问题。即在本案中还需要进一步查证系争商业秘密属于职务发明还是非职务发明。对此，还有两个层面：一是华博士与D公司的关系；还有一个层面就是华博士与三石公司的关系。商业秘密可分为人身权和财产权。如属于个人发明，则该商业秘密的财产权就为华博士个人所有，可以由家属继承。如是职务发明，则其财产权就归单位所有，但华博士有获得报酬的权利，报酬权也可由其家属继承，此时家属就系争商业秘密的财产权就有了提起诉讼的权利。从客观上来说，系争商业秘密是属华博士所有的，因为三石公司只是一家规模不大的民营企业，是在华博士加入后，才有了与浙西公司的合作项目。因此，三石公司显然是在华博士加入后才掌握该项系争氟化技术的，如此，则华博士与三石公司和浙西公司的关系就成了氟化技术的许可和使用关系。还有一个层面即D公司，D公司认为因华博士是其以前的员工，是华博士从它那里获取了其商业秘密，后回国加入三石公司，在三石公司工作期间利用了D的商业秘密，现华博士已经死于爆炸，其商业秘密可能已经流入三石公司和浙西公司。D公司曾经找我谈有关这起商业秘密的案件。从交谈中我觉得D公司打算告三石公司和浙西公司，但是却通过聂平来找我代理人身损害赔偿，一旦查清楚华博士所用的技术是D公司所拥有的，则D公司就有理由以第三人的身份参与到诉讼中来。这样便造成了“螳螂捕蝉，黄雀在后”的局面，让D公司有这个机会来利用我们的胜利成果。这就是外国公司的高明之处，先让被害人家属进行索赔，然后再渔翁得利。外商的这种态度让我实在不愿提起商业秘密侵权诉讼，加之此案的举证又非常困难，告了也未必胜诉。但如果不告，则我方当事人的利益就得不到很好的维护，这就使我进退维谷、左右为难。

其次是告什么？即系争权利的客体是什么？如果要告就只能告三石公司和浙西公司侵犯商业秘密。案件中当事人在爆炸中已经死亡，也就是人证没有，物证也没有了，这对于商业秘密的确定是步履维艰的。在本案中只有一个证据，就是浙江省技术监督局的调查报告。在技术报告中我们应该能够找到系争氟化技术的内容，以及爆炸发生的原因、经过以及所造成的损失。虽然现在我们尚未获取这份调查报告，但可以通过诉讼，请求法院证据保全来调取。如果对方到时还不提供调查报告则要承担一切不利后果。三石公司与浙江浙西公司签订的是合作协议，协议约定由浙西公司出资，三石公司投入生产相关产品的技术，换言之就是投入华博士所掌握的氟化技术，因为当时在国内还没有成熟的氟化技术的成品和方法。华博士乃是三石公司的核心技术人才，所以本案的商业秘密可以认定为华博士所掌握的氟化技术。

聂平索赔的款项包括死亡赔偿金、儿女的抚养生活费、丧葬费、精神损害抚慰金等达四五十万美金。然而，上海市劳动争议仲裁委员会作出的工伤赔款裁决尚不足30万人民币。后上海松江区法院也支持了仲裁确定的款项。这与聂平女士所要求的赔偿数额简直就是天壤之别。本案的一个特殊之处在于，华博士是美籍华人，其妻聂平拥有美国国籍，且与子女均生活在美国，生活开销应以美国的生活水平为基准。但仲裁委得出的相关费用均以上海的生活水平为基准。在学术界和法院判决中对于外国人（即不具有中国国籍）在中国受到人身伤亡损害的赔偿到底是适用受害人本国收入标准，还是适用中国收入标准也具有很大的争议。我们认为凡事要从实际出发，如在国外生活和教育的，就应往国外标准靠；如在国内生活和教育的，那就不言而喻地按照中国标准来参考。

感　由

文章写到这里本该画上句号了。但是停笔之后心里却久久不能平静，本案争议的焦点是在工伤事故纠纷中，工伤保险赔偿赔付之后人身损害赔偿是否仍可继续请求？对于这个问题我认为具有典型意义，因此有必要在案件结束时再谈谈我的看法。我赞同人身损害赔偿是可以与工伤保险赔偿并行的，其理由有下面几点。

首先，从法理上来看，工伤保险赔偿与人身损害赔偿是两种相互独立的责任方式，二者有着根本的区别，因此在工伤保险赔偿已赔付的情况下继续主张人身损害赔偿并非重复请求。工伤保险赔偿责任的设立在于从道义上和福利上对因工伤亡的劳动者或其近亲属进行的一种补偿，促进工伤预防和职业康复，以及分散用人单位的工伤风险，实质上是一项社会保障制度，但这是一种最基本的补偿，肯定不足以弥补劳动者或其近亲属的损失，包括经济损失和精神损失。而人身损害赔偿责任则是一种私权救济，其设立在于通过要求侵权责任方对受害方进行赔偿来恢复或救济受害者遭到侵犯的权利。同时，工伤保险赔偿责任与人身损害赔偿责任在责任主体和适用原则上都存在重大差别：前者的赔付主体固定的是工伤保险管理机关或发生工伤事故的用人单位，本案中工伤赔偿责任主体即为三石公司，其责任承担原则遵循的是道义上的补偿原则，赔偿范围相对狭窄，数额相对稳定但偏低，不过多考虑因工伤亡职工的个人情况，而倚重于用人单位所在地的平均收入状况规定统一性的赔偿计算标准；后者责任主体就是侵权行为人，可能是单位也可能是单位之外的其他主体，本案系共同侵权，三石公司和浙西公司系共同侵权人，因此二者为人身损害赔偿责任共同主体，人身损害人身损害赔偿责任遵循的是完全赔偿原则，即“填平原则”，有多少损失就要提供多少赔偿，因此应当更为关注遭受伤亡损失的受害者的个人具体情况，根据不同公民的差别来规定灵活的损失赔偿额计算标准，从而对受害者的全部损失进行赔偿。

其次，我国《民法通则》第119条规定：“侵害公民身体造成伤害的，应当赔偿医疗费、因误工减少的收入、残废者生活补助费等费用；造成死亡的，并应当支付丧葬费、死者生前扶养的人必要的生活费等费用。”由此规定可以看出，只要侵犯了公民的人身权就应当依法承担侵权的民事责任。人身损害赔偿请求权即源于此，它以存在侵犯人身权的违法行为为充分条件，而侵权行为本身又包括一般侵权和特殊侵权，后者不以侵权方存在过错为前提。在工伤事故中，用人单位对劳动者的人身权进行了侵害（可以是一般侵权也可以是特殊侵权），因而当然要承担侵犯人身权的人身损害赔偿责任。有人根据《最高人民法院关于审理人身损害赔偿案件适用法律若干问题的解释》第12条的规定，认为只有当工伤事故中有第三人侵权造成劳动者人身损害的才可以同时主张人身损害赔偿和工伤保险赔偿，该条规定为“依法应当参加工伤保险统筹的用人单位的劳动者，因工伤事故遭受人身损害，劳动者或者其近亲属向人民法院起诉请求用人单位承担民事赔偿责任的，告知其按《工伤保险条例》的规定处理。因用人单位以外的第三人侵权造成劳动者人身损害，赔偿权利人请求第三人承担民事赔偿责任的，人民法院应予支持。”这是对法律规定的误读，该条仅仅是对工伤事故中第三人侵权情形下的救济途径的突出，并非对一般工伤事故情形下用人单位人身损害赔偿责任的免除。上述主张也可以从现行法律中得到印证，我国《职业病防治法》第52条规定：“职业病病人除依法享有工伤社会保险外，依照有关民事法律，尚有获得赔偿的权利的，有权向用人单位提出赔偿要求。”《安全生产法》第48条规定“因生产安全事故受到损害的从业人员，除依法享有工伤社会保险外，依照有关民事法律尚有获得赔偿的权利的，有权向本单位提出赔偿要求。”因此，工伤保险赔偿赔付之后的人身损害赔偿请求是有充足法律依据的，并非被告主张的重复请求。

12 白药之争

——曲氏家族云南白药配方纠纷案

案由

1985年，云南白药传人曲老应三明市政府之邀，携全家来三明市创办三明中药厂，生产祖传白药，政府负责其全家的落户和工作等问题。1991年，中药厂因效益欠佳，被三明制药厂兼并。兼并后曲老发表声明自愿把祖传药方贡献给人民大众，并同意以先父的肖像作为“曲氏”牌商标标识图案，并以三明制药厂的名义申请商标注册。经过技术攻关，以曲老为主的技术人员研制出“痛血康胶囊”，并投入生产。1998年年底，福建三农集团股份有限公司又将三明制药厂兼并，当时曲老声明曲氏系列药品不在兼并之列。因曲老不加盟，三明制药厂法定代表人周健山便与曲老签订了《曲氏中成药车间承包经营合同》，约定由车间配制原药，然后以内部转移价卖给改制后的汇天公司。2002年6月28日，双方当事人因承包合同产生纠纷，曲老家属曲氏家族等诉至三明市中级人民法院（以下简称“三明中院”）。此案终审之后，曲氏家族等人又以汇天公司侵犯其非专利技术成果和曲老肖像权为由，向三明中院提起诉讼。判决后原告不服，提起上诉，要求确认上诉人对“痛血康胶囊”的共有权属，并判令被上诉人停止侵权，赔偿损失。上诉人主张“痛血康胶囊”系由曲老在秘方基础上加工而成，应属曲氏家族财产；而被上诉人则主张“痛血康胶囊”是曲老等人利用单位的物质条件所完成的职务发明，产权应归单位所有。究竟孰“痛”孰“康”，谁是谁非，双方针锋相对，等候法院裁定。

2007年7月底的一个下午，窗外热浪滚滚，办公室里凉气宜人，忙忙碌碌一如往昔。我刚刚接完一个电话，手机又响了，电话里传来一个焦急的男声。我知道，一般当事人找我，都是疑难杂案，我让当事人不要着急，慢慢讲。他姓林，是福建三明市一家药厂的法务。他说他们药厂有一起一审胜诉的案件，对方上诉到福建省高级人民法院（以下简称“福建高院”），想聘请我作为二审的代理人。我就纳闷了，既然一审已经胜诉，二审为何还要增加律师呢？林先生说，他们以前几个案子，都是一审胜诉的，然后到二审却被福建高院改判了，所以他们这次慕名请我助其一臂之力，维持来之不易的一审判决。我知道，对一审胜诉的案子二审一般是不会再增加律师的，那么只有一种可能，就是当案情复杂，争议颇大，前景难料时才会发生。我让林先生在电话里先简单介绍案情。他说，云南白药的创始人曲焕章之子曲老举家欲从昆明迁至三明市，经老华侨杨瑞金牵线搭桥，由三明市政府当年按招商引进人才办理，如此曲老一家就在三明市定居。曲老则在三明中药厂按祖传秘方生产曲氏白药。后来因利益纠纷，诉至法院。听后我沉吟半晌，此案历史遗留问题太多，千丝万缕，且年度跨度大，证据搜集困难，不确定因素较多，故胜负难料。然而，这种复杂、疑难案件更具挑战性。既然他们慕名找我，我无推却之理，于是便欣然接受他们的聘请。

初到三明

我为汇天公司的诚意所感动，决定代理此案。但是离开庭时间已不足一周，时间十分紧迫。于是我决定立即去福建一趟，以便做好庭前准备。

8月2号下午，我带助手在虹桥机场登机，约一小时后，飞机在福州机场降落，汇天公司的林先生已等候多时，见到我十分高兴，热情地把我们接到车子里。

车子在蜿蜒盘行的高速公路上平稳地疾驰。据林先生说，从福州到三明市有三百多公里。一路上林先生给我介绍跌宕起伏、扣人心弦的案情经过，原来案件如此错综复杂，虽然一审胜诉，但二审能否维持心里没底，汇天公司领导建议找一位德高望重的专家律师，于是汇天便四处寻找。后来听省知识产权局的一位处长说，我是知识产权方面的专家，于是汇天公司便正式请我做其二审代理人。福建距上海逾千里，中间还隔了浙江省，但他们却对我寄予厚望，我顿感身负重任。两旁虽然景色宜人，青山依依，绿水滢滢，但我的心情都已经被案情所吸引，思考着本案应从何处切入？不知不觉就到了三明市，车子直接开到宾馆，总经理已等候多时，先安排我们住下。晚餐时，原审代理人周律师对案件的争议焦点和难点做了进一步的介绍和分析。争议的焦点主要是两个：（1）云南白药的秘方是否已捐献？（2）“痛血康”胶囊这项技术成果是原、被告共有还是属于被告所有？难点也有两个：一是本案争议时间过长，事实难以查清；二是省高院对此案先入为主，观点对被告不利。

当晚助手和我挑灯夜战，对厚厚的卷宗细读了一遍，特别是对其中的证据和一审法院的判决进行了反复研究。双方所提供的证据材料大致相同，不同的是对合同等证据内容的理解。1985年，曲老携祖传秘方与家人离开昆明来到三明市，市政府领导安排曲老家人在原三明中药厂（后改名为汇天公司）工作，至今已逾20年。其间，共签订了4份合同：第一份签于1985年2月2日，由三元区政府与曲老、杨瑞金签订的《关于在三明市生产“曲氏白药”的合同书》；第二份签于1991年12月2日，由三明制药厂与曲老签订的《关于在三明制药厂开发“曲氏白药”系列产品合同书》；第三份签于1999年1月10日，由三明制药厂法定代表人周建山与曲老签订的曲氏中成药车间承包经营合同；最后一份合同签于1999年3月30日，由三明制药厂法定代表人朱清龙与曲老签订，约定GMP改造验收合格投入生产后，原合同自动终止。合同数量不少，但对关键问题“曲氏白药”的归属却含糊其辞，无法从合同的条款中直接找到答案，而只能对当事人其后的行为进行推理。曲老在1992年声明要把祖传秘方奉献给人民大众，“献方”后曲老即把秘方转交给区政府。曲老当年一心想发展民族医药事业，从而作出“献方”义举，其情操何等高尚！现双方对簿公堂，若老人泉下有知，定会不得安息。故我想能不能找个折中方案，最好能调解结案，给双方都留下余地。

看罢案卷，我又和被上诉人汇天公司负责人见面，进一步了解案情细节，然后又跟一审法官沟通。面对疑难案件，只有全面地了解案情，才能吃透案件，选择一个最佳的切入点，把主动权掌握在自己手上。越是了解案情，就越是印证了我最初的看法，此案确是胜负难料。争议焦点是双方都对“痛血康胶囊”主张技术成果权。该权究竟归谁？根据现有证据，答案难以明确。“痛血康胶囊”是以曲老为主的技术人员研制而成，是否属于职务发明要看秘方所有权归谁。如果秘方所有权是曲氏家族的，那么可以认为是曲老和厂方共同研发，“痛血康胶囊”就属共有；如果秘方所有权属于厂方，那么曲老就属于利用单位技术物质条件完成单位任务，属于典型的职务发明，“痛血康胶囊”理应属于单位。按理说，秘方是曲老祖传秘方，那么肯定属于曲氏家族。但曲老曾有“献方”义举，那么，对于“献方”如何法律定性呢？这显然就是一个关键。献，字面意思有文献，呈现和赠与。这里的“献方”应当理解为赠与秘方，赠与秘方就是将秘方赠与给人民，那么三明市政府是否能够代表人民呢？人民是个抽象的概念。人民是有地域性的，有当地人民，本省人民，中国人民。献方当然是献给当地人民，即福建省人民或三明市人民，因此三明市政府是有资格接受献方的。如此看来这个“献方”，显然对我方来说是个有利的证据。

庭审争锋

回上海后，我们立马进一步研究案情，为即将开始的庭审做准备。此案案情复杂，难度较大，既涉及跨度20年的数份合同，又有非专利成果的权属争议，还有国企改制和诸多历史遗留问题。对于上述问题，我早已了然于胸。但是，为了更好地洞察案情，把握案件的走向，少走弯路，于是我就召集几位得力助手一起讨论研究，并指定王律师为本案主要帮办，他的首要任务是仔细阅卷，列出大事记，并理出思路，提出建议。另外，我和助手们还从不同的角度进行讨论，并站在对方律师的立场上提出一系列问题，然后进行反驳。换位思考，这是我多年的办案习惯，只有这样，思考问题才能更加周全，才能准备得最充分，在庭审的时候，取得令人满意的效果！

不久，开庭的日子到了，助手王律师和我在开庭前一天到达福州。福建高院在福州市鼓楼区，地处闹市中心。白色的办公大楼在数百亩绿坪西端，庄重威严，楼层不高，但横跨数百米，主楼圆顶，远远望去，巍峨雄伟，疑似白宫，令人肃然起敬。2007年8月8日上午9点20分，我和周律师提前十分钟到庭。对方代理律师已在席上正襟危坐，满头银发，显然也是一位资深律师，他坐在那里默不作声，稳如泰山。

不一会，书记员宣布全体起立，合议庭法官鱼贯而入，相继入座，然后其他人员也均坐下。看来，全国的法官开庭时都有这种权力！这种权力的行使就给人一种权威的感觉。

审判长是一位女法官，手起锤下，并宣布庭审开始！其动作利索，口齿清晰，看来是位干练的法官。

当原告律师自报家门时，我才知道，他姓林，也是上海的律师，似曾相识，一时难辨。看来这是一场艰难的诉讼！

果然，开庭后林律师首先发难，认为原判决错误理解了“职务成果”的法律概念和含义，认为曲老和药厂是合作开发，共同生产，故应当认定“痛血康胶囊”的所有权归原、被告共有。对此，我早有准备，立即针锋相对地指出对方的观点是错误的：第一，“曲氏白药”秘方早由曲老于1985年2月2日与三元区政府签约时交给三元区政府保管，后又专门举办了“献方”仪式，并进行了公证。这不论从形式上，还是内容上来看，该秘方所有权均应归原三明中药厂所有。第二，曲老作为主要的技术人员，利用本单位的物质技术条件，在秘方的基础上研制而成的“痛血康胶囊”，依法应属职务成果。为此，当时三明制药厂也对曲老进行了各种表彰和奖励。如果是合作开发，不属职务成果，那么三明制药厂为何要对合作伙伴进行表彰和奖励呢？

接着对方林律师又指出，当年的“献方”，纯粹是政策所迫，并非曲老全家真实的意思表示，而且交区政府保管也只是保管而已，并非权属转让。我一听林律师正逐步进入核心争议，如果此说成立，乃釜底抽薪，我将立于败地。显然关于“献方”的有效性，便成了我方的必守之地，于是立即反驳：曲老的高风亮节我们不容置疑！当年曲老自愿“献方”，现在还有原区长陈良生的证人证言，证实曲老确实是真诚地贡献秘方，确系老人真实的意思表示。从法律上来说，双方的行为构成了赠与合同。随后曲老即将秘方交由区政府保管，实际上权利已经赠与给三明市人民因此赠与合同履行完毕，秘方的所有权也随之转移。今天距“献方”仪式近20年，且曲老也已西去，从原告的举证来看，原告没有证据证明曲老当年“献方”是被迫的，因而，从法律事实来看，曲老当年“献方”是真实的意思表示。

林律师不甘示弱，马上指出曲氏秘方一直为曲氏家人所拥有，从未赠与和转让。在原三明制药厂改制之前，曲老把方子要了回来，除了曲氏家人没有任何人知道配方的全过程。我马上指出，即使曲老把配方要了回去，那是七年后的事情。说明曲氏家人对赠与合同早已履行完毕。合同履行后显然不得反悔和撤销。因此，虽然曲老取回配方，充其量也只能说明曲老取回的是配方的使用权，而不是所有权。再说，曲老及家人当年由滇至闽，是作为职工进入三明中药厂，后三明中药厂变更为三明制药厂，曲老及家人仍为三明制药厂的职工。且按照三明制药厂的要求，并利用了厂里的物质条件研制了“痛血康胶囊”，显属职务成果。

法庭上双方唇枪舌剑，你来我往，逐渐到了白热化的程度。很快，庭审接近尾声！我在最后陈述中说道，当年经爱国华侨杨瑞金先生牵线搭桥，曲氏家人不远万里来到三明市办厂制药，为福建人民作出贡献。其拳拳爱国之心让人敬佩。曲老生前献出秘方，就是希望能造福大众，如今却对簿公堂，有悖先人意愿。且曲氏家人在厂里已工作20余年，也建立了深厚感情。故我认为此案理应和解为妥。于是我便提出一个兼顾双方的方案，即“痛血康胶囊”所有权归被告汇天公司，但双方均有使用权，对于以前的历史遗留问题，由汇天公司酌情给予一次性补偿以了结恩怨，希望借此能化解矛盾，握手言和。福建高院此案合议庭认为我的提议很好，于是组织双方调解。但终因差距过大，未能达成协议。

节外生枝

庭后不久，刘总突然来电告急，说审判长认为朱律师当庭也认为“曲氏白药”秘方和“痛血康胶囊”是共有的，并借此来做他们的工作。我听后大吃一惊，立即解释说，我从未说过秘方和痛血康是共有的，这是法官对我调解意见的误解。我当庭提出的是秘方和痛血康的所有权属于汇天所有，但使用权可以共有，也即双方对曲氏白药的秘方和痛血康均可各自独立使用和获利，以显示法律上的公平合理。刘总听我解释后，要求我马上把这个观点书面告知福建高院合议庭。于是在我的授意下，助手立即起草了一份补充代理词，针对共有问题做了以下具体分析和表述：

“本代理人在8月8日庭审调解时，曾提到了‘共有’的问题，但此‘共有’是指对‘曲氏白药’秘方和‘痛血康胶囊’作为职务技术成果使用权的共有，并非指‘痛血康胶囊’生产技术的共有。‘曲氏白药’秘方早在1985年就转让给原三明市中药厂，后被原三明制药厂兼并，最终承继到被上诉人处，故该秘方的权利人早已不是上诉人。”

因本案争议较大，其后又开庭两次，但争议仍未解决。之后法庭又经多次调解，仍然无果。开庭至今已一年有半，高院仍未判决。一则说明法官慎重行事，二则说明此案错综复杂。其间，我曾多次电问汇天公司，刘总均说尚未判决。问其前景如何？答曰：尚不明朗。

案子虽未判决，但我很钦佩合议庭三位法官的努力，他们都是中国的优秀法官，我期待着案件调解成功。

迟到判决

2010年12月21日，在汇天公司经历了将近四年的二审周折之后，福建高院终于作出了终审判决——驳回上诉，维持原判。判决中采纳了我关于“痛血康胶囊”技术使用权共有的意见，认为：“《福建省三明制药厂兼并三明市中药厂合同书》和《关于在三明制药厂开发‘曲氏白药’系列产品合同书》系同一天生效，是一体的。该两份合同结合，表明三明制药厂与曲老共同开发‘曲氏白药’的意思表示。上述合同符合一方投入技术，一方投入资金的合作开发合同的特征，双方合作开发的非专利技术成果权依法归双方共同享有。现有证据证明，‘痛血康胶囊’（原名‘跌打止血散’）属‘曲氏白药’系列产品之一。曲老去世后，其对‘痛血康胶囊’权益由曲氏家族等人继承。因此，曲氏家族等人主张享有'痛血康胶囊'权益的上诉意见，事实和法律依据充分，予以支持。"

"三明制药厂被兼并及改制后，其权利义务由汇天公司承继。原《中华人民共和国技术合同法》第32条第（三）项规定，委托开发或者合作开发所完成的非专利技术成果的使用权、转让权及利益分配办法，由当事人在合同中约定，合同没有约定的，当事人均有使用与转让的权利。原《技术合同法实施条例》第50条规定，委托开发或者合作开发的技术成果，其专利权或者非专利技术成果使用权与转让权为当事人共有的，共有人应当约定利益分配办法。共有人没有约定的，任何一方均有实施专利、使用非专利技术成果的权利，由此获得的利益归实施、使用方，但一方转让技术必须征得另一方的同意，由此所获得的利益由各方等额分享。此后，《中华人民共和国合同法》第341条、《最高人民法院关于审理技术合同纠纷案件适用法律若干问题的解释》第20条也有类似的规定。因此，汇天公司生产'痛血康胶囊'没有侵犯曲氏家族等人的权益。曲氏家族等人以'痛血康胶囊'为共有及汇天公司单方生产'痛血康胶囊'的行为侵犯曲氏秘方为由，要求汇天公司停止侵权、赔偿损失的上诉请求，事实和法律依据不足，不予支持。"

汇天公司终于达到了请我代理的初衷，也不枉他们慕名请我助其一臂之力，来维持一审判决之目的。

感　由

本案虽已终审判决，案件可以画上句号，但我总觉得此案未能调解结案似乎有些遗憾，留给我们的法律思考也远未结束，归纳起来主要有两个问题。

一、企业兼并过程中主体的同一性和客体的承继性

1985年，曲氏家人举家搬至三明市，在三明中药厂生产白药。

由于效益不佳，1991年三明中药厂被三明制药厂兼并，1999年与海南志时实业公司共同设立福建汇天生物药业有限公司，属于《民法通则》中规定的创设式合并。在三明市化学工业局发文中，我们可以看到，后一个主体对前一个主体的权利义务完全承继。也就是说，三明中药厂、三明制药厂和汇天药业属于三个不同的层次。如果三明中药厂是个小圆，在最里面，属内层；那么外面就被三明制药厂包围，属中层；最外层，就是汇天公司。

在第二次的改制过程中，曲老提出了不同意曲氏系列药品不在兼并之列的声明。这个声明，我们认为是无效的。曲老作为厂里的技术人员，对于厂里改制这样的大事，有不同意见是正常的。但是，国有企业重大事项的决定权在于政府。曲氏系列药品，产权归于三明中药厂，随着三明制药厂对其的完全承继，产权便转至三明制药厂，随后又归汇天公司所有。故汇天药业作为系争配方的权利人，其主体资格显然是适格的。

二、关于“人性、公平、和谐”的和解原则

改革开放已30多年，历史遗留问题频频爆发。两湖曾发生的数百名工人与电网公司的劳动争议案就凸显了这个矛盾。本案虽是一个技术成果的权属之争，但是和国企的历史遗留问题密不可分。我主张在这个问题的解决上，要秉着“人性、公平、和谐”的原则。

人性，是指感情问题，而感情是双方的。本案曲氏家人举家搬迁，在三明生活工作长达20余年，与当地政府、企业和职工都建立了一定的感情，如果用冷冰冰的法律来进行决断，即使法可容但情不可原。

公平，是指法律问题。曲老早年献方，后来研制，功不可没。而三明市和有关企业对曲氏家人待之上宾、妥善安置，予以奖励，可谓对价，公平合理。如今，诉至法院，白药秘方和痛血康成果权属应归汇天公司，双方共同使用，也不失为公平合理的一种体现。

和谐，是指社会问题。本案属于国有企业的遗留问题，具有一定的典型性。牵涉面广，涉及人多，往往牵一发而动全身，稍有闪失，则不利社会安定团结，故理应妥善处理。

曲老全家经华侨引荐，不远万里由滇至闽，献方研发，本是一件利国利民的好事，对中华民族的中药事业作出了巨大的贡献。如今虽然发生纠纷，但理应以“人性、公平、和谐”为原则圆满解决，双方避免遭受更大的伤害，以共同发展壮大民族中药品牌，以完成曲老当年的心愿。老人若地下有知，定将含笑九泉。

附件1　二审代理词

代理词（二审）

尊敬的审判长、审判员：

受本案被上诉人福建汇天生物药业有限公司的委托，我们作为其代理人，参加本案诉讼。经过庭前的调查取证和查阅相关法律、法规以及刚才的法庭调查，现发表以下代理意见。

一、被上诉人承继原三明制药厂的所有权利和义务

（一）被上诉人主体资格的演变过程

被上诉人福建汇天生物药业有限公司是一家中型综合性制药企业，其前身是建于1969年的福建省三明制药厂。1985年2月2日，曲嘉瑞与三明市三元区政府签订《关于在三明市生产“曲氏白药”的合同书》，双方约定由三元区政府筹集资金50万元筹建三明市中药厂，由曲嘉瑞任中药厂厂长。1985年6月8日，三明市中药厂被上级部门审批合格，正式成立，但由于后期企业经营不善，效益持续下滑。1991年10月1日，三明市三元区人民政府与福建省三明制药厂签订《福建省三明制药厂兼并三明市中药厂合同书》，对兼并事宜达成合意，兼并的标的包括“重升跌打止血散”的生产技术及“曲氏白药”秘方。同年12月16日，三明市经济体制改革委员会发文（明体改〔1991〕19号）认为三明制药厂兼并三明市中药厂符合国家产业政策，故予以同意。

1999年，三明制药厂被福建三农集团股份有限公司兼并，福建三农集团股份有限公司以三明制药厂截至1998年9月30日的全部净资产作为出资，与海南时志实业公司共同设立福建汇天生物药业有限公司，也就是被上诉人。1999年12月15日，三明市化学工业局发文（明化〔1999〕62号）同意三明制药厂整体改制并更名为福建汇天生物药业有限公司。之后，被上诉人向工商管理机关办理了更名及登记手续。

（二）被上诉人承继原三明制药厂的所有权利和义务

被上诉人是经过原三明制药厂整体改制而来，在被上诉人的《公司章程》第9条明确规定：“福建三农集团股份有限公司以三明制药厂截至1998年9月30日全部净资产作为出资。”可见，原三明制药厂的所有权利和义务都由被上诉人承继。同时，对于原三明制药厂与其他单位或个人的纠纷案件，各地法院也都在判决中认定由被上诉人承继原三明制药厂的权利和义务。

二、“曲氏白药”秘方已转让给原三明市中药厂并归被上诉人所有

（一）被上诉人是“曲氏白药”秘方的合法权利人

众所周知，技术的转让和许可使用是两个不同的概念。转让是权利主体之间的变更，是权利人从一个主体变更为另外一个主体，原权利人丧失权利，新权利人获得权利。而许可使用只是权利人许可其他人在一段时间内使用其技术，并不涉及主体的变更。区分这两个概念对本案审理的结果尤为重要。1985年2月2日，三元区政府作为甲方，曲嘉瑞、杨瑞金作为乙方，签订了一份《关于在三明市生产“曲氏白药”的合同书》，双方约定：三明市中药厂为三明市三元区区属企业，中药厂每年付给乙方当年企业纯利润12%的技术转让费，三明市中药厂获得按“重升秘方”生产“曲氏白药”的技术。

该合同条文非常明确，曲嘉瑞将“曲氏白药”秘方及“曲氏白药”的生产技术转让给中药厂，作为对价，中药厂每年付给乙方一定比例的技术转让费。上诉人在一审期间提供给法院的原三元区区长陈良生的证言也证明，曲嘉瑞来三明后还举行过盛大的献方仪式（陈良生《曲嘉瑞来三明市三元区献方办厂的情况回忆》第3~4页记载：“曲嘉瑞来三明后，献出的秘方是‘曲氏白药’，当时还在红旗前院召开了隆重的献方仪式。”）。以上事实清楚，证据确凿，足以认定“曲氏白药”的秘方当时已转让给三明市中药厂。

1990年，原三明市中药厂生产效益下滑，企业举步维艰，作为厂长的曲嘉瑞主动要求三明市中药厂被三明制药厂兼并。三明制药厂考虑到虽然三明市中药厂是个没有经济效益的包袱，但它是“曲氏白药”秘方的所有权人，所以才同意兼并。事实上，在《福建省三明制药厂兼并三明市中药厂合同书》中已经明确：三明市中药厂同意“跌打止血散”被兼并；原交由三元区政府（三明市中药厂的出资人）保管的“曲氏白药”秘方及相关全部工艺文件，应在曲嘉瑞先生见证下于合同签字日由三元区政府正式移交给三明制药厂。以上事实，从另一个角度也反映出“曲氏白药”秘方早已转让给原三明市中药厂，并在三明市中药厂被兼并后移交给三明制药厂。

上诉人曾以该份合同（《福建省三明制药厂兼并三明市中药厂合同书》）第4条为依据辩称：三元区政府仅仅是“保管”秘方，从“保管”二字可以认定曲嘉瑞与三元区政府之间是“保管关系”，并非“转让关系”，三明市中药厂并非秘方所有权人，秘方并未转让。本代理人认为：三元区政府作为三明市中药厂的出资人和管理者对已属于中药厂的“曲氏白药”秘方进行保管是非常正常的，三元区政府是为三明市中药厂保管秘方，而不是为曲嘉瑞保管秘方，即三元区政府是与三明市中药厂建立保管关系而不是与曲嘉瑞建立保管关系。在三元区政府与三明市中药厂建立保管关系之前，该秘方已经转让给了三明市中药厂。

上诉人在一审中提交的证据3——原三元区区长陈良生出具的一份证词第2页写道："在证实：曲嘉瑞确系'云南白药'创始人曲焕章之子，证实了曲嘉瑞在云南的确受到冷遇，证实了曲嘉瑞是真心想献出祖传秘方之后，区委区府决定引进他来三明办厂……"。另外，1992年7月2日，曲嘉瑞在一份被公证的《声明书》中写道："为了继承与发扬祖辈宝贵的医学遗产，我自愿把祖传的秘方奉献给人民大众，把古老的中医药方与现代医药科技成果相结合，试制新秘方和新剂型，形成独特的系列化产品……"。可见，曲嘉瑞献出秘方是其真实意思表示。这里要说明的是，曲嘉瑞虽然是把秘方奉献给"人民大众"，但"人民大众"是一个抽象的概念，具体接受秘方的应该是一个客观存在的实体，否则献方就是一句空话。结合本案的实际情况，曲嘉瑞是原三明市中药厂厂长及法定代表人，后又被聘为三明制药厂的厂长技术顾问，应当认为曲嘉瑞是把秘方转让给三明市中药厂，在三明市中药厂被兼并后转交给三明制药厂。

由于原三明制药厂被福建三农集团股份有限公司兼并后改制为被上诉人，故被上诉人依法承继原三明制药厂对"曲氏白药"秘方的所有权，即被上诉人是该秘方的合法权利人。

（二）如果上诉人声称未将真正的秘方转让，则应承担违约责任

上诉人在上诉状中称："客观事实是：曲嘉瑞的'重升白药'秘方技术并没有转让给三元区政府及其他任何人。作为其后人，上诉人至今仍是该秘方的唯一权利人。"本代理人认为：首先，上诉人的观点没有事实依据，也未提供足够的证据予以佐证。其次，我国《合同法》第107条之规定："当事人一方不履行合同义务或者履行合同义务不符合约定的，应当承担继续履行、采取补救措施或者赔偿损失等违约责任。"如果上诉人没有转让真正的秘方，

那么就是对上述合同相关条款的违反，应当承担相应的违约责任，而不能以自己未实际履行合同作为对抗被上诉人的理由。

三、“痛血康胶囊”的生产技术属职务成果，应归被上诉人单独享有

（一）“曲氏白药”秘方与“痛血康胶囊”不能等同

“曲氏白药”秘方是曲氏家族的祖传秘方，该秘方早已有之，由该秘方制成的“重升百宝丹”等药早在清朝就已问世，但以上这些并不能等同于本案产品“痛血康胶囊”。“痛血康胶囊”作为一项非专利技术成果，属于该秘方及“重升百宝丹”之外可以独立存在的一种新的技术成果，是按照“曲氏白药”秘方，应用现代科学方法，经对秘方进行系统研究，包括药理、毒理、植化、药品质量标准、临床药效研究，而形成的一种有效、安全、可控，使用方便的急救与常规并存的中成药。上诉人刻意夸大了秘方的作用，将秘方及“重升百宝丹”等药等同于“痛血康胶囊”本身，显然是错误的。即便上诉人拥有秘方，也不代表其拥有“痛血康胶囊”的生产技术。

（二）“痛血康胶囊”的生产技术属于职务技术成果

《合同法》第326条第2款规定：“职务技术成果是执行法人或其他组织的工作任务，或者主要是利用法人或者其他组织的物质技术条件所完成的技术成果。”这个定义与专利法中给职务发明下的定义的精神基本上是一致的。可以看出，确认职务技术成果的标准有两条：（1）执行本单位的工作任务；（2）主要是利用本单位的物质技术条件。这两个条件并不要求同时具备，只要符合一条就可以认定为职务技术成果。因此，就本案来讲，包括曲嘉瑞在内的众多科研人员研发的“痛血康胶囊”生产技术理应属于职务技术成果。

第一，曲嘉瑞是三明制药厂的科研人员。

判断某人是否是本单位人员，应当看此人是否与本单位建立了劳动关系，包括以书面劳动合同建立劳动关系以及形成事实劳动关系。只要劳动者为用人单位提供劳动，接受用人单位的管理，遵守用人单位的劳动纪律，获得用人单位支付的劳动报酬，享受用人单位的劳动保护等就可以认定劳动关系成立，也就可以认定此人为本单位人员。

本案中，曲嘉瑞于 1991 年 12 月 29 日被原三明制药厂任命为厂长技术顾问，作为厂长技术顾问，其享受三明制药厂职工的待遇，按月领取工资、奖金、粮物补贴、洗理费和山区交通费，并被要求按三明制药厂职工有关规定自觉遵守厂规厂纪。在 1992 年 7 月 2 日，三明市公证处在对曲嘉瑞的一份《询问笔录》中也明确记载着："被询问人工作单位：三明制药厂；职务或职业：高级技术顾问。"该份笔录由曲本人签字并按手印，而且其特别强调"以上笔录无错"。同时，在 1997 年 4 月 28 日的《福建省新产品投产技术鉴定证书》、1998 年 9 月的《"痛血康胶囊"科技成果鉴定申请表》等文件中都记载着曲嘉瑞的工作单位是三明制药厂。可见，不论是三明制药厂还是曲嘉瑞本人都承认一个事实：曲嘉瑞是三明制药厂的科研人员。另外，本代理人需要说明的是，由于当时曲嘉瑞已超过 60 岁，而且户口并不在三明市，故无法为其办理社保手续。除此以外，曲嘉瑞与其他职工并无差别。

第二，"痛血康胶囊"的研发是当年三明制药厂的一项重要科研任务。

三明制药厂在当时是一个以制药为主全民所有制企业，研发新药产品当然是企业的重要科研任务。"痛血康胶囊"课题的成功与否对整个企业的发展起到举足轻重的作用，其意义重大。三明制药厂聘用曲嘉瑞作为技术顾问的目的是要利用曲的技术优势与其他科技人员一起共同研制"痛血康胶囊"。当然，药品研发的风险，新药品的申报工作以及药品质量责任等都由三明制药厂承担。所以，曲嘉瑞等人研发"痛血康胶囊"实质上是执行三明制药厂的科研任务。

第三，曲嘉瑞等人在研发"痛血康胶囊"的过程中，主要是利用了三明制药厂的物质技术条件。

这一点非常明显，三明制药厂作为三明市一家国有制药企业，本身就有一定的技术研发条件，为研发新药，其又出资购买了许多科研试验设备，并拿出专款支持研发活动，为研制“痛血康胶囊”投入了大量的人力、物力、财力。

由此可见，曲嘉瑞等人作为原三明制药厂的科研人员，为执行三明制药厂的科研任务并主要利用单位物质技术条件所研发出的“痛血康胶囊”生产技术，应当认定为职务技术成果，属原三明制药厂所有。因被上诉人承继了三明制药厂的权利义务，故涉案产品的技术成果也理应归被上诉人所有。

上诉人辩称：根本不存在曲嘉瑞利用原三明制药厂的技术条件的事实；恰恰相反，作为“痛血康胶囊”的主要“技术条件”倒是曲嘉瑞拥有的“重升白药”祖传秘方。本代理人认为：上诉人显然是错误理解了“物质技术条件”的含义。“物质技术条件”并非仅指秘方，原三明制药厂在研制涉案产品过程中所投入的科研经费、科研设备、科研资料、科研场所、试验材料、专家咨询费用以及新药产品的申报费用等都应属于单位的物质技术条件。离开了上述条件，“痛血康胶囊”将无法完成，上诉人将物质技术条件狭义地理解为秘方而忽视其他物质技术条件的存在显然是错误的。

（三）曲嘉瑞与原三明制药厂不存在合作开发“痛血康胶囊”的事实

前已论述，曲嘉瑞是作为被上诉人的前身——三明制药厂的科研人员参与开发“痛血康胶囊”的。“痛血康胶囊”的研制成功与三明制药厂许多科研人员的辛勤工作分不开，这当中虽然包括曲嘉瑞，但是并不能因此而认定是曲嘉瑞与三明制药厂共同研发该药品。如果是共同研发，那么其他科研人员是否也是共同研发者之一呢？如果企业自己的科研人员为执行本单位的科研任务或主要利用本单位的物质技术条件而开发出的科技成果属于科研人员与企业共有，那么企业的利益如何保护？

上诉人辩称：《关于在三明制药厂开发“曲氏白药”系列产品合同书》中明确提到共同开发“曲氏白药”系列产品。上诉人因此认定曲嘉瑞是以“曲氏白药”秘方技术作为投资人与三明制药厂合作开发“痛血康胶囊”。

本代理人认为：首先，“曲氏白药”秘方技术早在1985年就已转让给三明市中药厂，曲嘉瑞已无权将该秘方作为技术投资的资本。其次，本案一审、二审过程中上诉人也从未提交任何证据证明曲嘉瑞是技术投资人，因此，不存在技术投资的事实。再次，对于双方有争议的表述应当结合合同的其他条款或订立合同时双方当事人的真实意愿来解释。该合同虽然在第一段提到“共同开发”四个字，但并非是“合作开发”。“共同开发”只是表明曲嘉瑞作为三明制药厂的科研人员利用其技术优势与三明制药厂其他科研人员共同开发“痛血康胶囊”。事实上，该合同的其他条款涉及曲嘉瑞的工资待遇（月工资400元），并要求他“自中药厂兼并合同生效之日起即按甲方职工有关规定自觉遵守厂规厂纪，承担各种义务并享受有关权利和待遇（包括享受浮动工资、奖金、职务补贴、岗位津贴、劳动保护等全部待遇）”。可见，曲嘉瑞与三明制药厂之间并非“合作”关系，该合同具有劳动合同的性质，在合同签订之后曲嘉瑞就属于三明制药厂的职工，接受三明制药厂的领导，为三明制药厂服务。

另外，三明制药厂为表彰曲嘉瑞在研发“痛血康胶囊”过程中的突出贡献，分别于1997年6月25日、1998年3月16日、1998年1月20日奖励其人民币5万元、8万元和房改房一套，曲嘉瑞本人对此并未表示异议。这些事实都充分说明：曲嘉瑞是三明制药厂的职工，之所以受到企业的奖励是因为其在执行单位科研任务中作出了突出贡献。如果像上诉人所讲，曲嘉瑞与三明制药厂之间是合作关系，那么，合作者之间应当具有横向的、互不隶属的权利义务，怎会出现一个合作者表彰、奖励另外一个合作者的情况呢？

（四）曲嘉瑞本人在世时对“痛血康胶囊”属职务成果的认定不持异议

被上诉人在一审过程中列举了大量原三明制药厂申报新药产品、申报科技成果、获得科技奖励等的证据。这些证据中有关申请单位、研制单位、生产单位、获奖单位等项目都填写是三明制药厂，而非三明制药厂与曲嘉瑞。曲嘉瑞在世时对此均未提出任何异议。应当说，曲嘉瑞本人也认为“痛血康胶囊”并非合作开发的科研成果，而仅仅是职务技术成果。上诉人作为曲先生的继承人更没有理由对此提出异议，单方面曲解曲嘉瑞先生本人的意思表示。

（五）福建高院在（2001）闽民终字第224号民事判决书中所认定的事实并未否定涉案产品是“职务成果”的性质

上诉人辩称：原判所谓“职务成果”的认定是对福建省高院（2001）闽民终字第224号民事判决书生效判决的否定。本代理人认为：这是上诉人对福建省高院（2001）闽民终字第224号民事判决书相关表述的曲解。该判决书中虽然认定曲嘉瑞是企业“外聘人员”，但并未否定“外聘人员”不属于“本单位人员”，更未否定“痛血康胶囊”属职务技术成果。也就是说，该判决书并未对“外聘人员”与“本单位人员”之间以及“外聘人员”与“职务技术成果”之间存在何种联系作出认定。“外聘人员”也是与本单位存在劳动关系的人员，也应属于本单位人员，也存在执行本单位的工作任务，或者主要是本单位的物质技术条件完成技术成果的可能性，即该外聘人员创造的技术成果也可以被认定为职务技术成果。上诉人对福建高院的事实认定所作的主观衍生推测是不合理的，也是错误的。

四、被上诉人不应承担任何赔偿责任

1999年1月10日，三明制药厂与曲嘉瑞签订《曲氏中成药车间经营承包合同》，合同约定：三明制药厂组建曲氏中成药车间，该车间加工生产“痛血康胶囊”原料粉。1999年3月30日，三明制药厂原厂长朱清龙代表企业又与曲嘉瑞签订上述合同的补充合同，该合同约定：GMP改造验收合格投产后，自动终止原签订的合同。2002年4月10日，三明制药厂生产线GMP改造完成并投产，同时依法解除与曲嘉瑞的承包合同。以上事实有双方当事人签订的合同以及国家药品监督管理局下发的《药品GMP证书》为证。所以，三明制药厂依法解除合同不存在违约的情形。

另外，承包合同解除后，由三明制药厂及后来的被上诉人按照国家的GMP质量规范生产“痛血康胶囊”是企业自主经营的权利。“痛血康胶囊”本身就是被上诉人的科技成果，与上诉人无关。被上诉人正当使用自己的技术，何谈侵权？又何谈赔偿上诉人损失？

综上所述，被上诉人是“曲氏白药”秘方的合法权利人，“痛血康胶囊”的生产技术作为非专利技术成果，是原三明制药厂的职务技术成果，应归原三明制药厂所有，三明制药厂经改制后由被上诉人单独享有一切权利。曲嘉瑞不存在与被上诉人的前身——三明制药厂合作开发“痛血康胶囊”的事实，无权向被上诉人主张技术共有。一审法院对本案认定事实清楚，法律关系定性准确，审判程序合法。故请求贵院依法驳回上诉人的所有上诉请求，维护被上诉人的合法权益。

以上意见，敬请合议庭参考，谢谢审判长、审判员。

此致

福建省高级人民法院

被上诉人特别授权代理人：上海朱妙春律师事务所

朱　妙　春　律师

福建威明律师事务所

周　培　金　律师

二〇〇七年六月十二日

附件2　二审判决书

福建省高级人民法院
民事判决书

（2007）闽民终字第209号

上诉人（原审原告）李荣峰，女，汉族，1938年10月生，住三明市×号×幢×室。曲嘉瑞之妻。

上诉人（原审原告）曲罗云，男，汉族，1963年11月生，住三明市×号×幢×室。曲嘉瑞之子。

上诉人（原审原告）曲罗昆，女，汉族，1967年10月生，住三明市×号×幢×室。曲嘉瑞之女。

上诉人（原审原告）曲罗敏，男，汉族，1974年5月生，住三明市×号×幢×室。曲嘉瑞之子。

上述上诉人的委托代理人林松根、林碧青，上海创远律师事务所律师。

被上诉人（原审被告）福建汇天生物药业有限公司，住所地三明市×路×号。

法定代表人刘水和，董事长。

委托代理人周焙金，福建威明律师事务所律师。

委托代理人朱妙春，上海朱妙春律师事务所律师。

上诉人李荣峰、曲罗云、曲罗昆、曲罗敏（以下简称李荣峰等人）因与福建汇天生物药业有限公司（以下简称“汇天公司”）侵犯非专利技术成果权和姓氏肖像权纠纷一案，不服三明市中级人民法院（2004）三民初字第15号民事判决，向本院提起上诉，本院于2006年5月0日作出（2004）闽民终字第699号民事裁定，撤销原审判决，发回重审。三明市中级人民法院重审后，作出（2006）三民初字第22号民事判决。李荣峰等人不服，向本院提起上诉。本院依法组成合议庭，公开开庭进行了审理。上诉人李荣峰等人及其委托代理人林松根、林碧青，被上诉人汇天公司的委托代理人周培金、朱妙春到庭参加诉讼。本案现已审理终结。

原审法院查明：

1985 年 2 月 2 日，三元区人民政府（以下简称“三元区政府”）作为甲方，曲嘉瑞、杨瑞金作为乙方，签订一份《关于在三明市生产“曲氏白药”的合同书》，共计 12 条，主要约定：(1）曲嘉瑞、杨瑞金决定在三明市中药厂按“重升配方”生产“中国曲氏白药”，保证药品质量优于国内同类产品，争取创国家优质产品。（2）三元区政府聘请曲嘉瑞为三明市中药厂厂长，杨瑞金为副厂长，并为三明市中药厂筹集 50 万元资金作为企业开办费用。（3）三明市中药厂每年付给曲嘉瑞、杨瑞金当年企业纯利润 12% 的技术转让费。并获得按“重升配方”生产“曲氏白药”的技术，双方均不得再向第三者转让和生产。（4）三元区政府协助办理曲嘉瑞、杨瑞金两家直系亲属八人的落户三明手续等。三明市公证处于同日以（85）三证字第 025 号证明书对该合同进行了公证。1989 年 12 月 1 日，三明市中药厂与福建省科学技术委员会签订一份科技三项费用专项合同，主要约定由福建省科学技术委员会在 1989～1991 年间拨款 8 万元给三明市中药厂使用，三明市中药厂承担“重开跌打止血散”（曲氏传药）的研究。并在 1992 年、1993 年还款 4 万元。

1991 年 10 月 1 日，三元区政府作为甲方，三明制药厂作为乙方，签订《福建省三明制药厂兼并三明市中药厂合同书》，合同主要内容为：（1）三明制药厂以 382 322.50元兼并三明市中药厂，并由三明制药厂直接用于偿还银行贷款；（2）三明市中药厂曲嘉瑞先生等六名聘用人员由曲嘉瑞为代表同三明制药厂签订聘用合同，原交三元区政府保管的“曲氏白药”秘方及相关的全部工艺文件应在曲嘉瑞鉴证下于本合同签字日由三元区政府正式移交三明制药厂；（3）本合同自书面报告批准之日生效等。三明市经济委员会、三明市化学工业公司作为监证人在该合同上盖章。曲嘉瑞作为被兼并方三明中药厂的法定代表人在该合同上签字。

1991年12月2日，为了给曲嘉瑞提供试验研究和生产条件，共同开发“曲氏白药”系列产品；三明制药厂法定代表人许建山与曲嘉瑞签订了一份《关于在三明制药厂开发“曲氏白药”系列产品合同书》，共计7条，主要约定：（1）曲嘉瑞决心在三明制药厂按“重升白药配方”生产“白药”及其系列产品，全部工艺技术管理按三明制药厂管理规范组织、协调，双万均不得向其他人转让；（2）三明制药厂聘请曲嘉瑞为技术顾问，并按厂职工待遇享受权利和承担义务；（3）三明制药厂在曲嘉瑞与三元区政府原签订合同的基础上，承认并办理曲嘉瑞干部待遇和连续工龄。合同第4条对曲嘉瑞等人的工资待遇作了具体约定。合同自三明中药厂兼并合同生效之日起生效，合同有效期为10年，其后事宜双方届时议定等。1991年12月16日，三明市经济体制改革委员会以明体改［1991］19号文批复，同意三明制药厂兼并三明中药厂。

1992年5月，三明制药厂以研制单位名义填写新药证书生产申请表，将曲氏传药“重升跌打止血散”作为新药上报有关部门审批。同时，三明制药厂填写中药保密申请表上报有关部门审批，对新药曲氏传药“重升跌打止血散”的处方组成和制备工艺申请保密；类别为第三类。

1992年7月2日，曲嘉瑞出具一份声明书，主要内容为：“我的先父是著名的老中医曲焕章先生，由于祖辈从医，经过长期的实践与总结，保留下一部有价值、疗效显著的药方。为了继承与发扬祖辈宝贵的医学遗产，我自愿把祖传的秘万奉献给人民大众，把古老的中医药方与现代医药科技成果相结合，试制新配方和新剂型，形成独特的系列化产品。为了防止假冒伪劣药品及侵权行为，我同意以先父的肖像作为‘曲氏’牌商标标识图案，以三明制药厂的名义申请注册商标，任何人不得干涉！申请注册商标的肖像附后。”同日，三明市公证处以（92）三证字第971号证明书为曲嘉瑞的声明书办理了公证手续。1992 年 7 月 25 日，三明制药厂以曲焕章头像为商标标识图案向国家工商行政管理总局申请注册“曲氏”牌商标为人用药品商标。1993 年 8 月 7 日，三明制药厂取得“曲氏”牌商标注册证，商标注册号为 652152，商标种类为第五类。

1994 年 5 月 11 日，卫生部下发（94）Z-30 号新药生产申请批件，批准研究单位、申请生产单位三明制药厂生产“痛血康胶囊”，并按“国家机密”级管理，要求在宣传方面不得与云南白药发生冲突。1994 年 6 月 8 日，卫生部下发（94）卫药证字 Z-27 号新药证书，确认三明制药厂为“痛血康胶囊”的研制单位。1997 年 4 月 28 日，福建省医药管理局颁发福建省新产品投产技术鉴定证书，确认“痛血康胶囊”的生产单位为三明制药厂。

1997 年 6 月 25 日，三明制药厂以明药字（97）第 045 号文作出关于奖励曲嘉瑞同志的决定，给予“痛血康胶囊”的主要研制者曲嘉瑞奖励 5 万元。1998 年 1 月 20 日，三明制药厂作出决定，奖励曲嘉瑞房改房一套，房改应交款 6 261.64元由厂部交纳。1998 年 3 月 16 日，三明制药厂又以明药字（98）第 016 号文作出关于奖励曲嘉瑞同志的决定，给予“痛血康胶囊”的主要研制者曲嘉瑞奖励 8 万元。

1998 年 4 月 8 日，卫生部下发（98）卫药标字 Z-022 号国家标准（《新药试行标准转正式标准》）颁布件，同意研究单位、申请生产单位三明制药厂将“痛血康胶囊”新药试行标准转正式标准。1998 年 9 月，三明制药厂填写科技成果鉴定申请表上很有关部门，写明“痛血康胶囊”的主要研制人员为曲嘉瑞等 17 人。1998 年 10 月 30 日，福建省人民政府发布闽政〔1998〕433 号文件，授予“痛血康胶囊”为 1997 年度福建省优秀新产品称号，并荣获一等奖。

1998 年 11 月 8 日，国家知识产权局连城资产评估事务所为三明制药厂出具一份资产评估报告，确认至评估基准日 1998 年 9 月

30 日止，“痛血康”专有技术无形资产经济价值为 4 580万元。

1998 年 10 月 7 日，曲嘉瑞向有关部门提出关于三农公司兼并三明制药厂的几点意见，声明曲氏系列药品不在兼并项目之内。并于 1998 年 10 月 22 日向三明市人民政府提出《关于成立三明制药厂曲氏系列开发公司的报告》。1998 年年底，三明制药厂经企业改制被福建三农集团股份有限公司正式兼并。

1999 年 1 月 10 日，三明制药厂法定代表人周建山与曲嘉瑞签订了一份曲氏中成药车间经营承包合同，合同主要内容为：(1) 三明制药厂新组建曲氏中成药车间，该车间加工生产的痛血康原粉药按每公斤 1 200元的价格，以内部转移价卖给三明制药厂，曲嘉瑞承担人员工资及附加（包括社保）、医疗费等。(2) 曲嘉瑞应提供符合产品质量标准的痛血康原粉药，如质检不符合产品质量标准，三明制药厂有权退货，经济损失由曲嘉瑞承担。(3) 曲氏中成药车间所提用的产品开发费用，开发产品的权益归双方共有，任何一方不准单独对外转让。目前先开发“咳必安”、“克痔灵”两个产品。1993 年 3 月 10 日，朱清龙任三明制药厂法定代表人。1999 年 3 月 30 日，朱清龙与曲嘉瑞签订了一份合同，合同正要内容为：(1) GMP 改造验收合格投入生产后，自动终止双方原签订的合同。(2) 新产品研制开发，曲嘉瑞只负责到临床前（药理药效结束）为止。(3) 每年由厂部提供 5 万元经费，作为曲嘉瑞旅游开支。

1999 年 10 月、11 月，福建省物价管理委员会、三明市物价管理委员会确认三明制药厂“痛血康胶囊” 0.1g × 12 粒每盒出厂价（含税）13.80 元、批发价（含税）16.84 元、零售价 19.37 元；0.2g × 12 粒“痛血康胶囊”的每盒出厂价（含税）21.80 元、批发价（含税）26.60 元、零售价 30.60 元。

1999 年 12 月 15 日，三明市化学工业局以明化〔1999〕62 号文作出关于同意三明制药厂整体改制并更名为福建汇天生物药业有限公司的批复，同意三明制药厂整体改制，并使用福建省工商行政管理局核准的企业名称汇天公司。2001年8月17日，汇天公司向福建省工商行政管理局申请办理了企业法人营业执照。

1999年1月至2001年12月，曲氏中成药车间共上交给三明制药厂、汇天公司原料药8 520公斤，三明制药厂、汇天公司已支付给曲氏中成药车间货款290万元（包括汇天公司为曲嘉瑞代垫的内部职工股20万元），并为曲氏中成药车间代垫费用2 616 491.15元。

2002年1月27日，曲嘉瑞去世。

2002年3月6日，汇天公司取得国家药品监督管理局颁发的药品GMP证书。2002年4月10日，汇天公司以汇天药字（2002）第044号文作出《关于终止曲氏中成药车间经营承包合同的通知》，主要内容为：根据公司前身三明制药厂与曲嘉瑞签订的有关承包合同规定，承包期限至生产线GMP改造完成终止，现公司GMP改造已经完成，曲氏中成药车间由曲嘉瑞经营承包的合同已经履行完毕，并已自动终止；请中药车间及各相关部室对痛血康自原料的采购以及生产全过程的生产技术按GMP要求规范管理，并对其承包期间进行核算审计准备；曲罗昆等曲氏家人的任用和安排待商定后另作书面通知，公司对曲嘉瑞的遗属也将优厚照顾，妥善安置。

2002年6月28日，双方当事人因中成药车间经营承包合同产生纠纷，李荣峰等人遂诉至三明市中级人民法院（以下简称“三明中院”）。三明中院经审理认为，本案属企业内部承包合同纠纷案件，应由企业或上级主管部门调处，李荣峰等四人因曲嘉瑞逝世发生继承关系而提起的诉讼不属人民法院受理范围，遂以（2002）三民初字第37号民事裁定书裁定驳回李荣峰等四人的起诉。李荣峰等四人不服，向本院提起上诉。本院经审理认为，曲嘉瑞持“曲氏白药”生产技术与原三明制药厂签订共同开发“曲氏白药”系列产品合同，虽享受公司职工待遇，但仍属企业外聘人员，本案合同不完全是企业内部人员承包合同，合同存在债权债务关系，当事人为兑现承包经济利益的请求之诉具有可诉性，人民法院应予受理。本院以（2003）闽民终字第66号民事裁定书撤销一审裁定，并指令三明中院对本案进行审理。三明中院以（2003）三民初字第36号民事判决判决：（1）汇天公司应在判决生效之日起30日内向李荣峰等四人支付曲嘉瑞承包经营曲氏中成药车间期间尚欠的痛血康原料药内部转移价款1 271 681.33元；（2）驳回李荣峰等四人要求汇天公司支付欠款利息等诉讼请求。宣判后，双方均不服，都向本院提起上诉。案经审理，本院（2004）闽民终字第224号民事判决判决：（1）维持一审判决第二项，即驳回李荣峰等四人要求汇天公司支付欠款利息等诉讼请求。（2）变更一审判决第1项为：汇天公司应在判决生效之日起10日向李荣峰等四人支付曲嘉瑞承包经营曲氏中成药车间期间尚欠的痛血康原料药内部转移价款4 501 187.33元。

2002年8月6日，"曲氏"牌商标注册人由三明制药厂变更为汇天公司。

2004年4月12日，李荣峰等四人又因本案纠纷向三明中院提起诉讼。

汇天公司除了在"痛血康胶囊"产品上使用曲焕章头像外，在非曲氏药品"山楂精降脂片"上也曾使用过曲焕章头像。这有李荣峰等人提供的图片可证实。原三明制药厂明药字第170号文件《关于确认痛血康等产品价格的报告》中包含"山楂精降脂片"，亦可印证原三明制药厂有生产销售"山楂精降脂片"。

依据三元区政府与曲嘉瑞、杨瑞金签订的合同书以及三明制药厂兼并三明中药厂时的合同书，原三明制药厂取得的是按"重升白药配方"生产"曲氏白药"的技术。根据1991年10月1日三元区政府与三明制药厂签订的《福建省三明制药厂兼并三明市中药厂合同书》，原交三元区政府保管的"曲氏白药"秘方及相关的全部工艺文件在曲嘉瑞鉴证下于合同签字日由三元区政府正式移交三明制药厂，以及曲嘉瑞的献方声明和三明制药厂申报"痛血康胶囊”生产批件、新药证书材料所载明的材料，可认定双方当事人均持有“痛血康胶囊”药品秘方。

原审法院认为：

本案“痛血康胶囊”药品作为非专利技术成果，不能等同于“重升白药”秘方，它属“曲氏重升白药”以外可以独立存在的一项新的技术成果，是按照曲嘉瑞提供的祖传秘方，应用现代科学方法，经对秘方进行系统研究，包括药理、毒理、植化、药品质量标准、临床药效研究，而形成的一种有效、安全、可控，使用方便的急救与常规并存的新型中成药。“痛血康胶囊”药品系原三明制药厂组织科研人员研发的，研制、开发的费用也全部是原三明制药厂投入的，曲嘉瑞只是其中的主要科研人员之一。“痛血康胶囊”所有的批文，均办理在原三明制药厂名下。卫生部的新药生产申请批件、新药证书、国家标准（《新药试行标准转正式标准》）颁布件均确认“痛血康胶囊”的研究（制）单位、生产单位为三明制药厂，福建省医药管理局出具的福建省新产品投产技术鉴定证书也确认“痛血康胶囊”的生产单位为三明制药厂，而并未将曲嘉瑞作为共同研究（制）人、生产人予以记载，曲嘉瑞在世时也未对此提出异议。“痛血康胶囊”的研制系曲嘉瑞的职务成果，产权应属原三明制药厂所有。曲嘉瑞作为主要研制人员之一，对此药品的开发有贡献，原三明制药厂已经给予了重奖。即奖励 13 万元与一套房改房。本案涉及的合同，均没有载明“痛血康胶囊”属于三明制药厂与曲嘉瑞共同研发，共同所有。双方合作开发的是“克痔灵”与“咳必安”，而不是“痛血康胶囊”。曲嘉瑞 1992 年 7 月 2 日出具的经过三明市公证处公证的声明书反映了曲嘉瑞自愿奉献祖传秘方的意思表示。李荣峰等四人作为曲嘉瑞的继承人，无权改变被继承人的真实意愿。原三明制药厂拥有生产销售“痛血康胶囊”的一切合法手续，基于改制，经相关部门审批，汇天公司承接原三明制药厂的权利义务，并无违法。因此，本案讼争的“痛血康胶囊”药品作为非专利技术成果；权属应归原三明制药厂即现在的被告正天公司。李荣峰等四人主张属合作开发、共同享有，缺乏事实根据。

曲嘉瑞1992年7月2日出具的经过三明市公证处公证的声明书反映了曲嘉瑞同意以先父曲焕章的肖像作为“曲氏”牌商标标识图案，以三明制药厂的名义申请注册商标。1992年7月25日，三明制药厂以曲焕章头像为商标标识图案向国家工商局商标局申请注册“曲氏”牌商标为人用药品商标，并于1993年8月7日取得“曲氏”牌商标注册证，从此享有“曲氏”商标专用权。此后，至曲嘉瑞去世前，曲嘉瑞及李荣峰等四人均未按照《中华人民共和国商标法》的相关规定对“曲氏”牌商标的注册问题提出异议。因此，应认定三明制药厂系“曲氏”牌商标的所有人，曲嘉瑞对三明制药厂以曲焕章肖像注册“曲氏”商标的行为作出了权利处分，李荣峰等四人作为曲嘉瑞的继承人已无权再对曲焕章肖像权使用问题提出异议。李荣峰等四人称汇天公司单方使用“曲氏”商标构成侵权没有法律依据。

因汇天公司不存在单方生产“痛血康胶囊”和在该药品上使用“曲氏”头像商标的侵权行为，李荣峰等四人要求汇天公司赔付2002年4月10日起至2004年4月9日止侵权使用费的诉讼请求没有事实和法律依据，依法不予支持。

李荣峰等四人诉请被告汇天公司不得单方使用“曲氏”商标，既包括在曲氏药品“痛血康胶囊”上不得单方使用，也包括在非曲氏药品上也不得单方使用该商标两方面的内容。汇天公司除了在“痛血康胶囊”产品上使用曲焕章头像外，在“山楂精降脂片”上也曾使用过曲焕章头像。由于“山楂精降脂片”并不属于曲氏系列药品，汇天公司在该药品上使用曲焕章头像，违背了曲嘉瑞以曲焕章的肖像作为“曲氏”牌商标标识图案的意愿，应认定为侵权行为，而且具有商业目的，应予赔偿。由于双方当事人均没有提供证据证实该侵犯商标专用权的损失数额，依照《中华人民共和国商标法》第56条第2款的规定，在侵权造成的损失难以确定的情况下，由人民法院根据侵权行为的情节判定。对此，三明中院酌定损失为5万元，汇天公司依法应予赔偿。

综上，“痛血康胶囊”作为非专利技术成果权属归原三明制药厂所有，因三明制药厂改制，汇天公司兼并了三明制药厂，从而承继了三明制药厂的权利与义务。曲嘉瑞只是作为“痛血康胶囊”主要研制人员之一，卫生部的新药生产申请批件、新药证书、国家标准（《新药试行标准转正式标准》）颁布件均确认“痛血康胶囊”的研究（制）单位、生产单位为三明制药厂，而并未将曲嘉瑞作为共同研究（制）人、生产人予以记载，曲嘉瑞在世时也未对此提出异议，且三明制药厂系“曲氏”牌商标的所有人，汇天公司作为三明制药厂权利义务的承受者，其生产“痛血康胶囊”和在该药品上使用“曲氏”牌商标均不构成侵权。因此，李荣峰等四人要求汇天公司赔付2002年4月10日起至2004年4月9日止侵权使用费的诉讼请求没有事实和法律依据。但汇天公司在非曲氏药品“山楂精降脂片”上使用曲焕章头像作为商标标识图案，构成侵权，依法应立即停止使用，并赔偿损失，该损失酌定为5万元。据此，依照《中华人民共和国合同法》第326条和《中华人民共和国商标法》第56条第2款的规定，判决：一、被告福建汇天生物药业有限公司应在判决生效后立即停止在非曲氏药品“山楂精降脂片”上使用曲焕章头像作为商标标识图案，并赔偿原告李荣峰等四人经济损失5万元；二、驳回原告李荣峰等四人要求判令被告福建汇天生物药业有限公司不得单方生产“痛血康胶囊”和在该药品上使用“曲氏”商标及相关侵权赔偿的诉讼请求。

案件受理费16 758元、其他活动费200元，合计16 958元，由原告李荣峰等四人负担10 948元，被告福建汇天生物药业有限公司负担6 010元。

原审宣判后，李荣峰等人不服提起上诉，其上诉请求为：(1) 请求撤销原判，发回重审或由二审法院查清事实后改判；(2) 确认上诉人享有非专利技术成果“痛血康胶囊”的共有权属，判令被上诉人停止侵权并赔偿经济损失；（3）一、二审诉讼费由被上诉人承担。主要理由是：①曲嘉瑞与三元区政府签订的《关于在三明市生产“曲氏白药”的合同书》虽约定以每年利润的12%作为转让费获得按“重升白药”配方生产“曲氏白药”的技术，但曲嘉瑞并没有将“重升白药”秘方技术转让给三元区政府及其他任何人，曲氏“重升白药”的秘方技术权属始终为曲嘉瑞所有。作为其后人，上诉人至今仍是该秘方的唯一权利人。三明制药厂兼并三明中药厂时，双方仅约定，原交三元区政府保管的“曲氏白药”秘方及相关的工艺文件移交给三明制药厂。在此仅是“保管”而不是“转让”、原判推定被上诉人“持有秘方”证据不足。②本案不存在曲嘉瑞执行三明制药厂的“工作任务”和曲嘉瑞利用原三明制药厂的“技术条件”的事实。相反，作为“痛血康胶囊”的主要“技术条件”，是曲嘉瑞的祖传秘方“重升白药”。曲嘉瑞出秘方技术，原三明制药厂出资金设备等物质条件，“共同开发‘曲氏白药’系列产品”，这是双方所签《合同书》中约定的条款。1998年9月，三明制药厂在《科技成果鉴定申请表》中陈述：“痛血康胶囊（原名‘曲氏传药’，‘重升跌打止血散’）系云南白药创始人曲焕章先生之子曲嘉瑞先生贡献的祖传秘方。”这充分证明了“曲氏白药”秘方是曲嘉瑞为共同研发“痛血康胶囊”的技术投资，“痛血康胶囊”是双方合作开发的技术成果，而不是职务成果。省法院在本案双方“企业承包合同纠纷案”的终审判决书中已认定：“曲嘉瑞持‘曲氏白药’生产技术与原三明制药厂签订共同开发‘曲氏白药’系列产品合同，虽享有公司职工待遇，但仍属企业外聘人员”。这是生效判决对“共同开发”及共同权属的认定。③有关批件、证书不能当作确认“痛血康胶囊”技术成果权属的依据。我国《合同法》第341条规定：“当事人对合作开发成果的使用权、转让权以及利益的分配办法，没有约定或者约定不明确，当事人均有使用和转让的权利。”可见，曲嘉瑞及其后人应当依法享有“痛血康胶囊”的权属。因此，曲嘉瑞在世时也不需要对此提出任何异议。

在庭审之后，李荣峰等人称：曲嘉瑞在三明中药厂开发的“重什跌打止血散”，到了三明制药厂更名为“病血康胶囊”。二者除了药品的剂型有所不同，其配方完全一样，因此，所谓“痛血康胶囊”的开发其实在三明中药厂已由曲嘉瑞完成。“痛血康胶囊”的配方仍属“曲氏白药”秘方系列，其产品成果权应当归属我们，后来认识到，毕竟生产的物质条件依靠厂方；我们才同意“共有”分享成果权。我们认为对“共有”成果权的处置，互相转让是最可行的。

汇天公司辩称：

①原审法院认定“痛血康”属于职务技术成果，定性准确。曲嘉瑞与三明制药厂不存在合作开发“痛血康”的事实。曲嘉瑞作为原三明制药厂的厂长技术顾问，享受三明制药厂职工待遇，与三明制药厂其他科技人员一起为执行单位的研发任务共同研制“痛血康”，在研发过程中利用三明制药厂的科研经费、科研设备、科研资料、科研场所、试验材料、专家咨询费用、新药产品申报费用等物质技术条件。曲嘉瑞本人在世时对“痛血康”属职务成果的认定不持异议。三明制药厂在申报新药产品、申报科技成果、获得科技奖励时有关单位均填写三明制药厂，曲嘉瑞在世时均未提出异议。三明制药厂在获得“痛血康”技术成果权后。按照法律规定，给予曲嘉瑞一定的奖励，曲嘉瑞也全部予以接受。合同中“共同开发”只是表明曲嘉瑞作为三明制药厂的科研人员利用其技术优势与三明制药厂其他科技人员共同开发“痛血康”。②原审法院认定“曲氏白药”的配方已经转让给原三明中药厂，定性准确。③福建高院在（2004）闽民终字第224号判决所认定的事实中并未否定涉案产品的“职务成果”性质。该判决中虽然认定曲嘉瑞是企业“外聘人员”，但并未否定“痛血康”属职务成果。

本院经审理查明，原审判决认定事实的基本属实。

本院另查明：

1988年4月1日，曲嘉瑞出具了《献方文书》，主要内容为："根据三元区政府与白药传人曲嘉瑞先生于一九八五年二月二日签订的《关于在三明市生产曲氏白药》的合同书，曲嘉瑞先生于一九八八年四月一日将其祖传的曲氏重生白药配方及其生产工艺流程正式献给三元区人民政府。"

1988年9月21日，三元区政府批复，同意三明中药厂正式投入批量生产，并确定该厂为区属集体所有制企业，隶属区二轻局领导，经济实行独立核算，自负盈亏。

1988年12月11日，卫生部药政局的新药临床研究申请批件通知，三明中药厂上报的"曲氏传药"暂定名为"重升跌打止血散"。

1990年8月9日，三元区二轻局向三元区政府提交的《关于三明中药厂产品积压严重停产情况的请示》称：中药厂已投入资金72.5万元，1988年6月至1990年2月，已生产"重升跌打止血散"25.27万瓶，销售5.8万瓶，积压18.7万瓶。1990年3月以来已全部停产。该请示认为，摆脱目前困境较可行的办法是将中药厂并入三明制药厂。

三农公司（甲方）与三明制药厂（乙方）在签订的兼并协议中约定：甲方以承担债权债务的方式整体兼并乙方，乙方成为甲方的子公司，兼并后，甲方承担乙方全部债务，乙方的全部产权、债权、经营管理权、注册商标专利权、专有技术权、生产许可证等全部权益归甲方。

1999年5月6日，三明市国有资产管理局《关于划转三明制药厂国有资产的通知》第4条载明，三明制药厂除土地之外的无形资产待蕲蛇酶准字号取得后，一并评估确认，作为福建三农化学股份有限公司下一次配股时国家股的配股资源。

《汇天公司章程》（1999年12月10日）规定："汇天公司股东为三农公司和海南时志实业公司，注册资本为5 000万元；三农公司出资额为4 500万元，占公司注册资本的90%，出资方式：以三明制药厂截止1999年9月30日全部净资产作为出资，不足部分以现金补足；海南时志实业公司货币出资额为500万元，占公司注册资本的10%。”

1999年12月22日，三明会计师事务所的《验资报告》记载，截至1999年12月20日，汇天公司已实收股东投入资本5 000万元，其中三农公司4 500万元（其中2 090万元为货币资金），海南时志公司货币资金500万元。原制药厂的资产、负债尚未过户、变更到新公司名下。

1999年12月22日，汇天公司经核准成立。

2000年2月21日，福建省卫生厅下发《关于同意三明制药厂更名为福建汇天生物药业有限公司的批复》同意核发给三明制药厂的《药品生产企业许可证》企业名称更为汇天公司，审批给三明制药厂所有药品生产品种及批准文号同时转给汇天公司生产。

2002年6月24日，三明制药厂企业登记注销。

李荣峰等人一审认为“痛血康胶囊”系其与三明制药厂共同开发，二审认为“痛血康胶囊”与“跌打止血散”配方相同，剂型有所改变。

本院认为：

《福建省三明制药厂兼并三明市中药厂合同书》和《关于在三明制药厂开发“曲氏白药”系列产品合同书》系同一天生效，是一体的。该两份合同结合，表明三明制药厂与曲嘉瑞共同开发“曲氏白药”的意思表示、上述合同符合一方投入技术一方投入资金的合作开发合同的特征，双方合作开发产生的非专利技术成果权依法归双方共同享有。现有证据证明，“痛血康胶囊”（原名“跌打止血散”）属“曲氏白药”系列产品之一。曲嘉瑞逝世后，其对“痛血康胶囊”权益由李荣峰等人继承。因此，李荣峰等人主张享有“痛血康胶囊”权益的上诉意见，事实和法律依据充分，予以支持。

三明制药厂被兼并及改制后其权利义务由汇天公司承继。原《中华人民共和国技术合同法》第32条第（三）项规定：“委托开发或者合作开发所完成的非专利技术成果的使用权、转让权以及利益分配办法，由当事人在合同中约定，合同没有约定的，当事人均有使用与转让的权利。”原《技术合同法实施条例》第50条规定：“委托开发或者合作开发的技术成果，其专利权或者非专利技术成果使用权与转让权为当事人共有的，共有人应当约定利益分配办法。共有人没有约定的，任何一方均有实施专利、使用非专利技术成果的权利，由此获得的利益归实施、使用方，但一方转让技术必须征得另一方的同意，由此所获得的利益由各方等额分享。”此后，《中华人民共和国合同法》第341条、《最高人民法院关于审理技术合同纠纷案件适用法律若干问题的解释》第20条也有类似的规定。因此，汇天公司生产“痛血康胶囊”没有侵犯李荣峰等人的权益。李荣峰等人以“痛血康胶囊”为共有及汇天公司单方生产“痛血康胶囊”的行为侵犯曲氏秘方为由。要求汇天公司停止侵权、赔偿损失的上诉请求，事实和法律依据不足，不予支持。

有关一审判决中涉及“曲氏”商标的部分，李荣峰等人及汇天公司均未提起上诉，二审对该部分不予审理。

综上，原审法院认定“痛血康胶囊”为曲嘉瑞职务成果错误，但判决结果并无不当，予以维持。经本院审判委员会研究，依照《中华人民共和国合同法》第341条、《最高人民法院关于审理技术合同纠纷案件适用法律若干问题的解释》第20条、《中华人民共和国民事诉讼法》第153条第1款第（一）项的规定，判决如下：

驳回上诉，维持原判。

本案一审案件受理费人民币16 758元和其他活动费人民币200元，合计16 958元，由李荣峰、由罗云、曲罗昆、由罗敏共同负担10 948元，福建汇天生物药业有限公司负担6 010元。

本案二审受理费人民币 16 758元，由李荣峰、由罗云、曲罗昆、曲罗敏共同负担。

本判决为终审判决。

审判长　叶毅华
审判员　陈一龙
审判员　黄从珍
二〇一〇年十二月二十一日
书记员　蔡　伟
张丹萍

B. 经营信息类

13 她坐对面

——客户名单经营信息纠纷案

案由

嘉善声光电子有限公司（以下简称“声光公司”）是一家中外合资企业，主要生产安全闪光灯，车把照明灯，转向灯，自行车电喇叭等自行车配件系列，产品以出口外销为主。经多年苦心经营开发，该公司拥有南美、中东、东南亚等50多个国家和地区客户，并与之建立起长期正常的业务往来。为确保技术、客户名单不被泄露，声光公司与所有的员工签订了《保密及竞业限制承诺书》。一段时间，公司经营有条不紊。

小丽，声光公司主要业务员，2003年2月进入声光公司，2006年3月离职。2006年9月，小丽加入嘉善晨风电器有限公司（以下简称“晨风公司”），从事销售工作。晨风公司成立于2004年，起初主要从事生产吸尘器、过滤袋等业务。小丽加入后，良辰公司不久便开展起自行车车灯、前照灯、交通警示灯以及其他自行车车配件等业务。小丽将其在声光公司掌握的客户介绍给晨风公司，晨风公司则通过价格优势，很快与这些客户建立了业务往来。

经朋友介绍，声光公司遂委托我，以侵犯商业秘密为由，对小丽和晨风公司提起民事诉讼。庭上，两被告虽百般否认、拒绝回答，但一审法院审理认定被告小丽和晨风公司侵权事实清楚，证据确凿，判令两被告立即停止侵权，并赔偿声光公司经济损失10万元。小丽和晨风公司不服一审判决，分别向浙江省高级人民法院（以下简称“浙江高院”）提起上诉。经审理，浙江高院作出驳回上诉，维持原判的终审判决。

西湖夜谈

美丽富饶的江南水乡嘉善，东接上海浦东、西接“天堂”杭州，沪杭高速公路穿越而过，地理位置优越，交通便捷，又属上海经济圈，企业林立，工业甚为发达。多年前，我曾因成功代理斯贝克商业秘密案与嘉善结下了不解之缘。

2007年，金秋十月，我带助手钱元春律师参加完杭州西湖博览会，正欲回沪，一陌生的电话打来，对方是蒋先生，嘉善一公司老板，因自己的客户名单被员工泄露，受到了极大损失，便慕名向我紧急求助。当他得知我尚在杭州时，便约好当晚在西湖边的香格里拉饭店碰面。

坐落在西子湖畔的杭州香格里拉饭店，布局合理，群山绿树环绕，能俯瞰西湖美景。著名的风景点孤山与西泠桥近在咫尺。在这里与蒋先生碰面已是夜间十点多钟。蒋先生四十上下，体型瘦小，衣着随便，毫无“老板”架势，我不禁佩服“浙商”的经商之道：务实、求真、不露。一阵寒暄后，蒋先生直奔主题介绍起案情来：原来他是嘉善声光电子有限公司的总经理，工人出身，后自己办厂，生产自行车零配件。经过多年苦心打拼，公司业务蒸蒸日上，生产规模日益扩大，国外订单源源不断。蒋先生说，对于他的公司来说，技术和客户列入了最高商业机密，是公司的核心竞争力。为此，公司对相关信息采取了严格的保密措施，并与员工签订了保密协议。2007年下半年一段时间，声光公司发现以前合作尚好的几家国外大客户已好久未跟自己合作了，遂展开调查。结果令他大吃一惊，原来很多客户都被当地的一家小厂拉拢过去，介绍人不是别人，正是一年前从公司离职的小丽。小丽，内蒙古包头市人，多年前南下嘉善打工，在声光工作近三年。因长相较好，外语流利，又能言善语，每次外展，都能为声光拉来不少国外订单，深得蒋先生的器重。蒋先生便将国外大部分客户资料交由其保管。蒋先生发现小丽泄密后，深知若任其自然发展下去，公司辛苦积累的客户资料将荡然无存。蒋先生抱着不计前嫌的态度与赵小丽交谈多次，希望其能回心转意，继续回到公司上班，或不再泄露公司客户名单信息，小丽未曾同意。无奈之下，蒋先生四处打听，寻求专家律师为其解决燃眉之急。后经好友斯贝克公司原总经理张先生介绍，得知我是知识产权专业律师，擅长商业秘密官司，便急忙打电话约我见面。我知道他企业深陷困境，又经朋友介绍，便欣然答应，尽力相助。因天色已晚，细节后谈，便在西湖道别，各自打道回府。

析情定焦

回沪次日，我就召集助理律师们商讨此案，希能群策群力。大家积极响应，各抒己见。根据《反不正当竞争法》第10条的规定“商业秘密是指不为公众所知悉，能为权利人带来经济利益，具有实用性并经权利人采取保密措施的技术信息和经营信息。”和最高人民法院《关于审理不正当竞争民事案件应用法律若干问题的解释》第13条规定“商业秘密中的客户名单，一般是指客户的名称、地址、联系方式以及交易的习惯、意向、内容等构成的区别于相关公知信息的特殊客户信息，包括汇集众多客户的客户名册，以及保持长期稳定交易关系的特定客户。”同时，根据历年的办案经验，我归纳了三大焦点：

(1) 本案的客户名单是否属于法律意义上的商业秘密；它的秘密点是什么？(2) 小丽是否存在泄密行为，并且晨风公司是否使用了该客户名单？（3）声光公司遭受了多大损失。

若三大焦点问题能一一得以解决，那该案便能顺利结案，若有一环出现问题，均可能有败诉风险。同时，根据蒋先生提供的信息，小丽主要将几个大客户介绍给晨风公司，因此其泄露的客户名单不属于前述《司法解释》规定的客户名册，而是保持长期稳定交易关系的特定客户。综合种种信息，我最后决定以原本属于声光公司的墨西哥客户 DDB 公司（以下简称“墨西哥客户”）和土耳其的 UITA 公司（以下简称“土耳其客户”）来作为案件的突破点。为此，我要求助手们能够从“两客户、三焦点”出发，积极搜集证据。

为使案件能够顺利进展，我告知蒋先生，此事不宜对外宣扬，以免打草惊蛇，走漏风声。

柳暗花明

商业秘密难，难就难在举证不易，特别是客户名单的诉讼，业界有“十打九输”的说法。尤其是侵权证据的举证，更是难上加难。泄密方往往会一口否认，而受密方更不会搬石头砸自己的脚，一般都否认自己与泄密方认识，并声称客户是自己主动开发得来的。作为被泄密的客户，也会从自己的利益出发，拒绝说出事实真相。因此，大部分涉及客户名单类型的商业秘密案件，往往都以原告败诉、被告则不承担责任。企业也就深深地陷入商业秘密被泄露而得不到法律保护的绝望境地。对于此案，我起初并无十足把握，只能尽力而为，希望举证过程中能够一帆风顺。

十月份，上海一年一度的新律师培训工作开始了。所里刚拿到律师执业资格不久的年轻律师们都要到青浦律师培训学校集训半个月，我便成了“光杆司令”。考虑到此案对声光公司的重要性，每迟延一天，声光公司的一些客户可能就会被晨风公司拉走，与之建立业务关系。因此，虽然助手律师们在集训，我却并没有停止调查取证工作，一有机会就会开车去嘉善声光公司谈案情，寻证据，必要的时候，我会在青浦律师培训学院召集大家开会，通报案件的进展情况，以便他们培训结束后，能立马上手。

半个月的律师集训终于结束了，助手钱元春律师和王律师搭档，合办此案。两位年轻的律师跟我已有两年，钱元春律师做事认真，庭审表现不错，敢冲敢说，毫不气馁。王律师是交大研究生毕业，功底深厚，临阵不乱。他俩配合，我较放心。在我的指导下，举证工作有条不紊地进行着。

通过前期的努力，我们锁定了几项重要事实：第一，小丽在声光公司工作期间，曾与声光公司签订过《保密协议》，客户名单为保密内容之一；第二，通过嘉善社保中心出具的社保金缴纳表显示，小丽从2006年9月至2007年2月间，曾在晨风公司工作，晨风公司为其缴纳过保险金；第三，通过银行出具的外汇凭证显示，在小丽进入晨风公司不久，晨风公司便与墨西哥客户和土耳其客户建立了业务往来，交易金额达数十万美元……

前期证据搜集工作效果显著，然而如何证明晨风公司与两客户之间关系的建立是由小丽的泄密和撮合呢？这就成了我们当下举证的重点和难点。小丽虽在晨风公司工作，但在无直接证据证明的情况下，推测其可能有泄密行为，要求其承担泄密责任则风险很大，法院极有可能不支持我们的推测。因此，此关键证据如不解决，那么我们所做的工作将前功尽弃，付之东流。然而一下子又找不到其他切入点，举证工作陷入僵局。

日子在一天天地过去，但寻找小丽泄密的证据却毫无进展。我建议蒋先生通过电话录音的方式让小丽自认泄密行为，然小丽极为精明，对一些敏感问题似早有防备，要么避而不谈，要么含糊其辞，录音取证收效不大。此案真的就这么夭折么？对此，我心有不甘，同时也鼓励两位助手也不要灰心，要开动脑筋，寻求出路。

天无绝人之路。在一次深夜与蒋先生的沟通中，我们问及蒋先生有没有主动询问这些客户为什么不与自己合作，而要与晨风公司合作的情况。蒋先生说，因为晨风公司出价低，这些客户与晨风公司合作也是理所当然的。即使问他们，这些客户也不一定会告诉实情，更不会指认小丽的泄密行为。要是问他们，这些客户肯定会告诉小丽，因为他们跟小丽个人的关系都不错。我说，何不试试？既然无法从侵权方找到证据，那只有试着从客户着手，就算死马当活马医吧。再说，国外商人与国内商人相比，更讲究诚信，说不定能够找到突破点，蒋总点头称是。第二天下午 5 时，因时差关系，此时正是墨西哥和土耳其刚上班时间。助手王律师随即电邮一份发给墨西哥和土耳其客户，请他们告知与晨风公司建立业务关系的实情。令我们想不到的是，在邮件发出后短短几分钟内，墨西哥客户就回复了邮件，内容（译文）如下：

"你好，Jessica。几年前，Amy Zhao（即小丽）在声光公司工作，那时我们开始从你们那里采购车灯系列产品。不久以前，她联系我并给我介绍了另一家公司——晨风公司，然后我就与晨风公司做了几笔生意。现在，我与这家公司没有进一步的生意合作关系。"

全场人喜出望外。举证工作终于出现了转机，我似乎看到了希望。便连夜让助手整理好材料，准备对小丽和晨风公司提起诉讼。

巧妙发问

2007 年 11 月 20 日，案件正式被嘉兴市中级人民法院受理。在起诉状中，我们要求两被告共同承担侵权责任，并赔偿 10 万元经济损失和合理的调查费用。案件定在 2008 年 1 月 24 日正式开庭。我让钱元春律师和王律师共同出庭代理，两人欣然答应。

庭审如期举行。两位青年律师坐上了原告席，意气风发，志在必得，我则旁听助战。对方代理律师年龄稍长，看来经验丰富，又是嘉兴当地律师，从他们的眼神中，似乎可以看出他们对上海来的两位年轻律师不屑一顾。我不禁为钱元春和王律师捏了一把汗，希望他们不要怯场。果然两位助手不负我望，庭上全然不顾对方律师的神态，有条不紊地逐个举证证明：（1）涉案客户是声光公司保持长期稳定交易关系的特定客户；（2）这些客户信息从公开渠道无法得知，不为公众所知悉；（3）作为声光公司的客户资源，能够为声光公司带来经济利益；（4）声光公司对这些客户名单采取了合理的保密措施；（5）小丽违反保密协议，在进入晨风公司工作后，将涉案的客户泄露给晨风公司；（6）晨风公司事实上利用了该信息，并与涉案客户建立起业务关系，导致了声光公司遭受了重大损失……两位律师宣读起诉书、举证、质证，发问，语气激昂，层次清晰，有条不紊。

然而在大量的证据面前，被告非但没有束手就擒，反而试图举证墨西哥客户和土耳其客户信息在网上可以查询，并不构成法律规定的商业秘密。对此，钱、王两位律师立即给予了坚决驳斥：客户名单与客户名称不同。前者包括客户名称在内的客户地址、联系方式、交易习惯、意向、内容等非公知信息，而后者仅指客户的企业名称或字号。被告在网上个别网页只能查询到涉案客户的企业名称，但却不能直接获得该企业的客户地址、联系方式、交易习惯、意向、内容等信息。因此，这些信息能够构成法律规定的商业秘密。

法庭上，被告一计不成，又生一计，极力否认小丽在声光公司使用的英文名是 Amy Zhao，进而否认墨西哥客户回复函中的 Amy Zhao 不是小丽本人，而是另有其人，声光公司员工较多，谁使用 Amy Zhao 具有不确定性。的确，声光公司从事的是外贸交易，为便于交流，业务员大多都有自己的英文名，小丽也不例外。如何能证明小丽在声光公司工作期间使用的英文名就是 Amy Zhao 的问题摆在了两位律师的面前，不能很好地说明这点，案件可能会朝向不利的方向发展。我不禁暗暗为两位律师担心，对于这个问题，我们之前并未太多准备，更多的就需要两位律师的实战经验和临场发挥。“我们要求进行笔迹鉴定，以确认在相关单据上的签字 Amy Zhao 为小丽笔迹。”两位律师向合议庭当即提出了申请。对方律师则以举证期限已过，反对鉴定。合议庭简短议论后，未当庭给出是否要鉴定的结论，庭审继续。

为了达到自己的证明目的，被告找到曾与小丽一起在声光公司工作的沈某和周某作为证人出庭作证。然而沈某和周某所要证明的内容与本案关联并不大，在按照对方律师设计好的发问思路回答后，钱元春和王律师对被告证人连续发问，由于一些问题，对方律师并没有为证人预先准备，沈某和周某只能如实回答。至发问快结束时，两位律师问“沈某，你在声光公司使用的英文名是什么”，沈某回答：“Linda”，“那小丽呢？”“Amy Zhao”沈某不叫思索地回答。“审判长，我们撤回刚才的笔迹鉴定申请，对方证人已经证实小丽在声光公司工作期间使用的英文名就是 Amy Zhao，小丽有意抵赖。”我方两位律师抓住关键，及时揭穿了小丽的谎言，对方律师脸上突变，我在庭下也松了一口气，暗自赞叹两位助手的精彩表现……

强弩之末

案件很快有了判决结果，不出所料，一审法院支持了声光公司的诉讼请求，判决小丽和晨风公司侵权行为成立，并赔偿声光公司经济损失人民币 10 万元。小丽和晨风公司不服一审判决，遂向浙江省高级人民法院提起上诉。我仍派钱元春律师和王律师应诉。除了再次对相关事实进行否认外，小丽和晨风公司皆提出晨风公司与墨西哥客户进行交易的是 LED（发光二极管）业务，而声光公司与墨西哥客户进行的交易是自行车车灯，两者业务不同。因此，晨风公司和声光公司之间不构成不正当竞争关系，不适用《反不正当竞争法》调整。因此，对方认为，一审法院判决错误，二审法院应当撤销原判，依法改判。对此，两位律师同样予以有力反击，指出：其一，虽然晨风公司在给客户的一些单据上填写的是LED，但并不能否认晨风公司出口的是自行车车灯的事实。LED本身是一个电子元件，是自行车车灯的主要零部件，在行业之内，为了便于记录，往往将这种自行车车灯简写为LED，正如人们将液晶显示器直接简称为液晶一样，这种简写无可厚非；其二，晨风公司的网站所宣传的产品都是自行车车灯，其申请的专利也都是自行车车灯；其三，LED是精密电子产品，虽然常见，但是生产工艺很复杂，晨风公司不具备这样的生产能力。因此，可以确认，晨风公司出口的就是自行车车灯，与声光公司的业务相同。因此，一审法院认定事实清楚，符合客观事实。

一番有力还击后，对方攻势已如强弩之末。很快，浙江省高级人民法院对此案作出终审判决："驳回上诉，维持原判。"

一场商业秘密保卫战终于圆满结束。

感　由

声光公司商业秘密案的完美收场，不但防止了声光公司损失的进一步扩大，也在公司内部起到了很好的警示作用。该案的成功代理，是大家群策群力的结果，也与钱元春律师和王律师的有力配合和庭审发挥是分不开的。看到他们成长迅速，我是看在眼里，喜在心上。

商业秘密案难打，是行业内的共识。我们认为，公司在自己的商业秘密遭泄露后，一定不能慌张，要配合好律师做好举证工作，使证据能够形成一个完整的证据链，让侵权者无处可逃。同时，在没有正式起诉前，搜集证据应秘密进行，不可对外声张，否则会打草惊蛇，侵权者极有可能会迅速毁灭证据，如此一来，可能会给本来就很难的举证工作增加难度。客户名单是众多商业秘密案件中最为难打的一种类型，国内此类案件胜诉的案例凤毛麟角。很多企业的管理者迫于无法找到证据，或者证据不足，无法获得法律的支持，不得已作出让步，向侵权者妥协。因此，企业在碰到此类案件纠纷时，一定要请专业律师代理，否则不但不能起到良好的效果，还会导致自己的商业信息遭受二次泄露。

在处理客户名单秘密性的定性问题上，对于某个客户名单是否构成法律上的商业秘密，侵权者往往通过该信息已经公布，为公众所知悉来抗辩。特别是在网络盛行的时代背景下，越来越多的公司都建立了自己的网站，或者被第三方网站所介绍。因此通过搜索引擎很容易将该公司名称搜索出来。但是客户名称不同于客户名单。最高人民法院《关于审理不正当竞争民事案件应用法律若干问题的解释》第13条规定："商业秘密中的客户名单，一般是指客户的名称、地址、联系方式以及交易的习惯、意向、内容等构成的区别于相关公知信息的特殊客户信息，包括汇集众多客户的客户名册，以及保持长期稳定交易关系的特定客户。"可见，法律规定的客户名单与客户名称是两回事情，客户名称只是客户名单中的一个秘密点，而地址、联系方式、交易的习惯、需求、心理价位等都可构成客户名单中的秘密点，只要这些部分通过公共渠道无法查询到，都可以构成商业秘密，只要泄密者泄露其中一点或几点，都可能构成侵权。

另外，保密义务不以是否支付保密费为对价。此点有别于公司法上竞业限制以支付对价为前提的规定。很多时候，被告往往以原告未支付保密费为抗辩理由，其实是错误的。保密义务是一种法定义务，这种法定的不作为义务并不需要支付保密费。泄密是一种侵权行为，不能说没有付保密费就可以任意侵权。即使约定了保密费，一方未支付费用，保密义务人也不能泄密。而竞业禁止是指企业的职工在其任职期间，特别是在离职后一段时间不得从事与竞争公司或进行竞争性营业活动，这种规定是基于当事人之间的约定而产生，并以支付经济对价为前提。没有约定则没有此义务，没有对价亦无此义务。因此，在诉讼过程中要注意这两点的实质区别，不可混淆。

客户名单，特别是优质客户，都是企业通过自己艰辛的脑力劳动和体力劳动开发而来，应当受到法律的保护和尊重。这种信息不容他人以不正当、不道德的行为轻易获得。如果任由本案两被告的侵权行为发生，而得不到法律的制裁，那么不但会挫伤企业自主研发、自主创新的积极性，同时也会给整个社会的经济发展造成众多不稳定的因素。因此，依法保护客户名单等经营信息，具有重要的法律意义和社会意义。

最后不得不谈谈浙江法官的敬业精神和公正无私的光辉形象，特别是他们在处理知识产权案件中的专业水准，更让我们由衷赞叹。此案在浙江开庭，对方的律师也是浙江本地执业律师，客场作战，我们还或多或少有些担心。结果却出乎我们意料，两审法官牢牢坚持以事实为依据、以法律为准绳审理此案，并依法维护权利人的合法利益。对此，我们甚表敬意，并深表感谢。

附件　二审判决书

浙江省高级人民法院
民事判决书

（2008）浙民三终字第236号

上诉人（原审被告）小丽。

委托代理人（特别授权代理）曲川江，浙江三利律师事务所律师。

上诉人（原审被告）嘉善晨风电器有限公司，住所地嘉善县×镇工业园区×路。

法定代表人赵汉瑛，该公司董事长。

委托代理人（特别授权代理）洪涛，浙江三利律师事务所律师。

被上诉人（原审原告）嘉善声光电子有限公司，住所地嘉善县大云镇工业园区。

法定代表人蒋菊昌，该公司董事长。

委托代理人（特别授权代理）钱元春，上海市天宏律师事务所律师。

委托代理人（特别授权代理）王小兵，上海朱妙春律师事务所律师。

上诉人小丽、嘉善晨风电器有限公司（以下简称“晨风公司”）因侵犯经营秘密纠纷一案，不服嘉兴市中级人民法院（2007）嘉民二初字第134号民事判决，向本院提起上诉。本院于2008年7月1日立案受理后，依法组成合议庭，并于同年7月31日公开开庭进行了审理。上诉人小丽的委托代理人曲川江，上诉人晨风公司的委托代理人洪涛，被上诉人嘉善声光电子有限公司（以下简称“声光公司”）的委托代理人钱元春、王小兵到庭参加诉讼。本案现已审理终结。

原判认定：2003年2月20日，声光公司与小丽签订固定期限劳动合同，合同期自2003年2月20日至2006年3月19日止。合同约定：声光公司安排小丽在贸易部岗位工作，小丽不得泄露声光公司的商业秘密。合同签订后，小丽成为声光公司的员工，从事对外贸易。在小丽为声光公司负责对外销售期间，墨西哥DISTRIBUIDORA DE BICICLETAS BENOTTO（以下简称“DBB公司”）系小丽经手联系的客户。通过声光公司的电子邮箱平台，小丽以“Amy”或“Amy Zhao”为英文名与墨西哥DBB公司的Kim Ledlin进行了大量的电子邮件往来，内容包括购买产品的种类、规格、价格、交货期限、付款和包装方式等方面。其间，小丽为声光公司与墨西哥DBB公司完成多笔车用灯具交易，声光公司因此获得了相应的收益。在小丽工作期间，声光公司除支付工资外，另按小丽对外销售所完成的业绩给予一定的提成。2006年3月劳动合同期满后，小丽离开了声光公司，但承诺保守声光公司包括客户资料在内的商业秘密。同年9月始，小丽受雇于晨风公司。之后，晨风公司与墨西哥DBB公司间达成了发光二极管（LED）的买卖业务，墨西哥DBB公司于2007年5月和9月支付给晨风公司货款共计187 008.52美元。声光公司因本案调查取证支付费用人民币3 100元，另支付律师费人民币100 000元。声光公司以小丽和晨风公司侵犯经营秘密为由，于2007年11月27日向原审法院起诉，请求判令：（1）确认小丽和晨风公司侵犯声光公司墨西哥DBB公司、土耳其UMIT IKI TEKERLEKLI ARACLAR VE GLDABEY MAH（以下简称“UITA公司”）客户名单的商业秘密；（2）小丽和晨风公司立即停止上述侵权行为；（3）小丽和晨风公司向声光公司赔礼道歉；（4）小丽和晨风公司共同赔偿声光公司经济损失50万元；（5）小丽和晨风公司共同承担声光公司的律师费、合理调查费用共计10万元。

原审法院经审理认为：一、声光公司与墨西哥DBB公司间的客户关系属于商业秘密，小丽知悉这一商业秘密。声光公司通过自身的努力和劳动实现向墨西哥DBB公司出口产品，两公司间建立起相对稳定的销售关系。对声光公司而言，墨西哥DBB公司这一外国客户信息不为公众所知悉，具有实用性，且能带来经济利益，声光公司为此也采取了与知悉客户信息的人员签订保密协议等方式的保密措施，声光公司与墨西哥DBB公司间客户关系的商业秘密受法律保护。小丽在声光公司工作期间，利用声光公司的邮箱平台、相关产品、配套服务等软硬件设施，具体经手与墨西哥DBB公司的Kim Ledlin进行洽谈，并且经手在声光公司内部下单、组织发货、收汇结汇等事务，小丽清楚了解墨西哥DBB公司成为声光公司相对稳定客户的过程，按劳动合同和承诺书的约定，小丽负有对自己所经手墨西哥DBB公司这一客户的保密义务。二、晨风公司使用了与声光公司相同的墨西哥DBB公司这一客户，但晨风公司不能证明其合法使用的根据。晨风公司与墨西哥DBB公司发生与声光公司自行车灯相似的发光二极管（LED）买卖业务，业务成交在小丽从声光公司离职并受雇于晨风公司后；晨风公司辩称通过搜索引擎可以找到墨西哥 DBB 公司的相关信息，该客户无秘密可言，但是晨风公司没有举证证明其正是通过搜索引擎，并花费人力、物力自行建立与墨西哥 DBB 公司的客户关系；而晨风公司关于通过展会建立与墨西哥 DBB 公司的客户联系同样没有充分的证据予以证实。三、晨风公司具有利用小丽获得与墨西哥 DBB 公司建立客户关系的有利条件。小丽清楚知道声光公司与墨西哥 DBB 公司间客户关系的相关信息，晨风公司与墨西哥 DBB 公司的买卖业务发生在小丽到晨风公司工作之后，晨风公司具有利用小丽获得与墨西哥 DBB 公司建立业务关系的有利条件。虽然，小丽不承认泄露声光公司的商业秘密，晨风公司也不承认利用小丽获取商业秘密，但是，根据查明的事实、上述理由及商业秘密侵权的特性，可以推定小丽与晨风公司共同侵害了声光公司与墨西哥 DBB 公司间客户关系的商业秘密，小丽和晨风公司应停止侵权并承担由此给声光公司造成的损失。声光公司没能举证证明其直接损失金额，虽然提供了晨风公司与墨西哥 DBB 公司间的销售金额，但提出的计算比例依据不足，不予采信。根据本案侵权行为的性质、后果等因素，原审法院酌定经济损失赔偿额为人民币 100 000元。声光公司支付律师费 100 000元，但这一收费金额依据不足，根据有关收费标准及本案情况，原审法院确定两被告应赔偿的律师费金额 3 500元，另声光公司尚有调查费损失 3 100元，小丽和晨风公司应予以赔偿。现没有证据表明小丽知悉声光公司与土耳其 UITA 公司之间的业务关系，故也无法认定晨风公司利用小丽获得声光公司与该公司间客户关系的商业秘密，对声光公司的该部分诉讼请求不予支持。客户关系的商业秘密侵权，涉及的是财产权益，而与经营者的商誉无多大关系，故声光公司提出赔礼道歉的诉讼请求，不予支持。原审法院依照《中华人民共和国反不正当竞争法》第 10 条、第 20 条和《中华人民共和国民法通则》第134条及《中华人民共和国民事诉讼法》第128条的规定，于2008年4月17日判决：一、小丽和晨风公司于判决生效后立即停止侵害声光公司与墨西哥DBB公司客户名单的商业秘密；二、小丽和晨风公司于判决生效后10日内，赔偿声光公司损失人民币100 000元；三、小丽和晨风公司于判决生效后10日内，赔偿声光公司合理的律师和调查费损失计人民币6 600元；四、驳回声光公司其余的诉讼请求。如果未按判决指定的期间履行给付金钱义务，应当按照《中华人民共和国民事诉讼法》第229条之规定，加倍支付迟延履行期间的债务利息。案件受理费9 800元，由声光公司负担6 000元，由小丽和晨风公司负担3 800元。

宣判后，小丽和晨风公司不服，向本院提起上诉。

小丽上诉称：（1）原判认定“Amy”或“Amy Zhao”即小丽缺乏证据印证；（2）晨风公司与墨西哥DBB公司交易的发光二极管属于通用商品，晨风公司享有专利权，与声光公司生产的自行车灯不存在竞争关系，未侵犯声光公司的商业秘密；（3）墨西哥DBB公司是南美洲著名的自行车生产龙头企业，任何人通过网络查询均可与其发生信息交流及业务往来，故该客户名单属公知信息，不具有秘密性；（4）原判未认定（2007）浙善证字第3177号、第3239号公证书记载的电子邮件发件人即为晨风公司的法定代表人赵汉瑛不当；（5）小丽仅为晨风公司提供网站设立及翻译等辅助性事务，与涉案商业秘密无涉。综上，请求本院撤销原判第一、二、三项，并判令声光公司承担上诉费用。

晨风公司上诉称：（1）从公开渠道可以获得的墨西哥DBB公司的联络方式及需求不属于商业秘密；（2）有充分证据证实晨风公司与墨西哥DBB公司系通过参加在上海举办的中国国际自行车展览会（以下简称“上海车展”）及网络等公开渠道建立业务关系，故晨风公司没有侵犯商业秘密；（3）晨风公司既不知道声光公司与小丽之间的保密约定，也没有与小丽建立劳动关系；（4）声光公司与晨风公司的产品不存在竞争关系，两者的业务内容、交易方式完全不同，事实上，声光公司也没有遭受任何损失。综上，请求本院撤销原判第一、二、三项，重新判决驳回声光公司的诉讼请求。

声光公司辩称：(1) 声光公司在一审中提交的小丽与墨西哥DBB公司业务洽谈过程中的电子邮件记录打印件、车票和报销单，及以电子邮件下载打印为内容的（2008）浙善证字第68号、第70号、第71号公证书等相关证据均证明“Amy”或“Amy Zhao”即为小丽，另小丽一审申请出庭的证人沈军妹亦对此予以证实。(2) 涉及墨西哥DBB公司的商业秘密主要表现在该客户的邮箱、联系人、交易产品、交易价格、交易方式、需求数量、包装规格以及其他交易习惯，两上诉人提交的证据均无法证明上述信息可以通过网络查询到；(3) 两上诉人提交的证据均不能证明“Hanying Zhao”即其法定代表人赵汉瑛；(4) 声光公司提供的社保清单能够证明小丽是晨风公司的员工，另一份证据网站建设合同中亦有小丽的签名，说明小丽有权代表晨风公司对外签订合同，其职权不仅限于一般的辅助性事务；(5) 从晨风公司提供的证据来看，该公司只参加了2007年5月的上海车展，而其与墨西哥DBB公司的交易则在此之前，故其所称是通过车展建立与墨西哥DBB公司的业务关系的主张缺乏证据支持；(6) 晨风公司在其网站、宣传册和展会上宣传的产品均是自行车车灯，其与墨西哥DBB公司交易的产品亦为LED类型的自行车车灯。综上，请求本院驳回上诉，维持原判。

二审中，各方当事人均未提交新的证据。

对于晨风公司在一审中提供的（2007）浙善证字第3177号、第3239号公证书中“Hanying Zhao”的身份，原判认为晨风公司未作进一步说明，无法确认。本院认为，根据《中华人民共和国民事诉讼法》第67条的规定，经过法定程序公证证明的法律行为、法律事实和文书，人民法院应当作为认定事实的根据。该公证文书上所记载的晨风公司“Hanying Zhao”在声光公司未能提供相反证据的情况下，依据汉语拼音的习惯应认定为晨风公司的法定代表人赵汉瑛。原判未予认定不当，应予以纠正。原判认定的其他事实，本院予以确认。

综合两上诉人的上诉请求和理由以及被上诉人的答辩，本院归纳的争议焦点是：一、涉案客户名单是否构成经营秘密；二、两上诉人的涉案行为是否侵犯了声光公司主张的经营秘密以及是否应承担相应的法律责任。

一、涉案客户名单是否构成经营秘密

根据《中华人民共和国反不正当竞争法》第 10 条第 3 款和《最高人民法院关于审理不正当竞争民事案件应用法律若干问题的解释》第 13 条第 1 款的规定，商业秘密是不为公众所知悉，能为权利人带来经济利益，具有实用性并经权利人采取保密措施的技术信息和经营信息；商业秘密中的客户名单，一般是指客户的名称、地址、联系方式以及交易的习惯、意向、内容等构成的区别于相关公知信息的特殊客户信息，包括汇集众多客户的客户名册，以及保持长期稳定交易关系的特定客户。

根据本案查明的事实，小丽自 2003 年 2 月 20 日签约声光公司后即从事该公司的外贸业务，其中，墨西哥 DBB 公司即由小丽经手联系。自 2004 年起，双方通过多次洽谈，在交易产品、交易价格、交易数量、交易方式、结算方式、包装规格等方面达成合意，并进行了大量交易，双方形成了长期稳定的交易关系。声光公司为开发前述交易关系花费了物力和人力。上述信息不为相关领域的经营者所普遍知悉，亦无法通过网络或其他公开渠道轻易获得，故其具有秘密性。它们共同组合形成了声光公司的特定客户墨西哥 DBB 公司的一整套经营信息，声光公司由此获得竞争优势，同时，声光公司还通过签订保密协议的方式对客户名单采取了保密措施，故其还具有实用性和保密性。因此，声光公司主张的墨西哥 DBB 公司的相关信息符合法律规定的要件，属于商业秘密中的经营秘密。两上诉人就此提出的上诉异议不能成立，本院不予采信。

二、两上诉人的涉案行为是否侵犯了声光公司主张的经营秘密以及是否应承担相应的法律责任

《中华人民共和国反不正当竞争法》第10条第1款第（三）项规定："违反约定或者违反权利人有关保守商业秘密的要求，披露、使用或者允许他人使用其所掌握的商业秘密。"该条第2款还规定："第三人明知或者应知前款所列违法行为，获取、使用或者披露他人的商业秘密，视为侵犯商业秘密。"另对商业秘密侵权的判定一般采用"相似+接触并排除合法来源"的规则。基于以下理由，本院认定两上诉人的涉案行为侵犯了声光公司主张的经营秘密：

（1）小丽在声光公司任职期间，直接负责该公司与墨西哥DBB公司的相关业务，并以"Amy"或"Amy Zhao"为英文名与墨西哥DBB公司的Kim Ledlin进行了大量的电子邮件往来。该事实由声光公司提交的小丽与墨西哥DBB公司业务洽谈过程中的电子邮件记录打印件、车票和报销单，及（2008）浙善证字第68号、第70号、第71号公证书等证据证明，并由小丽一审申请出庭作证的证人沈军妹予以证实。两上诉人就此提出的异议缺乏证据支持，本院不予采信。（2）鉴于小丽在声光公司工作时负责与墨西哥DBB公司的业务，必然知悉涉及该客户的经营信息。其于2006年3月离开声光公司，同年9月进入晨风公司工作，晨风公司显然具有利用小丽所掌握之经营秘密的有利条件。（3）根据声光公司提供的（2008）浙善证字第67号公证书，墨西哥DBB公司的Kim Ledlin通过电子邮件回复称："她（指小丽）联系我并给我介绍了另外一家公司——嘉善晨风电器有限公司"。虽然该证据的性质属于证人证言，而证人未出庭接受质证，但结合上述第二点认定的事实，应推定晨风公司使用了小丽披露的经营秘密。（4）根据晨风公司提供的（2007）浙善证字第3239号公证书，Kim Ledlin虽然通过电子邮件确认自己参加过2006年和2007年的上海车展，在车展上与晨风公司有过接洽，但究竟在哪年车展上接洽的并不明确，晨风公司也没有其他证据证明自己参加过 2006 年的上海车展，参加 2007 年 5 月上海车展的时间则晚于该公司与墨西哥 DBB 公司交易的时间。晨风公司未能就其所掌握的涉案经营信息的合法来源加以举证。（5）晨风公司与墨西哥 DBB 公司交易的发光二极管（LED）本身就是制造 LED 车灯的主要组件，两家公司的业务事实上也存在竞争关系。声光公司的可得利益由于晨风公司的不正当竞争行为遭受损害。晨风公司就上述争议提出的上诉异议均不能成立，本院不予采信。两上诉人的涉案行为侵犯了声光公司主张的经营秘密，构成不正当竞争，应承担停止侵权，赔偿经济损失及诉讼合理支出的民事法律责任。原判根据侵权行为的性质、后果等因素酌定赔偿数额 106 600元并无不当。

综上，原判认定事实清楚，适用法律正确，实体处理恰当。依照《中华人民共和国民事诉讼法》第 153 条第 1 款第（一）项之规定，判决如下：

驳回上诉，维持原判。

本案二审案件受理费 2 432元，由上诉人小丽、嘉善晨风电器有限公司负担。

本判决为终审判决。

审 判 长 应向健

代理审判员 高毅龙

代理审判员 郭剑霞

二〇〇八年八月二十五日

书 记 员 何 琼

14 鉴定博弈

——高压油泵特定生产供应商经营信息纠纷案

案由

刘家港勤奋机械有限公司（以下简称“勤奋公司”）成立于2003年1月，系一家专门从事塑料机械产品制造和销售的公司。勤奋公司董事长凯官是江苏省刘家港市优秀青年企业家，曾被评为刘家港市“十佳青年创业先锋”。勤奋公司总经理王华原系湖北工业机械厂（以下简称“湖北工机厂”）化工分厂厂长。

湖北工机厂是一家生产发泡机等产品的国有企业。1992年8月，湖北工机厂与德国EMB公司签订了一份《化工设备制造技术许可合同》，合同期为10年。1992年，王华与湖北工机厂签订了一份赴德国培训化工高压发泡机制造技术的合同。合同规定：“王华培训结业后，必须回湖北工机厂工作，并且在十年内不得调离湖北工机厂。王华在国外培训期间及回湖北工机厂工作期间对所学的技术、知识、资料负有保密责任，不得向第三方泄露。”2003年4月初，王华从湖北工机厂辞职，并于4月底进入勤奋公司，担任勤奋公司总经理，负责公司的日常经营管理。

2003年7月3日，湖北工机厂以王华侵犯其商业秘密为由报案至湖北市公安局大桥区分局（以下简称“大桥分局”）。8月11日，大桥分局立案侦查此案。同年11月6日，大桥分局在上海以涉嫌侵犯商业秘密罪将正在参加上海科技博览会的王华拘留，并于12月13日执行逮捕。

2004年5月2日晚，在刘家港市举行的“十佳青年创业先锋”颁奖会以后，凯官作为勤奋公司的法定代表人，被武汉市大桥区人民检察院（以下简称“大桥检察院”）以涉嫌侵犯商业秘密罪秘密逮捕。

2004年6月28日，大桥检察院以勤奋公司、凯官和王华为共同被告向大桥区人民法院（以下简称“大桥法院”）提起公诉。后大桥检察院又向大桥法院提交了第二份起诉书，经过对比，第二份起诉书只是将第一份起诉书中勤奋公司的诉讼代表人由凯官换成了勤奋公司的副总经理。大桥法院原定于8月27日开庭，后因故改为9月10日，后又有改动。9月15日，大桥检察院向大桥法院递交了第三份起诉书，与第二份起诉书相比，大桥检察院将被告勤奋公司撤销，仅起诉凯官和王华两个人被告。对于本案所涉及的技术信息，大桥检察院总共提交了三个单位出具的三份技术鉴定报告：中国化工协会出具的《鉴定意见》（以下简称“化工鉴定意见”）、北京科技部知识产权事务中心出具的《技术鉴定报告书》（以下简称“北京鉴定报告”）以及湖北科技事务司法鉴定中心与湖北省科学技术咨询服务中心共同出具的《技术鉴定报告书》（以下简称“湖北鉴定报告”）。而辩护人则提交了上海市科技咨询服务中心出具的《技术鉴定报告》（以下简称“上海鉴定报告”）。

2004年10月15日，大桥法院不公开审理了此案。庭审中，控辩双方围绕“湖北工机厂与德国EMB公司合同是否延期一年”；“本案应该采信哪份鉴定报告”；“本案所涉及的技术信息是否公知技术信息”；“王华有无接触、窃取、泄露湖北工机厂的非公知技术信息，勤奋公司有无使用这些信息”；以及“商业秘密犯罪案件中‘直接经济损失’到底应该如何计算；评估报告对‘直接经济损失’的计算是否合理”等焦点问题进行了举证和质证。被告方提出：第一，系争技术是公知技术，并非技术秘密；第二，在被告的产品中未发现被害人的秘密点；第三，专用配套件的供应商属经营信息，不属技术信息。法官秉公执法，给予了我方充分的时间发表辩护意见，并采纳了大部分观点。庭审激烈跌宕，一直持续到晚上7点。

2004年12月2日，法院判决二被告构成侵害商业秘密罪，判处王华“有期徒刑一年三个月”；凯宫“有期徒刑九个月”。判决后二被告均不上诉。2005年春节前三天，凯宫终于回到家乡，一家团圆，喜气洋洋。

2004年6月18日，我的一个记者朋友胡喜盈打来电话，说是有一个侵犯商业秘密罪的案子，现在人已被抓，家属非常着急。他在采访的时候正好遇到了被抓民营企业家的家属，遂将我写的书和其他一些情况介绍给他们，对方当即表示要尽快到上海与我面谈。考虑到刑事案件当事人的焦急心情，遂决定当晚就与对方见面。

傍晚七点，胡带着四女两男一行六人来所。其中一位40岁左右的女士姓李，是该公司的会计，说起话来声调很高，语速颇快，给人一种干练的感觉。李会计旁边的是被捕企业家的妻子，姓蔡，是一名教师，年约30岁，身材娇小，样子憔悴，忧心忡忡。这也难怪，丈夫被抓，妻子自然六神无主、心急如焚。还有一位是被捕企业家的妹妹，也是愁容满面，心事重重。同来的一位男士是该公司的副厂长，姓杨，说话声音不高，举止斯文，举手投足之间显示出一副沉稳的风范。另外一男一女则是该公司的专职司机。

刚刚落座，李会计就急着开始介绍案情。原来被捕的凯宫是年轻民营企业家，是几家公司的法定代表人，系江苏省刘家港市优秀青年企业家，刘家港市“十佳青年创业先锋”。由于长期为国内外化工发泡机厂家提供配套部件，凯宫及其员工在发泡机方面积累了较为丰富的经验。经过比较权衡，凯宫认为化工发泡机行业有较大的市场前景，遂决定开拓这块市场。2003年1月，凯宫另行注册成立了勤奋公司，生产化工高压发泡机。勤奋公司成立后不久，湖北工机厂几名员工先后辞职加盟勤奋公司。同年4月底，湖北工机厂化工分厂原厂长王华也辞职来到勤奋公司。

但就在勤奋公司紧锣密鼓，准备大干一场的时候，从湖北传来令人不安的消息。2004年7月3日，湖北工机厂以王华侵犯其商业秘密为由报案至湖北大桥公安分局（以下简称“大桥分局”），大桥分局也于一个多月后决定立案侦查此案。当时，勤奋公司也没太在意此事，毕竟在市场经济体制下，跳槽司空见惯。但是，同年11月6日，大桥分局经侦以涉嫌侵犯商业秘密罪将正在参加上海科技博览会的王华拘留，并于12月13日执行逮捕。这时，凯宫才感到事态的严重性。从王华被羁押后的半年时间内，检察院一直没有对王华提起公诉，事情似乎告一段落。但是2004年5月2日晚，刘家港市举行的“十佳青年创业先锋”颁奖会结束以后，凯宫被一伙身份不明的人强行带走，后经刘家港市公安部门调查证实，凯宫作为勤奋公司的法定代表人，已被大桥检察院以涉嫌侵犯商业秘密罪逮捕。

令人不解的是，逮捕证和蔡老师收到的逮捕通知书上签名的办案人员都是大桥检察院的检察官。这意味着，大桥检察院到刘家港市进行异地逮捕并没有与刘家港市公安部门取得联系。此外，大桥检察院逮捕凯宫的主要依据是《化工鉴定意见》，鉴定专家认为：测试阀部件、高低压切换阀部件、计量泵的排气和进料部件、DOP自动润滑部件和电子压力显示装置等是湖北工机厂的专有技术，勤奋公司使用的上述零部件与湖北工机厂的相同。

听着李会计他们的描述，我觉得此案非同寻常：“首先，商业秘密侵权或犯罪往往涉及跳槽员工带走企业的商业秘密，然后在新东家使用。而本案中，尽管从表面上看，湖北工机厂多名员工跳槽到勤奋公司，确实符合侵犯商业秘密的表象条件，但是单纯的跳槽并不构成侵权，更不构成犯罪。其次，从《化工鉴定意见》来看，他们认定的几个秘密点都是机械零部件，而在法律上一般认为，结构性的机械一经销售便丧失其秘密性。从我的经验来看，这里可能存在一定的问题。此外，中国化工工业协会是否是最高人民法院核准的司法鉴定机构，它有没有合法的鉴定资格，还有待确定。所以，只凭你们的初步介绍，我还不能肯定是否构成侵犯商业秘密，这还有待进一步核实分析。”

一谈就是两个小时，时间也不早了，我便让他们先回去考虑清楚，如果决定请我，那就请三天内带上详细的资料再来所里细谈。

2004 年 6 月 20 日，蔡老师以及李会计、杨副总再次来所里，并带来了详细的资料，同时他们还提到了前一次没有谈到的细节问题。考虑到本案涉及很多化工高压发泡机方面的技术问题，我便与他们约定，尽快抽时间到勤奋公司与技术人员见面，以便进一步了解此案涉及的技术问题。

夜奔沙州

2004 年 6 月 22 日晚上 11 点，处理完手头的工作以后，我连夜驾车和几位助手赶赴沙州。沙州地处长江南边，东连常熟，西接江阴，工业发达，美丽富饶，出产美味可口、令人馋涎的鲥鱼。我年轻时因在广东搞技术革新，曾到过沙州。那年正值初夏，鲥鱼在长江下游产卵，故云集沙州，恰饱口福，难以忘怀。此次故地重游，回忆往事，历历在目，不免心情波动、思绪万千。我与助手昼夜兼程，到达刘家港已是凌晨 2 点。

第二天早上 9 点，我和助手们来到勤奋公司，向该公司的几位工程师查明了化工高压发泡机相关的技术情况。聚氨酯是一种高分子化工原料，主要应用于生产制造各种高性能软质、硬质、半硬质泡沫化工产品，可广泛应用于汽车内饰件如坐垫、方向盘、冰箱冷柜、家具制造、保温建材及热力管道等领域。而生产聚氨酯产品的机器就是化工发泡机。化工发泡机又分为高压发泡机和低压发泡机等不同种类。本案涉及的高压发泡机主要由原料工作条件准备系统、计量系统、高低压切换系统、混合头系统和自动化控制系统等组成，其中最关键的部件是混合头和计量泵，用来保障发泡机的重复注射精度和产品质量。

目前，全国生产高压发泡机的厂家有数十家之多，而生产的产品大同小异。产品档次的高低取决于混合头、计量泵等关键零部件是国产还是进口。

早在2000年，凯宫担任法定代表人的白马公司就开始为国内外的高压发泡机生产厂商（包括湖北工机厂、德国克劳斯玛菲公司、新加坡康龙等公司）配套提供冷水机和模温机。从那时起，凯宫就已带领员工开始摸索高压发泡机的生产设计。由于多年来一直在为化工行业配套各类温控设备，长期接触到化工发泡设备，所以，在成立勤奋公司以前，凯宫及其员工通过自身长期摸索就已经积累了一定的经验。对于高压发泡机的主要零部件，勤奋公司无需自己设计、加工制造，而可通过外购获得，尤其是被《化工鉴定报告》认定为非公知技术信息的测试阀部件、高低压切换阀部件、DOP自动润滑部件和电子压力显示装置等四种零部件，勤奋公司自己也不生产制造，而是从零配件供应商处购买。勤奋公司的任务只是将这些外购的零部件进行组装而已。

听完技术人员的介绍，我的思路渐渐清晰起来：首先，湖北工机厂所生产的高压发泡机是公开销售的，回流测试阀等机械零部件一经销售，其技术就公开了，就不再是商业秘密了。不过，这还有待鉴定专家鉴定后确定。其次，退一步讲，即使湖北工机厂的零部件是非公知技术，但由于勤奋公司并非自己生产制造各种零部件，而是通过外购获得，所以，也并不构成侵犯商业秘密。

专家鉴定

从我多年代理商业秘密案件的经验来看，回流测试阀等机械零部件一经销售，就不应该再有秘密可言。为了弄清事实真相，我便以辩护律师的身份，向上海市科技咨询服务中心提交了委托鉴定申请，请求对回流测试阀等五种零部件是否非公知技术信息进行鉴定。此外，由于早就得知江苏丹阳市汽车配件厂拥有湖北工机厂生产的高压发泡机；镇江汽车内饰公司拥有湖南精正设备制造公司生产的高压发泡机。故委托鉴定部门组织鉴定专家对上述两地高压发泡机进行现场勘验，并将勤奋公司的产品与上述两家生产的产品进行比对，指出三家产品的相同点和不同点。

2004 年 7 月 16 日，我和助手陪同鉴定专家赴江苏三地现场勘察了三个厂家生产的高压发泡机。鉴定专家对回流测试阀等五种零部件进行详细勘察，并对发泡机的其他相关零部件进行了详细比对。同时，鉴定专家还对三台发泡机的关键零部件进行拍照并做了详细记录。7 月 17 日，鉴定专家举行了技术听证，听取了勤奋公司技术人员对该公司生产的高压发泡机有关技术的阐述，并就技术鉴定涉及的相关问题进行了询问。

8 月上旬，经过忐忑不安的等待，终于收到了上海市科技咨询服务中心的鉴定报告（以下简称“上海鉴定报告”）。鉴定结果印证了我的想法：回流测试阀等机械零部件属公知技术，而且《上海鉴定报告》进一步认为：国内生产“高压发泡机”的企业基本是按国外“RIM 机”的基本原理和构造，以进口的关键部件（如：“计量泵”、“高压混合头”）和基本进口或部分采用国产同类替代件的主要部件（如：“回流测试阀”、“高低压切换阀”、“电气控制系统”、“DOP 自动润滑部件”、“电子压力显示装置”等）自行组装生产，各企业的“高压发泡机”产品的基本原理、基本结构及配置组成总体上是雷同的，各生产企业的组装工艺亦基本相似，并无本质差异；湖北工机厂、勤奋公司和湖南精正设备制造有限公司三家企业都是在选择国外同类关键部件的前提下，按照用户要求及企业自身的技术能力、生产条件、成本控制、设备的可操作性等因素，对液压系统、机械传动装置、电气控制系统等主要部件采用了各自不同的配置方式，各自完成自己的“高压发泡机”的生产。

拿着《上海鉴定报告》，我长长吁了口气。上海市科技咨询服务中心经最高人民法院司法鉴定中心审核批准，被列入最高人民法院司法鉴定人名册，具有合法的鉴定资质。而且作出鉴定的五位鉴定专家搭配得非常合理，其中既有化工及化工发泡设备专家、化工专家，又有机械设计与制造专家。与《化工鉴定意见》相比，由这些鉴定专家作出的鉴定结论应该更加权威、客观和公正。

庭审博弈

2004年6月28日，大桥检察院以勤奋公司、凯宫和王华为共同被告向大桥法院提起公诉。后来，大桥检察院又向大桥法院提交了第二份起诉书，经过对比，第二份起诉书只是将第一份起诉书中的勤奋公司的诉讼代表人由凯宫换成了勤奋公司的副总经理。8月中旬，我方收到了大桥法院的开庭通知，定于8月27日开庭审理此案。但在8月25日，意外接到法院的电话通知：开庭取消，原因是负责本案的检察官家有急事，不能出庭。开庭日期遂改为9月10日。不知何故，改期后的开庭又一次被取消。9月15日，大桥检察院向大桥法院递交了第三份起诉书，与第二份起诉书相比，大桥检察院将被告勤奋公司撤销，仅起诉凯宫和王华两个人被告。9月底，大桥检察院又向大桥法院提交了两份重要证据：《北京鉴定报告》和《湖北鉴定报告》。

2004年10月15日，本该一个半月前就进行的庭审姗姗来迟。由于我的当事人凯宫换押出了问题，直到上午十点半才正式开庭。首先是法庭调查，由公诉人对两个被告人分别进行讯问。讯问过程中还发生了一个小插曲：

公诉人也许是想在气势上压倒我们，对被告人王华进行讯问的时候“连珠发炮”，尤其是问到王华在勤奋公司是否持有40%股份的时候，仅仅让王华顺着他们的思路回答是或不是，而不让王华对这个问题进行辩解，导致我方十分被动。

我当即向法庭提出异议：“公诉人这种讯问方式对被告人来说是在诱供。”

担任第二公诉人的一位年轻的男检察官反应也挺快，马上反驳：“刚才向法庭提出异议的律师是凯宫的辩护人，现在是在讯问王华，与凯宫无关。”

我刚要反驳，不料王华的辩护人尹律师却抢先接上，斩钉截铁地大声向法庭提出异议：“我认为公诉人刚才的讯问方式就是在诱供我的当事人。”

眼见控辩双方短兵相接，审判长朗声宣布：“辩护人反对有效，公诉人应该换一种讯问方式，继续发问。”

我和尹律师相视微笑，为彼此间的默契、天衣无缝的配合，以眼神在空中干杯！公诉人在与我们的第一次交锋中没占到任何便宜。

此后，在讯问过程中，控辩双方在讯问方式上有过几次交锋，我也趁机表达了我的观点：“刚才检察官认为我是凯宫的辩护人，没有权利就公诉人讯问王华提出异议，而实际上，公诉人起诉书中起诉的是凯宫和王华共同故意犯罪。如果检察官对王华诱供，引诱王华说出一些对其不利的言论，一损俱损，同样牵涉我的当事人凯宫。所以，我有权利、更有义务对公诉人不当的讯问方式提出异议。”

下午1点左右，审判长宣布休庭。下午1点40分再准时开庭。

下午庭审的重点主要集中在对鉴定专家、评估专家的质证上。不知出于什么原因，法庭只通知湖北的鉴定专家出庭质证，而没有通知中国化工协会和北京的鉴定专家出庭质证。而接受辩护人委托作出鉴定结论的五位上海鉴定专家特意从上海飞往湖北，在庭外等待准备出庭质证。但遗憾的是，法庭以当事人无权自行委托鉴定驳回了我们请求上海鉴定专家出庭质证的申请。真是岂有此理！

由于从《湖北鉴定报告》中早就了解到湖北鉴定专家中根本就没有化工及化工设备方面的专家，王华的辩护律师尹律师也将这个情况告知了王华。所以，当湖北鉴定专家出庭接受质证时，被告人王华首先向鉴定专家发问：

“请问鉴定专家在此之前有没有接触、制造过化工高压发泡机？”出庭的三个鉴定专家避而不答。

公诉人赶忙提出异议：“这个问题与鉴定结论无关，鉴定专家不必回答与鉴定内容无关的问题。”

见此情形，我也抓住有利时机，趁热打铁：“请问专家，中国目前生产化工高压发泡机的企业大概有多少家？”

三个鉴定专家又采取了回避态度。这时，以受害人诉讼代理人身份出庭的湖北工机厂一位副厂长接过话头，把话题岔开：“目前国内生产高压发泡机的厂家中，质量最好的是我们湖北工机厂……”

我微笑着冲对方点点头：“现在是专家质证，本不该由受害人一方来抢答这个问题。鉴于审判长和合议庭默认了你们的行为，所以我们尊重法庭的选择。”

此后的质证中，我又着重指出了《湖北鉴定报告》与《北京鉴定报告》之间的矛盾之处：“北京鉴定报告经过专利检索，发现已经有专利文献公开了高低压切换阀的原理和结构；而你们则没有考虑过专利公开的因素，仍然认定高低压切换阀的结构为非公知技术信息，很显然存在着考虑不周的纰漏。”

专家立即予以反驳：“我们的鉴定报告附件六已经委托湖北的检索机构做过检索，他们也是有资质的检索机构，他们没有检索到同类的专利文献，这不是鉴定的责任。”

“但附件六的检索查新证明根本没有对阀门进行过检索，他们所做的检索是其他方面的内容。”对专家的反驳，我针锋相对地予以还击。

专家一时也无语。我又谈到鉴定报告中本不应该出现的几个错漏，弄得场面好不尴尬。

随后对评估专家的质证过程又是高潮迭起。尹律师对评估报告的分析非常仔细，在询问过程中让评估专家左支右绌：“湖北工机厂化工分厂生产的产品有高压发泡机、低压发泡机、二氧化碳发泡机、环戊烷发泡机等类型，而勤奋公司涉嫌侵犯湖北工机厂商业秘密的产品只是高压发泡机，评估报告在计算化工分厂因侵权减少的销售额时有没有除去高压发泡机以外其他产品的减少额？评估报告的利润率是化工分厂所有产品的利润率还是单指高压发泡机的利润率？”

评估专家开始还含混其词，最后在尹律师的一再追问下终于承认，计算销售额时没有除去高压发泡机以外的产品；利润率也是以化工分厂所有产品的利润率来计算的，并不是以高压发泡机的利润率来计算的。

我和尹律师再次相视而笑，涉嫌侵犯商业秘密的产品只是高压发泡机，怎么可能会对低压发泡机等产品的销售额造成影响呢？很显然，计算减少的销售额时不应将低压发泡机等其他产品减少的销售额也计算进来，利润率也不应该以所有产品的利润率来计算。所以，评估报告中的计算存在严重错误，就没有资格也不应该作为有效证据予以采信。

针对评估报告中的间接经济损失和勤奋公司获利情况，我明确指出：“最高人民检察院、公安部《关于经济犯罪案件追诉标准的规定》第 65 条第 1 项规定：‘给商业秘密权利人造成直接经济损失数额在 50 万元以上的，应予追诉。’间接经济损失与本案无关，所以，对于间接经济损失，我们也没有必要质证。由于勤奋公司第三份合同中的高压发泡机还未生产完毕，更谈不上交付，而我国《增值税暂行条例实施细则》第 3 条规定：‘增值税暂行条例第 1 条所说销售货物，是指有偿转让货物的所有权。’所以，勤奋公司第三台发泡机虽然已经签订合同，但不符合法律意义上的

‘销售’，在计算勤奋公司获得利润的时候不应当算入勤奋公司的销售额。这样，勤奋公司销售额只有130万左右，即使按照评估报告中25%左右的利润率来计算，勤奋公司所获利润也不过30多万，没有达到50万的追诉标准，故不构成侵犯商业秘密罪。”

在随后的法庭辩论阶段，我从商业秘密犯罪的构成要件，详细分析了我方当事人不构成侵犯商业秘密罪的理由：

（1）凯宫邀请王华共同创业的时候，没有利诱王华将湖北工机厂的技术图纸和技术文件偷过来，并不存在共同的犯罪故意。即使凯宫给王华40%的股份，在市场经济下的今天也是一件非常自然的事情。

（2）公诉机关委托北京科技部知识产权事务中心作出鉴定报告后，又就同一内容委托湖北科技事务司法鉴定中心与湖北省科学技术咨询服务中心进行鉴定，是多此一举的，经过刚才的质证，《湖北鉴定报告》有很多错漏，不应作为有效证据予以采信。法庭即使不采信辩护人委托鉴定的《上海鉴定报告》（当然这是违法的，至少是不公正），那么也应该采信公诉人委托鉴定的《北京鉴定报告》。《北京鉴定报告》认定的湖北工机厂的非公知技术是喷嘴直径的计算程序等三个计算程序和两个阀门图纸中公差尺寸的整体组合。

（3）在有足够证据证明湖北工机厂是商业秘密的权利人，并且湖北工机厂所拥有的技术信息是非公知技术信息的前提下，权利人还必须承担如下的举证责任：接触＋相似（即实质相同），此乃法院在审理商业秘密案件时常用的“接触＋相似”原则。这里的“相似”是指产品中的非公知技术信息相似，即实质相同，此由鉴定机构确定。“相似”并非指同类产品，而是将受害人产品中的非公知技术和结构与被控犯罪嫌疑人的产品技术和结构进行同比鉴定，以确定二者是否相同或实质相同。

从《北京鉴定报告》来看，它只是认定了喷嘴直径等三个计算程序以及回流测试阀组件等两份图纸中尺寸公差的整体组合是非公知技术信息，但并未认定勤奋公司使用了上述程序和图纸。再从大桥检察院所提供的其他证据来看，也没有任何证据可以证明，勤奋公司使用了上述程序和图纸。

另外，从勤奋公司有无接触湖北工机厂的商业秘密来看，勤奋公司如果要利用湖北工机厂的技术秘密生产高压发泡机，则必须要经历接触—窃取—泄露—使用等四个阶段，缺一不可，使四个接触点连成“接触链”，否则就不构成侵权，更不构成犯罪。

王华在德国培训的内容是混合头，与本案中的湖北工机厂的非公知技术无关。而且，王华也从未接触过喷嘴直径计算程序等三种计算程序，也没有任何证据证明王华窃取过上述程序，当然也就更不存在王华将程序泄露给勤奋公司，凯宫和勤奋公司使用程序的问题。至于发泡机上的两个阀门，勤奋公司是外购的，而非自己生产，就更谈不上其使用了湖北工机厂图纸的问题。

……

庭审结束的时候，已经晚上 7 点半了，城内已经华灯初上。

再博公堂

一般来说，刑事案件庭审结束以后，一个半月以内，法院会作出判决。不料，几经波折才举行的庭审结束一个多月以后，我又收到了法院再次开庭的通知，说是大桥检察院又提交了新的证据，这让我不免有些困惑。

关于高低压切换阀和回流测试阀两种阀门，勤奋公司是从湖北安昌系统工程有限公司（以下简称“湖北安昌公司”）购买而来，而湖北安昌公司又是从湖北工机厂的供应商湖北达华自动控制工程有限公司（以下简称“湖北达华公司”）购买，所以大桥分局和大桥检察院又到这两家公司补充侦查。

11 月 24 日，大桥法院第二次庭审。

尹律师指出了本案的一些程序问题：“我国《刑事诉讼法》第

165 条第 2 项规定：'在法庭审判过程中，遇有下列情形之一，影响审判进行的，可以延期审理……（二）检察人员发现提起公诉的案件需要补充侦查，提出建议的。'但是检察院在 10 月 15 日的庭审中并未提出延期审理的建议，本案的庭审实际上已经结束。大桥检察院无权自行补充侦查，法院也不应再次开庭审理此案。退一步说，即使法庭延期审理，也要符合法律规定的举证程序。《刑事诉讼法》第 166 条规定：'依照本法第 165 条第（二）项的规定，延期审理的案件，人民检察院应当在 1 个月以内补充侦查完毕。'《人民检察院刑事诉讼规则》第 350 条第 1 款规定：'在审判过程中，对于需要补充提供法庭审判所必需的证据或者补充侦查的，人民检察院应当自行搜集证据和进行侦查。'10 月 15 日以后，即使补充侦查也应该由大桥检察院自行侦查和搜集证据。大桥分局没有补充侦查搜集证据的权利，由其补充侦查搜集的证据不应作为有效证据予以采信。"

我则对涉及商业秘密的实体问题进行了阐述：

"首先，公诉人认为湖北工机厂从湖北达华公司购买两种阀门的信息是湖北工机厂所独有的供应商信息，是湖北工机厂的经营秘密。而王华将其泄露给勤奋公司，所以王华侵犯了湖北工机厂的商业秘密，这种说法缺乏事实基础。辩护人提交的大桥区公证处出具的《公证书》表明：湖北达华公司在国际互联网上发布该公司生产发泡机用测试阀、K－K 阀的信息。而互联网上公开的信息根本就不具备秘密性。因此，湖北工机厂从湖北达华公司购买有关回流测试阀、高低压切换阀等化工高压发泡机的二部件的货源信息并非湖北工机厂的经营秘密。即使王华将这些货源信息披露给了勤奋公司，其行为也不构成侵权，更不构成犯罪。

其次，退一步来说，即使湖北达华公司供应回流测试阀等两种阀门的货源信息是湖北工机厂的经营秘密，也只是高压发泡机的两个零部件的货源信息而已，而不是高压发泡机整台机器的经营信息，在计算湖北工机厂的经济损失时，也不应该将勤奋公司生产的高压发泡机整台机器的销售额计算进去。上次开庭辩护人已经强调过，即使将勤奋公司销售的发泡机整台机器的销售额算进去，勤奋公司所获利润也远远低于50万元的刑事追究数额。如果按照两种零部件在整台发泡机的获利中所起的作用来计算勤奋公司的获利，数额就更少了，远远少于50万元。

再次，公诉人起诉的是王华和凯宫共同故意犯罪，而从现有证据来看，凯宫对于购买阀门的事情一无所知，当然没有共同的犯罪故意，凯宫理所当然不构成犯罪。此外，公诉人没有起诉勤奋公司这个法人，本案不属于单位犯罪，凯宫也不应作为直接负责的主管人员承担刑事责任。

综上所述，我的当事人凯宫不构成犯罪。"

……

12月2日，大桥区人民法院作出一审判决，判决部分支持了我的辩护意见，判决书认为：

"商业秘密的法律保护应当以明确具体的内容及范围为对象。鉴定机构应就权利人能够主张的商业秘密的信息组成及将该信息如何付诸实施，作出相应的鉴定结论。科学技术部知识产权事务中心的鉴定报告符合上述要求，可以采信。而中国化工工业协会、湖北科技事务司法中心二鉴定机构的鉴定，因未检索相关国内外公开文献或因检索不充分，或因鉴定结论不具体明确，均存在瑕疵，不足以采信……依科学技术部知识产权事务中心技术鉴定报告书，可以确认湖北工机厂化工设备中非公知技术为：喷嘴直径计算程序、硬软管道配管计算程序、热平衡计算程序、回流测试阀组件和组分高低压切换阀（K－K阀）组件图纸所记载的有关零部件尺寸公差的整体组合等技术信息。扣押的被告人王华的东芝笔记本电脑以及勤奋公司的台式电脑中存储的技术资料并不涉及上述非公知技术信息，也没有直接证据证实勤奋公司使用了上述计算程序及图纸。因此上述指控的事实部分，证据不足，本院不予认定。二被告人及其辩护人就该项事实提出的辩解及辩护意见，可以采纳。”

但对于湖北达华公司的经营信息，法院认定属于湖北工机厂的经营秘密。判决中认为：

“被告人王华违反权利人关于保守商业秘密的要求，披露并使用其掌握的商业秘密为勤奋公司谋取利益，造成权利人重大经济损失；被告人凯宫身为公司法定代表人，应知被告人王华上述行为属非法……负有直接管理责任。”

法院最终判决：

“被告人王华犯侵犯商业秘密罪，判处有期徒刑一年三个月；被告人凯宫犯侵犯商业秘密罪，判处有期徒刑九个月……”

……

判决作出以后，考虑到各种因素，我的当事人并没有提出上诉，但保留以后申诉的权利。当务之急是赶快回去，一则要处理已耽搁了大半年的企业、人、财、物和产、供、销等事务；二则可在春节期间与年迈的父母，弱软的妻子、幼小的子女以及众多的亲朋好友共享天伦。由于他在 2004 年 5 月 2 日被捕，根据《刑法》规定拘捕期间可抵刑期，故 2005 年 2 月 1 日 12 时即可获释。当天，驾驶员及其妻子飞车赶来接凯宫连夜回苏。虽深夜一路劳累、疲惫不堪，但其精神百倍，心情畅悦，一只出笼大鹏又将冲向云天！

感　由

本案一审判决生效，我的工作也告一段落，至于日后是否申诉，那是后话。但由本案引发的一些法律问题却时刻萦绕在我脑海，尤其是商业秘密案件中有关鉴定的问题更应引起立法机关、司法机关的重视。

一、鉴定结论的性质

目前，在知识产权类案件中，尤其是涉及技术的专利案件和商业秘密案件，由专家对其中的技术问题出具鉴定意见或结论似乎已是大势所趋。法院在审理专业性较强的问题时，因法官缺乏相应的专业知识，在具体技术事实认定方面存在困难，需要借助专门机构或专业人员的知识或技能，对专门性问题作出客观的解释。所以，对技术问题由专家提供法律意见本是无可厚非的事情。但物极必反，目前国内法院在审理商业秘密案件时有一种倾向，那就是鉴定结论往往成为法官定案的唯一依据，法官往往“唯鉴定结论是从”，这就进入了一种误区。实际上，我国《民事诉讼法》和《刑事诉讼法》都明文规定，鉴定结论只是证据的一种，是否采信这种证据，还需经过质证等程序，最终由法官来决定，不能将鉴定机构无限拔高而成为“庭外庭”“院外院”。

二、刑事案件的当事人是否具有自行委托鉴定的权利

本案中，辩护人接受被告的委托，代表被告委托上海市科技咨询服务中心对本案涉及的有关技术问题进行鉴定，并将《上海鉴定报告》作为证据提交法院。但大桥法院却以刑事案件的当事人无权自行委托鉴定为由，驳回我们请求上海鉴定专家出庭质证的申请。由此牵涉一个法律问题：刑事案件的当事人是否具有自行委托鉴定的权利？

我国《民事诉讼法》第 72 条第 1 款规定：“人民法院对专门性问题认为需要鉴定的，应当交由法定鉴定部门鉴定；没有法定鉴定部门的，由人民法院指定的鉴定部门鉴定。”此条规定明确了人民法院作为鉴定委托人的权利。《民事诉讼法》及其司法解释中没有当事人自行委托鉴定的相关规定，但最高人民法院于 2001 年发布的《关于民事诉讼证据的若干规定》第 28 条规定：“一方当事人自行委托有关部门作出的鉴定结论，另一方当事人有证据证明足以反驳并申请重新鉴定的，人民法院应予准许。”该条规定肯定了当事人有自行委托鉴定的权利。

我国《刑事诉讼法》第 119 条规定：“为了查明案情，需要解决案件中某些专门性问题的时候，应当指派、聘请有专门知识的人进行鉴定。”据此，刑事案件的侦查机关即公安机关和检察机关均可作为鉴定委托人。《最高人民法院关于执行〈中华人民共和国刑事诉讼法〉若干问题的解释》第59条规定：“对鉴定结论有疑问的，人民法院可以指派或者聘请专门知识的人或者鉴定机构，对案件中的某些专门性问题进行补充鉴定或者重新鉴定。”该条规定明确了刑事案件中人民法院可以作为鉴定委托人。而《刑事诉讼法》及其相关规定都没有对当事人自行委托鉴定进行规定，这是否意味着刑事案件的当事人就无权自行委托鉴定呢？其实不然，我国《刑事诉讼法》明确规定了被告人也有提供证据的权利，而鉴定结论作为证据的一种。那么，当事人要实现提供证据的诉讼权利，也就理应有权自行委托专家进行鉴定。

三、几个鉴定结论矛盾时，法院怎么办

民事案件中，可由当事人自行协商确定鉴定机构；当事人不能协商一致时，由人民法院指定鉴定机构。而通常法院指定的鉴定机构不在双方当事人所在地域内，以避免由于地域原因而引起鉴定结论的不公正。本案中，湖北工机厂地处武汉，勤奋公司地处江苏，辩护人地处上海，由北京科技部知识产权事务中心出具鉴定报告最能剔除地域因素的影响，更能保证鉴定结论的公正性。大桥检察院已经委托科技部知识产权事务中心进行鉴定，而与此同时，又就同样的事项，委托湖北科技事务司法鉴定中心与湖北省科学技术咨询服务中心，这样的做法是否妥当，令人质疑。最终，法院只允许湖北的鉴定专家出庭质证，其做法的公正性也值得深思。

本案总共出现了四份鉴定报告，并且在一些关键问题上，鉴定结论相互矛盾，对此，法院又应当如何解决？

《最高人民法院关于执行〈中华人民共和国刑事诉讼法〉若干问题的解释》第59条规定了人民法院可以委托补充鉴定或重新鉴定。当法院对公安机关或检察机关和被害人或被告人提交的鉴定结论不能作出判断时，法院可以就其中的矛盾问题再行委托鉴定。

当然，鉴定结论作为证据的一种，应该经过质证，最终由法院确定是否采信。最高人民法院于1998年7月20日发布的《关于全国部分法院知识产权审判工作座谈会纪要》明确指出："鉴定结论应当经过当事人质证后决定是否采信；当事人有权要求鉴定人出庭接受质询。未经当事人质证的鉴定结论不能采信。"所以，不管是公安机关、检察机关、被害人或被告人委托，还是法院委托，其鉴定结论都应当经过质证才能予以确认。如果两个鉴定机构的鉴定结论对同一技术问题作出相左的判断，那么，法院除了让这两个鉴定机构的专家当庭接受当事人的质证外，还可以让作出不同鉴定结论的专家同时出庭，相互质证辩论。通过质证辩论，法官可以作出判断，决定取舍。如果此举仍然难断是非，则法院还可委托其他鉴定机构重新鉴定。

此外，法院在判断技术问题有困难的时候，还可以采取陪审员制，由相关专家担任陪审员，通过专家和法官来判断鉴定报告的正确与否，然后决定对鉴定结论的采信与否。上海浦东法院已经进行过这方面的尝试，这种做法在专利或商业秘密这类涉及科学技术的案件中值得推广。

四、对本案判决结果的思考

综观本案的整个办案过程，本案的检察官和法官都表现出了极大的工作热诚，并为之投入了较多的时间和精力。检察官和法官这种孜孜不倦、不畏艰难的精神还是令我感动的。毕竟一个基层检察院和法院碰到商业秘密这种高难度的疑难案件，其花费的心血可想而知。从判决结果来看，似乎控辩双方都可以接受。但从本案的证据、事实以及检察院的起诉来看，直到我提笔追述本案，我仍然认为至少我的当事人凯宫不构成侵犯商业秘密罪。

本案中，购买阀门、生产发泡机等涉嫌侵犯商业秘密的行为主体都是勤奋公司，即使需要探讨侵犯商业秘密罪是否成立也应当探讨单位犯罪是否成立，而不应当探讨凯宫个人是否有犯罪行为。本案判决书中认为"被告人凯宫身为公司法定代表人，应知被告人王华上述行为属非法……负有直接管理责任”，从其认定凯宫构成犯罪的理由来看，似乎是因为勤奋公司这个单位犯罪，凯宫作为直接负责的主管人员就应该承担刑事责任，这似乎有些牵强，不能让人信服。

2004 年 12 月 22 日开始实施的《最高人民法院最高人民检察院关于办理侵犯知识产权刑事案件具体应用法律若干问题的解释》第 15 条规定：“单位实施刑法第 213 条至第 219 条规定的行为，按照本解释规定的相应个人犯罪的定罪量刑标准的三倍定罪量刑。”而侵犯商业秘密罪个人犯罪的追诉标准为给商业秘密的权利人造成损失数额在 50 万元以上。据此，单位侵犯商业秘密罪的追诉标准应为给商业秘密的权利人造成损失数额在 150 万元以上。所以，本案中如果从单位犯罪来看，即使认可《评估报告》认定的湖北工机厂的直接经济损失是 121 万，也没有达到 150 万元的追诉标准。既然勤奋公司不构成单位犯罪，那么作为勤奋公司法定代表人的凯宫当然也不构成犯罪。

两年后，我因事去湖北回访此案法官，谈及此案，法官深沉地说：“判决后，我也在反思此案，朱律师在法庭上的无罪辩护是对的，按照法律规定，凯宫应判无罪。”我听后也感慨不已，但又为法官的反思感到欣慰，因为至少他再遇同类案件时就不会错判了！

C. 刑案类

15 喜获自由

——水性透明胶技术信息刑案

案由

×公司位于北京市郊，主要生产油性复胶膜，属于化学制品企业。从2000年开始，×公司就开始自主研发油性透明胶，2003年转生产水性透明胶，产品得到广大用户的好评，销路一直很好。

2006年6月，上海某区公安分局接到晓华公司的举报，称北京×公司侵犯其商业秘密。某区分局立案后，便委托上海鉴定中心对晓华公司的水性透明胶生产技术是否属于非公知技术进行鉴定。

不久后，上海鉴定中心出具技术鉴定报告，认为：晓华公司的水性透明胶配方设计中特殊的组分、特殊的配方、特殊的用量等属于非公知技术。2007年3月，上海鉴定中心又委托中国科学院上海某研究所对五个聚合物乳液样品中聚合物成分进行分析。随后，上海鉴定中心出具同比鉴定报告，认可中科院某所的分析结论，并以此认定：×公司生产的U产品与晓华公司生产的V产品的组分和含量相同。2007年9月初，上海鉴定中心再次出具鉴定报告，认为：从晓华公司原总经理蜀安等处调取的透明胶工艺流程内容与晓华公司技术档案中查实的透明胶工艺流程内容相同，二者是相同的透明胶工艺流程。

2007年9月13日，上海某区分局将×公司总经理青松从北京带到上海。警方察看了厂房、拍了照，并带走财务资料。几天后，上海会计事务所出具审计报告，认为：从2006年1月至2007年8月，×公司生产并销售水性透明胶160吨，销售收入1 800万，获利700余万元。9月27日，区检察院签发了逮捕令。

2007年12月初，该案进入审查起诉阶段。青松对起诉意见书表示异议，说自己并未指使蜀安、梦宝到晓华公司偷取技术；同时还指出鉴定报告有瑕疵，审计报告有水分，遂委托北京四海知识产权鉴定中心（以下简称“四海中心”）重新鉴定，鉴定结论(以下简称“北京报告”）与上海鉴定结论不一。《北京报告》交给区检察院后，区检察院经过慎重考虑，认为公安证据不足，便将此案退回公安补充侦查。2008年1月，青松的家人再次委托四海中心对一些技术问题进行鉴定，并据此由律师起草了《对青松侵犯商业秘密案的补充看法》。因青松及其家人正与晓华公司进行和谈，故未将此补充报告交区检。

后因敦煌、青松及其家属力主和谈，我们力促，故和解神速，此时青松虽不自由，但已是晓华公司北京总代理。不久后，×公司与晓华公司达成和解协议。2008年4月22日，某区法院对青松轻判有期徒刑八个月。十多天后，青松出狱，重获自由，飞回北京，开始了新的搏击。

前不久打算去北京出差，接到了敦煌和青松的电话，他们说“正好，也有些日子没见了，可以聚聚，以示谢意。”还说要开车去机场接我，请我吃饭。我听后心里甜滋滋的，觉得北方人还真讲义气。接着便沉醉在当初接案的回忆中。

2007年10月中旬，国庆刚过而热闹尚存，秋天已飘然而至，空气中还夹杂着阵阵桂花香味。傍晚，我正打算出去散步，感受怡人金秋的魅力，突然手机响起，是北京一位业内朋友。在寒暄一阵后，他便切入正题：“我北京这边有个朋友碰到点麻烦，他是一家化工厂的老板，有人告他侵犯商业秘密，现被羁押在上海某区看守所，这个案子较棘手，不知你是否愿接？”很久没办刑事案件了，心痒至极；再说我这个人又喜欢挑战，越棘手越想尝试。于是，就一口答应接下这个案子，并且约好两天后北京会见来人细谈。

10月18日下午，我刚到办公室坐下，一男一女便如约而至，只见那女的走在前面，老练地招呼起来，男的跟在后边，默不作声。那位女士气质就非同一般，衣着虽然质朴，还有些中年发福，但她窄窄的、白皙的脸庞显得有些清瘦，大大的眼睛，高高的鼻子，一眼看去，有几分俄罗斯女人的感觉。她说一口纯正的京话，从她说话的风格和坚定的眼神可以看出她是位精明能干、柔中带刚的女性。果不其然，后来得知，她是一位颇有成就的企业家。坐定后，她先自我介绍，说她名叫敦煌，曾经搞过印胶行业，现开一家包装装潢公司，她受青松及其家人之托来谈此事。接着她就叙述了事情的经过：一开始生产并不如愿。后青松在此基础上又进行了研究和改进，这才从根本上解决了技术问题。不久，青松扩大了生产，产品的销量也大起来，于是便出现前述情况。

为方便诉讼，他们先在上海请了位律师。后在北京也请了一位，但因北京的律师来上海办案不便，更主要的是他们想找一位在商业秘密方面有丰富经验的律师，经朋友推荐便慕名找到了我这里。听了敦煌对案情的介绍，我觉得这个案件还是有突破口的，比如上海鉴定中心出具的鉴定报告能否足够说明青松侵权？认定侵权的技术是公知技术还是非公知技术？是单位犯罪还是个人犯罪？是主犯还是从犯？审计报告是否有水分？是否符合事实和法律规定？凡此种种都是值得探讨的。但是，刑事案件不像民事案件，其不但关系到当事人的自由和人身权利，而且其处理的关系也比较复杂，律师要面对的是公安局、检察院这样强势的国家机关。以自己多年的诉讼经验判断，此案确实棘手，然而面对好友的推荐和当事人的诚意，推托之词难以启齿，于是就同意代理此案，做青松的辩护人。由于敦煌是受青松家人之托而来，谈过之后，她说还要回去请示一下青松父亲。两天后，敦煌与青松父亲专程从北京到上海跟我细谈辩护之事。儿子关在看守所里，他显得非常焦急，一是关心儿子的身体状况，二是×公司无人管理，如果青松真要关上几年，那公司也就很难坚持。青松父亲还提到×公司早就开始自主研发油性透明胶了，梦宝确实来公司做过指导，但效果并不理想，后面也没再联系。他请我尽量想办法为青松做无罪辩护，实在不行也要争取缓刑。我完全能理解老先生的心情，像青松这样的企业家要真在牢里关个三年五载，不管是对他的亲人，还是对社会而言，都是极大的损失，他应该早日回归社会以体现他的价值。而且，听他刚才所讲，我对此案也有了信心，此事就此敲定。于是，一场旷日持久、一波三折的刑事辩护就此展开，只是中间的曲折和困难却是始料不及的。

夜会被告

在正式接受委托后，我和助手粗略地部署了一下：第一步是要到看守所会见青松，问明案情的来龙去脉；第二步是在摸清案情的基础上再寻找突破，并决定具体方案。因敦煌在沪，于是，我们当机立断，决定第二天就去会见青松。敦煌建议去前先跟某区的刘律师见个面，然后一起去看守所。第二天下午，跟刘律师约好在某区经侦支队碰面。寒暄后，我们对案情进行了初步交流和沟通，同时，他向我引见了支队的姚警官。当时天色渐暗，快到下班时候，姚警官倒是网开一面，陪我们去看守所会见青松。在路上我们问姚警官青松的态度怎样？姚说青松不是很配合。听了此言，我心里既有不安，也有宽慰。不安的是警官有看法对当事人是不利的；宽慰的是当事人肯定尚未和盘托出。

到达看守所已经下午 5 点，经过几道厚重的铁门，办完手续，我们进到里面，沉重而森严的气氛扑面而来。公、检提审的审讯室就是律师会见的地方，房间的结构跟我们在港台片里看到的类似，会见人与犯罪嫌疑人由玻璃隔开，通话时各自用桌上的电话联络。这种环境和布局已经很少见了，现在隔断一般都改成用铁栏栅，有的更自由一些，连铁栅栏也没有。没多久，警察领着青松进来。他40多岁的样子，文质彬彬，气质似南方人，不像壮实的北方人。此时，他已经在看守所被关了一月有余，头发依旧，但胡子拉碴，脸庞显得有些憔悴，神情也有些落寞。看得出来，他不适应这里的生活，毕竟以前大小都是个老板。

公安在旁监听，故谈话就比较小心，时间也很短，几乎未谈及实质性的内容。首先告诉青松我们是他家属委托的辩护人，让他不要太担心。接着跟他讲“商业秘密”的概念、内容，还有构成商业秘密侵权的条件——如果使用他人的技术是公知的，就不侵权；如果是非公知的，就构成侵权。然后让他大致讲讲此案的来龙去脉，他边回忆边说，“我与蜀安在2004年就已经认识，他曾来厂指导过，效果不好。2005年，他在电话中告诉我，要介绍一个名叫梦宝的温州人来指导水性透明胶生产。梦宝共来了三次，每次都是一两天时间，指导生产后，效果也不好，辊上都是细纹。我给了蜀安两万元，就不再联系了。”说完已下午5点多了，最后我关照说：“要实事求是，不要瞎说！”就结束了谈话。

后来才知道，我们在看守所会见青松的时候，不仅有公安在旁监听，还有监控和录音。我不禁倒吸一口冷气，深感“会见难”。在目前的刑事法律体制下，一旦被公安局逮捕、检察院起诉，被告的罪名就很难推翻，因为这些机关为了保证自己办案的正确性和权威性，就算有疏忽和错漏，也不会轻易改正或承认，当然也怕律师找出缺陷，让他们的工作前功尽弃。律师作为个人与这些权力机关是无法平等对抗的。从这一点来说，与西方的法律相比，对当事人的权益保护还远远不够。所幸的是，在社会进步的同时，法律制度也在不断完善。《新律师法》近期有望出台，很多专家和学者要求增加“律师会见当事人时，不被监听”的条款，这就让我们看到了法制改革的曙光。

北京之行

这次会见后，经过分析，我们向区检察院递交了取保候审申请书。其申请理由如下：第一，犯罪嫌疑人所涉罪名量刑较轻；第二，犯罪嫌疑人社会危害性不大；第三，对犯罪嫌疑人采取取保候审措施亦有助于维护家庭、企业和社会的稳定。虽然我们认为依据法律的规定青松符合取保候审的条件，并积极地为此努力。但是，某区分局还是向我们送达了不予取保候审通知书。

除了以上工作，我们还仔细查阅了跟本案有关的各项材料，发现某区分局委托上海鉴定中心出具的技术鉴定报告是定案的依据，两份技术鉴定报告均认为：上海晓华公司的 V 产品透明胶的配方和工艺属非公知技术，×公司的 U 产品透明胶与 V 产品透明胶配方相同。但我们调查后却发现：V 产品透明胶的配方技术，在 1976 年的美国专利（US 3，975，349）中已被公开，该专利谈到乳液的制备工艺，这是公开的技术，鉴定报告谈到的技术七个秘密点没有技术和法律依据。同比鉴定报告中谈到的两种组分及其含量是本行业中的公知技术，不能以此来判断 V 产品透明胶与 U 产品透明胶的配方相同。掌握这些信息后，我们制定了初步的方案，决定前往北京，一则去实地看看工厂的情况以及相关人员，以作进一步调查，二则委托有资质的鉴定机构出具鉴定报告，使公安作为定案依据的上海鉴定不具有唯一性。

2007 年 12 月末，已是严冬，当年的上海异常寒冷，而北京也早已白雪纷飞。一下飞机，果然寒风凛冽，青松父亲派人来接我们。安顿以后，我们便去青松的工厂，并见到了老先生。他是位典型的北方老汉，热情豪迈，七十多岁仍然精神抖擞，说话中气十足。他本身就是化工方面的行家，对工厂的工艺流程了如指掌，他先带我们参观了新工厂的生产状况，这里设备、厂房都很新，比较现代化，已初具规模。后又带我们参观了他们以前的老厂，设备比较简陋，车间里只有两个生产用的大罐子，大门一开，一股酸味扑鼻而来。老先生边带我参观，边讲述他们艰难的创业史，能白手起家建立现在这样的产业，确实是件不容易的事情。对于这样的企业家，政府应该给予更多的鼓励和支持，才能有利于民营企业的壮大和社会经济的发展。其间，老先生也提到了×公司研制水性透明胶的历史和过程。

去京的第二件事就是跟四海中心沟通，讨论鉴定事宜。四海中心的办公室原来在蓟门桥西北角的一个居民小区里，占一栋高层的顶楼两层。面积和规模都很大，但由于是居民楼的原因，进出不方便。打电话联系的时，才知道他们已换了新的办公地点。新办公楼位于北京西区的一幢国际大厦，占高档商务楼的整整一层，可见他们这两年的发展之迅速。下电梯往右边一看就见墙上挂着鉴定中心的牌子。在办公室里，我们见到了张主任，她是学化工出身的，原来是专利局的处长，下海后与他人一起办了这个鉴定中心，她虽然显得瘦弱，但却很精干，交谈之际我发现，她既懂行政管理，又懂市场经营，还懂化工技术。我们主要谈技术鉴定的事情，对于水性透明胶是否公知技术也听听她的意见，并委托中心做个鉴定。四海中心很快就出具鉴定报告，认为生产水性透明胶的主要原料在2001年以前已经为公众所知悉。当天下午，我们就将报告结论传真给刘律师，由刘律师交给区检察院。

退补侦查

2007年年底，该案进入审查起诉阶段。我们又到看守所会见青松，青松再三强调自己并未指使蜀安、梦宝到晓华公司偷技术，起诉意见书上所列事实不对。造成的损失也没有700余万元这么多。蜀安是主动找到青松的，梦宝来厂指导后，曾在印刷厂做过试验，效果不好，那时梦宝才告诉真相，青松方知梦宝是晓华公司的员工。

这次会见后，我们决定约见本案的承办检察官，谈谈我们对起诉意见书的几点看法。见到她时，我们有点惊讶，她虽很年轻，但却很有主见，而且态度谦逊，谈吐自如。我谈话，主要是对起诉意见书中所列事实提出异议。特别是对起诉意见书提到的“青松指使蜀安、梦宝通过不正当手段获取水性透明胶的相关技术”的说法有不同看法，因为书面材料和相关证据都看不出青松有“指使”的意图和行为，她同意我们的观点。

回来后，我们起草了一份《关于青松侵犯商业秘密案的看法》书面意见，提出以下几个问题：

1. 起诉意见书认定，北京市×公司无技术能力生产“水性透明胶”，这与事实不符。

从2000年开始，×公司就开始自主研发油性透明胶，当时的产品得到广大用户的好评。从2002年开始，×公司把研制水性透明胶和水性上光油提到议事日程。其间，×公司外聘和招募了一批技术人员，他们都具有丰富的研发经验，有的还具有高级工程师的职称。×公司从2003年就开始生产水性透明胶，当年销售20吨，2004年销售9吨，2005年销售5吨，这些都有销售单据可查证。因此，×公司完全有技术能力研发生产水性透明胶。

2. 起诉意见书认定，青松指使犯罪嫌疑人蜀安通过不正当手段获取相关技术，这与事实也不符。

青松从未指使蜀安去获取相关技术。事实恰恰相反，是蜀安主动找到青松，要求将相关技术卖给青松。这一点可以从蜀安、梦宝当时的所作所为看出，他们带着相关技术还去过北京某化工厂，河北某化工厂等单位。这说明，不是青松指使他们窃取技术，而是他们在窃取技术后，主动到全国各地的厂家去销售。

3. 起诉意见书认定，青松使用蜀安、梦宝提供的配方和工艺进行生产并大量销售产品，这与事实还是不符。

青松确实与蜀安、梦宝两人接触过，但这并不代表×公司就完全按照此两人提供的配方进行生产、销售。其实，梦宝进行的技术指导并无效果。×公司后续的技术完全是公司组织科研人员艰苦研发的结果，这其中既包括对国内外专利技术文献的参考，也包括请教国内知名的研究机构，还包括多次失败后的经验教训总结。具体情况×公司已经向某公安分局提供了《北京×公司水性透明胶的研究、生产过程说明》的材料。

4. 起诉意见书认定，至2007年8月，×公司生产销售水性透明胶1 500余吨，致使上海晓华公司经济损失700余万元，这与事实更不符。

如前所述，×公司并没有使用梦宝提供的配方和工艺，因此，×公司生产销售的水性透明胶与上海晓华公司经济损失之间没有必然因果关系。另外，对上海晓华公司经济损失700余万元的说法，我们也认为与事实不符，希望予以重新审计。

5. 本案应按单位犯罪处理

青松为×公司的法定代表人，即便存在犯罪事实也应当是其作为法定代表人的职务行为。×公司是涉案产品的生产者和销售者，青松不存在以个人名义实施犯罪行为的情况。因此，本案理应按照单位犯罪处理。

我们将这份“意见书”和四海中心关于水性透明胶是公知技术的鉴定报告一起交到区检察院。区检较慎重，经过再三考虑，决定将此案退回公安局补充侦查。

急流勇退

退补后不久，公安重新向区检察院交了起诉意见书。在意见书中，他们坚持原来的意见，丝毫没有改变原来态度，仍然认定青松有“指使”他人的意图，是主犯。并且对青松父亲也有看法，认为他态度不好，不够配合，必要时也要对他采取行动。与此同时，公安又派人去北京保全×公司的财产，从原来的150万元，追加冻结到700万元。公安用这种方式表明了其强硬的态度，就是既不接受我们的观点，也不作任何退让。

此时，我们也已经拿到了四海中心的第二份鉴定报告，并写好了律师函，但尚未交给区检察院。这份新的鉴定报告很关键，但是公安的强硬态度使我们进退维谷。如果交上去，我们跟公安便更加对立；但如不交，公安又没有退步的意思。双方僵持不下。何去何从？后来还是由敦煌和其家属最后决断。

一开始，敦煌也是主战派，力主无罪辩护。同时还做好了各种准备。我则还是有些温和色彩，不想硬打硬拼，而是采取迂回战术，就是避开鉴定，不直接针对公安委托的技术鉴定报告寻找瑕疵，甚至将其推翻，以求无罪辩护，而是以被告无犯意来提出犯罪构成缺乏主观要件，故不构成犯罪，达到异曲同工之妙。如今公安的态度，迫使我不得不重新考虑对策。

敦煌是个由主见、有魄力的女性。见此情况，她问了几个问题：一是一审判决是否有利？我说不利，可能会有地方保护；二是不利的结果是什么？我说有期徒刑3~7年；三是二审改判有无把握。我说只有可能，不敢说有把握。听我回答后，敦煌马上就说既然无罪和改判把握不大，硬拼硬打恐劳民伤财。我一时语哑，难以言对。

自此以后，敦煌始终眼神坚定，言语果断，立意和谈，一路到底！一开始，我对敦煌的180度大转弯还有些难以适应，有时还会碰撞摩擦，但慢慢地我理解了她。有一次，敦煌与我长谈了一次，她说：无罪与自由，前者固然好，但目前是后者更重要！如今是企业需要他去料理，家庭需要他去照顾，朋友需要他去应酬，如此等等，均需要他早日自由才能解决。而现在要重获自由，唯有和解这条路。我同意她的观点，但真正彻底同意她观点的是在最后一次会见青松后。青松身在囹圄，是最急切获得自由的。他一则感到自由的紧迫性，二则唯恐判处四五年实刑不得自由。故再三权衡利弊，他愿以每年百万元的代价来获取自由。因为财产是身外之物，失去了还可以赚回来，而自由是最可贵的，甚至贵于生命，失去了就不会再来。青松的一席肺腑直言就增强了我助敦煌和解的信心。

和解之路也并非一帆风顺。开始晓华公司不太愿意，我通过朋友关系与该公司领导先接触一次，初步谈了意向。对方老总也是北方人，性格比较豪爽，他对经济赔偿不太在乎，关键是要停止生产和销售。与此同时，一方面我们把北京四海中心的第二份鉴定报告和律师补充意见书压下不交区检察院，以免破坏和谈气氛；另一方面，北京×公司停止生产、拆除锅炉以示诚意。后来和谈之事就由敦煌担纲，她与青松妻子两员女将来回奔波、不辞辛劳、恪守诺言的精神感动了对方几位老总，他们也网开一面，和解协议尚未签订，青松已是晓华公司北京总代理了。不仅如此，几位老总又反过来申请法院从轻处罚。果然功夫不负有心人，2008 年 4 月 23 日下午，区法院开庭宣判青松刑期八个月，于同年 5 月 12 日释放。

感　由

宣判后两周余，5 月 12 日下午，接到敦煌的短信称“今天下午，青松已经到北京”。我惊奇地问：“这么快?”原来 12 日一早，青松就离开了看守所，家属从北京来接他。上午洗了个澡，午饭后，第一个电话就打给敦煌告诉她出狱的消息。后赴虹桥乘机，两小时后又发短信给她，说已到北京。随即，敦煌也是在第一时间发短信给我。

青松对重获自由还是比较满意的，我刚好 5 月和 6 月两次到北京出差，他都热情地接待我。青松跟敦煌还合作开办了一家中型包装印刷厂，前景还不错。而晓华公司跟敦煌以前就谈好×公司做它在北京的代理商。青松回京前，晓华公司就以批发的价格发货给×公司，由×公司销售并赚取中间的差价。这样，×公司不浪费原来的客户资源，而晓华公司则正好可以打开北京的市场，双方均可获得利润，可谓双赢。没想到一场官司，大家变成了合作伙伴。

由此我悟出两点感想：

第一，律师应当按照当事人的意愿和要求行事，而不能一相情愿，一意孤行。

这不仅是律师的职业定位所要求，也是自我保护的一道屏障。律师的职业定位是维护当事人的合法权益。倘若当事人不知其合法权益的内容和范围时，律师理应告知，但当事人知道其合法权益的内容和范围时，律师就应该按照当事人的要求去力争，而不能一味地自冒风险，按照自己的理解去追求，否则会吃力不讨好，效果适得其反。因此，本案前期我力主无罪辩护，后来公安强硬，二审无把握，当事人心切，便审时度势，改变策略，结果当事人重获自由，不胜感激。类似案例，无独有偶。数年前，武汉一起侵犯商业秘密刑案，也是背景很硬，有人大、高院领导批示，检察院将张家港一优秀青年企业家抓到武汉羁押。我按无罪辩护，反让检方理屈词穷，但因领导定调，难以翻案，故力求轻判。后判九个月，正好春节前二天到期，小年夜回到家乡，他如笼中小鸟，飞向天空，不胜快乐。节后抓紧发展企业，连申诉也放弃了。时隔一年，我因事再到武汉，那法官内疚地说："现在回过头来看，上次那案是构不成刑案的，还可以申诉！"我说，青年企业家回去后赶快料理前事，抓紧发展，申诉已置于脑后。可见对企业家来说，重获自由是何等宝贵。

第二，企业纠纷应握手言和。

知识产权刑案的当事人往往是企业。知识产权刑案往往以知识产权民案侵权为基础，被害方损失超过一定界线，民事侵权便升格为刑事犯罪。

民案可调解或和解，那么刑案也应可调解或和解。刑事自诉案其诉讼程序就如同民事诉讼，故其调解或和解自不待言。对于公诉案件，公、检、法也应灵活机动，网开一面，促使企业间自行和解，以确保企业和社会稳定和谐。在这个方面看，本案的公、检、法应当说是处理得相当成功的，可以说是刑案和解的一个楷模。这里，法院要把握的两件事：一是双方企业达成和解协议；二是罚金业已缴进法院。本案法院就是牢牢把握此二原则，终于促成两企业和解合作。

企业之间也应有双赢意识，不能结怨加深，受害方要宽宏大量，只要保住市场，其余可以不计。而被告方则要有高姿态、真诚意，得到对方谅解，就可重获自由，共同合作，以求双赢。此案不禁使我想起三年前的上海×机械厂被侵权而导致有关人员构成侵犯商业秘密罪一案，此案经一审、二审，被告被判一年半和三年。后被告与×厂合作，为×厂提供部分零部件和客户。不仅如此，被告还欲牵线德国公司与×厂联姻，实乃双赢之楷模也。

16 重回人间

——环保催化剂技术信息刑案

案由

美籍华人陈博士系世界知名汽车尾气环保催化剂方面的专家。陈博士于1991年至2004年在美国美格公司（以下简称“美格公司”）从事催化剂方面的研发工作。1997年，美格公司指派陈博士到中国负责寻找催化剂产品的供应商。陈博士的同学美国川竟公司董事长朱英正欲从事催化剂产品的投资，遂与沽北浩翰实业有限公司合资组建了川竟（沽城）特种材料有限公司（以下简称“川竟公司”）。公司成立之初，陈博士作为美格公司技术人员为川竟公司的产品研发做过几次技术指导。2004年，陈博士的妻子万紫组建成立了中宏科技有限公司（以下简称“中宏公司”）从事催化剂产品的生产经营。2007年12月，川竟公司以陈博士、万紫侵犯商业秘密为由向沽北市公安局举报。沽北市公安局立马受理侦查，并于2008年11月29日对陈博士刑事拘留，后经沽北市检察院批准予以逮捕。2010年2月，该案件移送沽北市中级人民法院（以下简称“市中院”）审查起诉。沽北市中院在听取被告人及其辩护律师的意见后，认为难以定罪，遂对案件进行了多次协调。最终，沽北市检察院撤回了对陈博士的起诉。2010年4月30日，陈博士无罪释放。

2009年9月20日，我像往常一样在办公室批改文件。财务黄老师示意我接一个电话，说是美国长途。我接起电话一听电话那端是一个女人焦急的声音，她问我是朱律师吗？在得到我肯定回答后，她马上自我介绍说："我叫万紫，是美籍华人，我的丈夫陈博士也是美籍华人，目前被沽北市警方以侵犯商业秘密罪为由羁押于看守所，至今已逾半年，我非常担心他的安危。得知贵所是以知识产权见长的专业律师事务所，朱律师又是知识产权方面的知名律师，所以我们想聘请您作为陈博士的辩护律师，不知是否接受？"

闻听此言，我顿感此案事关重大，一则案件涉及外国人，处理不好可能会引起国际纠纷；二则案件涉及商业秘密，该领域涉及法律与技术结合，须具备非常专业的法律知识和技术背景；三则案件属于刑事诉讼，是与国家公权力的较量，难度较大。所以对是否承接此案，我暂不表态，只是先安慰万紫，让她不要着急，并问她是否可以携带相关材料先来面谈。她说她目前在美国，不便回国，她会让陈博士的妹妹前来我所拜访。放下电话，我不禁陷入思索，其实在很多场合我都表达了这样一个观点：商业秘密纠纷是企业之间的经营矛盾，国家公权力尽量不要参与，这类纠纷通过民事诉讼的方式来解决较妥，在我国还没有对商业秘密出台详细具体的法律之前，尽可能通过民事手段处理。看来，此案又是一场恶战。

身陷囹圄

没几日，陈博士的妹妹陈娟和中宏公司的傅总来到我的办公室。我与助手接待了他们。陈娟面带菜色，显得憔悴，看得出她一个弱女子为哥哥的事情操了不少心。坐定之后尚未开口，她便哭了起来，由于许久没有哥哥的消息，她十分担心哥哥的健康和安全。我们边安慰她边说："你的心情我非常理解，事已至此，希望你能振作起来，你哥哥是否构成犯罪，国家司法机关一定会有一个令人信服的判断，请你相信法律，我们会尽力提供法律帮助。”

情绪稳定后，她和傅总向我们介绍了案件的来龙去脉。原来，陈博士夫妇20世纪80年代曾在沽北大学读书，后与妻子万紫赴日留学，取得博士学位后，又到美国麻省理工学院从事博士后研究。进入美格公司后，一直从事汽车尾气净化催化方面的工作，是国际上知名的汽车尾气净化催化专家。涉案技术是汽车尾气催化剂的生产工艺。陈博士在美格公司工作时，受公司指派到中国寻找催化剂供应商。当时，陈博士的同学朱英了解到这个项目后非常感兴趣，同时，朱英也是学环保出身，对该技术也有所研究，他的美国川竞公司当时也拥有此产品技术，所以希望投资生产该产品。1998年，朱英从美国回沽北考察后以技术和现金入股，与沽北浩瀚实业有限公司共同组建成立川竞公司。成立之初，为使产品符合美格公司的质量要求，朱英曾几次邀请陈博士回国，对生产工艺进行指导。陈博士也陪同美格公司的负责人前来考察企业的生产能力和技术水平。美格公司考察后认为川竞公司符合要求，并开始接受供货。川竞公司经过几年的发展，效益稳步提升，但从2002年开始，由于中外董事出现矛盾，争权夺利，使生产经营走入困境，产品质量下滑，并最终导致美格公司退货，中断合作。2004年，陈博士太太万紫回国创建中宏公司，专门从事催化剂的研发和生产工作。中宏公司还专门建立了实验室，进行了自主的研发工作。2005年，中宏公司在逐渐完善工艺后，进行试生产并开始对外销售。没有料到的是，川竞公司认为中宏公司使用的技术是陈博士曾经接触过的技术秘密，陈博士的行为侵犯了其商业秘密，并造成重大损失，遂向公安局报案，要求追究陈博士和万紫的刑事责任。陈博士于2008年11月29日不慎在江苏机场被扣押，现关押在沽北市看守所，万紫因当时不在国内，故未捕。现在案件已移交检察院审查起诉。

听完陈娟的介绍，我们感觉陈博士和万紫的行为并不属于侵犯商业秘密，更不构成侵犯商业秘密罪，但由于这只是当事人一方的说辞，在未了解整个案情之前，我们还不便发表倾向性意见。我说当务之急应该立刻会见陈博士，一个身陷囹圄的人最需要法律帮助，同时也便于律师更好地了解案情，尽快进入角色。陈娟也同意我的看法。当日，她便委托我和助手王律师作为陈博士的辩护律师。我们即刻准备手续，立马前往沽北。

初 次 会 见

2009 年 9 月 22 日，我和助手到达沽北。夜晚的沽北，景色宜人，古河两岸的特色建筑诉说着这座城市的辉煌历史和美好未来。我不禁感叹，沽北的变化真大啊！记得第一次来沽北是二十几年前，当时我正在办理一起专利侵权诉讼，该案在京、沽、沪三地立体诉讼，打得不可开交，最终案件取得了圆满效果。

第二天，我们前往沽北市人民检察院，向主办该案的检察官了解情况。检察官温文尔雅、年轻有为，对我们远道而来的律师很客气。在他的办公室里，我们简单询问了案情，并提出是否可以阅看部分案卷。他表示可以阅看和复印部分程序性的法律文书，证据目前还不能看，说着他随手拿出一本卷宗递给我们，另有十余本案卷暂时不给。我们就卷宗的法律文书进行了复印，并详细阅读了公安立案的依据——技术鉴定报告。

随后，我们提出目前是否可以会见陈博士。检察官说没问题，但需要检察官陪同会见。我顿时不解地问："现在是审查起诉阶段，案件并没涉及国家秘密，为何要检察官陪同呢?"检察官没有正面回答我的问题，只是说案件涉密，领导要求必须陪同。对于刑事诉讼，犯罪嫌疑人和辩护律师的权利障碍，我是有所体会的，为了能够顺利会见，我们便不再反驳。

下午两点半，我们来到沽北市郊的看守所，由检察官陪同一起会见了陈博士。初见陈博士，他给我的感觉是人很聪明也很淳朴，个子不高，戴着一副眼镜，学者风度，文质彬彬。也许是在看守所待的时间久了，他见到我们便露出笑容，仿佛是久违的老朋友。我们说明来意后，向他传达了家人对他的关心，并询问了他的身体状况。他说："我并未将任何技术入股川竞公司，我本身就是美格公司的工作人员，我到川竞公司指导过几次技术研发，但那些都是我以美格公司的工作人员的身份去的。同时，朱英与我是多年好友，他邀请我去做一下指导，也无可厚非。我在中宏公司未任职务，那是我太太的公司，与我无关。据我所知，中宏公司的生产技术和川竞公司并不相同，中宏公司的技术更为先进。"

我们就侵犯商业秘密罪的法律含义向陈博士作了解释，并着重从商业秘密的构成要件方面向他询问了几个问题。陈博士的记忆力很好，时隔多年他仍能记住当时的技术细节，这令我们不得不由衷感叹。时间过得很快，一个多小时的会见，使我们对案情有了更全面的了解，也更加坚信自己最初的想法。会见结束，我们走出看守所，回头望去，高墙铁门，警卫森严，心想：自由是多么可贵啊！

发函释疑

回到上海后，我与助手马上投入案件的研究工作。鉴于目前阶段，律师所能看到的卷宗极少，所以我们无法得知侦查机关到底搜集到哪些证据来证明陈博士构成犯罪。但从会见的情况和在检察院复印的技术鉴定报告来看，此案有众多疑点和瑕疵。经过慎重考虑并征求家属意见，我们决定为陈博士作无罪辩护。

商业秘密案件是法律和技术紧密结合的案件，技术问题在此类案件中就是事实问题，如果对技术不了解，那么就等于对事实不了解，也就无法正确适用法律，从而展开有针对性的辩护工作。

为此，我和助手走访了相关领域的专家、实地考察了中宏公司的生产线、查阅了技术资料。好在我的助手是学化工出身，对涉案技术能很快领悟，并很好地协助我办理此案。2009 年 10 月 16 日，带着新发现的问题，我们再赴沽北第二次会见陈博士。由于沽北市公安局委托的鉴定报告中认定中宏公司使用了川竞公司的三个秘密点，即催化剂水溶液浓度、胶化阶段的反应温度、胶化阶段 pH 值控制，所以第二次会见时我们就务实针对这三个秘密点进行有的放矢的询问。陈博士认为，这三个秘密点仅仅是针对胶体的生产，而不是催化剂的生产。催化剂是在胶体的基础上添加的其他物质，经过一系列工艺做成的。胶体技术是一个非常成熟的技术，大批文献在 20 世纪三、四十年代就已出现。做催化剂的工艺创新点不在于胶化阶段，而在于后续添加稀土材料阶段，前期的胶化阶段没有什么可以研究的新技术和新工艺。

越来越明显的迹象显示，沽北警方侦办的这个案件问题重重。为了使此案能够在审查起诉阶段终止下来，我们决定通过律师意见函的方式向沽北市检察院提出我们对此案的看法。2009 年 12 月，第一封《关于陈博士侵犯商业秘密案件的律师意见函》向检察院发出。在函件中，我们主要表达了以下观点：（1）要善对海归科学家，陈博士是国际汽车尾气环保催化剂领域的知名专家，无窃取他人技术秘密的必要。此案不是个案问题，处理不当会影响海归科学家的回国担忧；（2）陈博士与川竞公司没有签订任何保密协议，不负保密义务；（3）川竞公司的技术秘密点源自陈博士的指导，而非自主研发；（4）沽北市公安局的委托鉴定程序严重违法；（5）技术鉴定报告中的技术比对对象存在错位；（6）沽北市公安局存在对陈博士超期羁押的情形。

在函件最后，我们认为，虽然我们掌握的证据和事实有限，但仅从这些证据和事实分析来看，陈博士并不构成侵犯商业秘密罪。此案即便作为民事侵权案件，都无法从法律上认定陈博士的侵权成立，何况在对证据要求更为严格的刑事案件中，从“排除一切合理怀疑”的刑事证据证明标准出发，就更不应当认定陈博士侵犯商业秘密罪成立。陈博士是一位杰出的科学家，他放弃国外的优厚待遇回国创业，报效祖国，把世界先进的汽车尾气净化催化剂技术带回国内，为促进我国在该领域的发展作出了杰出的贡献。祖国应当尊重和保护这样的优秀科学家，给他们创造一个舒心、安全、和谐、稳定的工作环境，这样才能吸引越来越多的优秀科学家回国、回沽北创业。此案还涉及我国各级政府部门对类似优秀海归科学家的看法和态度问题，我们希望沽北市检察院能够对此案给予高度重视，尽快作出不予起诉的决定，给陈博士一个公正的评判，还他一个清白。

专家鉴定

然而，事与愿违，检察院将该案两次退回补充侦查后，仍然认为陈博士构成犯罪，并于2010年2月19日将案件移送沽北市中院进行审判。按照这样的程序走下去，陈博士被判有罪的可能性大为增加，形势对陈博士极为不利。从我和检察官多次的沟通中了解到，沽北市公安局委托的技术鉴定报告是案件的关键，该鉴定报告从某种意义上来说左右了案件的最终走向。按照我以往处理商业秘密纠纷案件的经验，必须动摇此鉴定报告的根基，才能有效遏制案件向不利方向发展。

于是，我们一方面向沽北市中院发出第二封律师意见函，详细阐述鉴定报告的错误之处，另一方面组织业内专家对涉案技术问题进行鉴定。在第二封律师意见函中，我们主要强调：(1) 对技术信息的非公知评判不应套用对专利新颖性的评判标准；(2) 同比鉴定报告的技术比对没有科学依据，两者根本不具有可比性；(3) 所谓“关键性技术参数”的说法系鉴定机构主观臆断；(4) 涉案三个技术秘密点至少在2006年9月13日已公开；(5) 经济损失评估报告未反映客观事实。

与此同时，我们委托了上海科协属下的权威鉴定机构组织了五位国内工业催化领域的权威专家对涉案技术展开了鉴定工作。五位专家分别来自复旦大学、华东理工大学等高校，都有着丰富的理论基础和实践经验。他们实地考察了中宏公司的生产车间，听取了技术人员的汇报，并就川竞公司的技术与中宏公司的技术进行了比较。最终，五位专家一致认为：（1）中宏公司与川竞公司都采用沉淀法生产催化剂。在沉淀过程中采用何种沉淀反应，选用何种沉淀剂，是沉淀工艺首先要考虑的问题。（2）影响沉淀工艺的首要因素是所用的金属盐原料和沉淀剂的种类，其次才是沉淀条件（即沉淀过程中金属盐溶液的浓度、沉淀温度、沉淀时PH值等）。（3）采用不同沉淀体系和沉淀条件所制得复合氧化物的物化性质以及机械强度等都会有很大差别。正确选择反应原料（包括沉淀剂）和控制好沉淀条件，对生产高质量的复合氧化物至关重要。（4）中宏公司使用烧碱中和法生产工艺，而川竞公司采用氨水中和法生产工艺，两者所用的沉淀剂完全不同，沉淀反应体系也不同。从技术角度来说，两者采用的是完全不同的生产工艺，总体上无可比性。（5）在两种沉淀反应体系不同的情况下，中宏公司与川竞公司生产催化剂胶化阶段工艺的主要控制参数，如氢氧化锆浓度、反应温度、PH值自然是不同的，根本不具有同一性。（6）催化剂生产工艺的关键步骤在于加稀土工序和煅烧工序等，而不在于胶化工序，直接采用市售纳米氢氧化锆也能生产出同类产品。

五位化工专家的结论已从根本上否定了沽北市公安局的技术鉴定报告。我们立刻以该鉴定结论为基础向法院提交了第三封律师意见函，并将鉴定结论附后。我们希望能够引起法院的重视，重新审视这个案件的技术问题和法律问题，避免冤假错案的发生。

重获自由

沽北市中院的承办法官资深能干，谈话上通情达理，处理本案机动灵活，我们加强力度，又连续呈交了两封律师意见函，强烈提出陈博士不构成犯罪，应当尽快释放。由于各方努力的结果，在沽北市中院的协调下，检察院最终同意撤回对陈博士的起诉。2010 年 4 月 29 日，沽北市中院作出刑事裁定书，同意沽北市检察院撤回对陈博士的起诉。与此同时，检察院向陈博士下达了不予起诉决定书。我当天正在山东省律师知识产权高层论坛上讲课，讲了一天的商业秘密案件。匆匆晚餐后，便连夜赶往沽北，准备第二天一早去看守所接陈博士。上午 9 点半，我和《中国知识产权报》的青年记者肖峰赶到看守所，陈博士的妹妹等人已在那里等候多时。然而"天有不测风云"，上午放人的事因故又发生变化，陈博士直到下午 4 点才释放，真是好事多磨。我因还要赶往他地，故未能与陈博士见面，实为憾事。下午 5 时，接到陈娟短信说陈博士已经出狱。此时，我心头的一块石头终于落地。那天对陈博士还有他的家人、朋友来说，应该是一段难以忘怀的记忆。

5 月中旬，我接到陈博士的电话，电话那头还是一样熟悉的声音，只是多了几分安定和从容。他向我表示感谢，并在方便的时候亲自前往上海道谢。我勉励他，继续在中国发展，利用海外所学，加快提高中国的汽车尾气净化技术，为中国环保乃至世界的环保事业作出更大贡献。他非常感动，说道："我的根在中国，我也会将事业的重心放在中国，为祖国的发展贡献我的绵薄之力!"

感由

此案能够圆满结束，有多方面的原因。当然，法律适用是最为重要的。回想着半年多的办案过程，以下几个问题一直萦绕在我的脑海中，挥之不去，希望与各位读者探讨。

一、关于在审查起诉和审判阶段，检察官、法官陪同会见的问题

本案中，无论是在审查起诉阶段还是在法院审判阶段，我们会见陈博士本人时，均需要向检察院或法院申请，并需要检察院和法官陪同会见。司法机关的理由是该案属于涉密案件，但我们并不认同这样的解释。《律师法》第33条规定：“犯罪嫌疑人被侦查机关第一次讯问或者采取强制措施之日起，受委托的律师凭律师执业证书、律师事务所证明和委托书或者法律援助公函，有权会见犯罪嫌疑人、被告人并了解有关案件情况。律师会见犯罪嫌疑人、被告人，不被监听。”而且，本案属于侵犯商业秘密案件，并非侵犯国家秘密案件，两者是不同概念，商业秘密本身没有什么特殊性，不会危害到国家安全，因此律师会见时无须司法人员陪同。司法人员以“涉密”为由强行陪同显然是违反我国法律规定的。

在办理本案的过程中，我再一次感受到在我国从事刑事辩护的艰难。辩护人和犯罪嫌疑人、被告人的诉讼权利无法完整地得到保障，这就从某种角度上阻碍了我国刑事辩护的发展，也阻碍了我国法治的进步。

二、关于鉴定专家的资质问题

在本案中，沽北市公安局委托鉴定机构进行技术鉴定存在诸多错误。究其根源，当然有鉴定机构本身的水平高低问题，但更重要的是鉴定专家的资质问题。本案涉及的技术属于工业催化领域，而沽北市公安局委托的鉴定机构聘请的七位专家中有四位根本不是化工领域的技术人员，更不要说工业催化领域了。七位专家中有法律专业、经济专业、机械专业、自动控制专业。这些专业与涉案技术根本无关，怎能从事工业催化方面的鉴定呢？可想而知，让不懂技术的人去做技术鉴定，其鉴定结论的正确性就可想而知了。所以，鉴定机构应该对鉴定专家的资质严格把关，坚决杜绝非专业人员参与鉴定专业问题，特别是在刑事案件中，更应谨慎。此案好在中院主审法官的慎重，认为我们提交的鉴定报告更科学，更权威，更准确，否则险些酿成冤假错案。

三、关于公知技术鉴定与同比鉴定的先后顺序问题

在商业秘密案件中，非公知技术鉴定和同比鉴定是常见的两种鉴定。这两类鉴定应有先后顺序，通常不会同时作出，更不能本末倒置。正确的做法是，应当先对权利人的技术进行考察，作出非公知技术鉴定，以判断权利人的技术中是否包含不为公众所知悉的技术信息，然后再获取侵权人或犯罪嫌疑人所使用的技术，进行同比鉴定，判断侵权人或犯罪嫌疑人使用的技术是否与权利人的技术秘密具有同一性。但是，在本案中沽北市公安局委托的两类鉴定报告系同一天作出，这就存在鉴定机构事先知道犯罪嫌疑人使用的技术后，再总结归纳权利人的技术秘密点，从而再判断两者是否同一，次序颠倒，程序错误，这显然是不公正的。

四、关于善待海外留学归国人员的问题

经过30多年的改革开放，我国的政治、经济发生了翻天覆地的变化，这其中也有海外赤子的巨大贡献。随着我国经济的飞速发展，我国市场已为被全球瞩目。昔日留学海外的华人，纷纷回祖国创业。这是值得我们庆幸的事情。他们把世界上先进的技术和管理经验带回国内，为国家的发展起到不可磨灭的作用，我们应该善待这些海外留学归国人员，应当把他们作为我们民族的财富加以保护。不能因为一些地区矛盾而动用刑事上的手段加以干预，这样不利于矛盾的解决，反而会加深误解，久而久之会动摇他们回国创业的决心，这是我们都不愿意看到的。本案好在有关领导高瞻远瞩，有大局观，认为陈博士是有真才实学的科学家，他将其聪明才智报效祖国，就理应鼓励。只要是来中国，就不论北方，还是南方均属爱国之举！有如此宽阔的胸襟，海外赤子对祖国才会渴望回归。

五、与公检法的关系如何处理问题

办刑事案件最棘手的就是与公检法的关系如何处理。当时正值重庆打黑，李庄律师被抓，我们特别小心。公安机关由于职业关系，他们的眼里看出来的人大多是坏人，思维是有罪推定，而且手上还有抓人的权力。因此，公安人员说话大多是吆五喝六的训话口吻。检察院是监督机构，说话处事严谨规范。法院是讲法的地方，从程序到实体大多严格依法办事。公检法最讲法讲理的是法院，其次是检察院。律师最好沟通的就是法官。律师与公检法应保持一定距离，但又要充分说理论法，必要的时候还要据理力争。为此，我们对陈博士案件采取以下措施：

第一，与公检法充分说理。公、检、法、司虽然各司其职，然而其目标是一致的，那就是实事求是，依法办事。所以我们要以书面和口头的形式指出公检法违法之处，如：（1）公安人员取证泄密，并且仗势欺人，出言不逊；（2）检察人员监督会见，并超期羁押；（3）法院在审理期间借用公权要当事人签字画押，承诺补偿。对此，我们往往会抓住机会，据理力争。

第二，起草五份律师的法律意见函，适时提出我们的书面意见，如：不断向公检法提出要善待海归派；慎用刑事手段解决企业经济纠纷；并从法律角度指出本案不构成侵害商业秘密罪。

第三，律师意见函抄报有关领导，包括当地政法委的主要领导，以引起领导重视。

第四，讲究策略，智勇双全，避免与公检法发生正面冲突。如该案第二次被检察机关退回补充侦查时，公安人员火气较大，说话多是居高临下，而且还不能会见陈博士，既要审查委托手续，还要审查律师费付款凭证。为此，我们决定改变方法，不与公安人员接触。因为接触也不能解决问题，弄不好还会发生正面冲突，与其如此，还不如避开为好。又如，在检察院审查起诉期间，按理律师可以单独会见当事人。但我们在会见陈博士时，检察官在旁监督，每次如此。我们曾问过为何要监督？检察官说此案涉密！

当时陈博士就问我是否有权利单独会见律师？我当时就很尴尬，不回答不行，回答不好就会与检察官发生冲突，不利今后展开工作。我只能说权利是有的，但此案被公检认为特殊，要加密。我接着话锋一转，说：“检察官还是很照顾的，昨天申请会见，今天就陪同前来，要不会见就不会这么快。”如此一说，检察官与陈博士都能释然，然后会见也就顺利进行。由此可见，刑案有些问题的解决并非靠蛮干，不是与公检法对着干才能解决的。以“李庄案”与我们的办案风格来比较，与公检法打交道，还是要以谋为主，以法为主，否则效果往往会适得其反。

17 再次握手

——高压有载开关技术信息刑案

案由

2005年10月中旬的一个中午，我因参加由上海市律协组织赴欧考察团而赶到地处长乐路和常熟路口的希腊领事馆办理签证。此时，同团仁友均已到达，乍一见面，认识者凤毛麟角。然而一张帅儒并存、笑容可掬的脸却使我一下就认出了15年前在吴江法院的法庭上各为其主对簿公堂的陈乃蔚律师。陈律师是典型的学者，他执业于沪上规模最大的锦天城律师事务所，先后在华东政法大学和上海交通大学法学院执教，如今又是复旦大学法学院的教授。遇到陈律师难免谈起当年“群英会吴江”的情景，不料他竟率直地脱口而出：“那场官司不是输给你了吗！”我却被陈律师的谦虚弄得尴尬不已，只得不好意思地说：“哪有胜负，和解算平手吧！”不料这一说却将双方的“后三国志”也讲了出来。陈律师说，他与肖工还有往来，肖工创建的华明公司现已壮大，产品约占国内80%的市场份额。肖工如今已是国内有载开关的领军人物，他与他的两个儿子肖毅和肖申不仅要抵御国际巨擘德国MR公司的竞争和兼并，而且还雄心勃勃想将华明公司打造成中国的MR公司，要在国际市场上与德国MR公司公平竞争、一决雌雄。谈到这里，陈律师稍微停顿了一下，我却从陈律师灿烂的笑容中隐约地感觉到肖工雄伟蓝图背后的艰难和困惑。而我则只能感慨地谈及吴江厂每况愈下的处境：吴江厂从人质被扣遵义到王厂长被审下台，从陈副厂长提出邀华明兼并到任命王浩厂长接盘，真是世事沧桑，令人扼腕。不久，我们便同行赴欧。虽有团长国雄等操劳，但也少不了陈律师一路指点。

陈律师出国频频，英语娴熟，欧旅如国旅，言及典故无所不通，指谈美景了如指掌。加之其个性豁然、爽朗大方，吾等则乐于听其介绍和指点。这次出国考察，头尾相加十天左右，多亏陈律师同行，否则就成"睁眼聋子"了。而且，有幸与陈律师共处十天，既促进了相互了解，也增进了双方友谊。当然，暇余之时我与陈律师也会一起回忆当年吴江鏖战激烈而又精彩的场景和令人难忘的第一次握手。

首次握手

吴江官司发生在1990年上半年，于1993年调解，至2005年12月第二次握手已逾12年。因其案情缘由之复杂、律师阵容之庞大、庭审时间之长久乃空前绝后，故令我刻骨铭心，永远难忘。

吴江官司其案情缘由之复杂乃指该案案由难定，立案无门。时任吴江厂副厂长的肖工与王厂长不和，不辞而别，且带走以其为主设计的仿MR公司V型和M型有载开关的图纸和资料，吴江厂一筹莫展，前来找我。那时，我刚辞去公职，下海加盟上海市经贸律师事务所，虽已涉足知识产权，但只是专利和版权方面。此案涉及商业秘密，系我国商业秘密诉讼第一案，也是我代理的商业秘密诉讼第一案。当时只有技术成果和技术诀窍之称，尚无商业秘密一说，更无商业秘密罪之法。商业秘密为法学界所认识，乃于1993年实施《反不正当竞争法》之后。因此，立案庭当时对此说法莫衷一是，可谓告状无门。于是决定分两步走，先以返还图纸为由起诉，立案后如保全成功，则冻存大量图纸，进而再增加诉讼请求，要求确认图纸内容的职务技术成果权，并追加被告，冻结银行存款。由于天助人意开局顺利，便为胜诉奠定了基础。

律师阵容之庞大乃指被告律师知名度高、人数众多和专业化强，可谓高手如林。当时被告开始是请全国著名大律师李国机老师及其助手。因此案涉及技术，专业性强，故第一次预备庭后，被告又邀在吴江享有盛誉的沪上著名大律师郑传本老师。郑老师因身体欠佳，二次开庭因故未到，后婉言推诿说如能调解则参与，否则便退出。最后出庭的三位乃是当今全国著名的知识产权大律师徐晓青、陈乃蔚和陶鑫良。他们在庭上言必专业、丝丝入扣、口若悬河、一气呵成。我则单枪匹马，遭其轮番轰炸，犹如吕布战三雄，虽惊心动魄、危机四伏，然你来我往、沉着应对，故未失风。正如现任的上海大学知识产权学院陶鑫良院长庭后多次说道，他们三人庭上并未占到便宜。我感激他们对我的高度评价，我更钦佩他们的儒将风度——谦逊、豁达。

庭审时间之长久乃指此案一则曲折离奇，波折迭起，从 1990 年 5 月立案至 1993 年 7 月调解结案，历时逾三年；二则该案六次开庭，最后一次庭审竟长达五天，其中三天庭审调查，二天法庭辩论，原、被告律师辩一轮就半天。当时我刚逾不惑，年富力强，鏖战数天仍精神抖擞。回首往事，记忆犹新，场面激烈，历历在目，其庭审历时之久堪称第一。当时对方首席代理人徐晓青律师（原上海市政府法规处处长，现任上海市律师协会副会长）是我挚友。他在庭审后的当天晚上就找到我提出调解结案。我一则碍于朋友面子；二则看法院判决也有难处；三则被告答应的条件还算通情达理，便同意调解，当夜就议定和解协议："被告归还原告吴江开关总厂仿德国 V 型和 M 型全部图纸和西德 MR 公司技术资料"；并一次性补偿原告吴江厂人民币 27 万元。第二天，即 1993 年 7 月 24 日，双方在法院打印的调解书上签字。一场前所未有的、扣人心弦的、蔚为壮观的商业秘密第一案也就在原被告双方律师的握手中降下帷幕。

莫须有罪

上帝总会将机遇降临给有准备的人们。这次同团出国考察就是为我和陈乃蔚律师第二次握手埋下伏笔。回国后，在团长赵国雄律师的安排下，我们假座沪西的“老鼠爱大米”饭店聚餐几次。不久，华明公司派蔡书记和张总，并由吴江厂原副厂长陈燮渊陪同前来咨询，方知贵州遵义警方欲以商业秘密罪来追究21年前肖工携图离厂之咎。我听后惊惑不已：惊的是警方代表公安，公安行动是刑案，刑案是要抓人吃官司的；惑的是此民事纠纷何以惊动警方。1984年，民法无商业秘密之说，刑法无商业秘密罪之名。商业秘密之说见诸于1993年生效实施的《反不正当竞争法》；商业秘密罪则出现于1997年修改后的《刑法》中。刑法的基本原则之一是法不溯及既往，即刑法适用“从轻兼从旧”原则。1984年，我国《刑法》尚无商业秘密罪之规定，那么且不论肖工当年的携图行为是否合法，退一步说即使违法也不构成侵犯商业秘密罪。既然如此，警方何必行动？何况此事连民事侵权都构不成！当年肖工离开长征厂，携带了部分作废图纸，经吴江法院委托鉴定，这些图纸与吴江厂研发的图纸不同，二者没有必然因果关系。华明公司现在新生产的仿V和M型开关更经过不断改进，融入了自主知识产权，与吴江厂当年的图纸已有很多不同，当然与长征厂当年的作废图纸就更不相同。而且，1984年正值国家推行“引进技术，归口管理，消化吸收，行业推广”的政策，故长征厂不应将机械部批准引进、组织测绘攻关仿造推广的技术成果垄断为己有，其权利应为机械部代表国家所有。即仿制的技术成果在行业内并非技术秘密，应予推广应用。退一步说，即使仿V和M型开关的图纸等技术资料是长征厂的商业秘密，但在1990年开始的吴江诉讼时，长征厂领导也到场旁听，明知此事也不主张权利，却在十多年后的今天才“如梦初醒”，不但要主张权利，而且还要追究肖工侵犯商业秘密罪，这难道不是莫须有的罪名吗？不是对我国法律规定的诉讼时效或追诉时效制度的一种无视吗？

任重道远

2005年12月15日中午，因是周末且天冷地冻，我懒得下床，正坐在床上工作。忽然电话铃响起，听电话里熟悉的声音便知是陈乃蔚律师。他在电话里问我现在有无时间，如可能则请我立即到他那里共议大事，他说肖工的亲属决心成立律师团，邀我加盟。我当然义不容辞，马上起身，驾车前往浦东陆家嘴临江的花旗大厦14层——锦天城律师事务所。好友孙爱民已捷足先登，正在陈律师办公室里伏案动笔。由于华明公司的竞争对手在西南媒体上发难，故想先请律师发表声明，澄清事实，挽回影响。爱民原是中院知识产权庭副庭长，起草声明小菜一碟，不一会便已拟就，我和陈乃蔚律师略作修改，即予发稿，此标志合作开始。临别与陈乃蔚律师紧紧地握手，此乃16年后的第二次握手。当然第二次握手的还有当年华明公司总工程师张惠国先生和肖工的长子肖毅先生，虽然当年庭上唇枪舌剑，但庭下仍友好握手，调解之后更是意义深远的握手。十多年后的肖毅令人刮目相看，他与兄弟肖申不但继承父业，而且与其父摆脱了手工作坊式的营运模式，已将华明公司引向雄踞中国有载开关80%市场的现代化企业。十多年的风霜雪雨，在肖毅的脸上刻画出大气、精干和成熟，加上近一米九的个头，毅然是一个敢于挑战跨国公司，冲出国门的青年企业家。这次我们的第二次握手说明16年后双方转换角色，从对手变成朋友，并肩应对国内对手的挑战，并联手对抗跨国公司的垄断。

当然与我第二次握手的还有当年审理此案的审判长吴江法院退休庭长石亨利和主审法官刘荣发，春节前夕我已专赴吴江与他们一起回忆往事、切磋法律，以应对来自我国西南的竞争对手。

第二次握手后，我感觉到肩上沉重的分量，此乃任重而道远。但是，随即我的脑海里跳出了我的好友李金华先生在我知识产权维权20周年纪念活动时赠匾上所题先驱李大钊之诗：“铁肩担道义，妙手尽回春。”于是心潮澎湃、信心倍增。

三下吴江

2005年12月15日，我正式加盟代理华明公司的商业秘密案。接手该案后，我立即投入工作，分析案情。该案的关键还在12年前我代理的吴江厂诉肖工和上海工程咨询研究中心技术信息侵权的案件。时间久远，案卷材料也所存不全，我当机立断，立即偕助手奔赴吴江，去法院调阅当年的卷宗。

次日一早，我们即到达吴江，可当年案件的承办法官刘荣发因故外出，案卷无法查阅。因上海尚有案件需开庭，故一下吴江，无功而返。上海的事情一忙完，我又再赴吴江，尽管还没有见到当年的主审法官，但因事先与其电话沟通过，我才得以顺利在吴江法院复印了当年法院审理的全部23本卷宗，看着一摞沉甸甸的卷宗，16年前的一幕幕又在眼前浮现。带着23本卷宗，我连夜驱车赶回上海。一到所里，我就开始查阅卷宗，看着一份份证据，一份份庭审笔录，当年庭上我与沪上三名大律师徐晓青、陈乃蔚和陶鑫良据理力争，唇枪舌剑，犹如三英战吕布，法庭如战场，当年那场“战争”，硝烟四起，危机四伏，我均能化险为夷，这一切也历历在目，现在想来也颇多感慨。我一边阅看卷宗，一边以时间为序，将案情做成大事记。这是我20年来办案养成的习惯，案情做成大事记的形式，一本大事记就能再现案情。案卷阅看完毕，对于卷宗中的一些问题，还需进一步跟当年的承办法官刘荣发沟通，详细了解案情，我又三下吴江。与其交谈，该案历时之长，庭审辩论之激烈，律师阵容之强大，乃其所审案件之最，故其对于该案仍记忆犹新，历历在目，犹如发生在昨天，他们对我提出的案情疑问，均能一一对答。

三下吴江，16 年前案件的脉络又逐渐清晰，案情也逐渐明了。

高见出炉

我阅完 23 本卷宗，案情已熟记于心，加之在沪、京和吴三地调查取证，我对该案的案情脉络便有了更为清晰的了解。我将奔波近三个月的事实、证据，进行整理分析，将其中的焦点问题归纳总结如下：

本案应分刑、民两部分分析。刑事是指是否构成商业秘密罪；民事是指是否侵犯商业秘密。刑事与民事均有实体和程序两个问题。

本案刑事部分涉及的程序问题主要是法律的溯及力；实体问题主要有两个：一是犯罪嫌疑人是否构成侵权，即是否侵犯长征厂的商业秘密？二是如果侵权，是否造成长征厂超过 150 万元经济损失？如果超过 150 万元，则构成侵犯商业秘密罪，如低于 150 万则不构成刑事犯罪，但构成民事侵权。

本案民事部分涉及的程序问题主要有两点：一是长征厂当年对吴江法院开庭审理吴江厂诉肖工和上海工程咨询研究中心一案是明知的，对其知而不诉应如何认定？是权利放弃，还是默认；二是当时《反不正当竞争法》尚未颁布实施，法律上尚无商业秘密一说，《反不正当竞争法》能否追溯前事？民事部分的实体问题较复杂，如：长征厂所主张的商业秘密是否为公知信息？如属非公知信息，则长征厂将报废图纸卖给废品站是否为“法律上的公开”？华明公司是否使用了该非公知信息？有否将吴江厂或华明公司的同型产品与长征厂的同类产品做过科学的同比鉴定来确认侵权？凡此等等，不一而足。由此可见，程序问题刑、民不同，有无问题理应对照相关法律来予以认定，而实体问题民、刑为因果关系，即构成民事侵权系构成刑事犯罪的前提，如不构成民事侵权则就谈不上刑事犯罪。

对于上述焦点问题，我结合事实，在法律意见书中一一予以解答。

1. 华明公司不构成民事侵权

由于本案民、刑之间存在因果关系，故首先应从是否构成民事侵权着手分析。民事是皮，刑事是毛，皮之不存，毛将焉附。华明公司不构成民事侵权其理由主要有如下五点：

(1) 长征厂盖有作废印章的M型高压有载开关测绘图纸不构成商业秘密。

商业秘密的构成要件是“四性”，即秘密性、保密性、经济性和实用性。作为商业秘密“四性”缺一不可。在20世纪的70年代末至80年代初，为提高我国变压器高压有载开关的生产制造水平，机械工业部先后购置了西德MR公司的M型和V型高压有载开关样机，并先后召集沈阳、西安和保定三大变压器厂及长征厂共同测绘仿制后在全国推广，由此而导致测绘图纸在行业内的公开。后长征厂决定引进MR公司的全套技术图纸，而将该批测绘图纸作报废处理。

首先，该批测绘图纸因在行业内已经推广公开，而失去了“秘密性”。这与我国当时的相关技术推广政策也是一致的。1983年6月29日机械工业部发文《机械工业部关于加速机械工业技术引进、做好消化和推广工作的意见》，其中明确要求对引进的技术消化后，要有领导、有计划地进行交流、推广，这是其一。同时，长征厂使用自行测绘该图纸而仿制的产品也早已在市场上销售，该产品结构等参数均可通过简单测绘获知，并不存在技术秘密，这是其二。

其次，该批测绘图纸因报废而卖给废品站的行为，而失去了“保密性”。对此长征厂资料室职工曾作证说：长征厂1985年之前的报废图纸确实是被卖到遵义废品站的。卖给废品站的后果就是使其公开，该行为从法律上来说是对保密权的放弃，即不要求保密，也就丧失了“保密性”。没有“保密性”的测绘图纸是不能构成商业秘密的。

（2）华明公司仿M、仿V型高压有载开关产品的相关技术来自于吴江厂，这在当年吴江法院诉讼时业已查明。

肖工于1984年5月离开长征厂之后，即在吴江厂工作，后于1988年底离开吴江厂。之后受聘于上海汇丰开关厂，后任上海工程咨询研究中心开关部负责人。之后又于1991年建立华明公司。因此，华明公司的仿M、仿V型有载开关产品有其技术来源，均来自于吴江厂，这在1990年吴江厂诉肖工返还技术图纸一案中已经法院查证属实，并予以确认。

（3）华明公司有权使用来自于吴江开关厂仿M、仿V型有载开关产品相关技术，这在当年已通过调解解决。

当年吴江一案最终经法院调解结案，尘埃落定。吴江厂已经接受了经济补偿，故调解书并未禁止华明公司继续使用仿M、仿V型有载开关产品的相关技术。另外，依据当时《技术合同法实施条例》的规定，华明公司作为非专利技术的受让方也是有权继续使用该技术的。

（4）退一步讲，如果长征厂系争图纸属商业秘密的话，那么肖工早在20年前就带到吴江厂，长征厂即使起诉，也应该起诉吴江厂，而非华明公司，且起诉吴江厂也早已超过诉讼时效。

吴江法院的案件，开庭时长征厂相关领导全程旁听过吴江一案的审理，时任长征厂厂长的徐慰祖还出具证人证言，均排除肖工带走长征厂引进MR公司图纸的可能，认定华明公司的产品技术源自于吴江厂。长征厂当时并不认为吴江厂侵权，说明对吴江厂的权利没有争议，这在法律上属于默认。当时不诉，现在起诉显然已经超过诉讼时效。

（5）从程序上来说，民事也存在法不溯及既往的问题。

关于商业秘密一说，在1993年我国《反不正当竞争法》颁布实施前是没有的。当时只有技术秘密或技术诀窍之称，国际上统称为“know-how”。那么，在《反不正当竞争法》颁布前的行为，显然是不能以颁布后的法律来阐述解释的。

2. 肖工与华明公司不构成侵犯商业秘密罪

（1）从实体来看，肖工及华明公司不构成侵犯商业秘密罪。

前面已经谈到民事是刑事的前提。既然肖工及华明公司不构成民事的商业秘密侵权，那么就不可能构成侵犯商业秘密罪。犯罪的构成要件之一就是行为具有社会危害性，如果行为连民事侵权都够不上，当然就构不成刑事犯罪。

（2）从刑事程序上讲，存在以下三个问题：

首先，退一步说，假设肖工1984年8月离开长征厂带走部分盖有作废印章的有载开关图纸，属于商业秘密的话，那么，由于我国在1997年修改后的《刑法》中才首次引入侵犯商业秘密罪的概念，原有《刑法》并无有关知识产权犯罪的规定，根据1997年《刑法》第3条所确立的“罪刑法定”原则第12条所确立的“从旧兼从轻”原则，即法不溯及既往，故肖工及华明公司显然不构成侵犯商业秘密罪。

其次，即使构成侵犯商业秘密罪，也已经超过追诉时效。依据现行《刑法》第87条规定，我国法定的最高追诉时效为20年，现在长征厂再指控肖工在1984年8月离开长征厂时窃取图纸的犯罪行为，显然已经超过了刑法规定的追诉时效。如果要继续追究刑事责任的话，则必须报请最高人民检察院核准。

最后，在侵犯商业秘密罪的侦查立案程序中，公安机关委托具有合法资质的鉴定机构进行专业鉴定是必经程序，第一，要鉴定被害人所主张的技术秘密是否是非公知技术，存在哪些技术秘密点；第二，还要进行同比鉴定，以鉴定犯罪嫌疑人的产品中确实使用了被害人所主张的秘密点，在有初步鉴定结论的基础上，公安机关才能予以立案。

基于上述的观点，我认为肖工1984年8月离开长征厂带走部分盖有作废印章的有载开关测绘图纸并不构成属于商业秘密；肖工和华明公司不构成对长征厂商业秘密民事侵权，更不构成侵犯商业秘密罪。且长征厂起诉肖工和华明公司侵犯商业秘密以及贵州警方追究肖工和华明公司侵犯商业秘密罪均已经超过诉讼时效。

看着这逾万字的法律意见书，回想这三个月近百日的奔波劳累，我也颇感欣慰。为民族企业服务是我一贯的理念，能为华明公司这样的民族企业服务，我觉得很值得。

京沪声援

由 20 多年前的图纸引发的肖工和华明公司涉嫌侵犯商业秘密罪的案件，引起了京沪两地专家学者的关注。专家学者纷纷讨论，20 多年前，我国还没有商业秘密的概念，商业秘密的概念是 1993 年《反不正当竞争法》才明确的，是否可以追诉？即使可以追诉，是否超过追诉时效？

2006 年 2 月 18 日和 2006 年 2 月 26 日，“商业秘密刑法保护研讨会”相继在沪、京两地召开，与会的专家学者以此案为源，对现在我国刑法保护商业秘密中存在的问题，展开激烈的讨论。与会的专家学者普遍认为：

（1）我国 1997 年修订的《刑法》在第 219 条中规定了侵犯商业秘密罪，1997 年以前没有侵犯商业秘密罪，实践中以前出现的个别类似案件，有的按《国家保密法》处理，有的是按照民事侵权处理的，即使出现个别国《有企业技术》人员利用职务便利获取技术图纸以及其他技术秘密，用于本人或者他人企业生产，一般也不作为犯罪处理。所谓肖工“窃取技术图纸”的行为是发生在 1984 年，当时法律对商业秘密犯罪并无明文规定予以保护的情况下，而 1997 年后法律才有明文规定，但是现行的法律显然是其行为发生之后才实施的。因此，用当时的法律衡量，肖工的行为并不构成犯罪。

（2）我国刑法关于时间效力的原则是“从旧兼从轻”。在 1997

年《刑法》实施之前，我国刑法及其他任何法律中，均没有商业秘密犯罪的规定，因此，不需要讨论刑法的时间效力问题，就可以明确肖工的行为不构成犯罪。

（3）根据法定刑期的不同，对追溯时效有不同的规定。如果认为，对肖工 1984 年“盗窃”企业技术图纸的行为可以按照 20 世纪 90 年代的司法解释以盗窃罪等罪名定罪，那么，要根据不同的法定刑来考虑是否超过追溯时效。现今已过 20 多年，也显然超过了追溯时效。

同时，很多专家学者认为：这个先例不能开，一旦开启这个先例，那我国很多企业和技术人员都将被追究刑事责任。因为在 20 世纪 80 年代，我国的政策是引进、消化、吸收技术，而且不能封锁，必须扩散，在行业内是没有秘密可言的。这是那个时代的特征，现在不应人为地去追究那个时代的问题。

另辟蹊径

2006 年 8 月 28 日，长征电器（长征厂的承继企业）的股东广西银河集团有限公司（以下简称“银河集团”）的掌门人潘琦接受《21 世纪经济报道》记者采访，在报纸上发表的一些言论，造成华明公司商誉受损，生产经营受到极大影响。一家外国公司因此与华明公司解除合约。

在 2006 年 8 月 28 日的《21 世纪经济报道》第 10 版和第 11 版中，很多言论涉嫌侵犯华明公司的名誉权，例如：“时至今日，在潘琦等人看来，由此引发的一系列媒体对长征电器以及银河科技的质疑，均是出自‘有组织有策划’的预谋，有‘利益集团支使’……在该材料中，长征电器方面认为，我们有充分的理由和证据认定，是公司追究上海华明电力设备制造有限公司实际控制人肖工侵犯商业秘密的维权行动（涉案金额逾亿元），促使了上海华明的恶意报复，是上海华明幕后组织策划了‘长征电器事件’……上海华明通过组织相关人员举报及媒体炒作等形式对长征电器发动攻击的目的在于混淆视听、干扰司法工作的正常进行。”（摘自2006年8月28日《21世纪经济报道》第11版）

华明公司在肖工长子肖毅的领导下，对于这次舆论危机，组织严密，应对有方，数天后即召开新闻发布会，披露了案件真相，澄清了报道中的失实之处。

原本由于刑案尚在侦查阶段，律师难以发挥作用。该报道使我看到一丝转机，正所谓“山重水复疑无路，柳暗花明又一村”，正好可以抓住对手的这次疏忽，转被动为主动。为了扭转局面，防止损失的进一步扩大，同时也是作为诉讼的策略，华明公司即以长征电器和银河集团侵害商誉权为由向法院提起诉讼，要求两被告停止侵权，赔偿损失，于是又开辟了一个战场。

风云突变

双方偃旗息鼓，平静了数月，但静得有些可怕，似乎在积聚着能量，预示着更大的暴风雨即将来临。果不出所料，长征电器开辟了第三战场，2007年2月6日，广西壮族自治区高院正式受理了长征电器诉柳州变压器有限公司（购买侵权产品）、华明公司和肖工侵犯商业秘密的民事案件，长征电器索赔高达1亿元。刑案未结，民案又起。为了积极应对，多线作战，肖工长子肖毅先生不惜重金，组成强大的律师团，聘请了上海、贵州、广西的五位律师，仅在上海就聘请了当年吴江案中的三位上海滩赫赫有名的大律师陈乃蔚律师、徐晓青律师和我。这也是我佩服肖工和华明公司之所在，作为我国高压有载开关的领军企业，无论何事，华明公司都力求做到最好，只要有一丝希望，就要奋战到底。从16年前的吴江案中的李国机、郑传本、徐晓青、陈乃蔚和陶鑫良律师到今天强大的律师团，无一不体现华明公司做事的风格，做事的决心，有了这样的信念，任何坎坷都能迈过，任何困难都无法阻挡企业前进。

收到广西壮族自治区高院寄来的长征电器的诉状，华明公司立即召开了第一次律师团会议，商讨应对措施。与会律师纷纷各抒己见，讨论长征电器的诉状和证据。该案的第一被告是柳州变压器有限公司，其购买了华明公司的产品，长征电器以其为第一被告在广西壮族自治区高院起诉。我认为，该案的侵权行为地、结果地均不在广西，广西壮族自治区高院何来管辖权？退一步，就算第一被告在广西境内，但依据我国《反不正当竞争法》规定的构成侵犯商业秘密的行为，购买侵权产品是不构成侵犯商业秘密的，柳州变压器有限公司作为被告是不适格的，而且柳州变压器有限公司与长征电器是关联公司，显然是为了规避管辖，故广西壮族自治区高院不应管辖。同时，依据“先刑后民”的原则，在刑案尚未结案时，民案本就不应受理。华明公司应立即向广西壮族自治区高院提出管辖权异议。五位律师也对诉讼的事项进行了分工，积极做好应诉准备。会后，我即让助手起草管辖权异议申请书，交华明公司盖章后，递交广西壮族自治区高院。

2007 年 6 月 8 日，广西壮族自治区高院就管辖权异议举行听证。在听证中，由陈乃蔚律师与徐晓青律师出庭代理华明公司充分发表了自己的观点，并据理力争，认为该案本不应该受理，既然贵院已经受理，那么就应依据《民事诉讼法》规定将案件移至侵权行为地贵州或被告所在地上海。

大幕骤降

广西壮族自治区高院民事案件的起诉使三大战役达到了最高潮，就在我仍在为“三大战役”积极准备时，我突然接到肖毅的电话，捷报传来，原来长征电器已于 2007 年 6 月 22 日向广西壮族自治区高院申请撤诉，6 月 26 日广西壮族自治区高院裁定准许撤诉。听此好消息，我由衷欣慰，前期的工作总算没有东流。

数天后，捷报又传，最高检批复贵州省检察院撤销对肖工的批捕决定。同年6月，遵义市公安局也下发了撤销案件决定书。这两个消息犹如久旱逢甘露，一年多的努力和辛劳，终成正果。

“三大战役”，连拔两筹，华明商业秘密案的大幕在风起云涌之际，就骤然降下了。随着该案大幕的降下，肖老先生也即将回国了，华明公司将会迎来新一轮的发展，我国高压有载开关又将再上一个台阶。华明公司作为我国高压有载开关的领军民族企业必将屹立世界企业之林。

18 路漫修远

——克狄芯片技术信息刑案

案由

克狄电子有限公司（以下简称“克狄公司”）于2004年由留学归国人员创办成立。总部位于南方某高科技园区，并在北方设有研发设计分部，主要从事视频芯片的设计、开发、制造和销售，并提供相关技术咨询和技术服务。经过几年发展，克狄公司拥有先进的测试实验室和研发平台，积聚了大量在数字/模拟电路、功率放大器和视频处理等高科技领域有建树的知名工程师和技术专家，75%以上的员工具有硕士、博士学历；拥有超过50多项国际先进的具有中国自主知识产权的发明专利或核心技术。

毕某于2004年克狄公司成立时就已加入，并与克狄公司签订了保密协议及竞业限制协议。毕某加入公司时刚从学校毕业，没有设计视频芯片的工业应用经验，在克狄公司对其不断进行知识和技能的培训之后，才从事应用于A、B、C等型号的视频芯片开发。2008年9月25日，毕某从克狄公司离职，离职前担任产品设计经理，为克狄公司骨干设计人员。

毕某在离职后，即组织亲友同学等人在南方某市成立高虬电子有限公司（以下简称“高虬公司”），并自任技术总监。

高虬公司成立不到两个月，就推出了A视频芯片的工程流片。业界此类产品从研发到流片至少需一年时间，期间要经过多次流片，直至测试版本的样片出品。然而，毕某及高虬公司未经这些中间环节，就直接提供批量生产用的设计方案。

克狄公司为保护自身合法利益及阻止毕某和高虬公司的盗窃、使用克狄核心技术秘密的行为，根据高虬公司的产品实物及图片，先后做了三次司法鉴定，并几次向公安局举报。第一次鉴定由于公安认为鉴定专家在该芯片领域专业知识不够，故不予采信；第二次鉴定由于个别鉴定专家在鉴定报告出具后，又发表了与鉴定报告内容相左的意见，故公安机关也不予采纳；第三次鉴定，鉴定报告中明确了一个秘密点且高虬公司的产品中存在实质相似，故公安局予以采信。

两次坎坷

那是在2010年冬的一天上午，两位气质不俗的年轻女士急匆匆地来到我所，说是慕名而来，有事相求。

经过一番互相介绍，才知道原来她们来自克狄公司，是该公司的高管。因一起有关商业秘密的维权事宜想请一位著名知识产权界律师，她们是通过张江科委的推荐特意来找我的。

走在前面的是金女士，说话典雅，慢条斯理，甚是低调，不料却是该公司的首席财务官（CFO），有多年海外工作的背景。后一位是谭助理，其声音清脆，语速颇快，思路敏捷，精明能干。

据金女士称，该公司有一名技术总监毕某，2004年大学毕业后就来公司工作。毕某来时，缺乏工作经验，公司便对其进行知识和技能培训，使其具有从事视频芯片开发的专业技能，很快就成为克狄公司的骨干设计人员。2008年9月，毕某从克狄公司离职，离职前担任产品设计经理，主持开发了A视频芯片。毕某在离职后，即组织亲朋好友在南方某市成立高虬公司，并自任技术总监。高虬公司成立不到两个月，就推出了A视频芯片的工程流片。业界此类产品从研发到流片至少需一年时间，期间要经过多次流片，直至测试版本的样片出品。然而，毕某及高虬公司未经这些中间环节，就直接提供批量生产用的设计方案。此后，高虬公司以该设计方案，生产了涉嫌侵权的产品，并走访了多家原向克狄公司购货的需方，以低于克狄公司相同产品数倍的价格推销其产品，抢占了克狄公司的市场份额，给克狄公司造成了重大经济损失。

克狄公司感到事态严重，便立即派人去要求毕某和高虬公司停止生产涉嫌侵权的产品，但毕某和高虬公司却矢口否认。克狄公司于是先后委托了两家司法鉴定机构，要求其出具鉴定报告，并向公安报警，希望用刑事手段来阻止涉嫌侵权人继续生产。但由于种种原因均无果，在这种情况下，她们才找到我，希望我伸出援手。

两位女士的叙述令我为难。一方面，毕某的行为显然属于过河拆桥，有悖忠诚原则，我理应义不容辞地支持克狄公司；另一方面，克狄公司已经经过两次司法鉴定，但公安不予立案，显然说明缺乏足够的证据来指证毕某和高虬公司。因此，对毕某和高虬公司涉嫌侵犯商业秘密的行为，定性虽然简单，但真要通过刑事手段维权成功却非常之难。

我开诚布公地把这些想法告诉了两位女士。她们听了之后显得焦急，再三表示非要我想想办法，千方百计地让公安立案，决不能让公司花了代价而得到的智力成果被员工窃走。不然的话，公司内部员工一方面可能会心里不平衡，另一方面还可能会有员工效仿毕某。因此，必须杀鸡儆猴，以儆效尤。

两位女士诚恳的目光使我难以推脱，于是经过协商并达成代理协议：一为代为鉴定；二为促成公安立案。

既然要代为鉴定，那就先要了解之前的两次鉴定的具体情况以及不立案的原因。谭助理当即表示，隔天就带公司负责技术的总工程师，再来具体说明情况。我想，谭助理果然是雷厉风行、干脆利落之人。

第二天上午刚过9点，谭助理如约带着一名白面书生模样的男子来到所里。该男子自称姓文，是负责这个产品的工程师，果然是人如其姓、温文尔雅。他是美国麻省理工学院的海归高材生，一看就是个做学问的人，而毕某以前就是其下属。

文工此次也是有备而来，特意带了U盘，里面有此案以前的相关资料。我吩咐助手装好投影仪，听文工将前两次的鉴定情况娓娓道来。

文工语速不快，思路清晰，简明扼要，但对关键事实说得清楚：第一次鉴定，我们公司委托一家名为科学司法鉴定中心。其鉴定内容是将克狄公司和高虬公司芯片中某部分电路的照片作同比鉴定，鉴定结论为“该部分电路三极管排列方式和管数等一致”。“但公安却认为，该鉴定报告并不能证明A芯片存在秘密点，且鉴定专家在该芯片领域不具有足够的专业知识，故不予立案。于是第一次鉴定徒劳无功。”文工继续说道，第二次鉴定，公司吸取因第一次鉴定人专业技术能力不足而被公安否定的教训，另外找了一家业内较为著名的鉴定机构。鉴定内容为“A视频芯片存在秘密点，且高虬公司同类产品中含有该秘密点。”这本是一个良好的维权开端，最后却出现了一个意想不到的情况。在鉴定报告出具后，其中一位鉴定专家在公安部门询问他的看法时，却又发表了与该报告结论相左的观点，致使该鉴定报告也不为公安所认可。第二次鉴定就这样也就付之东流。

听完文工的介绍，我对之前的两次鉴定，有了清晰的了解。正在我沉思前两次失败的原因时，谭助理急切地说道：“请朱律师无论如何帮我们再委托一家既有资质又业务良好的权威鉴定机构，我们公司仍要坚持不懈、继续维权，惩办毕某。”

文工也略带自责地说道：“我平时对毕某非常信任，没想到他见利忘义，跳槽竞争……”他边说边摇头，想来是郁闷不已。

先利其器

古人云："工欲善其事必先利其器"，此案是商业秘密侵权案件，根据商业秘密的"接触+相似原则+无反向工程"司法认定原则，以及谭助理所述情况，要证明毕某和高虬公司接触系争商业秘密并非难事，那么最关键的是要证明我方的产品有秘密点，且对方的产品和我方产品相似的司法鉴定报告。

究竟委托那家鉴定机构来做这个事关本案成败的鉴定报告呢？我想起了北京的康格司法鉴定中心（以下简称"康格中心"），我们之间有多次业务往来，是一家权威的鉴定机构。前不久的一个商业秘密案件，就是委托该所出具的鉴定报告，并在案件中起到了良好效果。该所正好是谭助理所期望的鉴定机构。于是我向谭助理提出了委托康格所做鉴定的建议，她听后当即表示同意。

克狄公司的A视频芯片，看似只有小指甲大小，但却分7层，每层均有复杂的电子结构，且层层相连，好似玲珑宝塔，其中的高科技技术犹如奇珍异宝，数不胜数。但究竟哪些是对本案有用的秘密点呢？为此，我决定亲赴克狄公司，精确定位秘密点之所在。

2010年12月中旬的一天下午，天气特别阴冷，寒风刺骨。我和助手赴克狄公司与文工，谭助理，金女士等召开"秘密点挖掘会"。我从法律角度阐述了商业秘密案件中认定对方侵权的秘密点的要求与特征："一个有效的秘密点，首先应不为公众所知悉，如果被公众所知悉了，那就是公知技术了，不具有商业秘密的秘密性，这是秘密点最基本的要求。第二，商业秘密要能为权利人带来经济价值，并具有实用价值，这就是商业秘密的经济性和实用性。如果该秘密不具有经济型和实用性，也就不成为法律上的商业秘密，法律就不会保护。第三，权利人要有保密意识，且采取了保密措施，这就是商业秘密的保密性。"接着我便举了几个实例，对商业秘密的四性加以说明。文工毕竟是高科技人才，理解也很快，马上便开始挖掘秘密点，从A视频芯片本身具有的几百个技术信息中，初步挑选出几个秘密点，供参会人员讨论。最后，会议取得了重大进展，大家一致同意，秘密点应重点突出在被置金层所覆盖的部分，即某镇流电阻的选择。作为秘密点证据补强，再增加某部分电路所使用某晶体管的技术信息作为秘密点。

此次会议后，我与助手赶赴北京，又与康格中心主任商谈此事。该主任表示，他们有能力完成这个鉴定，并请我们尽快提交需要鉴定的产品。闻听此言，我就放心下来。

于是，2011年1月，克狄公司做了涉嫌侵权产品的购买公证。2011年2月，克狄公司还做了邮递公证，将涉嫌侵权产品，邮寄给康格中心。康格中心便开始着手鉴定。

至此，我方初步工作已经做好，就等鉴定报告结果了。

宝剑出鞘

时光荏苒，光阴似箭，自从2月份开始鉴定后，谭助理对鉴定结果十分关心，几次来电询问鉴定进展。我也为此多次与康格中心沟通。原来本次鉴定的难度确实很大，需要用专业仪器，将覆盖含有秘密点的稳压电阻的置金层去除掉。此工艺要求很高，既要去除干净，又不能将电阻破坏，若去除不净，电阻测算便不准；若去除太净，恐会破坏电阻，数值难准。

2011年4月底，终于收到了这份姗姗来迟的鉴定报告，其中认定两个关键事实：

克狄公司主张的A视频芯片稳定电路中选用的×欧姆镇流电阻的技术信息，属于非公知技术信息；

克狄公司主张的A视频芯片稳定电路中选用的某晶体管的技术信息，属于公知技术信息；

高虬公司的A视频芯片和克狄公司主张的A芯片电路采用×

欧姆镇流电阻，允许工艺偏差 ±50 欧姆，故两者技术信息实质相同。

该鉴定报告证明两个问题：（1）我方的产品至少含有 1 个秘密点；（2）对方的产品与我方产品相似，即实质相同。

这份鉴定报告对我方是有利的。对此我也感到欣慰，几个月的努力并没徒劳。

在收到这份鉴定报告后，谭助理和我就事不宜迟地去公安局做了本案的第三次举报。经侦队长在对鉴定报告严格审查后，认为该报告无懈可击。他认为康格中心的鉴定报告反映了克狄公司的 A 视频芯片中含有秘密点这个关键事实，若高虬公司确实生产了含有该秘密点的 A 视频芯片，则应予立案，但尚须调查核实，请我们等候结果。

功亏一篑

2011 年 6 月初，天气渐热，离报案也有 1 个月了。队长来电问我方是否能提供证明毕某现在住在哪里，有无确切的地址。我方表示不清楚。一天下午，我和谭助理应约来到公安局，队长将案件进展告知我们，原来公安在 5 月份已派专人远赴南方某市调查高虬公司，但对方辩称，毕某从未在其公司上班；且该公司生产的 A 视频芯片中的稳压电阻数值与 × 欧姆秘密点不同，高虬公司还向公安人员递交了他们生产的 A 视频芯片。队长问我方是否能提供证明毕某在高虬公司上班以及高虬公司生产涉案侵权 A 视频芯片的确凿证据？并打算要将高虬公司提交的产品与我方的产品进行同比鉴定，故公安目前尚不具备立案条件。

我与谭助理分手时，要她了解为什么两个芯片的欧姆值会不相同。过了几天，谭助理和文工告知我说，高虬公司所提交的 A 视频芯片的产品，与他们早期生产的产品欧姆值相同，当时毕某还在克狄公司搞研发，他知道早期产品的欧姆值。但鉴定时却忘了将目前生产的新产品和早期产品的欧姆值作为秘密点一并鉴定。

我闻听此言，哭笑不得。没想到在不应该出问题的地方，却出了问题，于是，本案又陷入了僵局。

感　由

本案刑事立案一波三折，结局虽然无果而终，但仍想谈几点感受，与读者分享。

一、关于商业秘密案件是否非得用刑事手段

本案中，克狄公司原想采用刑事手段作为其商业秘密的救济方法。相对于民事救济方法来说，在调查取证时，刑事手段具有相当的优势，但我认为对于商业秘密侵权行为应慎用刑事手段。其理由如下。

1. 商业秘密案件审理周期长

知识产权案件不同于一般的民事侵权案件，往往涉及高新技术，具有案情难、争议大、盲点多的特点。因此，知识产权案件一般由中级人民法院或被授权的基层人民法院设立的知识产权庭专门审理。商业秘密案件其系争技术、方法是否属于非公知信息以及涉案人是否使用了该非公知信息，往往需要由该领域的专家通过技术鉴定来分析和判断。因此，当事人举证和法官审理其难度更大。既要在法庭上听取原、被告双方举证、质证和辩论，又要参考专家的鉴定意见，而后才能对案件作出判决。此过程往往需要耗时 1 ~2 年，特别疑难的案件耗时更多。

2. 刑事手段往往会导致企业破产和家破人亡的结果

公安机关在立案后，就会直接“抓人”，并搜查证据。不少涉案企业的负责人或高工被公安机关限制人身自由后，企业的生产经营往往会陷入瘫痪，甚至倒闭、破产。而对于被“抓”的涉案人员的家庭来说，更是重大的打击，甚至会出现家破人亡的结果。上述情况，有些在法院尚未作出判决前即已出现，即使法院最终判决涉案人不构成侵害商业秘密罪，但企业破产、家破人亡的结果也难以逆转。以我20年商业秘密诉讼的代理经验来说，因刑事手段所导致的惨剧不胜枚举。

3. 商业秘密案件的标的是财产性权利，通过民事手段解决为妥

商业秘密之争，往往因企业之间的市场竞争所引起，不宜适用公法调整。知识产权案件的民事审理过程是严谨和充分的，通过民事诉讼手段完全可以给权利人以经济利益的补偿，必要时还可通过增加赔偿和其他民事制裁措施来加大民事保护力度，这样就可避免因刑事救济手段而导致的严重后果。

二、关于认定商业秘密侵权的“接触＋相似＋无反向工程”的司法认定原则

本案是商业秘密侵权案件，要促使公安立案，必先有充分证据证明毕某及高虬公司侵犯了克狄公司的商业秘密。“接触＋相似＋无反向工程”原则在我国侵犯商业秘密案件的审判实践中得到了广泛运用。人民法院和其他公权力机关在处理侵犯商业秘密案件时，若被控侵权方所使用的商业秘密（包括技术信息和经营信息）与权利人的商业秘密相同或实质相似，同时权利人又有证据证明被告在此前接触了该商业秘密的，那么还须由被控侵权方来证明其使用的商业秘密具有合法来源，否则即应承担侵权责任。

人民法院在审理侵犯商业秘密的侵权案件中，往往是用“接触＋相似”原则来认定的。此“接触＋相似”原则是“接触＋相似＋无反向工程”的一种简称，因为仅仅满足“接触＋相似”原则来认定被告侵犯商业秘密，显然是不够的。还需满足“无反向工程”这一条件，即上述司法认定原则尚需加“无反向工程”原则。否则，就不能认定侵犯商业秘密。

本案的后来发展，没有确凿证据证明高虬公司通过毕某接触过克狄公司的系争秘密点，故公安不予立案，也是符合“接触＋相似＋无反向工程”原则的。

三、关于司法鉴定机构和司法鉴定人的资质和专业技能问题

认定商业秘密被侵权，由专业的司法鉴定机构出具鉴定报告不失为一种行之有效的办法。但是，寻找司法鉴定机构和司法鉴定人也得慎之又慎。不同技术领域的商业秘密应由该技术领域的鉴定机构和鉴定人来鉴定，并非所有的司法鉴定机构出具的报告均准确无误。故选择鉴定机构，应从以下几方面考虑：首先，鉴定机构和鉴定专家必须具有国家有关部门认定的资质；其次，鉴定专家必须在相关领域具有足够的业务水平，包括专业水平和职业素养；最后，鉴定机构必须具备鉴定所需的相关仪器或了解相关仪器的所在机构。

综上所述，当事人在选择司法鉴定机构申请鉴定时，应充分考虑上述因素，切忌贪一时之便，而铸成大错。而司法鉴定人在接受委托后，也应尽心尽力，凭借其专业技能，启发和帮助鉴定申请人挖掘有效的秘密点，以帮助权利人维权。

四、关于商业秘密案件中公安机关的谨慎问题

笔者从20世纪80年代起，即开始代理商业秘密案件，纵观20多年来公安机关处理商业秘密案件的思路，发现其也在与时俱进。最明显的变化就是公安机关立案越来越谨慎。以前，只要举报人能提供系争技术属非公知技术的证据，公安机关就可立案、搜查和拘留，然后再根据犯罪嫌疑人的口供和搜查结果，做同一性鉴定。若相同或相似，加之犯罪嫌疑人对该非公知技术有接触并获取，又予以泄露，就构成侵犯秘密罪。

但现在，公安机关立案，首先必须有系争技术属非公知技术的鉴定和同一性鉴定。其次，举报人还必须要有证据证明侵权人接触过该非公知技术，最后，举报人还要提供犯罪嫌疑人目前的住址和联系电话。这较之以前，更为谨慎。

笔者认为，公安在这方面的转变也是慎用刑事手段的具体表现，也是公安加入经济纠纷小心谨慎的进步表现，正与笔者的观点不谋而合。

D. 涉外类

19 商业秘密小品三则

——进退维谷、失之交臂、毅然拒绝

进 退 维 谷

2006年5月6日，一位姓周的小姐给我打来电话，称其是美国浩海律师事务所上海代表处（以下简称“浩海所”）的翻译。周小姐说，浩海所目前有件商业秘密案件，他们通过网络了解到我是国内知识产权专业律师，且尤以商业秘密案件见长，因此主管律师希望能在方便的时候约我面谈。

次日，我带助手来到南京西路的一栋五星级写字楼，穿过空阔而悠长的走廊，乘电梯不一会儿就来到浩海所。接待我们的是一位外籍女律师Amy，周小姐作为翻译也参加了会谈。Amy首先向我们简要介绍了美国浩海所的情况。浩海所是美国一家规模较大的律师事务所，2003年在北京设立办事处，次年又获准在上海设立办事处，为众多在中国有着商业利益的客户长期提供法律咨询服务。紧接着Amy又说，浩海所有一家跨国公司客户，遇到了一起商业秘密案件，想要寻找一位这方面的专业律师合作，但她未透露有关这家跨国公司客户的半点信息，主要是了解我代理商业秘密诉讼的经历。我向Amy详细地介绍了我多年来代理的重大、疑难商业秘密案件。她频频点头，认为我的资历足以胜此重任，她将向这位神秘客户推荐我。

不几日，周小姐又来电话告诉我说，经过浩海所的推荐，这家客户希望与我面谈，并告知这家跨国公司就是D公司。一提到D公司，恐怕国人无人不晓。20世纪70年代著名的D公司商业秘密案在美国许多商业秘密案件判决书中被广泛引用，并对后来美国乃至世界各国的商业秘密立法都产生了极其深远的影响。可见，D公司是一家高度重视商业秘密保护的公司。如今D公司要在中国寻找律师代理什么样的商业秘密案件呢？带着强烈的好奇心，我欣然答应了邀请。

5月9日下午两点半，我驱车前往位于市中心的D公司上海分公司，迎接我的是该公司的法务方兆，他说一口地道的北京话，一问，果然是北京人。方兆将我引领到15楼会议室，里面已有两人在等候了，一位是D公司大中国区总裁，另一位是D公司的全球法律副顾问兼亚太区法律总顾问。方兆向他们介绍我说："这位是沪上著名的知识产权专家朱妙春律师，从事知识产权案件近30年，特别是代理高难度的商业秘密案，其胜诉率不低呢。"几句寒暄后，大家直奔主题。

方兆问我是否知道2006年4月1日浙江浙西公司（以下简称"浙西公司"）爆炸致5死2伤之事。我确实在报纸上看到过报道，作为一名律师，要时刻关注国内外大事，掌握第一手资料，以备不时之需。但我很困惑，这与D公司有什么利害关系？方兆微微一笑，娓娓道来。原来，2005年底，D公司发现其已经辞职的美籍华裔雇员，在离职前获取了公司的商业秘密资料，这些商业秘密可以用于生产某种高品质的化工原料。华博士回国后于2005年5月加入到上海三石公司。该公司主要从事化工工程咨询服务，后与浙西公司合作，但浙西公司在试生产这种高品质化工原料时，不料发生了爆炸，导致华博士当场死亡。经过D公司的初步调查，认为该商业秘密可能已从上海三石公司流到了浙西公司。所以想请我对于此案发表一些法律意见，目的是防止该商业秘密继续扩散。

听完案情简介后，我的第一个想法就是可以起诉三石公司和浙西公司侵犯商业秘密。但我随即又想到，商业秘密案件的诉讼难度很大，对于秘密点、接触点的举证相当困难。虽然我曾经代理很多商业秘密案件，但经验告诉我，商业秘密案件的原告难做，原告首先要证明自己是权利主体；其次要证明客体的有效性；最后还要证明被告有侵权行为。本案的最大难点是如何证明三石公司与浙西公司接触并使用了该商业秘密。D公司与我约定另外安排时间再谈。

经过此次交谈，我了解到D公司对于华博士获取其商业秘密似乎很有把握，但是还在犹豫的是应该提起商业秘密诉讼，还是与三石公司进行谈判？如何进行商业秘密的诉讼？对于商业秘密诉讼的胜率有多大？商业秘密案件正如我之前提到的那样，原告的举证责任非常重，对于秘密点、接触点的把握举步维艰。

5月17日，我又应邀到D公司与总裁和方兆会面，在此次会谈中主要针对的问题是D公司如何与三石公司进行谈判。我对此也提出几点建议，如会谈时应注意技巧，晓之以理、动之以情、明之以法，如果三石公司停止侵权，并保证不再进一步泄露D公司的技术秘密，则可“既往不咎”等。我也对他们的疑虑一一作了解答。

方兆送我离开，我们边走边聊。“朱律师，我们这个案子，我是很认可您来做的。像您这样一位有丰富经验的律师，若到北京去办所，将会有很大的发展。”随即，方兆话题一转，问我代理案件的费用。我回答了一个不低的数字。方兆问：“是人民币还是美金？”“当然是人民币了，”我笑道。这说明我的开价还不够高吧！方兆回答说：“我会向公司汇报，再与您联系。”我们握手告别。

随后几日，方兆几次与我沟通聘请律师合同的具体条款，包括费用的分期支付问题等。合同条款已基本谈好，但不知何故，随后便没了音讯，我似乎有一种上当的感觉。

不久，华博士的遗孀聂平突然造访，要请我帮她打两个官司，一是华博士的工伤事故赔偿；二是人身损害赔偿。聂女士提起她是经D公司介绍找到我的，这让我感到很困惑。但聂女士及其子女的不幸遭遇令人同情，于是我就安排助手先后到上海市劳动仲裁委员会和市一中院解决工伤事故赔偿和人身损害赔偿。前者赔偿27万元业已生效；后者市一中院尚未判决，估计赔偿也不会很高，如按照国内标准两案赔偿数额相加也超不过百万，此数额浙西公司也曾答应过，但与聂女士及其子女的诉求60万美元相去甚远。为维护当事人的利益，我就设想另诉三石公司和浙西公司侵犯商业秘密，以迫使两家公司在人身损害赔偿案中作出让步。可是这又使我犹豫起来，因为这样一来，D公司就会获知消息，并有可能以第三人的身份参与诉讼中，那么我们在前期所做的努力就会为他人作嫁衣，让D公司有机会坐享现成，不劳而获。但如果不告，则我方当事人的利益又得不到维护，这就使我左右为难，进退维谷。我突然恍悟D公司让聂女士来找我的动机，原来是想成为在后黄雀，渔翁得利。于是，我就觉得更应慎重行事，伺机以待，好在子弹尚未出膛，千万不能轻易让跨国公司得呈！想到这里虽有些悻悻，但也就释然了。

失之交臂

2007年4月的一天，我心情愉悦地开着车行驶在沪杭高速路上，刚刚以和解方式处理完一起涉外商标侵权案件，正赶赴杭州参加一个知识产权研讨会。车窗外飘着迷蒙细雨，阴沉的天气丝毫没有影响我轻松的心情。正在这时，手机响亮的铃声打断了车内的寂静，屏幕上显示的是一个陌生的电话号码。接通电话，那边传来一个年轻的声音，有些学生气："您好，是朱老师吗？"我听到这个称呼倍感亲切，因为在律所里，助手们都这样称呼我。我乐于培养青年律师和实习生，毫无保留地传授我的经验体会和办案心得，让他们在业务上尽快上手，少走弯路。对方首先自我介绍，他是深圳F公司的一位法务人员，姓吴，目前公司在商业秘密方面有些困惑，希望向我咨询一下，并邀请我专程前往深圳进行指导。F集团是一家台湾知名高科技公司，其知识产权工作比较成功，培养了大批知识产权人才，特别是专利代理人，我们律所曾有几位学生就来自这家公司。由于他们从事的专利代理众多，市场意识颇强，具有开拓能力，业务方面优秀，从而有的就成为我的得力助手。我曾受上海多所高校邀请为学生们讲授知识产权的前沿问题，以及律师执业的一些体会与感受，也多次前往上海及周边省市的企业讲课，深圳方面邀请还是头一回，我对此挺感兴趣。至于报酬方面，我提出不能按照惯例，因为这次不是一般讲课，而是咨询解惑，故要收费十万元，对方表示等向主管汇报商量确定后再与我联系。

我在杭州开会期间，F公司法务小吴第二次来电，说领导同意我的报酬要求，希望尽快与我签订合同。我隐隐感到他们一定是遇上棘手问题，所以如此急切地要签合同。我让对方把合同条款传真到律所，当晚一回到上海，我就赶紧取来合同仔细研究。阅完后我的第一感觉就是对方不是邀请我去讲课，实际是对一起涉及商业秘密的案件进行法律咨询。讲课分三次，每次三小时，如果仅是讲课，费用还算不菲，但如果是对案件进行分析并给出处理意见，实际上是协助F公司办案，这样的报酬恐怕与我付出的劳动就不对价了。

第二天下午，我联系了F公司法务部，接电话的正是法务总监黎先生，我向他表达了我的疑问。黎先生有些无奈地承认，公司目前的确遇到一件棘手的商业秘密案，他们了解到我成功代理了多起商业秘密案，积累了丰富的办案经验，真诚地期望与我合作，帮助公司解决难题。我思考片刻，考虑到F公司也是台湾一家最知名的知识产权企业，决定远赴深圳协助他们处理案件，但要求讲课两次，每次两小时。黎先生不假思索地答应了，并希望今天签下合同。半小时后，F 公司将修改过的合同条款传真给我，我再次仔细地读完全部条款，没有问题，于是我电话告诉黎先生“OK”，准备签下合同。当时将近下午五点，对方表示公司要下班了，合同等到明天再签。我心想，反正已经谈妥，不急一时。

还没等我再次把核对后的合同传真过去，助手就将一份 F 公司第二天一早传真过来的保密协议交给我。“怎么又来了一份协议？之前黎先生没有提及此事。”我心里不由满腹狐疑。我快速地浏览了保密协议，最关键的一条是保密责任和违约条款，它规定合同当事人如有泄密，将承担 30 万元的赔偿。于是，我与黎先生取得联系，得知这份协议是从公司的财务处发出的，依照公司惯例，财务处将合同约定的报酬打入我账户之前，要与我签订保密协议。且不论这一合同条款是否符合法律规定，我作为一名律师本来就承担为客户保密的义务，这是我们的职业要求，这样一份保密协议似乎多此一举。俗话说，疑人不用，用人不疑。既然 F 公司对我心存怀疑，那么这样的合作关系也不会长久。另外，我也有后顾之忧，万一由于误解或其他原因造成泄密，我所得到的报酬还不够支付赔偿额的一半，岂不是得不偿失。一番思考与权衡之后，我决定回绝了 F 公司这份令人胆战心惊的邀请。

此后不久，我了解到 F 公司以侵犯商业秘密为由，在深圳和江苏等地提起诉讼。F 公司以讲课为名，实际是请我对这些案件进行案外指导。当初他们找到我可算是找对人了，可是一份保密协议使我与 F 公司最终无缘合作，有时候律师与客户也讲究缘分。与此同时，我还得知不久前，另一起闹得沸沸扬扬的 F 公司诉上海某报侵犯名誉权，索赔 3 000万元的案件把两位年轻的女记者吓得哭起来。如此想想，我的疑虑也就不是多余的了。

回想这件事，如果没有那份不合理的保密协议，也许我与 F 公司联手，案件或许是另一种结局。当然，企业也有自身的规定，但应当原则性与灵活性相结合，有时候要破除僵硬的规定，依据事情不同性质而区别对待。我与此案失之交臂，纵观事情过程，无所谓谁对谁错，只是我失去了一次“妙手回春”的机会，这不仅对我个人来说是个遗憾，对F公司来说就更是一大损失。

毅然拒绝

2007年5月，浙江的韩国企业巨星公司来邮件说：“他们的商业秘密涉嫌被侵犯，请求咨询。”我一则因近期开庭，二则为论坛的事情忙得脱不开身，便电邮请他们来所面谈。但巨星公司多次来电和邮件说他们公司的多位高层都想与我见面，故真诚地邀请我去浙江详谈。实在不好回绝他们的盛情邀请，我就答应前往浙江。于是，我让助手查看了近期的日程安排，看何时有空，正好5月30日晚我将从虹桥机场赶往北京，下午无甚安排，故就与巨星公司相约利用这段空闲去趟浙江。

2007年5月30日下午，巨星公司派车来接，我偕助手戴律师一起前往浙江。一路高速，下午3点左右就到了巨星公司。一进厂区，就看到很多又高又大的建筑，经询问，得知这是合成塔和一些化学反应装置。这真是个现代化的化工城，其占地面积很大，约有数千亩，一派紧张有序的景象。在巨星公司法务的带领下，我们进入管理大楼，巨星公司的韩方人士早已等在那儿。落座后，法务先向在座的各位韩方人士介绍说：“这位就是我们多次邀请才在百忙中莅临我司的国内知识产权界赫赫有名的朱妙春大律师。今天来正是帮助我们解惑的。”然后，他就依次向我介绍了在座的巨星公司的各位高层，其中有巨星公司的董事长、总经理以及韩方多位技术、业务和财务等高管。

因我时间有限，相见后即进入主题，首先由韩方代表向我介绍他们公司简况：巨星公司是中外合资企业，韩方占巨星公司95%股份的投资方是韩国十大企业之一，在国际化工领域中，仅次于美国杜邦公司，排名世界第二。由于巨星的产品是连续聚合产品，均匀性好和生产效率高；且采用干法纺丝工艺，丝质均匀且利于超细丝的生产；并具有圆形截面，而其后加工性和均匀性出色。产品推出市场后，迅速抢占了国际、国内的市场，力争成为行业领军，世界霸主。同样是由于市场前景的良好，也给他们带来了如下的“烦恼”。

2007年年初，巨星公司的外协人员去其设备的委托加工方接收、验收设备时，在加工方的仓库中发现除了巨星公司委托加工的设备外，还有相同的设备存放在一旁，巨星公司的人随口一问，“这是我们的设备吗?”，答曰：“不是，是别人委托加工的。”说者无意，听者有心。巨星公司的外协人员回公司后马上将相关情况向公司汇报，高层听后很震惊，立即委派专门的法务人员去了解情况，经外协人员协助，从设备的委托加工方顺藤摸瓜，得知：已在国内有六家企业在采购与巨星公司相同的设备，实施侵权行为，侵权者分布全国多个地方包括浙江、山东、福建、山西等地。其中浙江有两家企业，一家河南的企业为他们生产侵权设备。同时，巨星公司也已派人去了解过，两家浙江企业的技术完全是克隆巨星公司的，且生产设备安装得已经差不多了。这些侵权者一旦投产，产能将达到两万吨，会严重扰乱市场价格，侵占巨星公司的市场，影响其市场占有率。

听完韩方的介绍，凭借我20余年从事知识产权法律事务的经验，我判断：如果这个生产技术完全是克隆的，则成套的产品、设备图纸已然外泄，必定有“内线”，这是典型的商业秘密侵权行为。从刚才韩方的介绍中可知，H产品的生产技术肯定有其独到之处，存在商业秘密是毋庸置疑的，而侵权者完全克隆生产设备、技术，则侵权也是肯定的，关键是证据的搜集问题。如果能够搜集到证据，则胜诉应比较有把握。韩方问：“如何搜集证据?”我回答说：“证据搜集的手段、方式很多，由于现在只是咨询阶段，具体方法在此不便介绍。”韩方也表示理解。随后，我又仔细向巨星公司询问了一些相关情况，建议他们可以集中力量先起诉一家，例如浙江本地的就可以先诉讼，因为同处一省，证据搜集以及诉讼都比较便利，韩方表示他们会认真考虑我的建议。最后，双方也谈了聘请律师的手续和费用，届时再邀请我具体商量。

时光如逝，时针很快指向6点，我因还需赶回上海搭乘晚上9点的飞机前往北京，便起身告辞，提出如有需要可下次约时详谈。同时我告知他们我著有《商业秘密案代理纪实》一书，收录了我办理的不少商业秘密案件，可以赠送一本，供其参考，韩方表示感谢。其法务听说后便盯得很紧，说明天就去我所取书。晚上该法务陪我便餐后，即派车送我回上海，直奔虹桥机场。

第二天一早，巨星公司法务就派人来律所取走了我赠送的《商业秘密案代理纪实》一书。此后就石沉大海，再无下文。他们以为握有我的《商业秘密案代理纪实》，就万事大吉，无须我指导和帮助，其实这恰恰是一种自以为是、自欺欺人的做法，我感受到一些韩资企业缺乏诚信。

一年后，即2008年4月初，巨星公司的秘书来电话说他们的总经理要来拜访我，我一听便觉得应该让他们长长见识，一则让他们知道中国律师不是随便可以忽悠的，对待不诚信者就应冷漠拒绝；二则我也懒得替外国公司代理，特别是打击中国民族企业，因为这与我的宗旨和理念相悖，于是我便果断地一口回绝，不见他们的总经理。

第二部分

相关学术文章

1 中医药的商业秘密保护

——在中医药产业发展和知识产权战略论坛上的发言

中药是我国几千年传统文化的结晶，是中华文化的瑰宝。几千年来，无数中华儿女为中药事业贡献自己的聪明才智，为我们留下了丰富的临床经验和系统的医学理论，这是我国一笔巨大的、保存完好的中药财富。我国拥有 11 146种中药资源和 4 000多种中药制剂。在中药开发上，我们拥有得天独厚的优势。但由于我国知识产权制度起步较晚，我国中医药行业缺乏市场竞争意识，使得中国在国际 300 亿美元的中药市场上，仅有 3% ~5% 的占有率，而且 70% 来自中草药原料，具有高附加值的中成药出口份额则更加微乎其微。我国中药事业正受到严重的威胁和前所未有的挑战，因此加强中医药的知识产权保护就势在必行。

对于祖先留给我们的这笔巨大财富，我国近二十年来也采取了各种知识产权制度来对中医药行业进行保护，并且取得了一定的效果。比如以专利来保护中医药的核心技术；以商业秘密来保护中医药的特殊诀窍；以版权来保护中医药的传统思想和文化；以商标来保护树立中医药的品牌；以行政保护来确保国内品牌在国际竞争中的优势。由于中医药的核心在于中医药所包含的“技术诀窍”，如配方和组分，以及加工方法等。这些技术诀窍实际上就是一个个技术方案，既可以用专利来予以保护，也可以用商业秘密来予以保护。本文拟就中医药的商业秘密保护谈谈一些看法。

一、中医药商业秘密保护的客体

我国中药生产技术源远流长，无论是中医药产品的处方与配方，还是涉及中医药的生产、炮制以及制作工程等“技术”，都与中医药的研究、开发和生产密不可分。中医药行业有哪些“技术”需要运用知识产权来进行保护，尤其是需要运用商业秘密来进行保护？这就需要根据中医药所具有的独特性来确定。中医药中商业秘密保护的客体大致可分为如下几类：

(1) 处方与配方：包括中成药处方、单味药处方、单体药物处方、复方组分处方和单味药组分处方。

(2) 中药材生产：包括中药资源的分布及蕴藏、中药栽培(养殖) 生产技术、中药材包装仓储技术、品质鉴定及新的药用部位、新的用途等。

(3) 中药炮制技术：包括传统炮制方法、新型饮片及保鲜技术。

(4) 中药制药工程技术：包括工艺技术、制药机械设备、制剂辅料、自动化技术、药渣的综合利用及污染处理技术等。

(5) 中药质量控制与保障技术：包括标准品、检测方法、检测仪器及试剂等。

(6) 中医药基础研究：包括与病、证、症相对应的实验动物模型研究、中药作用原理研究、复方配伍规律研究、药性理论研究及活性成分研究等。

上述技术在研究阶段均应作为商业秘密加以保护。

二、我国中医药商业秘密保护的状况

几千年来，我们的祖先就热衷于用商业秘密方法对中医药“技术”进行保护，我们熟知的“传男不传女”等家族作坊式经营模式可以说是以商业秘密来进行中医药保护的原始状态和缩影。所以，我国也出现过很多世代相传的老字号药铺，象“雷允上”、“同仁堂”、“御生堂”等老字号药铺薪火相传、流传至今，已经成为很有影响力的中医药企业。

随着社会的不断进步，小作坊经营已经远远不能满足社会发展的需要，小作坊需要不断拓展成为规模化、制度化的大企业。此时，如果仅仅依靠个人采取传统的保密措施已不能满足企业规模化生产的需要。1992 年 10 月 14 日国务院出台的《中药品种保护条例》(以下简称“《条例》”)，从表面上看，《条例》保护的是中药品种，但若对其条文仔细分析，即可发现，《条例》实际上是用类似登记的手段对中医药的商业秘密进行保护。《条例》第 10 条规定：“申请中药品种保护的企业，应当按照国务院卫生行政部门的规定，向国家中药品种保护审评委员会提交完整的资料。”第 13 条又规定：“中药一级保护品种的处方组成、工艺制法，在保护期限内由获得《中药保护品种证书》的生产企业和有关的药品生产经营主管部门、卫生行政部门及有关单位和个人负责保密，不得公开。负有保密责任的有关部门、企业和单位应当按照国家有关规定，建立必要的保密制度。”从以上两条可以看出，中医药企业申请《条例》保护的时候，应将自己关于商业秘密的相关资料提交给国务院卫生行政部门，这就很好地解决了固定商业秘密的范围问题。一旦发生对商业秘密的侵权行为，权利人就可以通过国务院卫生行政部门出具相关证明，来圈定商业秘密的保护范围。当然，中医药企业主要还是通过自身采取保密措施对商业秘密进行保护，《条例》的保护只不过是强化了行业行政干预。此外，《条例》对企业中医药品种进行保护，允许多个企业同时拥有相同的中药品种，其实也符合商业秘密的保护特点。商业秘密保护强化的是权利人拥有商业秘密即可受到保护，但这种保护不同于专利保护，不具有排他性，其他企业研发出相同的商业秘密，也同样可以获得保护。

三、中医药商业秘密保护中存在的问题

中医药的内容涵盖中医、医术、中药、药品的结合，对中医药的商业秘密保护其实就是对整个中医药领域的保护。在“医”方面，目前我国专利法对中医的诊疗方法并不提供保护，而这些诊疗方法正是中医的精华，可通过商业秘密进行保护。而在“药”方面，一种新药从处方或配方到转化为新药，再经过后续临床实验到最后的产业化生产，追踪药品从处方到产业化的整个流程，商业秘密的保护都是贯穿始终的。

从目前中医药的商业秘密保护的现状来看，主要存在如下三个问题：

(1) 权利人缺乏商业秘密保护意识。现在很多企业对自己研制的新药都申请中药品种保护，但《中药品种保护条例》只是一种行政保护，而且，《条例》发挥作用的前提条件实际上是权利人自己要有强烈的保密意识，采取合理的保密措施。这点正是我们很多企业所欠缺的。

(2) 权利人对于自己的商业秘密没有采取合理的保密措施。

(3) 权利人不能准确对自己的技术进行分类，分别适用不同的知识产权制度（对技术分别利用专利和商业秘密）加以保护。

四、如何解决商业秘密保护中存在的问题

对于商业秘密保护中存在的保密意识不强、保密措施不到位等问题，需要中医药企业采取相应的措施，大致有如下几点。

1. 增强保密意识

对于中医药技术，企业可以采取专利保护，也可以采取商业秘密进行保护，但不管是采用专利还是商业秘密进行保护，首要的问题就是权利人必须要有保护意识。这是由专利和商业秘密的特点决定的。商业秘密保护的前提条件是技术是秘密；而专利技术在申请前必须是非公知技术，否则会丧失新颖性而不能获得授权。

我国中医药发展史上，就发生过权利人没有知识产权意识尤其是没有保密意识而导致的惨痛教训。1978 年，我国向世界公布青蒿素研制成功，20 多年过去了，青蒿素及其衍生物使数以千万计的疟疾病人免于死亡。但当时我们国家没有知识产权制度，发明人根本没有知识产权保护意识，不但在学术杂志上，而且在国际大会上多次详尽地公布了青蒿素的化学结构、药效、临床等资料。很快，国外一家企业根据我国公布的科研论文进行结构改造并抢先申请了专利，而后利用专利的排他性，迅速垄断了市场，遏制了我国青蒿素的出口。直到现在，青蒿素都是中医药界人士心中的痛。当然，随着中国知识产权制度二十多年的发展，中国国民知识产权意识也在不断提高，相信像青蒿素这样的悲剧不会重演。

当然，增强保密意识是包括中医药行业在内的所有技术行业中一个永恒的话题。

2. 采取保密措施

权利人有保密意识，还只是停留在思想层面。权利人应该将这种保密意识落实到实处，也即采取相应的保密措施。权利人的保密措施有很多种，比如制定严格的保密规章制度、与有接触秘密可能的人员签订保密协议、采取物理保密措施如安排专人在专门的保管室保管资料、制定严密的资料借阅登记制度等措施。本文认为，如下几种保密措施值得在中医药行业推广。

（1）与有接触秘密可能的人员签订保密协议

接触秘密可能的人员，一般来说可以分为两类：一类是企业员工，另一类为企业员工外的第三人，包括被许可使用人、与企业进行谈判协商有意合作的第三人、参观者等，凡有接触企业商业秘密的人均包括在内。

相对来说，中药企业在进行技术许可或合作生产等活动中，出现泄密的可能性更大。这就需要以合同形式明确被许可方或合作方的相关保密事宜。许可方将自己拥有的中药生产技术提供给被许可方，被许可方要支付一定的费用，在这种许可合同中要明确中药生产技术的许可范围，双方的保密义务及其违约责任。这样即便发生泄密，受害方可直接依照合同索赔。

（2）物理保密措施

签订保密协议只能从合同和不正当竞争角度威慑接触商业秘

密可能的人，在主观上起到防止商业秘密泄漏的可能性，至于是否能起到防止商业秘密泄漏的作用，还要看接触者是否遵守双方的约定。所以，即使企业与接触商业秘密可能的人签订保密协议，也不能完全排除商业秘密泄漏的可能性（目前绝大多数的商业秘密侵权案件都是与企业签订保密协议的人泄漏商业秘密供他人使用）。这就需要企业采取一定的物理保密措施，从客观上防止商业秘密的泄漏。

一般的物理保密措施包括设立专门的文件室保管技术资料、完善的文件借还制度以及专人对文件进行保管制度等。

（3）要求研发人员撰写工作日志

要求研究人员撰写工作日志，能使企业通过研发人员对有关研究的动机、心得、过程及成果进行记录，从而推动整个研究的进展，并依次累计经验成果，同时，要求研发人员撰写工作日志，也可因此掌握研发人员的动态及追踪秘密有无泄漏的可能性。不过，这种措施更多的功能不是预防，而在于泄密后能提供较为充分的证据。

3. 对企业技术进行分类，适用不同的知识产权形式加以保护，构建完善的法律体系

本文第一部分中医药商业秘密保护的客体中，处方和配方、中药炮制技术以及中药生产等技术实际上都可用专利进行保护。但对于复方特别是古方的处方、中药材生产工艺中的最佳方式如最佳反应条件如温度、压力等宜用商业秘密进行保护，中药炮制技术中的最佳实施方式如最佳反应条件如温度、压力等，中药制药工程技术中的最佳实施方式如最佳反应条件如温度、压力，辅料的选择等以及中成药的纯度和生物利用度的提高方法也宜用商业秘密进行保护。对上述诀窍用商业秘密保护无疑可以增强企业在同一领域的竞争力。

此外，由于知识产权制度还涉及《商标法》、《药品管理法》等法律规定，每部专门法多有自己的立法宗旨和目标，而知识产

权的客体在技术发展的不同阶段，又有不同的表现形式。作为中药，在选题阶段的新思想、新方案等可受商业秘密的保护；在开发阶段其处方、工艺等受到商业秘密、《专利法》的保护；在新药申报阶段又受《药品管理法》的保护；在市场推广阶段则受《商标法》、《中药品种保护条例》的保护。因此，企业应该因时制宜，充分发挥各种知识产权制度的作用，做好各种制度的互相衔接工作，形成一个完整的知识产权保护体系。当然，这是一个不断摸索和完善、任重而道远的过程。

我国是中医药的发源地，尽管我们有过对中医药的知识产权不够重视甚至是藐视的时期，但随着近年我国中医药界专家学者的不断呼吁，我国中医药行业知识产权意识的也不断提高，相信中医药的复兴也是一种必然。当然，重视并运用专利及商业秘密对中医药进行保护是中医药保护的基础，也是大势所趋，只有这样才能为中药走向世界、在国际中医药市场占得一席之地铺平道路。

2005 年 4 月 25 日

2 浅谈商业秘密诉讼中存在的几个问题

——在山东省律师协会“知识产权律师实务高级培训班”的演讲

一、商业秘密的概念

商业秘密分为两大类：一种是技术类，另一种是经营类，本文所谈的主要是技术类。

《反不正当竞争法》第 10 条第 3 款规定：“本条所称的秘密，是指不为公众所知悉、能为权利人带来经济利益、具有实用性并经权利人采取保密措施的技术信息和经营信息。”从《反不正当竞争法》来看，我国商业秘密的构成要件具有秘密性、保密性、经济价值性和实用性四个特征。有的学者将经济性和实用性合称为商业性，如此商业秘密就具有三个特征，但不论“四性”还是“三性”，其实质是一样的。

TRIPS 协定第 39 条第 2 款规定：“只要有关信息符合下列三个条件：

——在一定意义上，其属于秘密，就是说，该信息作为整体或作为其中内容的确切组合，并非通常从事有关该信息工作之领域的人们所普遍了解或容易获得的；

——因其属于秘密而具有商业价值；

——合法控制该信息之人，为保密已经根据有关情况采取了合理措施；

则自然人及法人均应有可能防止他人未经许可而以违背诚实商业行为的方式［在本节中，‘以违背诚实商业行为的方式’，应至少包括诸如违约、泄密及诱使他人泄密的行为，还应包括通过第三方以获得未披露过的信息（无论该第三方已知或因严重过失而不知该信息的获得将构成违背诚实商业行为）］，披露、获得或使用合法处于其控制下的该信息。”从 TRIPS 协定来看，国际上一般认为商业秘密只需具备三个特征，即秘密性、保密性和价值性。

2005 年 1 月 1 日起实施的《最高人民法院关于审理技术合同纠纷案件适用法律若干问题的解释》第 1 条第 2 款规定：“技术秘密，是指不为公众所知悉、具有商业价值并经权利人采取保密措施的技术信息。”从《解释》来看，为了与 TRIPS 协定相适应，我国司法实践中对“技术秘密”的构成要件有一定的修改，即不再要求实用性这个特征。这样，对不具有实用性的企业阶段性成果就也能得到充分的保护。

二、商业秘密的特征

（一）秘密性

秘密性，即非公知性，《反不正当竞争法》定义为“不为公众所知悉”，这里的“公众”按照 TRIPS 协定不应当解释为“社会大众”，而应当解释为“通常从事有关该信息工作之领域的人们”。专利法规中对技术进行创造性判断时也有类似的概念—所属技术领域的技术人员。我国《审查指南 2006》对所属技术领域的技术人员所下定义为：“所属技术领域的技术人员，也可称为本领域的技术人员，是指一种假设的‘人’，假定他知晓申请日或者优先权日之前发明所属技术领域所有的普通技术知识，能够获知该领域中所有的现有技术，并且具有应用该日期之前常规实验的手段和能力，但他不具有创造能力。如果所要解决的技术问题能够促使本领域的技术人员在其他技术领域寻找技术手段，他也应具有从该其他技术领域中获知该申请日或优先权日之前的相关现有技术、普通技术知识和常规实验手段的能力。设定这一概念的目的，在于统一审查标准，尽量避免审查员主观因素的影响。”本文认为，对于商业秘密法中的技术而言，也可以借用《专利法》中“所属技术领域的技术人员”这个概念。这样，对商业秘密的审查主体作出统一的界定，就能更好地对一个技术是否具有秘密性作出比较客观的认定。

在诉讼中，商业秘密的权利人首先要明确哪些信息是商业秘密，这就需要权利人提炼秘密点。权利人在起诉前也可以委托有资质的鉴定机构进行鉴定，如果鉴定结论认为权利人所提供的技术为非公知技术，则鉴定结论可作为权利人技术具有“秘密性”的证据。

（二）保密性

保密性，即权利人对其技术信息和经营信息采取合理的保密措施。商业秘密之所以要保护，在于权利人主观上有保护的意愿，且客观上有保密的行为。但不要求权利人采取极端和过分昂贵的手段来保护商业秘密，只要求权利人采取“特定情势下合理的保密措施”。

一般来说，权利人可以采取如下几项保密措施：

（1）与有可能接触秘密的人员签订保密协议。有可能接触秘密的人员，一般来说可以分为两类：一类是企业员工，另一类是企业员工外的第三人，包括被许可使用人、与企业进行谈判协商有意合作的第三人和参观者等，凡有接触企业商业秘密的人均包括在内。

（2）物理保密措施。一般的物理保密措施包括设立专门的文件室保管技术资料，由专人对文件进行保管的制度以及完善的文件借还制度等。

（3）制定保密规定，并向接触或掌握的人员公示。

（4）在商业秘密书面载体上使用标记（秘密、机密或英文“confidential”）或警告语。

（5）就该被列为商业秘密的资料，只允许必须知道的人了解，限制阅读或接触，将了解商业秘密的人限制在尽可能小的范围。对于阅读或接触商业秘密的人，应告知其所接触商业秘密的重要性和机密性，并禁止在公司内部广为流传。

保密措施不是一个形式要件，体现的是权利人的保密意识，以及权利人将其保密意识付诸实施，采取合理的保密措施。更重要的是权利人应该通过其行为让保密者意识到权利人采取保密措施的努力。

（三）经济价值性

经济价值性，包括现实的或潜在的经济价值。权利人在经营中正在使用的商业秘密以及通过使用获得利润本身就是技术信息或经营信息具有经济价值性的最好证明。当然，否定性信息和阶段性成果对竞争对手来说也具有巨大的经济价值，也同样是具有经济价值性的信息。

三、关于商业秘密的几个问题

（一）关于权利主体问题

我国《刑法》第 219 条第 4 款规定："本条所称的权利人是指商业秘密的所有人和经商业秘密所有人许可的商业秘密使用人。"对于使用人，《刑法》及相关规定并没有明确说明是独占许可使用人、排他许可使用人还是普通许可使用人。

1998 年 7 月 20 日《最高人民法院关于全国部分法院知识产权审判工作座谈会纪要》（以下简称"《座谈会纪要》"）明确规定：人民法院受理的知识产权民事案件中包括《中华人民共和国反不正当竞争法》第 10 条规定的侵犯商业秘密的案件；知识产权民事侵权纠纷案件的起诉人可以是权利人和利害关系人。利害关系人包括独占、排他许可合同的被许可人、依照法律规定已经继承或正在继承的知识产权中财产权利的继承人等，《座谈会纪要》明确了商业秘密民事案件中，普通许可的被许可人没有单独起诉的权利，后来最高人民法院发布的一些司法解释也有类似规定。

然而，目前我国有很多国有企业涉及商业秘密案件。在改革开放的20世纪80年代，国有企业大多为了引进国外先进技术和先进管理而与外国企业签订独占许可使用合同，至今已逾20年，双方合同期限往往也业已届满。这类合同通常不限制中方在合同期限届满后继续使用其已引进的技术，故即使合同期限届满，国有企业仍然可以使用相关技术，只不过身份从独占许可的被许可人变成了普通许可的被许可人。商业秘密侵权案件，通常是企业员工泄露商业秘密，给其他公司使用。此时，如果机械地认为普通许可的被许可人没有单独起诉权利的话，那么这对国有企业来说显然是不公平的。

本文认为，普通许可的被许可人同样是商业秘密的权利人，在商业秘密民事案件中，普通许可的被许可人理应享有单独起诉的权利，成为独立的原告。而在商业秘密刑事案件中，普通许可的被许可人也应有权作为被害人向公安机关报案，作为诉讼参与人依法享有各项诉讼权利。

同时，允许普通许可的被许可人享有单独起诉的权利，也符合TRIPS协定的相关规定。TRIPS协定第39条中对商业秘密权利人的表述为"合法控制该信息之人（the person lawfully in control of the information）"，而商业秘密诉讼中商业秘密权利人和被许可人（包含独占许可、排他许可和普通许可的被许可人）均是合法控制信息之人。

（二）关于管辖问题

1. 管辖商业秘密犯罪案件的审判机关

鉴于知识产权案件的专业性和复杂性，我国知识产权一审民事案件一般均由中级以上的人民法院管辖，各高级人民法院根据辖区的实际情况，经最高人民法院批准，可以在较大城市确定1~2个基层人民法院受理一审知识产权民事纠纷案件。但涉及知识产权刑事案件时，却并没有类似的管辖规定。故目前知识产权一审刑事案件一般均由基层人民法院受理。对于法院管辖及法官配置，本文认为，目前国内法院的做法还有待改进和商榷：

（1）国内目前受理知识产权一审民事案件的法院一般都设有专门的知识产权庭，从而审理商业秘密民事案件的法官都是知识产权方面的专业法官。通常情况下，他们审理一个商业秘密民事案件需要1~2年的时间。与之相对应的是，审理商业秘密刑事案件的法官却并非是知识产权方面的专业法官，他们审理知识产权案件的经验还存在着明显不足，对案件的把握能力也远远不如审理民事案件的知识产权庭的法官。然而，刑事案件的审限却比民事案件的短得多，法官需要在比民事案件审限短得多的时间内审结案件。而实际上，商业秘密案件往往比较复杂，通常情况下，在刑事案件的审限内，法官很难明白商业秘密案件中所有的问题。这样，知识产权专业法官需要较长时间才能审结的案件，却要求刑庭的非知识产权专业法官在较短的时间内就审结，这显然对刑庭的法官来说也是不公平的，这样的审判结果其准确性与客观公正性让人怀疑。

（2）商业秘密民事案件一审法院为当地的中级人民法院，而商业秘密刑事案件中一审法院却可以是基层人民法院，这就给人一种不和谐的感觉。且难以组成一个有知识产权专业法官的合议庭。刑事案件最终的审理结果关系到犯罪嫌疑人的人身自由，似乎更需要由专业性较强的中级以上人民法院审理。因为我国中级人民法院一般均有知识产权庭或知识产权专业法官，当刑庭审理侵犯商业秘密罪的案件时，可由知识产权专业法官参加合议庭，从而组成一个刑、知复合的合议庭，如此则有利于准确断案。

（3）法官审理商业秘密刑事案件需要投入比其他刑事案件更多的时间，花费更多的精力。本文代理的我国中部地区A检察院起诉侵犯商业秘密罪案件即是如此。据说此案是该地区侵犯商业秘密罪第一案，受理该案的法院为该地区的A法院，承办法官也承认以前没有办理过知识产权刑事案件，更不要说侵犯商业秘密罪的案件，于是法官边学边审，不断学习和摸索，对此案倾注了极大的心血，经过实践该法官对侵犯商业秘密罪有所认识。然而，今后该法官也许很少再审类似案件，甚至可能一辈子也就审这么一个商业秘密刑事案件。这样，法官投入巨大时间、精力所积累起来的经验便束之高阁，再也没有施展空间。这从诉讼成本的角度来说，也是一个很大的浪费。

为此，本文认为，侵犯商业秘密罪的案件，应当与商业秘密民事案件一样，由中级以上的人民法院审理。法院在调配合议庭组成人员时，可以安排知识产权庭的法官作为合议庭组成人员，与刑庭法官共同参与商业秘密刑事案件的审理。如果商业秘密案件涉及的技术比较专业，法院也可聘请相关的技术专家作为人民陪审员，参与案件的审理。当然，在知识产权犯罪的审理时限上，立法机关应考虑知识产权犯罪的特殊性，对此作出特别的规定。

2. 管辖商业秘密犯罪案件的检察机关

本文认为，为了更好更加专业地办理商业秘密犯罪案件，并且更好地与管辖法院对应，管辖商业秘密犯罪案件的检察机关也应当是省、自治区、直辖市人民检察院分院或者自治州、省辖市人民检察院。

3. 管辖商业秘密犯罪案件的侦查机关

同样，本文认为，为了更好更加专业地办理商业秘密犯罪案件，并且更好地与管辖法院和管辖检察院对应，管辖商业秘密犯罪案件的侦查机关也应当是、市、地区级公安局的经侦大队。

实践中，往往是受害人向其住所地的公安机关报案，受害人住所地的公安机关立案后进行侦查。笔者代理的浙江省 M 市公安局经侦大队对上海 N 公司涉嫌侵犯商业秘密罪的案件即是如此。由于涉嫌侵犯商业秘密罪的 N 公司和涉嫌侵犯商业秘密的行为都发生在上海，那么，浙江省 M 市公安局经侦大队是否有权立案侦查？最高人民法院在《座谈会纪要》中指出："在知识产权侵权纠纷案件中，侵权结果发生地，应当理解为是侵权行为直接产生的结果发生地，不能以原告受到损害就认为原告所在地就是侵权结果发生地。同理，刑事案件中的犯罪结果发生地也就是民事案件中的侵权结果发生地。”依照上述规定，犯罪地和被告所在地都在上海，M市的公安局应该将案件移送有管辖权的上海市相应的公安机关进行侦查。

（三）关于技术鉴定问题

商业秘密案件往往涉及比较复杂的技术问题，法院需要对涉案的技术信息的公知与否以及被控侵权技术与权利人的商业秘密是否实质相同进行判断。然而，无论知识多么渊博、经验多么丰富的法官都不可能对所有专业技术问题作出科学的、权威的判定。这就需要考虑如何充分利用现有技术专家和科技部门的专业知识优势，促使他们在知识产权案件审判中发挥积极作用，这就是鉴定程序。从目前商业秘密刑事案件中的鉴定程序来看，有以下几个问题值得思考。

（1）商业秘密刑事案件中被告人或被害人是否有自行委托鉴定的权利，即商业秘密刑事案件的当事人是否有自行委托鉴定的权利？

本文代理的上述我国中部地区A检察院起诉侵犯商业秘密罪案件就出现了这个问题。被告人自行委托上海某鉴定机构进行鉴定，并将鉴定报告作为证据提交给A区法院。庭审过程中，公诉人认为，目前我国没有任何法律和相关司法解释赋予当事人自行委托鉴定的权利，当事人自行委托的鉴定结论不符合证据要件。作为被告人的辩护人，笔者据理力争，指出向法庭提交证据是《刑事诉讼法》赋予被告人的权利，被告人自行委托的鉴定结论也属于一种证据形式。但法院最终没有采纳笔者的意见。

本文认为，商业秘密刑事案件中，当事人是否有自行委托鉴定的权利，值得探讨。我国《刑事诉讼法》第119条规定：“为了查明案情，需要解决案件中某些专门性问题的时候，应当指派、聘请有专门知识的人进行鉴定。”据此，刑事案件的侦查机关（包括公安机关和检察机关）有委托鉴定的权利。《最高人民法院关于执行〈中华人民共和国刑事诉讼法〉若干问题的解释》第59条规定："对鉴定结论有疑问的，人民法院可以指派或者聘请有专门知识的人或者鉴定机构，对案件中的某些专门性问题进行补充鉴定或者重新鉴定。"据此，刑事案件的审判机关有委托鉴定的权利。对于刑事案件中当事人是否有自行委托鉴定的权利，我国法律及其司法解释没有明确规定。但对于民事案件，《最高人民法院关于民事诉讼证据的若干规定》第28条规定："一方当事人自行委托有关部门作出的鉴定结论，另一方当事人有证据足以反驳并申请重新鉴定的，人民法院应予准许。"由此可知，民事案件中当事人有自行委托鉴定的权利。最高人民法院副院长李国光主编的《最高人民法院关于民事诉讼证据的若干规定的理解与适用》一书明确说明："在民事诉讼和行政诉讼中，当事人有提供证据的权利；鉴定结论作为一种证据形式，也不例外。当事人要实现此诉讼权利，理应有权自行聘请专家鉴定人。"本文认为，法律赋予刑事案件中的被告人有提供证据的权利，那么作为证据形式一种的鉴定结论也理应可由被告人自行委托鉴定而获得。

（2）商业秘密刑事诉讼中出现几个鉴定结论时应当如何处理？

商业秘密刑事案件中，不少案件往往会出现几个不一致的鉴定结论，本文甚至还大相径庭。笔者代理的上述我国中部地区A检察院起诉侵犯商业秘密罪案件中就出现了由四家鉴定机构出具的五份不同的鉴定报告。

至于商业秘密刑事案件中为何会出现几份不完全一致甚至完全相反的鉴定结论，本文认为主要原因有如下两点：一是公安机关立案侦查，往往需要鉴定机构对被害人的技术信息是否属于非公知技术信息进行鉴定，这就存在着被害人的技术信息不是非公知技术信息的鉴定结论。公安机关撤案则罢，如果案件需要继续推进，势必需要其他的鉴定机构出具被害人的技术信息是非公知技术信息的鉴定结论。这就可能存在两份不一致甚至相反的鉴定结论。二是检察机关、法院对于鉴定结论有疑问的，都可以委托补充鉴定或重新鉴定。当然，当事人尤其是被告人通常也会委托鉴定机构鉴定，鉴定结论很可能与公安机关、检察机关的鉴定结论不同。

对于商业秘密刑事案件中同时存在几份鉴定结论，其证据效力如何？法院应该如何处理？商业秘密刑事案件中所有的鉴定结论都属于涉案证据，而“证据必须经过查证属实，才能作为定案的根据”。最高人民法院在《座谈会纪要》明确指出：“鉴定部门和鉴定人应当将鉴定结论以及作出结论的事实依据和理由、意见以书面形式提交给人民法院。鉴定结论应当经过当事人质证后决定是否采信；当事人有权要求鉴定人出庭接受质询。未经当事人质证的鉴定结论不能采信。”2005 年 2 月 28 日通过的《全国人大常委会关于司法鉴定管理问题的决定》第 11 条规定：“在诉讼中，当事人对鉴定意见有异议的，经人民法院依法通知，鉴定人应当出庭作证。”所以，本文认为，作出鉴定结论的鉴定专家应当出庭接受质询，这样才能使审判法官更清楚地了解涉案技术，而且也能进一步约束鉴定专家更加谨慎、公正地作出鉴定结论。

（3）关于鉴定结论的性质。

目前，知识产权案件尤其是专利侵权案件和商业秘密案件中，法院委托鉴定机构进行鉴定似乎是一种大势所趋。法院对自己不熟悉的技术问题借助专家的力量进行判断，本来无可厚非，但物极必反，现在很多法官“唯鉴定结论是从”，对鉴定结论有一种盲从的心态，以至于法官在上述案件中的作用微乎其微，使得案件的最终审判权实质上掌握在鉴定机构手中。这种现象值得警醒。

我国《刑事诉讼法》第 42 条第 2 款明确规定“鉴定结论”只是证据的一种形式。既然是证据，法院审判时就应该对证据的真实性、合法性以及关联性进行质证。这也是笔者主张鉴定专家应该出庭质证的主要原因。中国有句古话，“理越辩越明”，只有经过质证程序，法官了解控、辩、专家三方的观点和理由，听取对鉴定结论的综合意见后才能深刻了解鉴定结论中存在的问题，才不会盲目信赖鉴定结论，才能更加客观、公正地决定是否采信鉴定结论，毕竟法官才是案件的最终裁判者。

2006年4月22日

3 确认不侵犯商业秘密纠纷案件的受理、管辖与审理思路

知识产权确认不侵权纠纷是近年来出现的新型知识产权诉讼案件。通常认为，确认不侵权纠纷是指利益受到特定知识产权影响的行为人，以该知识产权权利人为被告提起的，请求确认其有关行为不侵犯该知识产权的诉讼。从司法实践中看，此类纠纷主要涉及确认不侵犯专利权纠纷、确认不侵犯注册商标专用权纠纷、确认不侵犯著作权纠纷三类案件。《最高人民法院民事案件案由规定》中明确将“确认不侵权纠纷”作为案由，并列举出上述三类具体的知识产权确认不侵权纠纷案由。

虽然知识产权确认不侵权纠纷案件在全国一些法院已经有过案例，但总体数量并不多，而现有的这些案例中又大多集中在上述三类确认不侵权案件中。关于确认不侵犯商业秘密纠纷案件的审理则很少看到，但这并不意味着此类案件不重要，恰恰相反，确认不侵犯商业秘密纠纷案件因其自身特点及其数量的增加，需要我们加以更多关注。

一、确认不侵犯商业秘密纠纷案件的概念与法理依据

确认不侵犯商业秘密纠纷是指受到来自特定商业秘密权利人侵权威胁的行为人，以该商业秘密权利人为被告提起的，请求确认其有关行为不侵犯该商业秘密的诉讼。司法实践中，行为人受到了来自特定商业秘密权利人的侵权威胁，但权利人并未在合理期限内依照法定程序请求解决有关争议，此时行为人便可以提起

此类诉讼。

确认不侵犯商业秘密纠纷案件有其存在的现实意义和法理依据。首先，此类案件可以防止商业秘密权利人的滥诉行为，杜绝权利人的权利滥用，促使权利人正当、合理地行使权利。其次，可以使被控侵权人的知识产权得以稳固，特别是对于商业秘密来说，因其内容不为公众所知悉，更容易使公众对被控侵权人的技术权属产生动摇。消除被控侵权人知识产权的不稳定状态，以利于企业更好的投入生产经营，是此类案件存在的最主要原因。最后，此类案件有利于节约行政、司法资源，避免因权利人滥用权利而导致大量行政、司法资源的浪费，从而使各方利益尽快得以平衡。

二、确认不侵犯商业秘密纠纷案件的受理条件

确认不侵权纠纷案件最早是在苏州龙宝生物工程实业公司与苏州朗力福保健品有限公司请求确认不侵犯专利权纠纷案中确立起来的。

最高人民法院在此案的批复［（2001）民三他字第4号］中指出："由于被告朗力福公司向销售原告龙宝公司产品的商家发函称原告的产品涉嫌侵权，导致经销商停止销售原告的产品，使得原告的利益受到了损害，原告与本案有直接的利害关系；原告在起诉中，有明确的被告；有具体的诉讼请求和事实、理由；属于人民法院受理民事诉讼的范围和受诉人民法院管辖，因此，人民法院对本案应当予以受理。"同时，最高人民法院还认为："原告向人民法院提起诉讼的目的，只是针对被告发函指控其侵权的行为而请求法院确认自己不侵权，并不主张被告的行为侵权并追究其侵权责任。以'请求确认不侵犯专利权纠纷'作为案由，更能直接地反映当事人争议的本质，体现当事人的请求与法院裁判事项的核心内容。"由此，知识产权确认不侵权纠纷案件在我国司法实践中正式确立。

此后，各地法院先后出现了此类案件的受理。例如：2003年，中国社会科学出版社就其出版的“彼得兔系列图书”诉英国费德里克沃恩公司请求确认不侵犯商标权纠纷案；2003 年 10 月，石家庄市中级人民法院的受理石家庄双环汽车股份有限公司诉本田技研工业株式会社确认不侵犯外观专利权纠纷案；2004 年年底，郑州市中级人民法院受理的郑州市鸿远保健品有限公司诉上海康麦斯保健品有限公司请求确认不侵犯商标权纠纷案；2004 年 12 月，江苏南通市中级人民法院受理的奥斯拉姆公司诉南洋灯泡公司确认不侵犯商标权案；2005 年，广西贺州市中级人民法院受理的中山市珠江饮料厂有限公司诉天丝医药保健有限公司、红牛维生素饮料有限公司确认不侵犯商标专用权案；2006 年，安徽合肥中级人民法院受理的奇瑞汽车有限公司诉赵某确认不侵犯专利权案等。

上述几起案件未涉及商业秘密类确认不侵权案件，《最高人民法院民事案件案由规定》中也未列入确认商业秘密不侵权纠纷这一案由。这可能是因为商业秘密较之其他知识产权，比如专利、商标、著作权处于保密状态，不具有为公众知悉的条件，无法在确认不侵权案件中进行侵权特征的比对。但综合最高人民法院的批复精神及上述几起案件的受理情况，本文认为，确认不侵犯商业秘密纠纷应当作为一类案由，此类案件应当被依法受理。归纳起来，受理此类案件的条件除应符合我国《民事诉讼法》第 108 条规定的条件外，还应具备以下几点。

1. 原、被告主体资格条件

原告应当是受到商业秘密侵权影响的人，所谓“受到商业秘密侵权影响”是指受到来自商业秘密权利人的侵权威胁、侵权警告、投诉或举报，而使自身权利遭遇不稳定，对生产、生活造成不利影响。原告可以是生产商，也可以是销售商或其他中介组织，只要其生产、生活受到商业秘密侵权影响的人都可以成为原告。被告是具体发出侵权威胁、侵权警告、投诉或举报的权利人，他可以是真正的权利人（商业秘密的权利享有者或合法使用者），也可以是表面上的权利人（即不真正享有商业秘密权利但谎称享有权利）。

2. 被告方向原告方发出了侵权警告

侵权警告是原告受到侵权威胁的标志，也是原告权利不稳定的开始和诱因。侵权警告在确认不侵权案件的受理中是必不可少的。侵权警告的方式可以有多种，比如向原告发出警告函，向相关部门投诉、举报，向法院起诉后又无故撤诉，向媒体或公众散播所谓的侵权事实等。这些都可以认为是一方向另一方发出的侵权警告。

3. 原告方的权利处于不稳定状态

这主要是由于被告在发出侵权警告后迟迟不采取进一步行动解决侵权纠纷，从而导致原告方的相关权利陷入不稳定状态。这其中包括：警告函发出后未在合理时间内寻求司法救济，向相关部门投诉后暂未做出处理决定，向人民法院起诉后又无故撤诉并仍坚持侵权主张，不断向公众和媒体散播所谓侵权事实而未在合理时间内寻求司法救济等。上述行为都可以导致原告方的权利处于不稳定状态。

有些法院认为，如果被告已经向行政执法部门投诉要求查处，此时原告应当等待行政裁决的作出，通过行政程序解决问题，而不应当向法院提起此类诉讼。笔者不赞同上述观点，因为行政程序与司法程序是两条并行的程序，两者审查的客体不尽相同，不应相互干扰。确认不侵权诉讼的目的就是要限制被告方不当行使权利的行为，保护原告的合法权益，使原告的权利尽早得到稳固。如果法律只赋予被告通过行政程序或司法程序解决侵权问题，而限制原告在行政裁决作出之前主动采取措施消除权利不稳定状态，那么对原告来讲是不公平的。

4. 原告的生产经营受到不利影响

基于上述权利的不稳定，导致原告生产、生活受到不利影响。这种影响可以是原告因此而受到损失，包括直接损失和可以遇见的间接损失，比如导致客户流失、商业谈判中断、经销商退货、生产停滞等；也可以是原告的生产经营因此遭遇不确定的损害风险，比如：原告在拟发行股份上市期间，会因侵权诉讼的提起而中断上市进程等。如果原告的生产经营未受到不利影响，则请求确认不侵权的诉讼也就失去了意义。

以上四点是确认商业秘密不侵权案件受理时应着重考察的条件，符合上述条件的案件应当被依法受理。因《民事诉讼案由规定》中未列确认商业秘密不侵权纠纷案由，实践中可以上一级案由（即以“确认不侵害知识产权纠纷”案由）作为替代。笔者代理的上海首例确认不侵犯商业秘密纠纷案件即以“确认不侵害知识产权纠纷”为案由，该案已由上海市第二中级人民法院受理。

三、确认不侵犯商业秘密纠纷案件的管辖

确认不侵犯商业秘密纠纷案件的管辖问题是此类案件的又一个难点。因为此类案件从属于确认不侵权纠纷，从目前的案例来看，我国已经基本明确了确认不侵权纠纷案件的管辖原则——侵权行为地或被告住所地法院管辖。

《最高人民法院关于本田技研工业株式会社与石家庄双环汽车股份有限公司、北京旭阳恒兴经贸有限公司专利纠纷案件指定管辖的通知》[（2004）民三他字第4号]中认为：“确认不侵犯专利权诉讼属于侵权类纠纷，应当依照《民事诉讼法》第29条的规定确定地域管辖。”即确认不侵权纠纷可以适用侵权行为地或被告住所地人民法院管辖。

北京市高级人民法院在审理确认不侵犯“彼得兔”商标管辖权异议一案中认为：“确认不侵权的诉讼请求，就其内容实质上是对其实施的某一行为是否构成对他人依法享有的某项权利的侵犯而向人民法院提出的一种确认请求。人民法院审理此种纠纷所适用的法律与审理民事侵权纠纷是一致的。因此，确认不侵权之诉属于民事侵权纠纷……”可见，“确认不侵权之诉”属于侵权类诉讼，适用侵权行为地或被告住所地法院管辖的原则，在司法实践中是已经得到确认的。

这里要说明的是，上述“侵权行为地”是指知识产权的侵权行为地，即商标、专利、著作权、商业秘密的侵权行为地，而并非被告发出侵权警告行为之地。由于此类型案件都是被警告一方提出，故大多都选择对自己有利的管辖。如原、被告双方住所地在同一地区，则选择被告所在地或侵权行为地法院管辖并无区别。如若原、被告双方住所地并不在同一地区，那么原告多数选择侵权行为地法院管辖，这实际上是由原告住所地法院进行管辖，避免了因到被告住所地法院诉讼而支出的诉讼成本及诉讼风险。

有学者认为同，原告住所地管辖的原则与《民事诉讼法》有关管辖的规定相背，对此类案件不应由原告住所地法院管辖。笔者不同意这种观点，因为确认不侵权纠纷案件不是直接适用原告住所地管辖原则，它适用的只是侵权行为地法院管辖原则，只是由于侵权行为地与原告住所地为同一地，才使得管辖法院为同一法院。另外，由于被告的侵权警告威胁主要是针对原告实施，原告的不利影响和损失也大多在原告住所地发生，因此，原告在自己住所地法院提起确认不侵权诉讼，以消除不利影响，达到权利稳固的目的并无不当。

综上所述，确认不侵犯商业秘密纠纷案件的受理有其特殊的条件，各地法院在受理此类型案件过程中除审查是否符合《民事诉讼法》第 108 条之规定外，还应特别注意对其几个特别要件的审查。此类案件从本质上说，属于侵权类案件，可以适用侵权行为地或被告所在地法院管辖原则。

2008 年 11 月

4 从力拓案看企业商业秘密的保护

——兼谈力拓案带给外国企业的启示

沸沸扬扬的力拓案目前似乎已趋平静，但可以预计，随着侦查机关调查的深入，案件移送检察机关和审判机关后，此案必会再次吸引国人的眼球。一个案件能引起大家的关注并非坏事，它至少可以说明国人法律意识在不断增强。然而，力拓案给我们的启示却远远超出了案件本身。作为知识产权律师，笔者认为有必要以力拓案为契机，与广大企业共同探讨企业商业秘密的保护问题。

一、商业秘密与国家秘密的区分

到底什么是国家秘密，什么是商业秘密，区分的标准在哪里？这是很多企业从力拓案中引发出来的疑问。众所周知，上述两个概念分别规定在我国《保守国家秘密法》和《反不正当竞争法》中。《保守国家秘密法》规定："国家秘密是关系国家的安全和利益，依照法定程序确定，在一定时间内只限一定范围的人员知悉的事项。"而《反不正当竞争法》中的商业秘密是指"不为公众所知悉，能为权利人带来经济利益，具有实用性，并经权利人实施了保密措施的技术信息和经营信息"。从上述规定，我们可以大致区分商业秘密与国家秘密的不同之处。

具体来说，商业秘密的权利主体一般是公司、企业等商业机构。商业秘密无须国家有关部门的审核认定，只要企业的某些技术信息或经营信息不为公知所知悉，能为自己带来竞争优势，并且采取了合理的保密措施，法律就认可其商业秘密的性质并给予保护。而国家秘密的权利主体是国家，它是关系国家的安全利益，依照法定程序确定，在一定时间内只限一定范围的人员知悉的事项。国家赋予一定管理职权的单位，根据国家秘密及其密级具体范围的规定，对该事项履行确定密级的手续后，该事项才能作为国家秘密，受国家有关法规的认可和保护，任何不经法定程序产生的秘密事项，都不是国家秘密。从法理上说，商业秘密是企业市场竞争的产物，而国家秘密是国家政权管理的产物。企业作为市场经济的主体，较多的是涉及商业秘密问题，而非国家秘密。

笔者注意到，力拓案一开始是以“窃取国家秘密”介入调查的，但随着案件的发展，最终检察机关改由“侵犯商业秘密罪”批捕，这种变化引起了部分民众的不满。这主要是因为涉案商业信息主要来源于国有钢铁企业，受长期计划经济思想的影响，民众自然而然地会认为这些信息应当属于国家秘密。同时，鉴于此案引发了民族情绪的高涨，民众表达不满也属正常。但从法律专业人士的角度来看，这种变化无可非议，这恰恰表明了有关机关依法办事、实事求是的态度，既不能将国家秘密随随便便降格为商业秘密，也不能毫无原则地将商业秘密升格为国家秘密。只有依法办事才是解决此案纠纷的最好方法，才能在政治和国际舆论上站住脚。

二、企业商业秘密泄露的主要途径

大体说来，企业商业秘密泄露的途径主要有以下几种：

（1）员工离职后将知悉的商业秘密泄露。这是企业商业秘密泄露的主要方式，大多表现为员工跳槽到另一家有竞争关系的公司中任职，将在原公司中所掌握的商业秘密泄露给竞争对手，从而损害原公司的利益。

（2）员工在职期间，将掌握的商业秘密泄露。这种方式主要表现在，员工在职期间，利用在竞争对手处进行兼职的机会，将商业秘密泄露出去。或者表现为员工为获取不正当利益，将商业秘密作为交易的标的，出卖公司的重要信息。

（3）商业间谍通过不正当手段非法获取而泄露。现今社会，商业间谍无处不在，他们通过各种手段搜集竞争对手的商业情报，有的甚至采用非法手段，这种方式给企业带来的危害也是巨大的。

（4）合作伙伴违反保密协议而泄露。保密协议是保密义务的体现，通常合作双方为防止相关信息被泄露出去，都要求对方承担一定的保密义务。但这种保密义务往往因为一方的违约而形同虚设。所以，这需要法律和商业道德的约束。

（5）权利人疏忽导致商业秘密泄露。很多商业秘密的泄露并非外部因素造成，而是权利人疏忽大意使然。比如，权利人主观上虽认为某些信息属于商业秘密，但其并没有给予足够重视，如未以书面形式来体现其保密意识，或者虽有书面保密要求，但未明确被保密的客体。有的甚至保密意识淡薄，对商业秘密漠然处之，没有采取任何保密措施，致使秘密泄露。

（6）外来人员参观、考察导致商业秘密泄露。这一点主要体现在外资并购内资企业的过程中，由于内资企业急于获得资金和技术，迷失了方向，对外资企业提出的参观考察要求非常配合。殊不知，参观考察的人员在考察过程中已经通过录像、拍照、录音等方式将内资企业的商业秘密收入囊中了。

以上6种方式是企业商业秘密泄露的主要途径。从媒体报道的情况看，力拓案主要是商业间谍通过不正当手段（如商业贿赂）非法获取并泄露了几大钢铁企业的经营信息。当然，与此对应的是，国内钢铁企业的相关员工也必然将其所掌握的涉密信息泄露了出去。

三、企业商业秘密的保密措施

商业秘密的保密措施从内容上看，可以分为软件措施和硬件措施。前者主要是指企业规章制度上的保密要求，后者主要是指企业为防止商业秘密泄漏而采取的物理措施。对保密措施的规定散见于最高人民法院的司法解释和国家工商行政管理总局及各级地方人大、政府制定的法规、规章中。比如：最高人民法院颁布的《关于审理不正当竞争民事案件应用法律若干问题的解释》、国家工商行政管理总局颁布的《关于禁止侵犯商业秘密行为的若干规定》、浙江省颁布的《浙江省技术秘密保护办法》、深圳市人大颁布的《深圳经济特区企业技术秘密保护条例》等。以上法律文件中均不同程度的规定了企业常见的保密措施。

综合上述法律文件的规定及我国司法实践，本文认为，企业商业秘密的保密措施大体有以下十种类型：（1）签订保密协议，包括与员工签订，也包括与客户或来访者签订；（2）制定企业保密规定；（3）与员工或高管签订竞业禁止协议；（4）对相关人员提出保密要求；（5）在涉密信息的载体上标有保密标志；（6）限定涉密信息的知悉范围，只对必须知悉的相关人员告知其内容；（7）对于涉密信息载体采取加锁、遮挡等防范措施；（8）对于涉密信息采用密码或者代码等；（9）对于涉密的场所限制来访者；（10）在涉密场所安置监控设备。

当然，上述十种保密措施并未穷尽商业秘密合理的保密措施，企业为防止商业秘密泄漏而采取的各种合理措施都可以认定为采取了保密措施，譬如，技术性文件的保管措施和借领、归还手续等。企业在实际生产经营过程中，可以采取其中的一种或者几种保密措施。当然，企业实施的保密措施越多，商业秘密泄露的可能性就越小，在发生侵权纠纷时，法院认定企业是否采取了保密措施的可能性就越大。

对于保密措施而言，还需要企业注意的是保密措施的“合理性”问题。企业采取的保密措施并非要做到天衣无缝，只要做到“合理”即可。所谓合理是指采取的保密措施应当与该信息的商业价值等具体情况相适应。这种标准与国际惯例是一致的。在说明保密措施的合理性问题上，我们可以借鉴一下美国法院的认定标准。美国法院只要求“在特定条件下的合理性”，不要求采用极端的和过分昂贵的措施保护商业秘密。美国著名的杜邦公司商业秘密案最能说明问题。该案判决认为：保密措施犹如对善意过路者的一道“栅栏”，足以使善意的过路人不能在一眼看去或稍加理解就可搞清商业秘密的同时，警告其不可进一步把脚踏入被禁止入内的领地；而且，不侵犯他人的合法权益是相对人的义务，只要权利人对商业秘密采取的保密措施在客观上能为权利人识别出来，相对人即应望而却步，不应当再实施侵犯行为。

可见，企业为防止自己的商业秘密泄露应尽可能地采用多种保密措施进行严格防范，但法律显然具有一定的宽容性，它不会给企业苛以过于繁重的责任，以免影响到企业的正常经营，当企业通过自己的合理行为向他人明确宣告了自己为保护商业秘密泄露而付出的努力时，法律就会把更多的注意力放在义务人身上。

四、商业秘密的刑事保护问题

侵犯商业秘密，作为一种不正当竞争行为，首先是在我国1993年颁布的《反不正当竞争法》中明确规定下来的。为了加强对商业秘密权利人的保护，1997年《刑法》修改时将“侵犯商业秘密罪”列入。按照“罪行法定”的原则，在刑法未规定此罪名之前，侵犯商业秘密的行为只能通过民事法律进行保护，而不能上升到犯罪的高度。

当然，行为人构成侵犯商业秘密罪本身也应意味着其已经属于商业秘密侵权，只不过是一种严重的、具有广泛社会危害性的侵权行为，从而需要通过刑法来调整，以维护社会公众的利益。就力拓案来讲，如果四位犯罪嫌疑人的行为给我国钢铁企业造成严重损失的话，那么要求他们仅承担民事责任显然不能有效地对其进行惩罚和威慑。

笔者赞同在适当的时候，通过刑罚措施来保护权利人的商业秘密，但司法机关在认定是否构成侵犯商业秘密罪时应当慎重。这是因为，我国目前的知识产权审判体制存在很大的不合理性，比如：商业秘密民事侵权案件的审理一般在各地中级人民法院知识产权审判庭或少数几个基层法院知识产权审判庭，但侵犯商业秘密犯罪的审理一般在各地基层法院的刑事审判庭，基层法院在审理这种技术性、专业性较强的知识产权案件时往往经验不足，极易造成冤假错案。另外，司法实践中公认的事实是：判定构成商业秘密民事侵权的比例极低。那么，在刑法对定罪证据要求更高的前提下，在“疑罪从无”原则的指引下，判定构成侵犯商业秘密罪就显得尤为困难，这也为我们的检察官和刑事案件法官提出了更高的要求。

五、力拓案给外国企业的三点启示

1. 要熟悉中国的法律制度，特别是知识产权法律制度

外国企业进入中国市场，首先要了解中国的法律制度。中国要建立社会主义市场经济体制，法律是必不可少的环节。自改革开放以来，中国的立法活动就一刻也没有停止过，为了与国际市场接轨，中国的各部门立法均借鉴世界各国的立法实践经验，但仅了解这些还不够。因为，借鉴而来的国外法律制度必须与中国的具体国情相结合才能有生命力，所以，外国企业应当熟悉这些具有中国特色的法律制度，以免在企业日常经营活动中陷入被动。

随着越来越多的外国企业将研发中心和制造基地落户在中国，此时企业应当特别关注中国知识产权法律制度的发展。现阶段，中国正在进行包括《专利法》、《商标法》、《著作权法》为主的知识产权法律法规修改工作。这些与每一个在华企业的利益均息息相关。只有真正了解和掌握了这些法律制度，才能给企业发展提供有力的法律保障。

2. 遵守“游戏规则”，依法办事

“游戏规则”不仅仅包括上述中国的法律制度，还包括公认的商业和道德准则，外国企业在华的经营活动应当遵守这些“游戏规则”。力拓案带给我们的启示再一次印证了企业永远是以追求利润为最终目标的，当利润达到一定程度，企业就会不惜一切代价

去追求它，哪怕破坏“游戏规则”，铤而走险。所以，强调遵守“游戏规则”，依法办事绝不是一句口号，它应当贯穿于企业经营活动的始终，也应该成为每一位企业员工的行为准则。

3. 勿需将任何事情都上升到政治高度

外国企业在华受到中国有关机构的调查，是非常正常的现象。企业应从法律角度审视自身的问题，而不应该将任何处罚或制裁行为都上升到国与国之间的政治层面加以解决。力拓案本身并非一个政治问题，其完全可以在法律框架内加以解决。事实上，力拓案的罪名变更从另一个角度上说，恰恰表明有关部门欲通过法律解决纠纷的态度。所以，外国企业遇到此类问题时，应当冷静对待，任何将本可以通过法律解决的纠纷政治化，都意味着欲将问题复杂化，这本身就是一种本末倒置。

2009 年 9 月

5 软件商业秘密侵权纠纷的应对策略及对企业的若干建议

计算机软件的高速发展和广泛应用，使其越来越成为我们日常生活和生产经营中不可或缺的商品。从法律角度来说，软件是经过人们的智力劳动和体力劳动创造出来的智慧成果，应当受到知识产权法的保护。目前，对软件知识产权的保护主要通过版权、专利、商业秘密三种方式。但在计算机软件纠纷案件审理中，权利人已经强烈地感受到，使用《著作权法》和《计算机软件保护条例》对计算机软件保护，因受其立法目的和调整范围的限制，对权利人的保护显得有些不够充分。而通过申请专利保护软件技术思想，又会受到专利审查制度对计算机软件可专利性的审查限制。

所以，实践中，权利人比较多地选择商业秘密的保护方式，以求最大限度地保护自己的计算机软件产品。但是，软件企业对商业秘密这一法律概念似乎并无清晰地认识，在发生商业秘密侵权纠纷后也感到力不从心，如何帮助软件企业正确应对商业秘密侵权纠纷，已经成为现阶段亟待解决的问题。本文主要从软件商业秘密权利人的角度，探讨商业秘密侵权纠纷的应对策略，以期给广大软件企业以启示。

一、软件商业秘密侵权纠纷中应明确的三个问题

商业秘密是一个复杂的法律概念，其有着严格的内涵和外延。作为软件企业，在处理软件商业秘密侵权纠纷过程中应该对以下三个问题有一个明确的认识。

（一）阶段性的技术信息与经营信息也属于商业秘密

商业秘密，通俗地讲就是指构成一个企业竞争优势的任何不为他人所知悉的商业信息。我国《反不正当竞争法》第 10 条规定："商业秘密是指不为公众所知悉、能为权利人带来经济利益、具有实用性并经权利人采取保密措施的技术信息和经营信息。"这是"商业秘密"的法律定义，在司法实践中也主要是按照这个定义来确定技术信息或经营信息是否属于企业的"商业秘密"。

按照我国《反不正当竞争法》的规定，商业秘密一般应具有秘密性、保密性、经济性和实用性四个特征。但实践中，有些商业信息只是阶段性成果，还不具有实用性（不能直接应用产生满意的功能效果），但这些阶段性成果毕竟承载了权利人的付出，而且可以缩短研发进程，应当受到法律保护。2007 年 2 月 1 日起实施的《最高人民法院关于审理不正当竞争民事案件应用法律若干问题的解释》第 10 条规定：有关信息具有现实的或者潜在的商业价值，能为权利人带来竞争优势的，应当认定为《反不正当竞争法》第 10 条第 3 款规定的"能为权利人带来经济利益、具有实用性。"据此，不具有实用性的企业阶段性技术信息或经营信息可以作为商业秘密加以保护在法律上得到支持。这一点，软件企业应当特别注意。

（二）软件企业商业秘密的范围

商业秘密在法律上主要分为两大类，即技术秘密和经营秘密。

以软件企业为例，软件企业的技术秘密主要是：计算机源程序和文档，即源程序和目标程序；用自然语言或者形式化语言所编写的文字资料和图表；描述程序的内容、组成、设计、功能规格、开发情况、测试结果及使用方法的文件，如程序设计说明书、流程图、用户手册等。软件企业的经营秘密主要是：在软件销售环节中形成的客户名单、产销策略、销售渠道、投标中的内容和标底，还有与开发生产、经营活动有关的其他商业信息。

总之，企业应掌握一个原则，凡是符合商业秘密特性的任何能给企业带来竞争优势的商业信息都可以纳入商业秘密的范畴。

（三）竞业限制义务不等于保密义务

竞业限制义务是指企业的职工在其任职期间不得兼职于竞争公司或兼营竞争性业务，在其离职后的特定时期或地区内也不得从业于竞争公司或进行竞争性营业活动。竞业限制义务，是基于当事人之间的约定而产生，并以支付经济对价为前提，没有约定则没有此义务，没有对价亦无此义务。竞业限制的期限一般是两年。

保密义务是指知晓商业秘密的特定人员应当保守秘密，禁止泄露商业秘密。保密义务属于法定义务，这种法定的不作为义务目的是防止侵犯权利人的知识产权，并不需要支付保密费。说到底，只要商业秘密处于秘密状态，义务人就要永远履行保密义务。

由此可见，义务人违反竞业限制义务并不必然违反保密义务，反之，义务人解除竞业限制重新择业，并不影响继续承担商业秘密的保密义务。软件企业应当清楚，在商业秘密诉讼中，原告仅以竞业限制协议要求员工承担保密义务是不可取的。

二、软件商业秘密侵权纠纷的应对策略

一般而言，软件企业商业秘密侵权纠纷主要是通过法院诉讼的方式解决。作为权利人来讲，需要做好以下几个方面的应对工作，以便在诉讼中赢得主动。

（一）确定有利的管辖法院

诉讼管辖的问题往往涉及诉讼成本、诉讼策略以及诉讼结果的成败，作为原告来讲应当予以重视。选择有利于自己的法院管辖可以减少人为干扰，降低诉讼成本，使诉讼得以顺利进行。诉讼管辖一般按照“原告就被告”的原则，即由被告住所地的法院管辖。但原告可以通过某些方法将自己住所地的法院作为管辖法院，比如：增加一个被告（该被告的住所地在原告处），或者利用侵权行为地、侵权结果发生地的原则来确定管辖法院。

（二）全面、细致地搜集证据

任何一起诉讼，证据都是关键。法庭判断侵权与否的前提是查明法律事实，而法律事实是通过证据反映的，证据的缺失会导致整个诉讼的失败。在商业秘密侵权诉讼中，原告方的证据主要由三部分组成，即（1）原告权利证据，证明原告对涉案商业秘密享有权利，并可以作为原告提起侵权诉讼；（2）被告侵权证据，证明被告实施了侵犯商业秘密的行为；（3）损害赔偿证据，证明由于被告的侵权行为导致原告的实际损失，要求法院判令被告赔偿。

这里对权利证据和侵权证据的搜集是关键。商业秘密诉讼中，原告败诉的原因很多，但由于权利证据和侵权证据的缺失导致维权失败的情况占了绝大多数。对于权利证据，原告在搜集整理的过程中应始终贯穿一个原则，即要证明自己是商业秘密的权利人以及商业秘密的形成过程。比如，软件研发过程中的需求分析、功能设计、系统设计、程序代码和文档编写、程序测试等阶段的书面材料或电子资料，同时还要证明自己对上述开发阶段所产生的商业秘密采取了合理的保密措施。对于侵权证据，原告主要应从两个方面搜集证据，即被告有接触原告商业秘密的可能性，且在生产经营中使用了原告的商业秘密。比如：被告企业的员工是从原告处跳槽过去的，而该员工在原告处从事的是软件核心技术的研发，在该员工到被告处工作后，被告在较短时间内也完成了同样功能的软件研发，且使用了原告不为公众所知的技术秘密或经营秘密。也就是说，原告侵权证据应围绕着“接触＋实质相似”的原则进行搜集。

（三）在诉讼前后，做好证据保全工作

证据保全，是《民事诉讼法》上的一个概念，它是指为了防止证据的自然灭失、人为毁灭或者以后难以取得，经诉讼参加人向人民法院申请或者人民法院依职权主动对民事诉讼证据预先加以搜集和固定的制度。因此，在民事诉讼中，有权采取保全措施

的只有人民法院。在软件商业秘密侵权案件中，原告囿于取证的困难，往往会向法院申请证据保全，保全的证据大多是依靠自身力量难以取得的证据，如被告处计算机硬盘中的源程序、软件设计文档、被告客户名单资料、财务凭证、发票等，这些都是原告赢得诉讼的重要证据材料。

还有一种证据保全工作，并非法律意义上的证据保全，而是由原告委托公证机关进行的公证保全。虽然，我国《民事诉讼法》并未强制要求对证据进行公证，但经过公证的证据材料具有很高的证据效力，特别是在审理计算机软件案件中，由于软件的可修改性及灭失后的难以恢复性，都凸显出公证保全证据的重大意义。常见的公证保全主要有：对原告软件研发资料的公证、对来往电子邮件的公证、对被告网站的公证、对购买被告软件产品过程的公证等。

（四）正确寻找、合理确定软件产品中的秘密点

秘密点的确定是商业秘密侵权案件中原告在法庭上首先要明确的问题。所谓秘密点，就是软件产品中不为公众所知悉、被权利人采取保密措施，能给权利人带来利益的技术信息或经营信息的具体内容。《最高人民法院关于审理不正当竞争民事案件应用法律若干问题的解释》第 14 条明确了原告应当就商业秘密的具体内容进行举证。

软件产品的秘密点往往可以从以下几个方面来寻找：

（1）需求分析阶段形成的用户意见。这些意见可以作为软件升级或修改的重要参考，对完善软件功能有着重要作用。

（2）软件功能设计文档。软件的功能设计是为满足用户使用要求，而对软件产品需要具备的各项功能进行的系统安排。这些文档在软件没有公开销售前，其内容是非公知的。

（3）系统设计中的技术方案。无论是软件整体的结构、顺序、组织的特征，还是包含软件具体模块功能实现的低层设计，通常由于隐藏在程序代码背后，属于不为公众所知悉的技术信息。

（4）客户名单。客户名单是指客户的名称、地址、联系方式以及交易的习惯、意向、内容等构成的区别于相关公知信息的特殊客户信息，包括汇集众多客户的客户名册，以及保持长期稳定交易关系的特定客户。

在正确寻找秘密点的前提下，还要合理确定秘密点的数量。秘密点不在乎多，而在于精。秘密点要始终与原告方的证据相配，对于没有证据证明的秘密点，最好放弃，以免在后面的诉讼中陷入被动。所以，在商业秘密侵权诉讼中，秘密点的确定要重点突出，这样才有利于集中优势兵力择其重点进行攻击。

（五）重视商业秘密侵权案件中的司法鉴定程序

软件商业秘密侵权案件大多涉及复杂的技术问题，就目前我国法官的知识结构来看，具有技术和法律双重背景的人才并不多，特别是通晓法律又熟悉软件开发的法官更是凤毛麟角。法院在审理此类案件过程中，遇到难以把握的技术问题，往往求助于司法鉴定机构。司法鉴定就是由国家有关部门认可的鉴定机构就法院委托鉴定的涉案技术等专业问题提供咨询服务的过程。企业在涉及司法鉴定的问题上应当给予足够的重视，就现阶段我国知识产权审判实践来看，司法鉴定的结论对案件最终的走向有着决定性的影响。

尽管司法鉴定的项目很多，但具体到软件产品的鉴定，主要有以下两类：一是鉴定原告软件产品的秘密点在某一时间节点前是否属于非公知信息（一般称作“非公知鉴定”）；二是被告软件产品研发是否使用了原告所述的秘密点（一般称作“同比鉴定”）。在司法鉴定程序，原告应当注意鉴定人员是否有应当回避的情形，比如：鉴定人之一与被告有利害关系，足以影响公正判断。另外，原告应当向鉴定机构提供尽可能多的鉴定材料，尽量配合鉴定人员的工作，以使鉴定得以顺利进行。

（六）尽量通过和解的方式解决商业秘密侵权纠纷

通过诉讼的方式解决商业秘密侵权纠纷的周期短则几个月，

长则几年，如果是涉外诉讼，周期更长。作为诉讼当事人来讲，长时间的诉讼周期，对双方都是不利的。所以，商业秘密侵权纠纷最好的解决方式就是和解。中国人历来倡导“和为贵”。如果能够和解结案，不但节约了诉讼成本，而且可以把更多的精力放到企业的发展中来。倘若原、被告双方能够以此为契机走向合作，那是最好不过的事情。

近几年来，我国政府一直在倡导构建“和谐社会”的理念，“和谐”应当是我们这个社会的主旋律。我们不否认存在矛盾，但矛盾总会有解决的方法。在司法领域，判决当然可以达到定纷止争的目的，但无法消除人们内心的隔阂，久而久之，还会重新爆发矛盾。因此，在笔者看来，倡导“和解”结案符合社会发展主要趋势的，也符合我国政府的“和谐社会”理念，更符合企业的长远利益。

三、对软件企业的五点建议

（一）软件产品商业秘密的权利归属要明确

商业秘密的权利归属不仅涉及软件开发成功后，企业是否有权利实施复制、使用、许可使用、销售等行为，还在于侵权发生后，企业是否有权利作为原告来维护自己的合法权益。因此，企业在研发软件产品之初就应当通过协议来明确软件商业秘密的归属，特别是在委托开发或软件外包开发过程中，更应如此。

（二）做好软件研发过程中的资料归档工作

商业秘密侵权纠纷对原告举证的要求非常高，前已提及，原告作为权利人首先要证明自己是涉案商业秘密的合法拥有者，并且还要依据提交的证据向法庭说明其所主张的商业秘密具体是何内容。这些都依赖书面或电子证据加以佐证。因此，企业在软件研发过程中要特别注意资料的归档工作，做到每一步研发都有相应的文档资料予以证明，包括立项、论证、编写、调试、测试各阶段的软件版本及终级软件版本等技术文档资料；开发前期参数定义、模块定义、变量定义、各模块之间的相互关系的文档；源程序和目标代码；图表、框图等文件。这些文件既包括纸介质的文档，也包括软盘、硬盘、磁带等磁介质文档。这样，在发生侵权纠纷时，企业就可以非常方便地调取任何权利证件和研发过程证据。

（三）对商业秘密应采取合理的保密措施

商业秘密的保密性要求权利人对商业秘密采取合理的保密措施，以此来说明权利人对待技术信息和经营信息的保密意识和保密效果。没有采取任何保密措施的技术信息或经营信息，法院很难认定为商业秘密。权利人为防止信息泄露所采取的与其商业价值等具体情况相适应的合理保护措施，均可以认定为企业采取了保密措施。保密措施具体可以是：对文件进行编号、划分秘密等级；配置必要的保密、防盗设备，确保秘密文件及其所处区域的安全；限定知情人员的范围，将项目分解成若干项目，严格分工，员工只接触其必须完成任务的相关项目，总体方案由主要决策人员控制和把握等。

（四）竞业限制协议不能代替保密协议

有的企业与员工签订了竞业限制协议，以此来替代保密措施。笔者并不否认，竞业限制协议是保密措施的一种，但仅仅签订竞业限制协议是远远不够的。前已提及，竞业限制义务与保密义务并非同一个概念，不能相提并论。竞业限制的期限一般是员工在职及离职后两年内，而且是以支付竞业限制补偿费为对价，换言之，企业如果未支付补偿费，那么员工可以不遵守竞业限制义务。所以，为更好地保护软件企业商业秘密，企业应在与员工签订竞业限制协议的同时，还要与员工签订保密协议，保密协议的时间效力一般至协议中所限定的商业秘密为公众所知悉时为止。

（五）对软件产品应采取知识产权立体保护

通过商业秘密的方式保护软件产品虽然有其优势，但我们也非常清楚地认识到，在商业秘密侵权纠纷中，原告的举证要求较高，而且在我国目前对商业秘密立法还不完善的前提下，各地司法审判的标准仍不统一，单一地采用商业秘密保护方式，显然势单力薄。因此，笔者建议企业应通过专利、版权、商业秘密、商标等多种方式立体保护软件产品。这就需要企业对软件研发各阶段所产生的知识产权有一个清晰地认识，能够判断何种智力成果采用何种方式保护最为有利、最为可行。

四、结语

软件企业商业秘密侵权纠纷中所涉及的问题非常之多，也非常复杂。这不仅是因为商业秘密侵权诉讼本身的复杂性，还因为此类诉讼与软件技术相结合，这无疑增加了案件处理的难度。但是，只要软件企业在日常经营过程中严格依法办事，注重知识产权管理工作，在发生诉讼时积极应对，妥善处理，就一定能够赢得最终的胜利。

2009 年 7 月

第三部分

相关论坛纪要

1 保护知识产权慎用刑法

一、聚焦"2004 北京商业秘密的刑事法律保护研讨会"

◎处理商业秘密纠纷案件应以"先民后刑"

陈兴良（北京大学法学院副院长）："先刑后民"是法院处理涉及民事和刑事案件的通常做法。由于知识产权案件一般比较复杂，"先刑后民"的弊端是，要作出知识产权民事上是否侵权的判断，涉及大量的技术性问题，如果把其简单地当作刑事案件来处理，因刑事诉讼程序的审理周期短，很难把事实搞清楚而影响办案质量。而且"先刑后民"往往使一些当事人恶意利用司法权，使公安机关非法介入一些民事纠纷和经济纠纷案件。因此，在涉及知识产权的诉讼中，"先民后刑"来处理比较稳妥。

张明楷（清华大学法学院教授）："先民后刑"要以其案件是否违反民事、经济、行政法律为前提，如果不解决民事、经济等法律关系，就无法接下去审理刑事案件。从法理上讲，商业秘密纠纷案件的处理，符合"先民后刑"的前提条件。

程永顺（北京市高级人民法院民三庭副庭长）：处理知识产权案件，"先刑后民"的做法很难操作，上海浦东新区人民法院的司法实践证明，"先民后刑"是可行的。

周梅燕（上海市人大常委会原信访办副主任）：在商业秘密纠纷的案件中，原告败诉往往都是因为举证不足，使他们往往通过举报，利用公权力达到自己的目的，这使公安机关不当插手民事或经济案件，导致公权力的滥用。从信访来看，似乎用刑事打击来保护商业秘密更为方便快捷，其实这一倾向不利于保护商业秘密及其知识产权。

◎知识产权保护应以民事保护为主

知识产权保护应以民事保护为主，其中对版权和商标的侵权，对商业秘密的间谍行为等应以刑事制裁。

胡云腾（最高人民法院应用法学研究所副所长）： 现在国际上之所以要求我们对知识产权加强刑法保护，是因为我们的民事判决很多难以执行，再加上诉讼成本很大，案件审结后有时候很难执行。但我们今天讲的侵犯商业秘密案件，在美国、欧洲基本上都不是刑事案件。因此，知识产权的保护主要是民事保护，刑事打击只能作为一个手段，而且必须严格限制。

程永顺： 从知识产权的刑法保护来看，主要集中在版权和商标侵权上，这是因为这种模仿比较容易，侵权投资并不大，所以各国刑法对此给予严厉打击。刑法里讲的侵犯商业秘密应该是商业性间谍行为，由于当前立法对侵犯商业秘密的行为并未具体规定，使我们在认识不很清楚的情况下，突然出现很多此类案件，导致处理的界限很难划分。

张广良（北京市第一中级人民法院民五庭庭长）： 侵犯知识产权犯罪，包括侵犯商业秘密罪的共同特点是，应予惩罚的故意行为和后果严重的侵权人的刑事责任。不是说只要侵犯商业秘密就要追究当事人的刑事责任，比如说美国有一个著名的经济间谍法案，只有在出现经济间谍的情况下，才追究其刑事责任。

◎鉴定结论不能成为定案的唯一证据

在审理商业秘密案件中，鉴定结论不能成为定案的唯一证据，鉴定机构和结论也不应该有级别之分。

孔祥俊（最高人民法院民三庭副庭长）： 目前在很多程序上都采取委员会制度，最后取决于投票表决，只要整个鉴定过程符合法定程序，其表决结果就应该认可，确立这个观念在很大程度上能够解决一些重复鉴定的问题。合乎资格的人组成了一个鉴定委员会，按照程序作出的鉴定结论，就是合法的鉴定结论。此外，鉴定不应分级别，这样可以减少一些争议，只要合法，鉴定效力都是一样的。

程永顺：鉴定机构应该只对技术问题作出鉴定，至于是否侵犯了商业秘密，属于法律问题。在审理商业秘密案件中，鉴定结论往往成为法官定案的唯一依据，这就进入了一种误区。其实，鉴定结论只是证据的一种，是否采信，应由法官决定。

刘春田（中国人民大学知识产权教学与研究中心主任）：技术鉴定问题，实际上类似于检索，只应该要求技术鉴定人员达到一定的资质，在程序上合法，他们就有权利作出鉴定，并且不应该分等级，因为这是一个对事实的认定，技术鉴定解决的只是事实问题，没有必要分成级别。但是，鉴定结论应该质证，即鉴定人应该出庭，当庭质证，最后由法官决定是否采信。如果鉴定结论没有经过质证，而在司法过程中被采信是不合法的。

戴敬辉（上海市科技咨询服务中心鉴定部负责人）：对商业秘密的侵权，不论其是民事案件还是刑事案件，上海市第一中级人民法院采用技术专家当陪审员的做法值得借鉴。技术专家担任陪审员，可以协助法官审查鉴定意见的正确与否。鉴定人的意见，可能主观性较强，如果有一个同类型的、同专业的专家当陪审员，就可以通过其知识以及质证等程序，协助法官对鉴定人的结论作出比较正确的判断。

董建中（北京市第二中级人民法院民五庭庭长）：现在法院对鉴定问题逐渐淡化。比如说我们可以采取陪审员制，可以把专家请进来，通过专家解决一些技术上的问题。另外，现在法院也肯定了专家证人出庭质证的做法，就是双方可以让各自的专家证人当庭对技术问题进行一轮详细的辩论，还可以采取一些专家论证的方式，可以帮助法官作出初步判断。至于是否构成商业秘密侵权或是商业秘密犯罪，当然应该是法院判断的问题。对于鉴定问题，我们采取的态度是，鉴定结论只是作为判决时的一般参考依据。

◎商业秘密案件应主要由中级以上人民法院来审理

对商业秘密的刑事案件中，法院的管辖权问题。与会者认为，商业秘密案件应主要由中级以上人民法院来审理，单位犯罪有一个优先管辖的问题。

游伟（华东政法学院教授）：作为民事案件审理的知识产权侵权案件，一审基本上都是由中级人民法院来审理，只有个别地区，可以由素质较高的一些基层法院审理，比如上海浦东新区人民法院。对管辖级别的限制，主要是由于知识产权案件比较复杂，审理的难度较大，应提高管辖级别。目前，很多商业秘密犯罪的刑事案件由基层法院审理，由于知识产权犯罪案件涉及人身权益，知识产权民事案件主要是以财产利益为主，两者相比，刑事案件所涉及的人身权益更为重要，似乎应该由专业性更强的中级法院来审理。从证据的角度来看，民事案件中的证据，只要求达到优势证据的程度即可。而刑事案件中的证据，至少要排除合理怀疑，显然刑事证据要求比较高。由基层法院受理知识产权犯罪案件，可能在判断的准确性方面存在问题。

陈兴良：关于单位犯罪管辖权的问题，《刑事诉讼法》规定，刑事案件由犯罪地的法院管辖，犯罪地有犯罪行为地和犯罪结果发生地。当然，在两者都有管辖权的情况下，谁先管辖，可能有一个优先管辖的问题（注：最高人民法院在 1998 年 7 月 20 日《关于全国部分法院知识产权审判工作座谈会纪要》中指出：在知识产权侵权纠纷案件中，侵权结果发生地，应当理解为是侵权行为直接产生的结果发生地，不能以原告受到损害就认为原告所在地就是侵权结果发生地）。

◎关于权利主体问题

与会者认为，《刑法》第 219 条中的商业秘密和权利人的概念，与《反不正当竞争法》、《合同法》对商业秘密和权利人所规定的范围应该是一致的。

张明楷：《刑法》对侵犯商业秘密行为的处罚范围不可能与《反不正当竞争法》规定的一样。《刑法》第219条对侵犯商业秘密表现形式的规定，完全是从《反不正当竞争法》的条文上移过来的，这给人们的感觉似乎《刑法》对商业秘密的保护与《反不正当竞争法》的范围是一样的，实际上两者是有差别的。不能说因为《刑法》对侵犯商业秘密的处罚窄一点，所以《刑法》上的商业秘密的范围比其他法律如《反不正当竞争法》、《合同法》所说的商业秘密的范围要窄一些。也就是说，《刑法》第219条中的商业秘密和权利人与《反不正当竞争法》、《合同法》所说的商业秘密和权利人应该是没有区别的。

◎反不正当竞争在我国的兴起和发展

俞梅荪（北京神州百川律师事务所律师）：早在20世纪80年代初期我国经济开始搞活，伴随而来的是不正当的竞争行为的增多，我国就开始探索如何反对不正当竞争。1984年，武汉市政府率先起草反不正当竞争的政府规章，颁布实施了《武汉市制止不正当竞争行为试行办法》，在我国开创了反不正当竞争的先例，1993年，全国人大发布《反不正当竞争法》，十多年来反不正当竞争行动在各地蓬勃发展。近年来，为适应入世，我国调整了知识产权的法律制度，先后修订了《刑法》、《专利法》、《商标法》、《著作权法》，对知识产权的保护有了很大发展。但是，对其中商业秘密保护的立法亟待完善。

在会上发言的还有龚培华（上海市检察院研究室主任）、杨林村（科技部知识产权事务中心主任）、董铁鹰（知识产权出版社社长）、罗书平（四川省高级法院执行局长）、朱妙春（上海天宏律师事务所主任）等，会议由《中国律师》杂志总编刘桂明主持。

与会者呼吁，有关立法机关和司法机关应尽快出台商业秘密保护的单行法律、法规和司法解释，以完善知识产权的保护范围。

而在立法还不完备的现阶段，应当从促进技术进步、完善市场竞争秩序出发，尽可能地营造尊重与保护知识产权的良好社会氛围，既要加大对知识产权的保护力度，又要防止刑法打击扩大化，从而保障经济健康有序地发展。

会上，当记者就有关商业秘密的权利主体与鉴定机关的选择等问题请教朱妙春律师时，得知他目前正在代理的一个案子极具代表性。

◎案例链接：

江苏某市某机械有限公司（以下简称“某公司”）成立于2003年1月，系一家专门从事塑料机械产品制造、销售的公司。

湖北省某厂系一家生产发泡机等产品的国有企业。1992年8月，湖北省某厂与德国EMB公司签订过一份《聚氨酯设备制造技术许可合同》，合同期为10年。某公司总经理王某原系湖北省某厂聚氨酯分厂厂长。1992年，王某与湖北省某厂签订过一份赴德国培训聚氨酯高压发泡机制造技术的合同，合同规定：“王某培训结业后，必须回湖北省某厂工作，并且在十年内不得调离湖北省某厂。王某在国外培训期间及回湖北省某厂工作期间对所学的技术、知识、资料负有保密责任，不得向第三方泄露。”2003年4月初，王某从湖北省某厂辞职，4月底进入某公司，担任某公司总经理，负责公司日常经营管理。

2003年7月3日，湖北省某厂以王某侵犯其商业秘密为由报案至公安局某区分局（以下简称“某区公安分局”），8月11日，某区公安分局立案侦查此案。同年11月6日，某区公安分局经侦民警以涉嫌侵犯商业秘密罪将在上海参加上海科技博览会的王某拘留，并于12月13日执行逮捕。

2004年5月2日晚，江苏某市举行“十佳青年创业先锋”颁奖会以后，龚某作为某公司的法定代表人（董事长），被湖北某区人民检察院（以下简称“某区检察院”）作为追诉对象以涉嫌侵犯商业秘密罪秘密逮捕。

2004年6月28日，某区检察院以某公司、龚某和王某为被告向某区人民法院（以下简称“某区法院”）提起公诉。9月15日，某区检察院将被告某公司撤销，仅起诉龚某和王某两个个人被告。对于本案所涉及的技术信息，某检察院总共提交了三个单位出具的技术鉴定报告：即中国聚氨酯工业协会出具的《鉴定意见》、北京科技部知识产权事务中心出具的《技术鉴定报告书》（以下简称《北京鉴定报告》）和湖北科技事务司法鉴定中心和湖北省科学技术咨询服务中心出具的《技术鉴定报告书》。辩护人提交了上海市科技咨询服务中心出具的《技术鉴定报告》（以下简称《上海鉴定报告》）。

2004年10月15日，某区法院不公开开庭审理了此案。庭审中，控辩双方围绕“湖北省某厂与德国EMB公司合同是否延期一年”、“本案应该采信哪份鉴定报告”、“本案所涉及的技术信息是否是公知技术信息”、“王某有无接触、窃取、泄露湖北省某厂的非公知技术信息，某公司有无使用这些信息”、“商业秘密犯罪案件中‘直接经济损失’到底应该如何计算，评估报告对‘直接经济损失’的计算是否合理”等焦点问题进行了举证和质证。至于一审结果如何，且等法院判决。

记者：就本案来讲，龚某和某公司有没有侵犯湖北省某厂技术秘密的行为？

朱妙春：在有足够证据证明湖北省某厂是商业秘密的权利人，并且湖北省某厂所拥有的技术信息是非公知技术信息的前提下，权利人还必须承担如下的举证责任：接触+相似（即实质相同），此乃法院知识产权庭在审理商业秘密案件时的“接触+相似”原则。这里的“相似”是指产品中的非公知技术信息相似，即实质相同，此由鉴定机构确定。“相似”并非指同类产品，而是比较同类产品中特定的非公知技术和结构是否相同或实质相同。

首先，根据“接触+相似”原则，本案公诉人必须有足够的证据证明：鉴定机构所认定的非公知技术，某公司与湖北省某厂相同或实质相同。

在湖北省某厂和某公司涉及商业秘密的非公知技术和结构实质相同的前提下，公诉人还要有足够的证据来证明：某公司确有接触湖北省某厂的商业秘密，否则就还不能就此认定某公司侵权。

其次，从《北京鉴定报告》来看，它只是认定了喷嘴直径等三个计算程序以及回流测试阀组件等两份图纸中尺寸公差的整体组合是非公知技术信息，但并未认定某公司使用了上述程序和图纸。再从某区检察院所提供的其他证据来看，也没有任何证据可以证明，某公司使用了上述程序和图纸。

第三，从某公司有无接触湖北省某厂的商业秘密来看，某公司如果要利用湖北省某厂的技术秘密生产高压发泡机，则必须要经历接触、窃取、泄露和使用等四个阶段，缺一不可，使四个接触点连成“接触链”。

(1) 王某没有接触过喷嘴直径计算程序等三个技术秘密。湖北省某厂的员工在1992年被派往德国学习聚氨酯高压发泡机的制造技术时，各有分工。王某培训的内容为混合头的制造技术。而且回国以后，王某从未接触过上述三种计算程序。据说该程序由总厂资料室保管，借出和收发均有严格的签收制度。

(2) 王某并未窃取喷嘴直径计算程序等三种计算程序，也未窃取回流测试阀组件和组分高低压切换阀（K－K阀）组件图纸。从某区检察院认定的王某从湖北省某厂窃取的七份书面文件（实际上属于借阅未按照正常程序归还）以及王某电脑中的文件来看，其中并不包含上述计算程序和图纸。

(3) 当然，王某没有从武汉轻工业机械产窃取上述商业秘密，也就没有泄露上述商业秘密的行为，某公司自然也不存在使用上述商业秘密的问题。

而实际上，某公司并未使用湖北省某厂的喷嘴计算程序等程序计算喷嘴直径等，也未利用湖北省某厂的图纸制造回流测试阀和高低压切换阀。某公司的喷嘴、软硬管、加热和冷却装置以及回流测试阀和高低压切换阀都是外购件。

因此，龚某和某公司根本不存在侵犯湖北省某厂商业秘密的行为，当然也就不存在侵犯商业秘密罪的问题。

记者：正如您所代理的这个案件中出现的情况，当一个商业秘密案件针对一个问题涉及由多家机构出具的几份鉴定时，法院应该依据哪一份鉴定结论去审理案件呢？

朱妙春：本案涉及的技术信息是否是非公知技术信息，应该以科技部知识产权事务中心出具的《北京鉴定报告》为准。

在有证据证明湖北省某厂是商业秘密权利人的前提下，还必须有证据证明湖北省某厂所拥有的技术信息是商业秘密。

我国《刑法》第219条第3款明文规定："本条所称商业秘密，是指不为公众所知悉，能为权利人带来经济利益，具有实用性并经权利人采取保密措施的技术信息和经营信息。"也就是说，技术信息和经营信息要构成商业秘密，必须具备四性：即秘密性、保密性、经济性和实用性。

秘密性也即非公知性，技术信息是否是非公知的，由鉴定机构进行鉴定。对于本案所涉及的技术信息，某区检察院总共提交了三个份技术鉴定报告而辩护人提交了《上海鉴定报告》。

综合考虑各种因素，法院理应采信《北京鉴定报告》。其理由如下：

（1）科技部知识产权事务中心具有合法的鉴定人资格。经最高人民法院司法鉴定中心批准，北京科技部知识产权事务中心被列入《最高人民法院司法鉴定人名册》。该名册于2003年5月22日在《人民法院报》上予以公告（见第9号《人民法院司法鉴定人名册公告》）。

（2）科技部知识产权事务中心成立于1995年，多年来完成各类知识产权案件司法鉴定数百例，具有丰富的知识产权案件技术鉴定经验，在业内有较强的权威性。而且，作为科技部下属的事业单位法人，科技部知识产权事务中心拥有最大的科技专家数据库，鉴定时可以有针对性地选择合适的专家进行鉴定，这样，鉴定报告就会更加准确。

（3）科技部知识产权事务中心更加客观公正。科技部知识产权事务中心地处北京，既不在湖北省某厂所在地武汉，也不在某公司所在地江苏，也不在辩护人所在地上海，这就排除了地域因素的干扰，由其出具的鉴定报告更加客观公正。而且，从其鉴定报告的结论来看，也完全得到了《上海鉴定报告》的支持。

（4）科技部知识产权事务中心认定的湖北省某厂的非公知技术信息如下：喷嘴直径计算程序，硬、软管道计算程序，热平衡计算程序以及该程序的运行数据；回流测试阀组件和组分高低压切换阀（K－K阀）组件图纸所记载的有关零部件尺寸公差的整体组合。

2004年9月12日

二、我所承办的“商业秘密的刑法保护研讨会”在京召开

2004年9月12日，“商业秘密的刑事法律保护研讨会”在京召开，此次会议由知识产权出版社、《中国律师》杂志社联合主办，中国律师网、上海天宏律师事务所承办。

此次会议，应邀出席会议的有最高人民法院民三庭副庭长孔祥俊、最高人民法院应用法学研究所副所长胡云腾、北京高级人民法院民三庭副庭长程永顺、北京第一中级人民法院民五庭庭长张广良、北京市第二中级人民法院民五庭庭长董建中、北大法学院副院长陈兴良、清华大学张明楷教授、上海市人大常委周梅燕处长等数十名在商业秘密及相关法律等学界具有较高造诣的法官、专家、学者、教授。

在会上，围绕商业秘密案件中涉及程序方面的管辖权、逮捕、先刑后民还是先民后刑、鉴定机构等问题和实体方面的侵权与犯罪的关系、权利主体、仅仅侵犯经营信息是否构成犯罪、情节特

别严重如何理解等相关问题的立法设计，展开了热烈而深刻的交流与探讨。

上海市天宏律师事务所朱妙春主任出席会议并做了演讲。朱妙春主任从事商业秘密诉讼近 20 年，承办案件所涉范围既包括机械、电子、软件、饲料配方、日用化工品等技术信息，也有客户资料、工程项目、财务账册等经营信息，几乎涵盖了商业秘密的所有类别。朱妙春主任在工作繁忙之余，还注重深入案件进行理论总结和思考，对商业秘密诉讼中的许多理论问题持有自己的独到见解。此次会议上，朱妙春主任对商业秘密刑事保护中存在的一些疑难问题提出了自己的看法，受到了与会者的好评。

与会者一致呼吁有关立法机构和司法机关应尽快出台商业秘密保护的单行法律法规、司法解释。而在立法不完善的现阶段，应当从上层建筑服务于经济基础、服务于国家利益的根本立场出发，从促进技术进步、完善市场竞争秩序的角度，尽可能地给予商业秘密权利人以充分的保护，以营造尊重与保护知识产权的良好社会氛围，保障经济健康有序的发展。

2004 年 9 月 12 日

2 京沪四次专家研讨会会议纪要

——华明商业秘密案研讨会

就此案，2006年1月18日、1月25日、2月17日以及2月26日先后在京沪两地召开四次专家研讨会。参加人员如下：

原机械工业部副部长、全国人大财经委员会委员，现中国机械工业联合会顾问陆燕荪；

原机械工业部总工程师高鹏；

中国电器工业协会副秘书长、中国维护企业合法权益办公室负责人、全国低压电器打假办公室负责人刘伯宁；

原机械工业部电工局局长，现中国电器工业学会名誉理事长周鹤良；

国家工商行政管理总局公平交易局副局长李文章；

最高检察院研究室副主任、中国检察出版社总编辑赵汝昆；

国务院国资委国有重点大型企业监事会主席段瑞春；

国家经贸委经济法规司副司长周渝波；

北京大学法学院副院长陈兴良教授；

北京大学知识产权学院常务副院长郑胜利教授；

中国人民大学研究生院副院长、知识产权教学与研究中心主刘春田教授；

中国社会科学院知识产权中心张玉瑞研究员；

北京海淀区检察院副检察长、中国人民大学法学院黄京平教授；

北京市高级人民法院民三庭原庭长程永顺；
复旦大学法学教授、研究生导师陈乃蔚；
上海市第一中级人民法院知识产权庭原副庭长孙爱民；
上海朱妙春律师事务所主任朱妙春律师；
华东政法学院知识产权法吴宏教授；
上海政法学院科技法律专家蒋国教授；
上海科协姜培华；
华东政法学院副院长王俊明教授；
华东政法学院系主任刘宪权教授；
华东政法学院徐士英教授；
上海科协技术鉴定部部长戴敬辉；
上海市公安局经侦总队四支队队长姚建达；
上海市检察院二分院公诉处处长董明亮；
上海市第二中级人民法院刑庭庭长贺平凡；
上海市人大研究室主任周梅燕；
江苏省吴江市法院经济庭长石亨利；
江苏省吴江市法院刘永发法官；
深圳大学朱谢群博士、教授；
上海财经大学魏玮博士；
上海法治报总编辑姜鹰。

专家观点综述

◆1997 年《刑法》制定以前侵犯商业秘密是否按犯罪处理

专家认为，我国 1997 年修订的《刑法》在第 219 条中规定了侵犯商业秘密罪，1997 年没有侵犯商业秘密罪，实践中以前出现的个别类似案件，有的按国家保密法处理，有的是按照民事侵权处理的，即使出现个别国有企业技术人员利用职务便利获取技术图纸以及其他技术秘密，用于本人或者他人企业生产，一般也不作为犯罪处理。1992 年 5 月 19 日，最高人民法院研究室《关于利用职务上的便利条件窃取技术资料转让获利是否构成犯罪问题的电话答复》，即对四川省高级法院一个案件的批复就明确了这一观点。当然，当时有个别案件如果利用职务之便获得国有企业的技术图纸，给他人使用，而从中收受财物的，是按照受贿罪处理的，但是按照盗窃罪或者贪污罪的处理还没有，也就是说当时并不把技术秘密看作是一种财产，没有纳入到财产的刑法保护范畴。

专家认为，根据 1992 年最高人民法院和最高人民检察院的司法解释规定，盗窃公共财物既指有形财物，也包括电力、煤气、天然气、重要技术成果等无形财物，也就是说，20 世纪 90 年代初期，在盗窃罪的司法解释中曾经在把盗窃重要技术成果视为盗窃罪的对象之一；另外，一个 1992 年最高人民检察院和国家科学技术委员会的通知规定，“对假冒技术专利情节严重的，比照全国人大常委会关于惩治假冒注册商标犯罪的补充规定追究刑事责任；对非法窃取技术秘密情节严重的，以盗窃罪追究刑事责任。”并规定，“上述技术秘密是指不被公众所知悉的”。也就是说，这时候已经把技术秘密视为盗窃罪的对象。

可见，在刑法没有规定商业秘密罪之前，过去的司法解释已经将技术成果、商业秘密作为财产加以保护了，根据行为人行为方式的不同，可能构成盗窃罪、贪污罪或者受贿罪。因此，不能笼统地说法律中没有规定就不是犯罪。

综上，专家认为，肖日明所谓“窃取技术图纸”的行为发生在 1984 年，是在法对商业秘密无明文规定予以保护的情况下，而 1997 年后法律有明文规定，但是现行的法律显然是其行为发生之后才实施的。因此，用当时的法律衡量，肖日明的行为并不构成犯罪。

◆刑法的时间效力——“从旧兼从轻”

我国刑法关于时间效力原则是“从旧兼从轻”。有些专家认为，“在 1997 年刑法实施之前，我国的刑法及其他任何法律中，并没有商业秘密犯罪的规定。”因此，不需要讨论刑法的时间效力问题，就可以明确肖日明的行为不构成犯罪。

有专家认为，立法应该“从旧兼从轻”，司法解释也应该“从旧兼从轻”，这是法律实施的一项原则。在实施旧的法律及司法解释的期间，对行为人处理时应当按照当时的解释，对当时的行为如果新的可以解释对被告人有利，无论是从基本的法律理念上，还是罪行法定所派生出来的“从旧兼从轻”原则以及具体法律制度的设计和安排、司法解释和司法操作层面上的理解，行为人的行为发生在法无明文规定的情况下，而现在的法律有了明文规定，但是现在实施的法律是行为发生之后的法律，从有利被告人的角度不应当追究被告人的刑事责任。另外，从商业秘密罪立法和司法解释的发展过程可以看出，20 年前相应的规定在一定程度上是无罪化的。

也有专家认为，按照“从旧兼从轻”的原则，1992 年以后的司法解释将侵犯商业秘密的行为规定为盗窃或贪污行为，这些行为的法定刑较高，而现在法律规定的侵犯商业秘密罪的最高法定刑是七年，可见，现在法律规定这类犯罪的法定刑低于旧法，因此也可以适用新刑法的规定。当然，对 1984 年的行为如何适用还要看具体情况。

◆关于犯罪形态——即成犯、继续犯、连续犯

专家认为，根据我国关于追溯时效的法律规定，有一个行为发生时间的确定问题，尽管肖日明的行为发生在 1984 年，如果肖日明行为是持续或者连续到 1997 年《刑法》生效以后，仍然有可能按照 1997 年《刑法》追究刑事责任。但是，从刑法看，侵犯商业秘密罪应当是即成犯，而不是继续犯，也不是连续犯。即成犯是指犯罪行为和犯罪结果即时发生的犯罪，行为和结果同时发生，犯罪时间就应当按照行为发生时计算。

即成犯的结果有两种情况：一种是在结果发生以后，这种状态行为就结束了；另外一种是出现某种不法状态，这种不法状态可能还在相当长的时间里继续着，这样的犯罪类型叫做状态犯。继续犯是状态的继续，不是行为的继续。因此，继续犯仍然是即成犯的一种。

犯罪时间应当从行为时计算，肖日明的行为时就是在1984年获取图纸的时间，那个时间的法律没有规定犯罪，所以也不应当适用1997年《刑法》，其行为应该不构成犯罪。

也有专家认为，刑法规定的侵犯商业秘密罪有几种行为方式，如：盗窃、利诱、不正当手段获取、使用或者允许他人使用，因此，侵犯商业秘密罪可能是持续犯，也可能是连续犯或徐行犯。但是，前提都是行为人的行为必须构成犯罪。

◆关于追溯时效

根据法定刑期的不同，对追溯时效有不同的规定。对肖日明1984年“盗窃”企业技术图纸的行为，如果认为可以按照20世纪90年代的司法解释以盗窃罪等罪名定罪，那么，要根据不同的法定刑来考虑是否超过的追溯时效。

当然，讨论追溯时效的前提是行为人的行为构成了犯罪。依据本案具体情况分析，肖日明的行为本身并不构成犯罪，因此，也不需要再讨论追溯时效的问题。实际上，即使肖日明的行为构成了犯罪，也已经超过了追溯时效。

◆关于侵犯商业秘密罪的构成要件

专家认为，分析本案可以从法律适用的角度，也可以直接从肖日明拿走的涉案图纸是否构成商业秘密或涉案行为是否符合商业秘密罪的构成要件这一角度来进行分析。

1. 图纸的秘密性

专家认为，把企业引进设备的测绘图纸当作废品，卖给废品回收站，理论上讲，对这些图纸任何人都可以接触到了，即使这些测绘图纸曾经是秘密的图纸，它的秘密状态也已经不存在了。因此，不具备秘密性，商业秘密就不存在了。

2. 技术图纸的权利归属

专家认为，肖日明拿走测绘图纸的行为发生时，《反不正当竞争法》还没有出台，没有相关的法律对技术成果的权利归属作出明文规定，那么，认定技术成果（包括图纸）的归属应当遵照当时的行政规章规定。根据当时我国技术引进条例及机械部有关技术引进的规章规定，并基于引进与测绘的事实，肖日明拿走的技术测绘图纸与长征厂无关。

◆业内公开就不是商业秘密

就侵犯他人技术秘密的侵犯商业秘密罪而言，其客观表征主要是存在利用他人秘密技术从事生产侵权产品的行为。因此，在司法实践中，为了准确区分罪与非罪的界限，首先应看他人的技术是否具有秘密性、保密性、实用性和经济价值性。

秘密性是指该项技术不为公众所知悉，一般人不易通过正当途径获得或探明；保密性是指该项技术经由权利人采取保密措施；实用性是指该项技术能在生产和经营中得到具体应用；经济价值性是指该项技术使权利人拥有比不知晓或不使用该技术的同行业竞争者拥有更有利的地位和竞争优势、可以为权利人带来经济上的利益。

一项技术只要缺少上述“四性”之一，就不足以成为商业秘密。

构成商业秘密的最基本要素是秘密性。从涉案图纸来看，由于我国在20世纪七八十年代对国外技术的理念是“一家引进，百家享用”，因此，这个图纸在行业中是完全公开的，而且是必须公开的，不公开还可能受到相应的行政干预。至少在相关企业之间，技术图纸没有秘密可言。

1993年12月1日，《反不正当竞争法》在我国正式实施，该法首次对“商业秘密”的范围和构成条件作出比较完整的界定。该法第10条规定：“商业秘密是指不为公众所知悉，能为权利人带来经济利益、具有实用性并经权利人采取保密措施的技术信息和经营信息。”

这里所说的“公众”不是社会公众，而是指跟这个秘密本身有关系的企业或个人。在当时的时代背景下，如果这些图纸在业内是公开的，那说明这些图纸就不是秘密。没有秘密，就更谈不上是商业秘密。

◆区分自主知识产权与侵权

审判实务中存在疑难的侵权纠纷是：甲公司生产产品的技术与乙公司生产同类产品的技术具有一定的相似性或共性，而乙公司生产产品在先，甲的技术开发人员过去曾在乙公司从事技术开发工作。对此，可否认为甲公司侵犯乙公司商业秘密？

应当将涉嫌侵权的产品与他人技术产品进行性能特征和技术含量的专业比对，以前者在技术含量上是否具有实质性突破为依据进行判断：如果甲公司运用的技术与乙公司运用的技术相比没有任何新的突破，相关产品性能特征基本相同、主要技术含量基本雷同，而同时该项技术又具有秘密性、保密性，甲公司通过不正当手段获得或使用该项技术就应认定为侵犯商业秘密；反之，如果甲公司运用的技术与乙公司运用的技术两者相比，除具有大众化的共性特征外，前者具有显著的技术进步，则应从实质上将前者运用的技术认定为自主创新技术，而非侵犯后者商业秘密的技术。

本案除了涉及法律问题外，还涉及重要的技术问题。20 多年前的技术图纸究竟是不是商业秘密，这正是本案的关键，而这可以通过专家鉴定得出结论，从技术上给予认定依据。当然，这个鉴定部门必须是公正客观，不受任何干扰的。

◆当废品卖等于放弃所有权

抛开当时的时代背景，有一种可能性使图纸构成商业秘密，那就是当时这些相关企业联手签一个保密协议。但从长征厂职工的证词来看，该厂将部分报废的技术图纸送到了废品收购站，当时的市价是 8 毛钱一公斤。将图纸作为废品卖，也就是放弃了所有权。

商业秘密的构成要件一般认为，秘密性、实用性、价值性和保密措施。至少从卖废品这个行为来看，长征厂当时对这批图纸放弃了保密措施，从这个角度讲，这些图纸也不构成商业秘密。

退一步说，即使图纸在业内没有公开，如果厂方把图纸当废品卖掉，也不是受到法律保护的秘密，也就不存在侵害商业秘密权的问题。

根据我的工作经验，29 年的图纸是国家主持攻关的，即使知识产权有，那也是国家的，如果当时这项技术有秘点的话，当时已经被国家公开了，国家本身放弃了这个权利。

◆图纸所有权归谁所有？

如果说那些图纸是商业秘密，那么，值得思考的一个问题是，这个商业秘密是谁的？

从当时时代背景来看，这个图纸是国家出资（外汇）最终买来的，而不是长征厂某一个厂用外汇买来的。当时的国有企业就是部委的附庸，相当于一个车间，没有独立法人地位的，没有独立的财产权，如果有商业秘密权的话，那这个权利也是国家的，这是显而易见的。为什么图纸能在几个大型变压器厂里共享，恰恰说明它是属于国家的，而不是某一个厂独有的。因此，现在长征站出来主张这个权利，似乎有些牵强。

因为技术转让费是国家出的，所有权当然也是国家的。而机械部是代表国家组织这项工作的，在这个大背景下，1984 年，我们与 MR 公司达成引进技术的合同。

肖日明在吴江案的庭审中称，当初他拿的是长征厂的图纸，而当时长征厂的领导又否认这一点，在她看来，讨论吴江案的意义不在于肖日明承认拿的图纸是吴江厂的还是长征厂的，而在于长征厂领导当时否认肖日明拿了厂方的图纸。

这引申到商业秘密民事权利的主张问题。当时的厂长作证说图纸不是我们的，并出具了书面的证明。在明知废旧图纸被肖日明拿出厂的情况下，当时却并未主张，因为商业秘密是一种私权利，当时不主张，而且又过了追诉时效，现在再提起商业秘密民事侵权的话，也是存在问题的，因为当时你是明知的。

◆有法律规定才有权利

知识产权是法定的权利，也就是说，有法律规定的才有这个权利。没有法律规定的时候，就没有这个权利。也可以这样认为，国家在没有商业秘密法律法规的时候，就没有商业秘密。打个比方，在1990年《著作权法》颁布施行之前，所有抄袭他人著作、盗版行为都不算民事侵权行为，充其量是不道德行为。为什么呢？因为无权可侵，国家当时没有《著作权法》，就谈不上版权。

如果肖日明的确是1984年从长征厂拿了技术图纸，1984年连《民法通则》都没有出来，连其他科技成果权都不存在，法律上就谈不上对科技成果的立法保护。也就是说，那个时候的资料到现在一直是共享的。

在知识产权法中还有一条重要原理，除极个别情况外，已经进入公有领域的不能倒转回专有领域的，也就是说，以前就已经共享的图纸，你不能再掉过头来转为专有的，转成某一个企业或个人的权利。商业秘密尤为如此，已经公开了，就不可能再变成保密的。

是否构成"侵犯商业秘密罪"，还有一个问题值得注意：就算肖日明当初拿走的图纸是技术秘密，但他有没有在日后生产中使用过图纸所代表的技术呢？这里的"使用"是指直接使用。举例来说，如果我在原有技术基础上进行了改进，带来了产品的实质性进步，这就不能算是侵犯商业秘密。当然，现在的产品是否增加了新的技术特征，或改变了某些技术特征，这就需要权威的技术鉴定作支撑。

◆有鉴定才有立案基础

上海警方公安在接到类似报案后，有技术鉴定结论这是立案程序上的必然要求。他说，公安部门在对侵犯商业秘密案进行立案前，第一步要解决两个问题：首先，举报人主张的技术究竟有没有秘密点，这一点通过专家检索和鉴定得出结论；其次，被举报方有没有使用这个商业秘密，这也非常重要的。如果肖日明拿了100张图纸，但技术鉴定的结果是，他的产品跟涉案图纸没有关系，那也无法侵犯商业秘密罪。

公安部门还要解决一个同比鉴定的问题，必须把举报方跟被举报方的技术进行比较分析，看两者之间是否具有实质性相同之处，以及两者在技术成熟度和先进性上的异同。只有鉴定结果是实质性吻合，警方才有立案的基础。

华明公司是在吴江厂的基础上进行改进、创新，现在华明公司的技术有自己的特色，应该说是我们自己的技术，大家应该支持它。

要对侵犯商业秘密罪作出认定，必须弄清上海华明公司现在所使用的技术跟那些涉案图纸之间有怎样的渊源和联系。也就是说，必须弄清现有技术多大程度上使用了那个图纸所代表的技术。如果没有这样的同比鉴定及关键性证据，那案件的立案基础就是薄弱的。

◆纠纷处理是否应“先民后刑”

因为民事案件审理有一整套鉴定、质证的程序，这样较之一开始就简单的刑事立案，更有程序上的保障。刑事案件从抓捕阶段就要限制人身自由，这似乎不利于最终案件的侦查和审理。

是不是有相关的司法解释或制度去从程序上制约某些个人或企业滥用自己的权利来从事不正当竞争，或来解决民事纠纷？是不是在这方面应该有些机制，保护公民的正当权益，保证他们的人身自由不受侵犯？

商业纠纷中刑事和民事的司法界定应慎重判定，特别是制造业中知识产权的归属界定，应以业内专家的评定作为基础。虽然在刑民交叉时，刑事优先是一条基本原则，但也不是绝对化的，有些案件应提倡“先民后刑”。

商业秘密侵权纠纷案件专业性强，事实认定往往复杂疑难，加之我国商业秘密法律保护制度存在一个从无到有、从匮乏到逐步完善的过程，商业秘密保护意识也存在一个逐渐强化的过程。因此，在法律调整机制应当摈弃重刑轻民的思想，凡是能不用刑法调整能够解决纠纷的，就不用刑法调整，真正使刑法的补充性商业秘密侵权纠纷案件中得到体现。

◆本案是否已过追诉时效？

从本案来看，肖日明的涉案行为经历了无罪—盗窃罪—侵犯商业秘密罪的变化。

1997 年修订的《刑法》第 12 条规定了“从旧兼从轻”的罪刑法定原则：“中华人民共和国成立以后本法施行以前的行为，如果当时的法律不认为是犯罪的，适用当时的法律；如果当时的法律认为是犯罪的，依照本法总则第四章第八节的规定应当追诉的，按照当时的法律追究刑事责任，但是如果本法不认为是犯罪或者处刑较轻的，适用本法。本法施行以前，依照当时的法律已经作出的生效判决，继续有效。”

肖日明的涉案行为发生于 1984 年，当时适用的是 1979 年《刑法》。由于当时并没有涉及知识产权的相关罪名，因此，根据 1997 年《刑法》第 3 条的规定，“法律明文规定为犯罪行为的，依照法律定罪处刑；法律没有明文规定为犯罪行为的，不得定罪处刑”，肖日明是无罪的。

1992 年，最高人民法院和最高人民检察院颁布了一个司法解释，盗窃技术成果以盗窃罪论处。假设肖日明 1992 年以后从长征厂带走的图纸的确具有秘密点，且被他用于生产，那他的行为就构成了盗窃罪。

当时实施的 1979 年《刑法》第 151 条规定：“盗窃罪最高可处 10 年以上有期徒刑或无期徒刑。”根据 1997 年《刑法》第 87 条的有关规定，法定最高刑为无期徒刑、死刑的，经过 20 年的，犯罪行为不再追诉。如果 20 年以后认为必须追诉的，须报请最高人民检察院核准。假设肖日明盗窃罪真的能成立的话，因为他的行为发生在1984年离开长征厂之时，从追诉时效来说，已经超过了刑法规定的追诉时效。

1997年《刑法》设立了“侵犯商业秘密罪”。如果肖日明这一罪名成立的话，根据《刑法》第219条的规定，“侵犯商业秘密罪”的法定最高刑为七年有期徒刑，它相应的法定最高追诉时效则为十年，那肖日明的行为也早已过了追诉时效。除非得到最高人民检察院核准，有关部门不能启动刑事司法程序。

◆平衡保护和防垄断的关系

在承办侵犯知识产权案时主要掌握这些原则：第一，知识产权是把双刃剑，它既可以保护权利人的权利，也可能形成对垄断的保护，必须平衡保护知识产权和放垄断之间的关系；第二，科学技术是第一生产力，需要向全社会进行普及和推广；第三，历史性案件要放到历史状态去评判，必须考虑国家当时对于知识产权保护的政策和立法。

把握这些原则后，公诉人还必须考虑这些问题：从刑事角度来看，这个案子能不能办？这个案子被指控对象的行为有没有侵犯知识产权？这涉及几方面内容：被举报人侵犯了哪些商业秘密？长征厂和华明公司产品之间的异同在哪里？所谓的技术秘密点在哪里？当初当事人之间有没有签署保密合同或制订保密规定？侵犯知识产权的数额如何认定？

必须解决法律适用的问题。侵犯商业秘密罪必须以违反民法为前提，如果当年涉案行为发生时还没有关于商业秘密的民法规定，那也就不存在违反刑法的问题。

历史性案件必须放到历史的背景下去考虑，必须考虑国家当时对于技术图纸的态度如何。如果这种图纸公开行为是国家所推动的，那对于被举报人的行为又该如何认定，这些问题值得思考。

只有站在前人的肩膀上，科技才能不断前进的，这是科学规律的。因此，我们在办案中必须严格区分，什么是继承前人精华的自主创新，什么是真正的侵犯商业秘密行为。作为公诉机关，还必须考虑这些问题：办案和立案的实际效果将会如何？这对我们的社会有没有积极作用？究竟有没有刑事追诉的必要？

◆历史案件认定要用历史眼光

从法院审判角度来看，刑事案件必须做到事实清楚和证据确凿。案件涉及20多年前的图纸，我们决不能脱离当时的时代背景。

有几个事实是认定侵犯商业秘密罪时必须注意的：第一，当时的机器是由机械工业部从国外引进，测绘仿制图纸出炉后机械工业部还发文在行业内推广；第二，部分报废技术图纸被卖到了废品站；第三，时间已经过去了20多年，专业技术正在不断更新。

从历史角度来看，这些图纸在当时根本无密可保。如果拿图纸的行为在当时不构成民事侵权，也就不可能构成刑事犯罪。

1984年从长征厂带走图纸时，当时法无明文规定不为罪，肖日明的行为无罪。1992年，当时颁布的司法解释认为，盗窃技术成果以盗窃罪论处。如果认定为是盗窃罪，他的行为在1984年带走图纸的那一刻就已终止，到现在也已过了20年的追诉期。如果认定他是侵犯商业秘密，到现在也已过了10年的追诉时效期。

在法律解释规则上应当坚持无罪推定、罪刑法定（内含“从旧兼从轻”）等原则，谨慎地解释侵犯商业秘密罪的构成要件，从程序和实体两方面做到准确地认定犯罪，防止无辜科技人员错误地受到追究。

如果不考虑当时的历史背景，不考虑当时的法律法规状况，而是用现在的较为完备的立法来评价过去的行为，以现在的逐渐普及的知识产权保护意识来衡量行为人当时的主观恶性，并认为行为人的行为应当受到追究，便是适用法律的形式主义立场。

肖日明这个事情如果定侵犯商业秘密的话，会给中国法律界开出一个恶例。如果20年前旧账能算的话，那30年前的也能算，40年前？50年前？当如果大家都不断地去算旧账，那么这个社会就大乱了。20年前我国法律上还没有商业秘密一说，我们要考虑中国法律的变化，考虑中国整个经济形势的发展。

◆谨慎认定商业秘密犯罪

近年来，我国商业秘密的刑法保护力度不断加大，惩治犯罪成效显著。但是，由于一些地方司法人员司法理念的偏差、应用法律技术的欠缺和各种人为干扰因素的影响，在司法活动过程中，也出现了相当多的罪及无辜、侵犯科技人员合法权益的不正常现象。

有些地方的司法机关通过貌似合法实则非法的手段为个别企业排挤、压制竞争对手，从而在根本上背离了我国惩治侵犯商业秘密犯罪、规范市场经济竞争秩序的本意，从根本上妨碍了技术发展和社会进步。

为了从制度上防止类似事件的发生，有关部门有必要出台相关的司法解释或建立相应制度，去从程序上保护公民的正当权益，保障他们的人身自由不受侵犯。

当时的原始产权，都是国拨外汇搞得，当时的政策是你不能封锁，你必须扩散！谁不同意扩散的话还要行政干预。国际跨国公司当然希望长征厂在官司上能打败上海华明公司，这样一来，就会巩固它们在中国的垄断地位，让它们得利。

今天这个问题的争论已经越过了是“谁偷谁的技术”之争，如果关键技术都掌握在人家手里，人家要你怎么样你就得怎样，中国人还有什么好日子过？实践证明，华明公司能与国外的跨国公司竞争，能为中国争光，就是功臣。

◆知识产权保护不能脱离国情

发达国家通过知识产权来遏制发展中国家这是一个发展趋势，如何在立法保护和适当使用之间保持平衡是一个值得研究的课题。

保护商业秘密是为了维护正常的市场秩序，这跟一般民事侵权行为是不同的。我国经济不发达，长期以来权利人商业秘密的保护意识不强，一些人对自己在客观上侵犯他人商业秘密的违法性认识也很薄弱。在这一背景下，我国的商业秘密的立法起点却很高，如何使两者更好地适应，这事实上牵涉我国的国家知识产权战略规划。

如果对知识产权过度保护，脱离了中国的国情，将会严重影响到自主创新。就我国目前的经济发展来看，我国的知识产权保护是过度还是不足，从这个案件中可以窥豹一斑。

◆总的看法

与会专家一致认为，追究知识产权侵权刑事责任比民事责任更加严格，在追究行为人刑事责任时，应当严格按照法律的规定，慎之又慎。在我们现在法制社会的条件还不尽完善的情况下，商业秘密的刑事介入，尤其是公安部门强制措施的采取，要非常慎重，否则对于企业正常的生产经营行为，对于市场正常的竞争关系，会产生非常大的影响。

应当增强全社会包括执法人员的法治观念，在执法中不能仅考虑地方利益，应当进一步严肃刑事执法环境。

特别不能将知识产权民事领域的制度或规定直接适用于追究行为人的刑事责任，民事侵权诉讼中的诉讼时效、“接触加相似”等判断不正当竞争的原则不能适用于刑事诉讼；同时，刑事诉讼的证明规则也是不同于民事诉讼的，刑事诉讼中必须严格适用刑事证据规则，不能进行有罪推定。

专家指出，处理历史的陈案，应当从大的角度处理，需要考虑到对于现行正常秩序及经济活动的影响。

2006 年 2 月

3 第七个世界知识产权日

——“2007 上海化工企业知识产权论坛”和“2007 上海外资企业知识产权保护论坛”综述

在第七个世界知识产权日来临之际，上海首届“化工企业知识产权论坛”和静安区“外资企业知识产权保护论坛”分别于2007 年 4 月 20 日和 21 日顺利召开。会议邀请京、沪两地的著名知识产权专家就“化工企业如何应对跨国公司知识产权诉讼”及“外资企业如何保护自己的知识产权”等问题展开探讨，两次论坛均取得圆满成功。

随着经济全球化和贸易自由化的不断加强，中国民族企业已逐渐在全球市场占据一席之位。当更多的“中国制造”让跨国公司感到强大压力的同时，知识产权诉讼随即也在境内外接踵发生。由于中国民族企业缺乏经验，入世后为此而付出了沉重的代价。特别是在化工、制药领域，外资企业有着雄厚的科技实力，并在知识产权方面形成了强大的优势。民族企业与跨国公司的知识产权诉讼逐年上升，知识产权审判领域不断扩宽，争议标的越来越大。因此，如何在加强中国化工企业知识产权管理水平、提高驾驭知识产权的能力的同时保护好外资企业在中国的知识产权利益，是摆在我们每个人面前亟待解决的问题。这两次论坛就是以此为出发点而举办的。

2007 年 4 月 20 日，“2007 上海化工企业知识产权论坛”在金沙江大酒店拉开帷幕。该次论坛由上海市化工行业协会、上海华谊（集团）公司、上海朱妙春律师事务所共同主办，由上海市天宏律师事务所、上海商报社承办。会议邀请了包括最高人民法院知识产权庭副庭长孔祥俊博士、上海市知识产权局陈志兴局长、北京务实知识产权研究发展中心主任程永顺教授、国家商标评审委员会法律处处长汪泽博士、上海市高级人民法院知识产权庭审判长张晓都博士在内的众多知识产权专家、学者及企业代表。论坛由中国法学论坛著名主持人、中国律师杂志社原总编辑刘桂明先生主持，与会人员各抒己见，畅所欲言。

上海市知识产权局陈志兴局长在百忙之中莅临指导，他在致词中说道："随着经济科技的快速发展，特别是信息化进程，以及经济全球化，知识产权对经济社会的发展所起到的作用和地位越来越明显，知识产权是国家和企业参与竞争的一个非常重要的武器，是一个非常重要的手段，现在有两个热门的话题：一个是自主创新，还有一个是知识产权，知识产权是推动社会经济可持续发展的一个引擎，他们二者之间密不可分，自主创新是知识产权的源头，知识产权是自主创新的核心部分。衷心祝愿此次论坛取得圆满成功！"上海市人大常委会委员、上海市知识产权局原局长钱永铭谈到企业知识产权保护时语重心长地说："企业要重视知识产权的保护，要提高知识产权的保护管理水平。这样才能面对国际和国内市场激烈竞争态势。特别是商业秘密的保护，更是企业管理的问题。如何区分商业秘密和非商业秘密，以及如何加以保护，都是有很深的学问的。同时，知识产权还涉及企业反垄断方面的诸多问题。作为中国的企业，要时刻关注世界知识产权的发展。"

参会的京、沪两地专家就"化工企业如何保护自己的知识产权"以及"如何应对跨国公司的知识产权诉讼"纷纷发表自己的看法。最高人民法院知识产权庭副庭长孔祥俊博士谈到商业秘密的保护问题，结合最高人民法院的司法解释向在座的企业代表介绍了商业秘密的构成要件。关于“采取保密措施”的问题，孔祥俊博士认为：最高院明确保密措施是有门槛的，是合理的保密措施。我们要求有一定的门槛达到合理的程度。什么叫做合理？它必须和你的商业秘密的性质和经济价值相适应。在通常情况下，你的保密措施足够能保护住你的秘密就是合理的。如果达不到这个程度就视为你没有采取措施，但是法律不要求达到非常严密，要考虑到在经济上是否合理。北京务实知识产权研究发展中心主任程永顺教授认为：与知识产权关系最大的不是政府而是企业。政府只起到促进作用，法院也只是最后一道防线。知识产权绝不单单是法律问题，还是经济问题，知识产权和我们经济紧密相连。知识产权也是政治问题，经济就是政治，知识产权也是外交问题。所以知识产权怎么强调都不过分。但是，我们在知识产权保护的问题上，力度还是不够的。知识产权法律一定是保护强者，你不当强者法律是不会保护你的。怎么从弱者到强者，需要提高认识，了解法律规定，需要实践，在官司当中增长知识，这个是最好的学习方法。国家商标局商标评审委员会汪泽博士着重谈了商标在企业发展中的作用，他说：“实施商标战略，要加强对商标的重视程度，这包括选择商标，注册商标，规范使用商标，最终是达到做成驰名商标。企业在发展过程当中，要尽可能使用自己的商标，防止贴牌加工。另外，在商标纠纷诉讼发生后，最关键是被告首先分析原告是强还是弱，以便更好地维护自己的权利。同时，可以通过谈判方式解决纠纷。”上海司法实务界的法官、律师等也提出自己的观点。上海市高级人民法院知识产权庭审判长张晓都博士曾审判过许多疑难的知识产权案件，他谈得更加具体一些，介绍了发明和实用新型专利诉讼中当事人的基本诉讼策略。上海朱妙春律师事务所主任朱妙春律师是一位从业 20 余年的著名知识产权律师，他通过自己代理的多起化工企业商业秘密案件告诉参会的企业代表：“面对跨国公司诉讼时要增强应诉信心，战略上藐视，战术上重视。跨国公司并不可怕，只要准备充分，完全可以占据主动。”

此次论坛的一大亮点是参会的企业代表众多，他们大多来自上海各区、县的化工企业。企业家们的鼎力支持和热情参与也让专家、学者们深受感动。上海华谊集团公司纪委书记聂少犁作为主办方代表谈了自己的看法，他说：“上海华谊集团在发展的同时，深刻感受到知识产权的重要性和紧迫性，我们化工企业在逐步扩大，尤其是在经济全球化的今天，各大公司，尤其是跨国公司，凭借实力，压缩我们化工企业生存和发展空间，华谊也同样遭受多起知识产权纠纷。技术创新是矛，而知识产权是盾，华谊要发展，即要技术创新，又要知识产权。至2004年华谊全面启动建立知识产权保护工作，委托上海市东方咨询产业研究中心，构建华谊知识产权管理保护的方案。”华谊集团的做法得到了参会人员的一致支持。上海天恺材料有限公司在几年前曾遭遇过一次跨国企业的知识产权诉讼，他聘请朱妙春律师积极应诉，最终化险为夷。天恺公司总裁奚松林代表企业员工在感谢朱律师的同时也向其他企业代表分享了自己的经验教训，他认为：民营企业作为我国经济的重要生力军，除了面临资金瓶颈，人才匮乏和管理水平低下等问题外，还要注意用法律保护自己。在国际经济贸易交往合作过程当中，我们往往会拱手把自己多年以来形成的知识产权让给别人，我觉得维护知识产权非常重要。中国的企业，特别是近几年来新发展起来的民营企业，不但要对抗国外知识产权的垄断，同时也要逐步形成自己的知识产权。其他专家、学者及企业代表也都表达了自己的看法，提出了自己的建议。他们纷纷表示不虚此行，希望类似的论坛多办几次，为更多的中国企业指点迷津。

2007上海化工企业知识产权论坛在热烈的掌声中落下帷幕。

在化工企业知识产权论坛余热未减之际，2007年4月21日，静安区首届“外资企业知识产权保护论坛”在上海宾馆隆重召开。此次论坛由上海市静安区知识产权局、司法局和对外经济委员会联合主办，上海朱妙春律师事务所、上海市天宏律师事务所、上海商报社承办。论坛的议题是“外资企业如何保护自己的知识产权利益”，来自政府、海关、法院、企业、律师事务所的专家、学者就此问题展开激烈地讨论。

最高人民法院知识产权庭副庭长孔祥俊博士在论坛上强调，中国法院对中外知识产权保护是平等保护，一视同仁。他说：“中国法院对知识产权实行强化保护、依法保护和平等保护的原则。所谓强化保护，即指法院采取各种措施和执法手段来加强知识产权保护，主要体现在证据制度上。企业为了搜集侵权证据，不得不指派员工化装成普通消费者到对方营业场所去购买侵权产品。这种看似不合法的取证方式，之所以能获得法院的认可，就是为了最大限度保护知识产权。同时在判决时提高了赔偿标准，以此加大制裁力度。中国法院并不存在对外资企业知识产权保护过度的问题，各级法院的审判工作完全依照法律法规进行，但是也会根据不同社会、经济的发展水平作出适当变通。”上海市第二中级人民法院副院长吕国强法官从“星巴克”商标案例谈起，介绍了上海法院审理知识产权案件的情况，他表示：上海法院在知识产权保护方面，历来按照国际公约和中国现行法律，依法平等保护各方当事人的权利。目前法院的涉外知识产权案件仅占知识产权案件的10%左右，说明保护知识产权已经成为中国社会创新、健康发展的需要。国家商标评审委员会法律处处长汪泽博士又谈到了商标的问题，并以此为契机介绍了《商标法》修改的相关信息，他建议修改《商标法》，提倡合法注册和使用商标，禁止商标持有人闲置商标，反对申请商标用于交易。朱妙春律师结合自己代理的几起涉外知识产权案件谈到：中外企业的知识产权保护，如同矛盾的两个方面，中国加入WTO后，大量外企的涌入，对民族企业既是挑战又是机遇，在提供学习、借鉴先进的理念、技术途径的同时，也给民族企业带来巨大的压力，民族企业需要将压力转化为动力，重视知识产权的创新和发展。上海海关法规处处长邬华定、复旦大学知识产权研究中心副主任陈乃蔚教授、上海市律师协会副会长徐晓青律师、上海市百业律师事务所徐天锡律师等与会嘉宾都从不同的角度发表了自己对如何保护外资企业知识产权的一点看法，其中不乏真知灼见，会场上时常会碰撞出智慧的火花。发言者的每一条建议都给与会的代表留下了深刻的印象，论坛的气氛热烈、活泼而不失严肃。由于嘉宾发言踊跃，论坛不得不延迟闭幕。

这两次论坛，不但聚集了国内众多知识产权专家、学者、政府官员、企业代表、高校学生，还吸引了国内众多媒体参与。包括：上海电视台、《解放日报》、《中国知识产权报》、《中国律师》、《中国发明与专利》、《第一财经日报》、《上海商报》、《上海日报》等。媒体对两次论坛的高层次、高规格进行了大量报道，不少媒体还列出专版。可以说，媒体的广泛宣传是这两次论坛取得圆满成功的重要因素。

提到两次论坛的成功举办，不得不提到一个人，那就是上海朱妙春律师事务所主任朱妙春律师。这两次论坛都由朱律师策划和发起。朱妙春律师是我国著名的知识产权专业律师，其从业20多年来办理了数百起知识产权案件，其中有很多是全国知名的经典案例。熟悉朱律师的人都知道他有一大爱好就是举办各种知识产权论坛。从20世纪80年代中期开始，朱律师就对举办论坛情有独钟，一路走来已经筹办了近30场。据朱律师讲，他举办知识产权论坛的宗旨，对律师事务所来说是为了走专业化道路，打造知识产权品牌；对律师来说是为了造就知识产权专家型、学者型律师。举办论坛的目的主要有三个：一是为代理的案件征询专家、学者的意见；二是讨论知识产权理论和实务的前沿问题，为相关部门提供建议；三是为广大人民群众提供知识产权普法服务。谈到两次论坛的主题，有人认为这两个论坛的主题是相互冲突的，一个是帮助民族化工企业应对跨国公司知识产权诉讼，一个是协助外资企业更好地保护在华知识产权利益，在短短两天之内举办这两个论坛似乎有些不妥。朱律师认为：这两个论坛的主题看似冲突，其实不然。不论是帮助民族企业应对外商，还是帮助外资企业维护知识产权，其目的都是为了促进中国知识产权立法和司法保护水平向更好的方向发展，都是为了保护市场主体免受非法侵害，净化市场竞争环境。所以，两个论坛的根本目的是一致的，只是达到这个目的的方式不同而已。

为了成功举办这两次论坛，朱妙春律师从2007年年初就开始策划筹办，包括邀请国内知识产权理论与实务界的各位专家、学者、法官、律师前来。会后，朱律师仿佛还意犹未尽，他向记者表示：中国知识产权的立法和司法还没有达到一个完美的境地，在理论界和在司法实务界还有许多问题存在争议，知识产权保护还有很多问题亟待解决。期望这两次论坛可以起到一个抛砖引玉的作用，为这些问题的解决提供参考方案。今后如果有需要，他还会继续举办类似活动，一方面是为了给企业提供优质的知识产权法律服务，另一方面也是为中国知识产权事业奉献自己的一点绵薄之力。

2007年4月26日

4 2008 上海·保护知识产权，促进创新发展

——推进企业知识产权战略论坛纪要

21 世纪是一个知识蓬勃兴起、全球竞争日益加剧的时代。知识产权不仅是国家经济实力的重要基础，同时也是企业核心竞争力的重要体现。目前，发达国家的技术创新和科技进步对本国经济的贡献率已超过 70%，知识产权已经成为许多国家参与全球竞争的国家战略的重要组成部分，也已经成为现代企业最重要的经营资源和战略资源。知识产权从未像今天这样直接影响着企业的核心竞争力，决定着企业的命运与未来。加强知识产权保护，增强企业的核心竞争力，是 21 世纪全球经济发展对企业提出的必然要求。

目前，中国企业知识产权工作总体水平与国外先进企业相比仍然存在较大差距。国家知识产权局将 2008 年定为“知识产权战略年”。本论坛将以国家知识产权战略出台为契机，以政府推动、企业参与、法律支持的形式，结合上海市知识产权局 2008 年知识产权工作的要点，从企业知识产权战略制定的角度探讨和交流，如何使企业的知识产权活动健康发展。本次企业知识产权战略高层论坛将邀请国内众多知识产权专家、学者及知名企业领导人共同探讨与企业知识产权相关的诸多问题。为加强企业知识产权的创造、应用、管理、保护提供支持，为促进企业顺利开展知识产

权工作提供帮助。

2008 年 4 月 24 日下午，本次论坛在上海市美丽园龙都大酒店五楼悉尼厅隆重举行。以下是各位嘉宾发言纪要。

行政官员发言

季振坤（上海市知识产权局党委副书记、上海市知识产权发展研究中心主任）：实施知识产权战略是党中央在十七大作出的重大举措。早在 2004 年，上海就制定并开始实施《上海知识产权战略纲要》，到现在已经是第五个年头了。今年我们要根据《国家知识产权战略纲要》的要求和国务院 4 月 9 日常务会议的精神，做好上海知识产权战略纲要中期评估工作。在此基础上，对《上海知识产权战略纲要》进一步充实完善，做好与《国家知识产权战略纲要》的衔接工作。

企业是自主创新的主体，国家知识产权战略最重要的就是在企业的落实。实践证明，企业知识产权战略的制定和实施，对于企业健全现代管理制度，深化结构调整，优化资源配置，推动技术进步，促进产品升级换代，防止无形资产流失，提高整体市场竞争率都具有极为重要的作用。我们知识产权局将坚持以知识促进企业的自主创新为重点，继续大力加强与此有关的知识产权公共政策的制定和公共服务工作，努力为企业、为全社会创造一个平等参与、平等发展的条件和环境。同时，我们还将继续深入推进上海专利培育企业，专利试点企业，专利示范企业和知识产权示范企业的工作，继续加强企业专利工程师的培养工作，积极推动企业制订知识产权战略，使创造和运用知识产权核心技术，真正成为整个企业生存和发展的必然选择，成为增强企业核心竞争力的必由之路。

刘忠定（上海市司法局副局长）：最近几年来，上海律师知识产权法律服务取得了很大的成绩，从事知识产权及其相关业务的律师和律师事务所数量不断增加。目前，已经有 150 余家律师事务所，有 500 名律师代理此类案件，这其中相当一部分律师事务所都是在本市较为知名的，包括在静安区的方达律师事务所、朱妙春律师事务所等。一大批中青年律师在承办知识产权业务中脱颖而出，同时业务范围也在不断扩大，上海律师承办的知识产权业务已经从传统的著作权、肖像权纠纷案件，扩大到商标战略，软件设计，生物医药等领域，并积极参与知识产权国际纠纷的解决。

我们希望全市广大律师能够进一步增强服务企业的责任和意识，积极参与企业知识产权法律保护工作，进一步配合做好普及知识产权法律法规的宣传工作，努力推进自主创新，建立创新型国家的良好社会氛围，进一步加强业务学习，切实提升业务素质及知识产权法律服务水平。

朱成钢（上海市静安区副区长）：随着经济全球化速度加快，知识产权在经济社会发展中已经发挥着越来越重要的作用，既是重要的经营资源和战略资源，也是任何一个国家全球竞争战略的重要组成部分。当前，静安区按照高起点、外向型、国际化的思路，加快建设的步伐，对知识产权工作提出了更高的要求，增强区域内企业的经济实力，促进企业参与国际竞争。静安区委、区政府始终高度重视知识产权工作，始终将推进全区知识产权战略，提升企业知识产权意识和能力作为增强创新能力，打造国际静安的一项重要工程。尤其是2006年以来，我区相继出台了静安区知识产权纲要和推进计划及静安区行动纲要等文件，制定了多项鼓励知识产权创造的措施，极大地提高了企业创造知识产权的积极性，并涌现出一批具有核心知识产权、具有较高知识产权转化能力的科技型企业。今天的论坛以“企业行动，政府推动，司法互动”的形式，深入探讨企业如何进一步实施知识产权战略，促进核心竞争力快速提升。我们希望通过本次论坛，推动企业知识产权工作和国家知识产权战略的结合，为政府部门和企业相关组织搭建充分交流、实现合作的平台。

严俊瑛（上海市静安区科委主任、静安区知识产权局局长）：当知识产权问题在经济社会发展中的地位、作用已经上升到国家战略的重要组成部分，同时也成为现代企业的重要经营资源时，静安区作为上海中心城区，在增强区域创造能力、打造国际静安的大背景下，加快实施知识产权战略便成为提升我区竞争实力的必然选择。近两年来，在市知识产权局，静安区委、区政府的有关部门指导和支持下，我们主要做了以下工作：第一，拓展宣传渠道，加大知识产权宣传教育力度；第二，加强政策引导，加快提升知识产权创新能力；第三，整合各方资源，加大知识产权保护力度。

法官发言

吕国强（上海市第二中级人民法院副院长）：今天，我想利用这个论坛的机会谈谈想法。作为企业来说，在目前这样的形势下要关注国际知识产权发展，因为现在的企业不仅要在国内发展，下一步还要走出国门，应对国际知识产权竞争。但是，中国企业走向国际面临着巨大的挑战：

第一个挑战就是企业要对国际知识产权标准有所了解。因为知识产权有地域性，各个国家的知识产权法律都是根据其国情制定的，随着国际经济的全球一体化，现在正面临着知识产权保护标准的全球化问题，我们就需要在各方面做好准备来应对挑战。

第二个挑战就是企业要有自身的知识产权发展战略。因为今年4月7日，国务院已经通过了《国家知识产权纲要》，这个纲要的通过，从宏观层面来讲，对提高国家核心竞争力意义重大；从微观层面来讲，企业应该利用这个好时机来制订企业知识产权战略。企业知识产权保护问题最重要的是落实到每个企业，作为企业要考虑自身的知识产权发展问题，尤其是如何进一步尊重知识，如何发挥企业科技人员的创造性，如何利用纲要的大背景来鼓励发明创造。

孔祥俊（最高人民法院知识产权庭副庭长）：企业在市场经济中，一方面应当强调资源性能，通过市场来配置资源，降低成本，提高效率，另一方面在竞争中也应当合法竞争、公平竞争。无论是立法、司法解释还是判例，企业均要符合此原则。但是，在市场竞争中存在一些不正当的行为和一些违背公平原则的行为，这要通过竞争法律进行规制。下面我谈谈关于《反不正当竞争法》的司法解释中的几个问题：

首先谈谈商标和仿名牌问题。对一些商业标识，无论是商品名称，还是包装、装潢，还是其他商业标识，如果是一些通用的东西，就可以随意来学习和借鉴使用；如果是独有的东西、能够产生识别的东西就不好随意使用了。虽然从这些标识的构成元素来说，本身有很多东西是通用的，大家都可以用，但是人家形成一个整体设计，就不能完全或基本模仿。所以，一方面可以模仿，即可以学习和借鉴；但另一方面不能模仿得太像，像到足以产生市场混淆时，就成了简单的复制，这样就构成了不正当竞争。

我们有些企业在起步的时候可能模仿的成分更多些，但一般到了一定的规模，不少企业就改了，可是有的企业到了一定的规模后还是模仿，这就往往导致官司缠身。尤其是市场国际化程度较高的企业，起初只是想试一下，可是到发展起来后，往往自己没有预料到会成为被告。这样不但影响到发展，而且还影响到声誉和其他问题。

再比如说现在社会上炒得比较热的就是仿名牌问题。一个商标很有名，其他人想方设法接近，用很近似的称谓和名称，所以仿名牌的情况这几年来一直很受关注。一个商标很有名，他人想打擦边球，去工商局注册字号。在这个时候，商标在商标局注册，而企业名称是在工商局注册的，好像互不干扰。但是，如果你的字号和人家的商标非常相似，造成市场混淆，这同样是不正当竞争。更严重的是，还有一些企业在不同辖区内，利用工商机关对企业名称登记的分级管理制度，在相关工商局登记，由于在其他辖区在先注册的同名企业因其字号只在辖区内有效，似乎对仿冒企业不能主张权利，其实不是这样。按照司法解释，如果某企业虽然是在某个特定地区登记注册，且企业字号知名度很高，那么照样可以起诉辖区外的仿冒企业。

还有一些企业，比如说在中国大陆比较有名的商标或字号，在大陆仿冒困难，就去港、澳、台地区注册相同的商标和企业名称，甚至还去国外注册，然后再回大陆使用。这些人以多种名义，比如授权国内使用，或者在国内生产企业的产品上标明监制等，这就产生了市场混淆。按照我国法律有关规定，“虽然在境外登记的企业名称符合当地的法律，但是在大陆的使用行为受我国大陆的法律管制”。

其次谈谈虚假宣传的问题。广告是企业重要的市场竞争手段，通过广告可以充分地提供市场信息，但是我们的法律规定在做广告的时候不得误导别人，故意提供虚假信息，或者似是而非的使人产生误解的内容，甚至与竞争对手的产品作比较，借此贬低对手，这类就是比较广告。广告比较虽然允许，但很容易损害别人的利益，往往一不留神把自己夸张了，这样人家就受到了损害，在这种情况下就构成了不正当竞争。

最后谈谈商业秘密问题。对于商业秘密，我们的法律有规定，对那些没有公开披露的信息，有市场价值，就按照商业秘密进行保护。同时，我们也是鼓励职工流动，但企业职工应当保守企业的商业秘密。在市场经济竞争当中，我们一方面要鼓励自由竞争，另一方面又要维护竞争的公平性。除法律明文规定外，经常用法律的原则性规定来判断行为是否正当，有的行为法律虽无明文禁止，但按照法律的公平原则，照样可以判侵权。

张晓都（上海市高级人民法院知识产权庭法官）：企业要充分主动运用好专利制度这一市场竞争工具，而不是被动地使用。专利的技术公开必须要达到技术人员能够实施的程度，这样才能有专利权。专利文献是最丰富的技术文献，是企业的情报来源。所以企业要收集技术专利信息，把握本领域发展的最新前景，掌握竞争对手技术的发展动向，以使自己的研发成果更具竞争力。同时，企业要保护自己的研发成果，建立相配套的保密制度，并制定相关的管理制度，将知识产权保护起来。

学者发言

寿步（上海交通大学知识产权研究中心主任、法学教授）：企业的知识产权管理是企业整个管理的重要组成部分，并不是唯一的。我接触的软件企业，在公司主打一两个产品的情况下，如果只有一个团队，这个团队跳槽，那么老板就会要求这些员工留下。因为跳槽员工掌握了所有的技术秘密，他们走了之后如果软件没有卖出去，前期的研发投入就付之东流；如果卖出去了，研发团队走了就没人维护，同样面临艰难境地，所以公司往往处于非常弱势的地位。这也许是某个行业，某一类企业的特殊情况，在这种情况下企业也无办法可想。我认为这不仅仅是《劳动合同法》的保密条款，或者知识产权条款可以解决的，企业应当从整个制度的角度来综合考虑，将知识产权管理制度作为其中的一个核心部分。

律师发言

朱妙春（上海朱妙春律师事务所主任）：作为一名律师，要有立场，这个立场是当事人的立场。我作为中国律师，就应当站在民族企业的立场上来考虑问题。在知识产权案子中，就更应如此。

谈到这个问题，凡每年的“世界知识产权日”，我都要以研讨会或论坛的形式跟知识产权专家、学者讨论知识产权方面的有关问题，与各相关领导共同探讨中国知识产权战略的走向。要想成为知识产权的大国，就是要从中国企业的自身发展起来。所谓重视知识产权，就既要避免侵犯他人的知识产权，更要维护自己的知识产权。之所以说创新，因为只有创新才有知识产权。以前是外国人创新走在前面，我们中国人跟在后面搞创新，绕开侵权的阶段。而现在中国的民族企业应该怎样面对跨国公司呢？特别是入世后的知识产权保护方面，包括专利、商业秘密、商标、版权，怎样绕开，既要借鉴，又不侵权，这是中国企业亟待解决的问题。

这里我提一下“达娃之争”，“娃哈哈”是中国品牌，是经过打拼了20年才形成的品牌，如果这个品牌消失了，对中国是非常悲哀的事情。大家都知道的“美加净”，现在又变成了什么呢？被跨国公司廉价收购后束之高阁，不见阳光，慢慢为国人所淡忘，品牌也就消失了。

我们可曾记得在10年前，数码相机、DVD等专利纠纷？当时北京有个中央级的非法律专业协会说“侵权是构成的，争取少赔钱”。一个协会懂得什么？把中国的律师放在什么位置？作为权利人来说首先要证明自己的权利，然后还要证明自己的权利主体是合格的，客体是有效的。当时DVD专利纠纷就没人提出这些法律问题，如DVD专利到底怎么回事，权利有哪些？权利主体是谁？权利来源是哪里？系争专利是否有效？对此，我们可以先提出无效请求，这个问题对律师来说很容易，但该协会却没人提出，典型的“投降主义”。

因此，我们保护知识产权既要维护这个品牌，也要维护外资知识产权，但是中国的民族企业一定也要打出自己的品牌，这是一个漫长的、艰苦的努力过程。

曾效良（香港高露云律师行合伙人）：现在名牌越来越多，其中的代价是“傍名牌”。这类案子在2001年开始，2003年越来越多，2005~2006年达到了泛滥的地步。为此，国内做了很多工作，包括一些新的司法解释出台，但是根源问题是在香港，因为公司在香港。

在香港可以做什么？在行政方面，找公司所属，这个公司和另外一个公司名称相似，发通知让这个公司改名，有这个渠道，但是比较难做。一个知名企业公司，在香港可以起诉，一般在香港起诉时间2~3年，花的费用比较高，但是这类公司一般不会应诉。另外，有不少人认为打官司没用。在香港有一个法律程序，如果不应诉就说明被告同意原告的起诉，法院一般判被告输并签发禁令，禁止被告继续使用或变更名称。我做了200起此类案件，绝大部分都拿到胜诉判决，但拿到判决书不等于案件结束。法院判被告变更名称，被告拒不变更，法院又不能直接替被告改名。

但在香港有另外一个法律程序让被告改名，因为改名是股东的权利，原告可以向法院申请，让法院授权原告律师代表被告去改名，我们也有很多成功的先例。但是从法律发展角度讲，有些法官认为原告律师没有改名的权利，因为改名是股东的权利，现在起诉的是一个公司，法院没有权利让原告律师代表股东改名。因此，我们往往双管齐下，在起诉公司的同时，也起诉公司的股东，这是解决侵权较好的做法。

王宇（中国集装箱集团法务总监）：首先，我们看看，中国提高知识产权的保护力度是否有经济基础？中国制造的优势是劳动力成本低。根据企业实践经验，我认为中国制造的背后是国内制造能力的提高。最近两年我们做了一个集装箱侧板改进，以前的一个侧板需要有二十多道工序，原来需要两天完成，现在两分钟就可以完成。

其次，国内专利维权困难重重。在专利维权实践中，我们有两点体会：（1）与其当原告，不如当被告；（2）主动进行专利维权，往往达不到市场竞争的目的。为什么说当原告不如当被告？一是取证难，尤其我们做工业产品制造，这些产品不可能通过B2C的形式获取，必须通过第三方；二是关于诉前或者诉讼中的权利没有保障。为什么说不能达到市场竞争的目的？企业的任何行为都是围绕市场竞争，一个企业维权也是市场经济的需要，或者手段之一，但是维权成本与得到的收益不成比例，我们中国在国内进行知识产权维权达不到市场竞争的力度。

企业代表发言

俞雄（上海医药工业研究院副院长）：我们当初定位是要全面尊重他人的知识产权，合法规避相关的知识产权，努力创造自主的知识产权，有机整合所有的知识产权。主要在六个方面聚焦：

第一，是抓规划布局的合理性，制度体系的推动力及重点的依存度，效益体现的最大化，权益组装的维护度。布局合理性主要制订了知识产权管理规划，明确了我院知识产权管理工作指导思想、总体目标和阶段新目标，管理的思想以技术创新获取知识产权，以知识产权提高市场竞争力，以市场竞争力强化产品行业带动里。第二，是抓技术专利化和专利产业化。重点在于建立知识产权申请目标考核制度和完善知识产权管理制度。第三，抓知识产权鼓励性措施的建设。我们出台了30多项制度规定和有可操作性的一些措施等。第四，是抓知识产权产出方式的探索及知识产权工作向研究生队伍延伸。第五，是抓竞争能力的归结度，技术创新是知识产权管理的出发点和落脚点。最后，我们抓文化上的突破，进一步完善知识产权整体布局，注重积累知识产权筹码，切实提高专利质量和专利知识产权的运用，加强品牌战略提高市场竞争力，强化机制体制创新，全面培养各类相关人才。

奚松林（上海天恺硅粉材料有限公司总裁）：我们公司在知识产权维权中有几点体会：第一，遇到案子首先不要慌张，在战略上要藐视他，在战术上要重视他，首先要有自信；第二，作为民营企业，市场竞争非常激烈，除了埋头苦干以外，我们还要重视知识产权的自我管理，包括商标管理、整个企业CAS形象管理等，自觉开展这方面的工作；第三，我们也感觉到现在国门大开，特别是上海外向型企业比较多，知识产权保护刻不容缓；第四，希望整个社会特别是在座的法学界的专家、学者、律师能够更多的有一些非常实际的行动，帮助中国众多的民营企业提高知识产权自我保护意识，在诉讼方面给他们帮助。

陈春（中威轮船公司董事长）：从我们公司几十年的经验讲，被告、原告我们均不愿意做。以前我们国内还不太重视知识产权，我们在香港的公司早就提出知识产权的竞争，为了促使推动国内也能知识产权，我们于1990年在宜兴设立了合资企业，进口了三台机器，用于制造“防伪商标”，所以好多公司都买我们的产品。我们用高新科技有效地保护自身知识产权。

2008年4月26日

5 2009上海·知识产权如何产业化？

——华东理工大学第九个“世界知识产权日”论坛

在当前应对金融危机形势下，保护知识产权是“保增长，促发展、调结构”的重要举措。我们在扩大基础建设、扩大内需的同时，不能须臾放松对知识产权的保护、社会公共利益和安全的关注。知识产权已经成为世界各国积极参与世界竞争的国家战略的重要组成部分，成为现代企业发展必不可少的经营资源和战略资源。目前，我国专利成果转化率很低，约为20%，产业化率更低，仅为5%左右，而发达国家却高达80%，造成如此差距的原因是多方面的：既有企业普遍缺乏知识产权意识、知识产权本身的质量不高；也有市场实施机制、技术法律中介服务以及金融保险等市场投融资机制不健全、不完善等原因。因此，知识产权产业化涉及社会各方的通力协作，不仅需要政府的宏观调控，更需要有科研机构、产业界、中介服务机构以及金融保险界的积极参与和实践。

2009年4月25日，在第九个“世界知识产权日”到来之际，华东理工大学法学院、上海华谊（集团）公司、上海化工行业协会和上海朱妙春律师事务所联合主办的题为“知识产权如何产业化”论坛在华东理工大学逸夫报告厅如期举行。本次论坛邀请了上海市知识产权局、上海华谊（集团）公司、上海化工行业协会、无形资产评估机构、高校知识产权专家学者以及知识产权产业化成功的企业，在金融危机的大背景下以“知识产权产业化”为主题，结合华东理工大学开展技术转移工作的成功经验，探讨知识产权产业化过程中极为重要的转化、质押和评估等问题，为企业在知识产权产业化的过程中出谋划策。参加本次论坛的领导有上海市知识产权局吕国强副局长、上海市化工行业协会许秋塘会长、华东理工大学陈英南副校长等。

第一阶段：会议开幕式

肖国兴（华东理工大学法学院院长）：实施知识产权战略是党中央在十七大作出的重大举措，是国家战略的重要组成部分。中国已经加入 WTO，在全球知识经济不断升级的背景下，为适应中国经济再发展的要求以及应对当前的全球金融危机，实施国家知识产权战略已经迫在眉睫。在第九个“世界知识产权日”到来之际，我们华东理工大学法学院与上海华谊（集团）公司、上海化工协会和上海朱妙春律师事务所联合主办了本次论坛，主题为“知识产权如何产业化”。受邀的专家学者以及企业界人士将就知识产权产业化过程中最为重要的转化、质押以及评估等问题，在金融危机的大背景下，为企业知识产权的成功产业化出谋划策。

吕国强（上海市知识产权局党组副书记、副局长）：随着国家知识产权战略的不断延伸发展，全国知识产权的保护工作也取得了不少成就。上海作为全国经济发展的“前头兵”，政府大力支持和扶持企业走知识产权的发展之路，并积极参与学习国际知识产权的最新活动和技术成果，在知识产权创新道路上不断探索，作出新的尝试。在全国各省市的专利申请总量上，上海排名第 4 位。

为了更好地为企业做好知识产权的服务，上海市政府当前有两大举措正在筹划实施：

第一，政府筹建的专利信息平台将开通，到时可为企业提供免费的专利信息检索服务。此基础上，还将根据企业所属的不同行业及规模大小，为企业提供个性化服务。

第二，为更好地满足企业知识产权产业化的需求，上海市知识产权局将联合各大银行和保险行业做好知识产权产业化过程中的质押和融资工作。

许秋塘（上海市化工行业协会会长）：中国的企业在知识产权方面经过了一段时间的“被动挨打”之后，现在开始敢于主动向国外的企业提起诉讼，积极应对国外的知识产权诉讼，维护自己的合法权益了。自我保护的意识在不断加强，在知识产权上的投资也在不断增加，比重不断提高。

第二阶段：主题发言一

张晓都（最高人民法院知识产权庭法官、博士）：发言题目是“专利技术产业化过程中应注意的几个法律问题”。

一、企业实施自己研发的专利技术时应注意的问题

（1）注意与职务发明创造的发明人或者设计人约定实施专利的奖金与报酬。《专利法》规定，被授予专利权的单位应当对职务发明创造的发明人或者设计人给予奖励；发明创造专利实施后，根据其推广应用的范围和取得的经济效益，对发明人或者设计人给予合理的报酬。实施发明或者实用新型专利，不低于2%的税后利润作为发明人的报酬；实施外观设计专利，不低于0.2%税后利润作为设计人的报酬。其他单位可以参照执行。

（2）注意对产业化开发过程中新产生的技术成果进行法律保护，可以通过申请专利或作为商业秘密来进行保护。

二、企业许可他人实施自己研发的专利技术时应注意的问题

（1）注意与职务专发明创造的发明人或者设计人约定许可他人实施专利给发明人或者设计人的报酬；主要是《专利法》的已有规定。

（2）企业作为许可人利益的保障。注意各种不同专利许可方式条件下应该注意的问题，将《专利法》与《合同法》结合起来，在签订合同的时候要注意邀请知识产权方面的专家参与合同的制订，特别注意那些构成“非法垄断技术、妨碍技术进步”的行为在合同中的应用。

三、企业实施他人研发的专利技术时应注意的问题

（1）受让获得他人专利技术的专利权时，在合同中约定实施专利技术侵犯第三人权利法律责任的承担，注意对产业化开发过程中新产生的技术成果进行法律保护。

（2）被许可实施他人专利技术时，注意对产业化开发过程中新产生的技术成果进行法律保护，尽量避免与专利权人约定共享产业化过程中新产生技术成果的权利。

张武平：（华东理工大学技术转移中心主任）：发言题目是“技术转移与平台构建的探索、实践与展望”。

国家创新体系包括知识创新体系、技术创新体系以及连接二者的技术转移体系。实施自主创新战略和建设创新型国家急需构建以企业创新需求为导向，以大学和科研院所为源头，以技术转移服务机构为纽带，产学研相结合的新型技术转移体系。华东理工大学技术转移中心是全国六所首批国家技术转移中心之一。

当前，我国高校和企业技术转移现状与困境如下：

高校方面的表现：过程研究与工程研究脱节；成果与市场需求脱节；单元、阶段性成果多、套技术少以及技术转移推动力不够。

企业方面的表现：二次开发能力不足以及校企（工程公司）技术集成互动不足。

技术转移核心理念：面向行业、区域经济发展，注重集成创新，完善技术转移全过程服务体系。

我们的理念：建设技术转移创新服务体系。具体内容包括：密切过程研究与工程研究协作开发，中试平台建设，成套化能力建设，技术推广服务体系建设，技术经营能力建设，以及技术转移平台建设。

我们的做法：技术推广、技术经营、联盟互动。

具体内容：政府园区交流互动，信息共享网站互联，共建分中心、工作站，共建技术（研发）中心，共建产业技术联盟，共建行业、区域技术转移联盟，风投融资联合进驻以及政府支持共建平台高地。

陈宏（上海市节能减排技术转让中心）：发言题目是“节能减排技术成果化”。

目前，上海市节能减排技术转让中心的会员约有600家企业，涉及化工、包装、房地产、运输以及能源等各行各业。科学技术实力特别是专利技术是现代企业的市场的核心竞争力，专利技术在企业节能减排方面大有作为，企业能不能做到，做得好不好是事关企业能否进入市场门槛甚至是能否生存的关键因素。我们中心的主旨就是要做好为企业在节能减排相关专利技术上的转让环节做好服务工作。

张丹（东华大学旭日工商管理学院教授）：发言题目是“知识产权产业化环节中的无形资产价值形成与评估方法研究”。

在对无形资产的内涵与构成阐述的基础上，重点探析了无形资产价值的形成机理。系统地说明了无形资产价值的评估类别与方法，并就知识产权转化过程中评估方法应用进行分析。

无形资产的特点如下：价值的不确定性、积累性、共享性和附着性。其形成机理和阶段包括：企业知识的积累，企业智力资本价值的表现，以及企业智力资本价值的再提升。无形资产的评估方法包括单向评估法和系统评估法，知识产权的评估涉及商标评估、著作权评估和专有技术评估，评估的重点涉及作者的效益价值、生命周期及使用年限以及有效系数。同时，由于价值的不确定性，需运用智力资本方法综合计量。

戴敬辉（上海市科技咨询中心鉴定部部长）：发言题目是“如何通过技术鉴定来实现专利价值的评估”。

上海市科技咨询中心是接受司法指定的鉴定中心，主要是通过一个案例讲述了坚定与评估的区别与关系。比如说职务发明人在职务发明报酬的纠纷问题上，职务发明人到底应该从中分享多少利益，就涉及对该项职务发明技术成熟性以及实用性的鉴定，鉴定的结论一定程度上可以为后来的评估提供基本数据。而在考虑一项革新技术在技术比重贡献率的时候，就要通过对基础技术、后期群体技术的含量比重进行鉴定。

陈旭华（上海市科华资产评估有限公司总评估师）：发言主题是“知识产权转化过程中知识产权评估的实务问题”。

上海市科华资产评估有限公司于1994年由上海市人民政府科学技术委员会创导成立（原名上海科华无形资产评估事务所，是上海第一家以无形命名的资产评估事务所）。知识产权评估比例中专有技术49%，专利占38%，商标3%，著作权4%，其他占6%，其中93%作价入股。知识产权转化主要方式：作价投资，转让、许可他人使用。

知识产权作价入股（增资或新设立公司）操作步骤包括：(1) 各股东方同意知识产权入股；(2) 价值评估（通过评估机构评估）；(3) 办理知识产权转移（新设立公司，注册资金可以分批到位，货币资金可以先注册新公司）；(4) 相关当事方将评估报告，产权转移文件，提交会计师事务所完成验资；(5) 进行工商注册登记。

知识产权转让操作步骤：(1) 确认转让方和受让方性质。(2) 价值认定；如有一方为国有企业，按国有资产管理有关规定需进行评估；如双方为非国有企业则可进行评估也可双方协商。(3) 签署知识产权转让、许可协议书。(4) 如为转让，需在相关机构办理知识产权转移文件。

《公司法》规定将无形资产的比重最高可调到70%。

知识产权评估相关法规：财政部2001年7月颁布的《资产评估准则——无形资产》；2009年7月施行修订的《资产评估准则——无形资产》及《专利资产评估指导意见》。

评估过程：(1) 评估机构接受业务委托。(2) 评估前需确定事项：①知识产权的性质和权属；②评估目的；③评估基准日；

④评估范围。(3) 评估时需了解并收集资料。(4) 评估方法：成本法、市场法、收益法。(5) 评定估算。(6) 出具评估报告。(7) 提交委托方，完成知识产权价值评估。

另外，还涉及知识产权入账和知识产权税收问题。

第三阶段：主题发言二

钱治华（沪港国际咨询集团）：发言题目是"识产权质押的估值风险与对策"。

(1) 知识产权质押评估的现状和问题。建立一个能防范质押风险的、适应中小科技型企业贷款需要的、市场化的运作机制。

(2) 知识产权质押估值的主要风险：①评估机构的专业胜任能力风险；②知识产权，特别是专利、软件等技术类无形资产，存在技术风险和法律风险；③知识产权质押对象设定的风险；④知识产权自身价值变化的风险；⑤知识产权质押的估值风险。

(3) 防范知识产权质押估值风险的对策和建议：①建立知识产权评估的市场准入制度和行业的风险管理机制；②明确知识产权质押的对象、范围和条件；③建立法律咨询、技术咨询、估价咨询相结合的中介服务与风险保障体系；④明确委托关系，建立配套的制度规范；⑤激励知识产权价值跟踪评估制度；⑥积极培育和推动知识产权质押评估业务的开展；⑦进一步完善知识产权质押评估的行业规范；⑧其他配套制度与措施。

张晓东（华东理工大学副教授）：发言题目是"专利证券化"。

专利融资传统途径包括：专利实施许可、专利转让、专利质押，以及专利融资新途径——专利证券化。

专利证券化基本理论：无形资产知识产权证券化衍生于资产证券化。实践中被证券化的知识产权资产类型仅限于最常见且为法律所承认的著作权、专利权、商标权及相关权利，即分为著作权证券化、专利权证券化和商标权证券化。知识产权证券化记载最早的是1979年美国的鲍伊债券，该案例使得证券化的对象从有形的资产形态拓展到无形的知识产权上，当时被誉为证券化的革命，鲍伊债券也一度成为知识产权证券化的代名词。

目前，美国专利证券化主要在药品专利领域；日本证券化的模式有利用游戏、动漫的著作权为基础资产的文化产业基金的准证券化方式，也有将企业保有专利权等作为基础资产建立起的融资框架。

就目前实践而言，可证券化的专利权是指专利权相关债权，包括：既存债权——已经存在的授权许可协议所产生的合同权利；未来债权——资产移转给特殊目的机构后资产池未来所产生的现金流量。专利证券化的难点和风险：（1）专利未来许可费评估的困难性；（2）面临专利侵权、诉讼或无效的法律风险；（3）不可预料的技术进步可能降低专利价值；（4）产品责任可能产生高额赔偿。

为避免以上风险的对策有：构建资产池，谨慎选择药品专利；信用增级和信用评级。

中国的专利信托实践：2000 年 10 月 25 日，武汉国际信托投资公司在全国创新性地推出专利信托业务。其《专利信托业务章程》和《专利信托业务简介》将专利信托过程分为三个环节：受托—经营—收益。

首先，信托投资公司对受托专利的技术特性和市场价值进行适度包装和深度发掘，并通过多种手段向社会推出。

其次，向社会投资人出售受托专利收益期权，或者吸纳风险投资，构建专利转化资本市场平台，从而获取资金流。

再次，受托专利许可或转让产生的收益，由专利权人、信托投资公司、社会投资者按约定的比例分成。

导致我国首例专利信托和专利资产证券化案例不成功的原因有很多，最主要的是制度的缺位和管理设计的欠缺：制度上，当时没有支持专利信托和发行受益权凭证的任何法律和政策；管理设计上，由于没有先例可循，其最大失误是将专利权本身进行信托，并以专利权作为支撑发行证券。

专利证券化在我国的可行性：经济环境已比较成熟；法律框架尚待完善；专利技术选择有难度；信用评级机构和专利评估机构能力尚待加强；尚无著作权证券化试点案例。

缪利明（专利代理公司合伙人、专利代理人）：发言主题是“知识产权保护中存在的问题及应对策略”。

首先从当前的专利申请量占整个知识产权的比重不高以及专利来源、申请的行业质量不高等方面介绍了我我国专利当前的发展状况需要加强引导和扶持。

缺乏自主知识产权所引发的问题：在世界贸易中遭遇反倾销、被征收专利费、门槛设限等贸易壁垒。

家电行业：DVD 产业是受害最深重的产业，提起专利费，中国的 DVD 生产企业至今仍有着“深入骨髓的痛”。不仅如此，从 MP3、手机、电脑到空调、冰箱、洗衣机等产业无不深受其害。

应对策略：自主创新，把更多的资金投入到创新上，尽可能多地申请专利，特别是发明专利，这才是长远发展之计。

经验体会：企业应当做好以下几项工作：增强知识产权保护意识；增加在创新上的投入多申请专利，特别是发明专利；加强管理，维护好专利权。

需要注意的几个问题：切忌发明人自己写专利申请文件；发明人应做好文献检索工作，尽可能全面地找出可能影响专利性的现有技术文件；如果可能的话，预先设计好实验，为日后的专利申请做好准备。

林衍华（上海市知识产权发展研究中心副主任、博士）：发言主题是“科技型中小企业知识产权质押融资的探索”。

首先介绍了本市中小型科技企业的发展现状，以及他们当前在知识产权质押融资方面的存在的困惑。企业要生存的出路在于实行知识产权的质押贷款。所谓知识产权的质押贷款是指知识产权权利人以知识产权作为抵押物向银行贷款的行为，包括直接贷款与间接质押贷款等形式。

直接贷款是指知识产权人通过知识产权质押，直接与银行签订知识产权质押贷款合同并获得银行贷款，其实质就是市场化运作，其代表是浙江模式，但是在全国的最先尝试是湖南湘潭（2004 年 5 月湘潭市知识产权局联合中国人民银行湘潭市中心支行、湘潭市科技局出台了《湘潭市专利质押贷款管理办法（试行)》，这样湘潭市三家企业通过专利质押从银行获得了1 600万元的贷款)。这种迷失的主要特点是政府只作推荐，银行自主决定。其效果是未见质押贷款单额统计，星星之火多处在点，但是首单频传未见常态。另一种是北京模式：市场化运作，政府贴息企业经纪人操作，即所谓“红烧中断”。主要特点有：贷款门槛稿，对象是大企业，并关注经营团队和第一还款能力，贷款额一般在1 000万元以上。资产评估公司和律师事务所共同评估、共同担保，贷款风险由银行、资产评估公司和律师事务所共同分担，承担坏账发生后的相应赔偿责任。在这种模式中政府部门的作用是：（1）搭建知识产权质押贷款平台，不承担任何风险；（2）依靠对企业熟悉的优势向银行推荐申贷企业；（3）出台贴息政策，为知识产权质押贷款企业提供利息补贴，贴息比例高达 50%，每年每项贷款的贴息不超过 20 万元。该模式的效果是：主要集中的领域是环保节能、生物医药、IT 技术、新材料以及影视文化等行业，至今未出现坏账。

间接质押贷款是指知识产权权利人以知识产权质押给第三人，由第三人担保，以知识产权出质作为反担保，获得银行贷款，包括市场化运作和政策性主导等形式。市场化运作的间接质押贷款，已有政策性担保机构作为“特事特办”，个案处理，不愿外传。政策性主导的间接质押贷款，其代表是浦东模式——企业自主，银行积极，机构运作，政府托底。即企业将自己的专利权质押给政策性担保机构（如有政府背景的浦东生产力促进中心），由担保机构为企业提供信用担保，银行给予企业短期贷款。该模式的主要特点是：政府部门在浦东生产力促进中心设立知识产权担保专项资金来扶持科技型中小企业，每年近2 000万元。贷款门槛低，贷款对象是科技型中小企业，浦东生产力促进中心对这些企业知根知底，全面掌握其经营、知识产权等状况；贷款一般不超过100万元，贷款期限不超过一年；企业负责人必须提供个人保证；但是在贷款风险上，政府背景的事业单位承担很大风险，坏账发生后银行只承担1%~5%，而绝大部分的风险和损失由浦东生产力促进中心承担。

该模式的效果是明显的：放款的对象全部是科技型中小企业，知识产权的质押融资对他们来说可谓雪中送炭。这些企业主要分布在集成集成电路、电子、先进制造、新材料、软件等行业，至今尚未出现逾期还贷情况或者坏账。

另外，还存在分类质押贷款市场化运作的天津模式和银行自愿质押贷款，政府事后贴息的武汉模式。

知识产权质押贷款国外实践探索：知识产权质押贷款是世界性难题，发达国家积极探索了不少做法，在当前经济危机背景下，这成为全球关注中小企业和科技创新的焦点。德国经过50年的实践和发展形成了较为完善的小企业融资的风险分担与补偿机制，取得了一些经验。目前，世界知识产权组织正在参与起草有关中小企业知识产权融资的指南，近日有举行了“利用知识产权融资”的研讨会，主要议题是讨论如何完善法律和金融帮助知识产权价值作为一种新型资产的到认可。而知识产权质押款的用途只限于生产经营所需的流动资金贷款，不得从事股本权益项、有价证券、股票、期货等高风险的投资、投机经营活动。

知识产权间接质押贷款的法律关系：（1）借款关系——承贷银行和借款人签订借款合同；（2）担保关系——担保人和承贷银行签订信用担保合同；（3）反担保关系——质权人和出质人签订专利权质押反担保合同，质权人和出质人及其负责人签订负责人个人保证反担保协议。

法律依据：《中华人民共和国物权法》第223条、第227条以及《中华人民共和国担保法》第2条、第4条以及《担保法司法解释》第2条、第19条、第20条、第105条的规定。同时还有《中华人民共和国专利法》、《中华人民共和国专利法实施细则》、《专利权质押合同登记管理暂行办法》、《国家知识产权战略纲要》、《国家中长期科技发展规划纲要（2006~2020)》。

政策依据：国家发展改革委等12个部门联合发布《关于印发关于支持中小企业技术创新若干政策的通知》（2007年10月23日发改企业［2007］2797号)。

知识产权的特许证决定了其质押贷款所特有的风险，那么专利评估就很关键。所谓知识产权的评估是与知识产权转让、许可、出自、质押、怕买以及侵权赔偿等密切相关的。专利评估涉及的主要范围有：（1）法律问题；（2）技术问题（替代技术、第二技术、专利池)；（3）价值问题；（4）经营问题；（5）处置问题(市场成熟度等)。目前主要的评估方法有：（1）收益法（包括减省使用费用法、利润损失法、给林菲尔德法和超额收益法)；（2）成本计算法；（3）市场分析法。

专利评估辅助软件：其主要影响因素包括技术因素、产业因素、法律因素，通过预先选择适用评估方法，包括成本法、收益法、市场比较法。

自己的看法：（1）知识产权质押贷款存在着风险，风险控制很关键；（2）知识产权质押贷款急需出政策，应对措施很重要。

建议：（1）四方合作与博弈—企业、银行、中介（担保、评估、交易)、政府；（2）明确责任，各负其责；（3）通力合作，力量聚集；（4）入门严审，过程监管；（5）风险分担，利益共享。

朱妙春（上海市朱妙春律师事务所主任)：知识产权转让、评估和质押的关系（主要谈谈三个问题和一点建议)。

问题一：知识产权产业化的概念。产业化是指某种产业在市场经济条件下，以行业需求为导向，以实现效益（包括社会效益和经济效益）为目标，依靠专业服务和质量管理，形成的系列化和品牌化的经营方式和组织形式。是一种在市场经济规律支配下所形成的规模经营的机制。知识产权产业化，简言之，就是知识产权（版权、商标、专利等）在市场经济条件下形成规模，实现效益的系列化和品牌化的经营方式和组织形式。对该问题主要用三个例子来说明，比如长沙巨星轻质建材股份有限公司专利产业化的成功案例、恒源祥的品牌产业化实践以及三面向公司的版权产业化。这些都客观上启蒙了知识产权的维权意识。

问题二：知识产权评估、质押融资及与知识产权产业化的关系。知识产权的评估就是对知识产权价值的评估，这个价值不是在取得过程中形成的价值，而是他们为受让者带来的使用价值。知识产权评估不仅是知识产权转让、质押过程中必不可少的环节，而且在知识产权的诉讼中也常常会碰到。知识产权质押是指知识产权人以其所拥有的知识产权为债权的担保。当债务人（知识产权人）不能履行债务时，债权人有权依照法定程序将该知识产权折价或转让、拍卖所得价款来优先清偿债务。知识产权的评估是知识产权质押融资的前提和基础，是知识产权价值量化的一种手段。没有知识产权的评估，银行就无法量化质押物（知识产权）的价值，也就无法完成知识产权的质押融资。知识产权质押融资是知识产权产业化的保证，为企业特别是为创新型中小企业解决资金紧张、加速知识产权市场转化、提升企业核心竞争力起到了积极的推动作用，有力地促进了科技成果的知识产权化、商品化、产业化，是企业发展的助推剂。

问题三：制约知识产权产业化发展的关键是知识产权的质押融资发展。（1）担保质押的法律制度不完善。我国虽然已有《专利法》、《商标法》和《著作权法》等知识产权法律制度，各部法律虽然有着共性的内容，但是由于各部法律实施的时间不同，在司法和行政保护的范围和力度上针对共性的东西存在差异，对于专利、商标、著作权之间的交叉问题应适用何种法律也没有完整的规定，质押融资实践中面对复杂问题更加无所适从。（2）知识产权质押评估不规范。由于各类知识产权的融资特性有着显著不同，我国虽然对无形资产评估制订了总体标准，但操作性不强，对于专利技术、专有技术、商标和版权等各类的知识产权没有制订独立的操作规则，很难对商标专用权、专利权、著作权中的财产权进行准确的价值评估。实践中和理论上缺少统一、规范、可供借鉴的知识产权质押评估制度，结果不是企业的融资需求不能得到满足或融资成本过高，就是金融机构遭受巨大损失。（3）知识产权质押经验不足。在知识产权质押融资试点地区，部分金融机构普遍表现出对知识产权质押的评估和管理缺乏足够经验和手段，知识和人才储备不足，缺乏相关的操作技能和实际经验，除了加强贷前审查及提取准备金等消极防范措施外，并没有采取积极的防范风险措施。知识产权质押权利品一旦出现违约风险，质权的实现就容易悬空，金融机构往往束手无策。（4）知识产权质押物处置困难。知识产权质押物的流动性相对较差，处置起来相当困难。目前，国内知识产权意识还比较薄弱，知识产权转让市场狭窄，评估和转让程序复杂严格，需要耗费银行相当多的人力、物力和财力成本，处置成本相当高。同时，知识产权融资抵押品的权益关系更加复杂，更难确定，加上知识产权的市场更小，由于执行时间拖延而降低质押价值的可能性更大，因此，银行发放知识产权质押贷款的积极性就更低。

一点建议：作为长期从事知识产权维权的律师，本所与华东理工大学法学院联合主办的本次论坛邀请了不少专家学者以及政府官员。知识产权产业化，不仅需要政府、律师事务所等服务中介的帮助和合作，尤其是在质押融资过程中，像刚才林博士所讲，能够引入保险机制，通过保险机构帮助银行、企业分担风险，在此也想提请上海市知识产权局的林博士传达一个老律师的心声，希望更多的好政策能够出台，使得知识产权产业化中质押融资中得到政府更多更好的服务和支持。

第四阶段：闭幕式

王文正（上海市司法局原副局长、上海市律师协会原会长）：在金融危机的大背景下，这次论坛举办的很有意义也很成功，希望以后多举办这样的论坛。现代是知识经济时代，科技是第一生产力，科学技术特别是知识产权是现代企业生存和发展的核心经营资源。知识就是力量，促进知识产权产业化也将给企业在现代激烈的市场竞争中带来更多的力量和信心。

历时四个多小时的论坛圆满结束，与会的各位专家、学者、企业家都表示受益匪浅，论坛的内容给了他们很多启发，对知识产权产业化有了更深入的认识，参会者均希望类似的主题论坛能够越多越好。

2009 年 4 月 26 日

6 金融危机和企业知识产权

——2009年知识产权宣传周上海企业家论坛纪要

一方面，当前国际金融危机“高烧”不退，自主创新、自主知识产权的竞争力日益凸显，知识产权工作状况将直接关系到企业能否在激烈的国际竞争中抢占先机、赢得主动，关系到企业能否在更长时间、更高水平上的发展；另一方面，在世界各国当前应对金融危机的政策措施中，贸易保护主义有所抬头，国际贸易摩擦极可能会进一步加剧，知识产权制度作为国际贸易的重要规则，国家之间的知识产权纠纷将日益加剧，我国企业在知识产权保护方面的压力和任务将会更加艰巨。

在第九个“世界知识产权日”来临之际，在上海市知识产权局、上海市经济团体联合会支持下，上海市知识产权服务中心、上海市经济团体联合会知识产权中心、上海市杨浦区科委、上海朱妙春律师事务所联合主办主题为“金融危机和企业知识产权”的论坛。本次论坛邀请了上海市知识产权局、上海市经济团体联合会等相关部门领导、国内大型企业知识产权部门主管以及国内知名知识产权专家学者出席。论坛中由大型国有和民营企业的代表介绍知识产权管理成功经验，并由朱妙春律师专题介绍了企业如何运用知识产权渡过金融危机，通过将知识产权理论与实务紧密结合，提高企业的自主创新能力，从知识产权角度帮助企业提高应对金融危机的能力。

2009 年 4 月 24 日下午，本次论坛在中国烟草博物馆隆重举行，以下是本次论坛的会议纪要。

一、开幕式

胡云芳（上海市经济团体联合会副会长）：代全国政协常委、上海十届政协主席、上海市经济团体联合会会长蒋以任致贺词：蒋以任主席因参加国家会议，无法赶来会场，现委托我带来他对本次论坛的祝贺。蒋以任主席非常重视本次论坛，他认为在金融危机环境下政府、企业、律师一起探讨重视知识产权，帮助企业渡过难关非常有意义。国务院出台的4万亿拉动内需的十项措施中的第六项提出“加快自主创新和结构调整，支持高技术产业化建设和产业技术进步”，这一点与大力发挥知识产权法律制度作用密切相关，随着经济全球化的发展，知识产权已经成为国家发展的战略性资源和提高国际竞争力的核心要素。而企业是市场的主体，重视知识产权重点在于企业，所以今天这论坛主要由企业来交流成功经验，有律师来介绍法律保护，我认为这样的形式非常好，最好祝愿本次论坛圆满成功。

唐海东（上海市杨浦区人民政府副区长）：致欢迎词：首先非常高兴各位领导、各位来宾来到杨浦参加今天的论坛。当前，金融危机虽然对我们产生了一定的影响，但我们齐聚力量，一定会渡过难关。知识产权作为国家战略发挥着越来越重要的作用，今天这个论坛邀请了企业家、著名律师来讨论金融危机和企业知识产权，我相信一定能够为企业的发展献计献策，帮助企业早日度过金融危机难关。杨浦历来非常重视知识产权，通过今天这个论坛，也进一步促进杨浦的知识产权工作，最后祝愿今天的论坛圆满成功。

吕国强（上海市知识产权局党组副书记、副局长）：主题演讲：随着国家知识产权战略的不断延伸发展，全国知识产权的保护工作也取得了不少成就。上海作为全国经济发展的“前头兵”，政府大力支持和扶持企业走知识产权的发展之路，并积极参与学习国际知识产权的最新活动和技术成果，在知识产权创新道路上不断探索，作出新的尝试。在全国各省市的专利申请总量上，上海排名第4位。

为了更好地为企业做好知识产权的服务，上海市政府当前有两大举措正在筹划实施：第一，政府筹建的专利信息平台将开通，到时可为企业提供免费的专利信息检索服务。此基础上，还将根据企业所属的不同行业及规模大小，为企业提供个性化服务。第二，为更好地满足企业知识产权产业化的需求，上海市知识产权局将联合各大银行和保险行业做好知识产权产业化过程中的质押和融资工作。

二、主题发言

陈因达（上海市汽车工程学会理事长）：我发言的题目是“直面应对全球金融危机、正确把握知识产权战略”。首先，我简单介绍国外企业知识产权战略特点，跨国企业知识产权管理体系主要有三种模式：第一，由企业法律部门管理知识产权，第二，由企业研发部门管理知识产权，第三，由企业法律部门和研发部门共同管理知识产权，我国企业可根据实际情况对这三种方式进行选择。在汽车行业有不少品牌运作的非常好，国内自主品牌企业的知识产权战略实施的也非常成功，比如奇瑞汽车公司、长安汽车公司以及上海汽车，我们上汽集团知识产权战略实施的成功案例也有很多，比如上海汽车、上海大众、上海通用、上海三电贝洱汽车空调有限公司、上海小糸车灯有限公司等，通过成功的品牌运作和技术自主开发，实现市场成功。

丘加友（上海锅炉厂有限公司设计处处长）：我发言的题目是“企业知识产权意识与企业自主创新”。首先，我要谈一谈金融危机环境之下，国家层面结构调整、国际分工调整、企业发展调整，这些因素对于企业知识产权及技术创新产生了巨大的影响，而企业的知识产权意识和企业技术创新现状是怎样的呢？一般企业中，普通员工一般不了解知识产权，中层人员知道知识产权的重要性，但实施中容易忽视，管理层虽知重要性，但将知识产权列入企业战略的不多；而这些在上海锅炉厂，真正做到普通员工了解，中层真正实施，管理层重视。面对金融危机，新形势下的创新工作关键是如何取得实效，我认为可以从以下几个方面着手：第一，加强专利信息的收集、管理和利用；第二，在实际工作中进行技术创新；第三，与知识产权权威机构进行合作与沟通，通过多方努力，全面发挥知识产权的作用。

沈磊（上海复旦微电子股份有限公司副总工程师）：我发言的题目是“坚持知识产权发展战略、构筑企业竞争优势”。制定企业知识产权战略是企业开展知识产权工作的基础，在实施知识产权战略时要重点做好如下四个方面：第一，鼓励探索新技术；第二，不断加大研发投入量；第三，充分运用专利战略为研发服务；第四，专利与商标、著作权、集成电路布图设计相结合的保护战略。如能做好上述四点，定能发挥知识产权的促进作用。另外，在金融危机背景下，企业要努力尝试运用知识产权帮助企业走出困境，可以从以下几个方面着手：（1）积极进行商标权利的运用；（2）积极利用失效专利；（3）进行知识产权营销。

徐士龙（上海港湾软地基处理工程有限公司董事长、总经理）：上海港湾软地基处理工程有限公司是一家集科研、设计、施工为一体的上海市高新技术企业，上海市科技小巨人企业，软地基改良新技术研究会会长单位。下面从三个方面介绍我们公司的知识产权工作开展情况：

第一，企业自主创新、专利技术先行。我举债近千万元，开始自主创新的艰难之路，功夫不负有心人，多年研究总结出一套高真空击密法系列工法。2001 年 10 月，当一些同行和国内院校、科研单位忙于评奖、发表论文时，我于 2001 年 7 月依然将“快速高真空击密法软地基处理工法”申请了国家发明专利。到今年 1 月，先后申请了 11 项国家专利，这些专利为公司的持续发展打下了坚实的基础。

第二，实施专利战略，市场竞争领先。正是拥有了软地基行业的核心专利，所以我们的施工质量领先于国内同行企业，专利技术在渤海湾、胶州湾、北部湾、长三角、珠三角等国家各重点工程项目上得到了成功应用，得到业主和业内专家的认可，业绩也是逐年攀升。在取得巨大经济社会效益的同时，上海港湾和其专利工法也取得了社会的广泛认可，中央电视台新闻联播、中国新闻、科技之光、朝闻天下、CCTV 访谈栏目等先后对本专利技术主动进行了专题报道。

第三，申请国际专利，创立民族品牌。在金融危机蔓延的背景下，知识产权已成为世界各国激烈竞争的焦点之一。公司投资近千万元，把主要的专利技术申请 PCT 专利，目前专利已进入美国、日本等十个国家。另外，我们以专利技术输出的形式先后在韩国、印尼等国家成立了合资公司，与美国普洛斯、英国奥雅那等国外项目也相继合作成功。韩国、印度、印尼、越南、泰国、孟加拉国和马来西亚等国的同行和业主，纷纷要求许可使用我们的专利技术。

朱妙春（朱妙春律师事务所主任）：刚才几位企业家的发言都非常精彩。当前金融危机环境下，我们一起讨论金融危机和企业知识产权非常有意义，金融危机中有众多的企业受到影响，究其原因都是这些企业抵御风险的能力不强。金融危机就像流感一样，免疫力不强的企业在这场危机中必然会患重感冒，重则一蹶不振。而如何增强企业的免疫力呢！增强企业核心竞争力是必经之道，而增强核心竞争力就需要加大研发、打造品牌，拥有自主知识产权。通过拥有知识产权，将自己的优势通过法律保护起来，在金融危机来临时构建一道防护墙。企业知识产权管理应有专门部门和专职人员，知识产权规章制度至关重要，但没有专业人员来执行，所有的知识产权规章制度都是纸上谈兵，更谈不上在金融危机中帮助企业应对金融危机。同时，企业的知识产权工作离不开企业领导的重视，一方面，领导自身需要加强对知识产权管理理念的学习；另一方面，企业的一般知识产权工程师可以先从基础工作做起，让领导看到知识产权的作用，从而引起领导的重视。就我目前所了解的情况来看，很多企业在此方面的工作不理想，不说企业，就是有些科技园区都没有配备专职人员，所以要让知识产权在金融危机中发挥积极作用，“两专”建设和领导重视是最为基础的问题。

对于技术研发型企业，应注重研发和创新，拥有自主知识产权，增强核心竞争力。下面我结合技术研发过程概要谈几点知识产权问题：（1）研发项目立项前，应对现有技术作充分的检索分析，尤其是要分析竞争对手的技术；（2）立项后，要研究现有专利技术的分析利用、设计方案的侵权分析和回避设计、专利申请策略和布局设计；（3）新产品公开销售之前，要完成专利申请、控制专利申请质量；（4）新产品上市后，要对原有专利定期回顾与评估，关注竞争对手并开展维权工作；（5）在整个研发过程中要注意技术秘密保密的问题。对于贸易型企业，应注重品牌运作，注册著名商标和驰名商标，打造中国品牌和国际品牌，像“恒源祥”、“娃哈哈”都是品牌运作的代表。在金融危机环境下，发挥知识产权的作用最终是要加快知识产权产业化进程，知识产权产业化还涉及知识产权价值评估、质押融资问题。其中，知识产权的价值评估是知识产权转让、质押融资的前提和基础，是知识产权价值量化的一种手段。没有知识产权评估价值，转让过程也无法顺利进行；没有知识产权的评估，银行就无法量化质押物（知识产权）的价值，也就无法完成知识产权的质押融资。知识产权质押融资是知识产权产业化的保证，为企业特别是为创新型中小企业解决资金紧张、加速知识产权市场转化、提升企业核心竞争力起到了积极的推动作用，有力地促进了科技成果的知识产权化、商品化、产业化，是企业发展的助推剂。

历时四个多小时的论坛圆满结束，与会的各位专家、学者、企业家都表示受益匪浅，论坛的内容给了他们很多启发，对应用知识产权应对金融危机有了更深入的认识，参会者均希望类似的主题论坛能够越多越好。

2009 年 4 月 26 日

7 迎接第十个世界知识产权日

——“2010迎世博、创品牌”知识产权高层论坛纪要

2010年4月25日，由上海市商标协会、上海市化工行业协会、华东理工大学法学院、上海朱妙春律师事务所联合主办，上海市天宏律师事务所、华东理工大学知识产权研究中心承办的“迎世博、创品牌”知识产权高层论坛在上海市律师协会隆重举行。论坛在上海市知识产权局、上海市静安区司法局支持指导下圆满完成各项议题，取得了预期效果。与会嘉宾就商标品牌、企业商业秘密保护等问题进行了深入探讨，以下是论坛发言纪要。

第一阶段：领导致辞

主持人：于杨曜（华东理工大学法学院副院长、知识产权研究中心主任）

2010年4月26日是第十届世界知识产权日，也是世博会揭幕前夕。在两大庆典期间，非常荣幸地邀请到这么多专家学者及嘉宾，一起来讨论商标对企业的重要作用，有着非同寻常的意义，下面请与会的领导嘉宾致词。

吕国强（上海市知识产权局党组书记、局长）：

今年喜迎世博会召开，上海市知识产权局将世博会作为今年的工作重点，主要有如下五个方面：

（1）在世博园内建立知识产权服务中心，4 月 15 日已正式对外工作。该中心的功能：做好咨询工作，为参展者提供服务，世博会中涉及的商标、著作权、展览证明等问题；

（2）开通 12330 热线，针对世博会期间可能出现的问题，进行热线解答；

（3）开通司法通道，在浦东新区人民法院集中审理世博园区的知识产权案件；

（4）加大知识产权执法力度，开展专项行动计划；

（5）联合东方网，开通世博专题，集中报道宣传。

王文正（上海市司法局原副局长、上海市律师协会原会长）：

今年是知识产权日的十年大庆，虽然大家忙于世博会的召开，但今天的论坛仍然意义重大。知识产权制度是“为天才之火浇上利益之油”，商标是企业的重要组成部分，我们应该为了创建更多的民族品牌而不断努力。

许秋塘（上海市化工行业协会会长）：

在经济全球化的今天，科技日新月异，知识产权的作用越来越明显。我们和朱妙春律师事务所连续四年举办了知识产权日的论坛，我们化工行业每年都有大量的专利申请，也有不少知识产权纠纷，知识产权是我们行业发展所必须重视的，但仍是薄弱环节，所以相关企业参与知识产权论坛的热情非常高。我希望今天的论坛能够给企业带来不一样的收获。

邵巧珍（上海市商标协会秘书长）：

在今天召开这样的会议非常有指导意义。作为上海市商标行业协会，我们每年涉及众多的商标问题，比如现在比较重要的一个方面就是商标的海外注册，我们在为企业普及商标意识方面也做了很多尝试，希望在今后的工作中能够更好地服务于企业。

第二阶段：商标专题主题发言

主持人：孔令毅（上海市浦东新区知识产权局知识产权处处长）

程永顺（北京务实知识产权发展中心主任，中国人民大学兼职教授）：

今天我主要讲四个方面的问题：

（1）商标是什么——商标是用于商品上的符号，商品要上市销售，商品是本，商标是标，要标、本分清；

（2）商标的作用是什么——区分，是为了区分商品产地、来源；

（3）商标最重要的是什么——使用，经过长期使用，才能在消费者中确立地位；

（4）是否侵犯商标权——关键是看消费者是否混淆。

王莲峰（华东政法大学知识产权学院教授、博士生导师）：

我讲的题目是“国外商标法的发展对我国商标法修改的启示”，主要从国外商标法的发展趋势和我国《商标法》的修改两个方面来介绍。首先，国外商标法的发展趋势主要包括：（1）保护对象的拓宽；（2）商标审查时间缩短及异议制度变化；（3）著名商标和驰名商标保护；（4）海关扣押程序增加；（5）商标侵权的惩治力度加大。

我国《商标法》的修改主要应考虑以下几个方面：（1）商标种类扩充及对商号保护；（2）商标异议制度的改革；（3）商标权限制规则的确立及完善；（4）驰名商标保护反淡化规则的确立；（5）权利人救济途径和手段的多样化；（6）完善刑事制裁的规定。

魏玮（上海财经大学法学院知识产权中心主任、博士）：

我讲的题目是“从商标合理使用看企业品牌经营”，商标合理使用含义是：不经商标注册人许可，基于正当目的在同一种商品或者类似商品上，善意合理使用与他人注册商标相同或近似标志。商标合理使用的性质：对商标权利限制。使用方式：抗辩式使用。

类型：叙述性合理使用与指示性合理使用；商业性使用和非商业性使用。典型案例主要有："熏衣草"案、雅戈尔"DP"案、西门子"Bio Fresh"案等。

刘敏虹（上海市知识产权局协调管理处处长）：

政府在知识产权尤其是商标中的作用主要有：

（1）引导和鼓励，培育知识产权优秀企业；

（2）支持和保护，虽然知识产权是私权，行政、司法也应参与其中。目前，上海已推出援助计划、加强执法，对经常制假售假企业要进行严厉处罚。另外，上海市知识产权"十二五"规划已在制订商讨过程中。

张家襄（商标专家、高级经济师）：

我主要讲3个问题：

（1）商标是企业竞争力的体现，不同的商标公众信任度是不同的，信誉是慢慢积累起来的；

（2）商标既是法律问题也是经营问题，企业全体职工、各个经营环节都应注意到商标的重要作用；

（3）不断创新是商标生存发展的根本。

叶锡铭（上海避风塘美食有限公司总经理）：

我公司在创建"避风塘"这一品牌过程中，历尽艰辛和磨难，经历了艰苦的十年维权之路，终于在2009年年底，由最高人民法院裁定"避风塘"为我司在上海地区餐饮服务的特有名称。我们坚信，只有不断做好自己，一心一意做产品，一心一意做服务，打造出知名品牌，取信于广大消费者，企业才有坚持不断地竞争力和永久的生命力，才有真正的品牌。

胡华文（湖北祥云集团化工股份有限公司董事长）：

我公司近十年来积极实施商标战略，不断提升品牌价值，"祥云"商标自2002年起连续三届荣获"湖北省著名商标"，2008年"祥云"被司法认定为驰名商标。企业成长的过程中，我们深刻认识到品牌是企业决胜市场的有力武器，实施商标战略是企业快速发展的强劲动力。我的四点感受主要如下：（1）商标战略，令祥云起死回生；（2）商标战略，令祥云快速发展；（3）商标战略，带给祥云巨大无形价值；（4）品牌保护意识亟待加强。

左旭初（左旭初商标博物馆馆长）：

对于实施国家商标战略，大力推动社会经济的不断发展，我感到可以从结合市场培育、农产品商标及地理标志使用、提高品牌竞争力、驰名商标保护和市场监管等几方面来贯彻执行，主要如下：（1）实施商标战略应与市场培育相结合；（2）实施商标战略应与农产品商标及地理标志相结合；（3）实施商标战略应与提高品牌竞争力相结合；（4）实施商标战略应与驰名商标保护相结合；（5）实施商标战略应与市场监管相结合。

朱妙春（上海朱妙春律师事务所主任）：

在不正当竞争纠纷案件中，擅自使用知名商品特有名称、包装、装潢纠纷是一类比较特殊的案件。之所以说这类案件特殊，主要是因为它所要求的法律构成要件较多且现有法律规范过于原则化，在司法实践中较难把握。我认为，对知名商品的认定标准不应过高，否则将不利于维护正常的市场竞争秩序，不利于维护合法经营者的正当权益。对于知名商品的地域性要求可以限定在特定地理区域内，并非一定要全国知名。另外，商品的知名度应当是在相关公众中的知名度，而非所有公众中的知名度。再者，对知名商品的认定还应当以《反不正当竞争法》第2条为主要参考标准，也就是说，可以在综合判断经营者是否存在主观仿冒恶意，是否遵守了诚实信用原则和公认的商业道德准则的前提下，认定涉案商品是否构成“知名商品”，对合法经营者以《反不正当竞争法》给予重点保护。

第三阶段：商业秘密专题主题发言

主持人：陆林辉（上海市知识产权局政策法规处副处长）

下面进入第二个阶段，有关企业商业秘密的管理与保护问题。这个问题也是企业，特别是化工企业时常遇到的问题。企业如何管理和保护好自己的商业秘密，行政机关和司法机关对侵犯商业秘密的行为如何认定，商业秘密鉴定过程中存在哪些问题等，都是今天我们要探讨的。下面有请各位嘉宾发言。

李英敏（上海市工商行政管理局公平交易处科长）：

工商部门调查取证中的问题：

（1）技术信息的鉴定和反向问题；（2）经营信息的认定和垄断问题；（3）对内部职工的侵权处罚问题；（4）赔偿金额的计算；（5）侵权物品的处理问题；（6）取消了工商扣留财物的权力。

孙建岐（中集集团技术管理部/知识产权部副总工程师）：

集团非常重视知识产权体系建设，制度体系包括：《中集集团专利管理程序》、《中集集团技术秘密管理办法》、《中集集团专利维权与侵权防范工作指引》、《中集集团技术引进工作指引》，形成了集团知识产权战略下的专利申请、侵权防范、专利维权、知产交易四位一体的执行体系。企业的专利保护意识显著提高，各产业累计申请专利近2 000多件。集团专利涵盖集装箱、车辆、能源装备各大产业主流产品，其中箱类专利超过50%。重点研发项目实施全面保护策略，SGIL箱、冷箱概念箱、干箱侧板自动线、低温容器应变强化、车辆精品车等重点研发项目申请专利300多件。专利维权的案例主要有：冷箱专利维权，干箱专利维权项目，北美箱海运装置专利维权项目，CNG加气子站专利维权及技术合同纠纷，专用车专利维权项目，A380登机桥专利维权。中集集团将会继续重视知识产权制度建设，让知识产权为集团发展注入新的活力。

戴敬辉（上海市科技咨询中心鉴定部部长）：

商业秘密鉴定中专家组成的问题非常重要，重点是鉴定专家的专业，专业一定要与鉴定客体专业相关，避免鉴定结论出现问题。特别是在商业秘密刑事案件中，技术鉴定结论对案件的审理至关重要，而且还牵涉对犯罪嫌疑人人身自由的限制，所以要更加慎重。鉴定机构不能让对涉案技术毫无了解的所谓“专家”进行技术鉴定。

陈旭华（上海市科华资产评估有限公司总评估师）：

侵权损失评估涉及知识产权侵权行为造成的损失（主要是对涉案的专利权、商标权、著作权、计算机软件、专有技术的侵权行为造成的损失进行评估）。侵权损失计算方法主要有如下四种：(1) 以权利人的损失计算（如上海汇丽地板诉森林王公司不正当竞争案）；(2) 侵权人的非法获利；(3) 以正常许可费为参照计算（如衢州开化县模具厂商业秘密被侵权案）(4) 定额赔偿。在进行损失评估的需注意的事项：(1) 损失评估的前提（损失评估报告成立的前提条件，必须是侵权）；(2) 损失计算期间；(3) 损失口径问题；(4) 折现率的问题。

林衍华（上海市知识产权发展研究中心副主任、博士）：

化工企业的特点主要如下两点：(1) 依赖化学与工程相结合的技术密集型企业；(2) 基于产品用途和特定用户相结合的经营活动。

化工企业商业秘密的特点是要注意采取适当的保密措施，技术秘密的保密措施就是防火墙，特点如下：(1) 结合流程管理的纵向防火墙（犹如交通警，各管一段）；(2) 结合职能管理的横向防火墙（犹如居委会，“各霸一方”）；(3) 总工程师全面负责（经营秘密的保密措施）(4) 总经理全面负责（商业秘密的保密措施）(5) 经营秘密和技术秘密彻底分割（总经理和总工程师分别专人专职）。

王永全（华东政法大学刑事司法学院副院长、博士）：

计算机软件、网络中的商业秘密保护目前显得尤为重要。这是因为，现在网络发达，相关的技术越来越先进，泄密的方式也多种多样，主要有：电子邮件、网站黑客等。所以，企业应该注重企业员工的计算机软件、网络中的商业秘密保护意识宣传教育工作，并不断防范。另外，云计算、物联网、智慧地球使得对个人隐私的侵犯变得容易，这个问题需要引起我们的足够重视。

朱妙春（上海朱妙春律师事务所主任）：

对于商业秘密刑事犯罪，目前存在的问题很多。今天，我主要说三点意见：一是，慎用刑事手段保护企业商业秘密。原因在于，我国现有商业秘密法律规定并不健全、法院审判体制并不合理。二是，商业秘密犯罪案件中的司法鉴定不应商业化。司法鉴定应当由法院和行业机构共同监管，以保持鉴定的公正性、科学性、中立性。三是，侵犯商业秘密罪不应成为海归人才的“达摩克利斯之剑”。对于那些确实侵犯商业秘密构成犯罪的人员，应当依法给予处罚，并作好案件的宣传解释工作，以便化解海外华人对中国司法制度和司法专业水平的质疑。

本次论坛从13：30持续到17：30，专家、学者讨论热烈。与会的企业代表、高校师生、法律实务工作者对本次论坛的顺利召开也给予了大力支持，并纷纷表示收获良多，希望主办方能够多举办这样的论坛，使企业和知识产权专家、学者有更多的互动。

2010年4月26日

8 2011浦东知识产权行政和司法保护论坛纪要

——商业秘密和技术鉴定的司法保护

2011年4月21日，由朱妙春律师发起并策划，由上海市科学技术协会、上海市浦东新区知识产权局、上海市张江高科技园区管理委员会联合主办，上海浦东生产力促进中心（知识产权中心）、上海市科协企业管理协会、浦东新区知识产权保护协会、上海朱妙春律师事务所联合承办的“2011浦东知识产权行政和司法保护论坛”在上海浦东博雅酒店隆重举行。论坛在上海市知识产权局支持指导下取得圆满成功。与会专家就商业秘密保护和技术鉴定等问题进行了深入探讨，以下是论坛发言纪要。

首先，由上海市科学技术协会王智勇副主席致欢迎辞：

今年，我们将迎来第十一个世界知识产权日，今年的主题是“设计未来”，这说明知识产权对于未来世界的作用已经得到前所未有的关注。大力推进知识产权行政和司法保护是知识产权保护中非常重要的、关键性的内容，是提升知识产权对未来的设计能力的有力支撑。

国家和上海的“十二五”规划中，都将知识产权工作放在十分重要的位置。转变经济发展方式需要依靠创新驱动，创新需要依靠自主知识产权。

此次论坛作为2011年上海市知识产权宣传周活动的一项重要

内容，旨在为政府部门、司法机构和企业搭建一个互动交流的平台，推动知识产权行政和司法保护工作。我们把论坛的地点选在浦东张江，因为这是上海的一片热土。目前，张江正在建设国家自主创新示范区，而此前，张江高科技园区已经成为国家知识产权示范创建园区。上海关注着张江，国家关注着张江，世界关注着张江。天时、地利、人和，相信一定能使今天的论坛取得圆满成功！

接着，由上海市知识产权局吕国强局长作“推动经济转型，知识产权行政保护的新思路”的以下发言：

今年知识产权工作有新变化，主要有以下几点：

第一，强调知识产权四位一体工作，即创造、运用、管理、保护。其中，保护是四位一体中非常重要的内容，保护是基础。

第二，更多关注知识产权转化和运用。在强调知识产权申请量与授权量的同时，关注知识产权的转化和运用。

第三，更多地关注 PCT 申请。

下一步工作，加大战略新兴产业知识产权工作倾斜，加强战略新兴产业知识产权方面的支撑和帮助。围绕九大产业，要提供知识产权方面的支持，要起草指导意见，涉及专业要广，涉及企业要多，做好战略新兴产业知识产权工作。

随后，与会专家学者作主题发言。

首先，由上海市公安局经侦总队四支队张靖支队长作“以刑事侦查案例谈企业知识产权保护问题”主题发言：

侵犯商业秘密罪，历来成案率较低、案件性质认定难度较大、取证复杂程度较高。一方面，是由于商业秘密案件科技含量高，专业性强这些客观原因造成的；另一方面，企业在管理维护商业秘密、教育培训涉密人员等环节中存在疏忽，也造成侵犯商业秘密案件难以开展调查取证工作。

为此，公安机关对企业商业秘密加强自我保护提出以下若干建议：

(1) 进一步完善同业竞争工作制度；(2) 加强保密举措，强化企业对商业秘密的保护意识；(3) 建立企业商业秘密物理性的管理制度；(4) 企业在经营管理中坚持以人为本的理念。

接着，由上海市司法局鉴定处李柏勤处长作“上海市司法鉴定现状及对策研究”主题发言：

本市司法鉴定现状存在以下特点：(1) 鉴定机构数量较少，规模不大，业务量不多；(2) 知识产权鉴定业务各有特点，具有一定影响；(3) 鉴定人资质较高。

本市知识产权司法鉴定发展的对策及研究：(1) 拓展知识产权司法鉴定业务领域，努力提高司法鉴定业务量；(2) 加强知识产权鉴定机构建设，提高鉴定质量，树立品牌；(3) 加强与相关机构和部门的沟通、协调，形成合力，促进知识产权司法鉴定健康发展；(4) 鼓励知识产权司法鉴定机构申请实验室和检查机构资质认定。

第三，由科技部知识产权司法鉴定中心杨林村主任作“知识产权司法鉴定如何提高公信力?”主题发言：

(1) 知识产权司法鉴定工作应该严格按照司法部和人大的文件来管理，并接受司法部的行业管理；(2) 加强鉴定人培训，有利于鉴定人参与知识产权鉴定工作，同时鉴定人不得在两个鉴定机构同时做鉴定；(3) 鉴定机构要根据企业提供的材料，依照法律作出判断，不能以金钱为筹码改变鉴定结论。

第四，由上海市科技咨询服务中心鉴定部戴敬辉部长发言，题目为“司法技术鉴定的流程”：

(1) 委托方书面委托，必须写明鉴定的对象和范围，需要提供鉴定相关的技术文件和资料（包括图纸和产品）。(2) 鉴定机构接受委托后需要确定与鉴定对象的专业对口的鉴定专家。(3) 专家确定后，需要进行技术听证。(4) 现场勘查或产品勘查。现场勘查的结果是协助鉴定专家判断技术秘密的一个重要依据。(5) 由鉴定专家拿出鉴定意见，进行科学分析，并作出结论。

第五，由上海朱妙春律师事务所朱妙春主任作“技术鉴定在商业秘密案件中的作用”主题发言：

一、商业秘密的定义

商业秘密就是“指不为公众所知悉、能为权利人带来经济利益、具有实用性并经权利人采用保密措施的技术信息和经营信息”。由此可知，商业秘密必须满足三个要件：

(1) 不为公众所知悉，这是商业秘密的本质特征，即秘密性；(2) 权利人必须采取保密措施，即保密性；(3) 对权利人具有经济价值，可以传授或转让，从而成为贸易活动的重要对象，为权利人带来经济利益，即价值性。

二、为何要进行技术鉴定?

(1) 技术鉴定机构的相关报告公信力强。技术鉴定机构作为第三方，通常与诉讼参与人没有利害关系，故法庭比较容易采信。

(2) 技术鉴定机构可以进行非公知鉴定，寻找秘密点的效率更高。鉴定人员具有深厚的专业背景和较高的行业地位，寻找秘密点也更加高效。

(3) 技术鉴定机构还可以进行同比鉴定。同比鉴定是将涉嫌侵权方的技术与被侵权方的技术进行比较，以判断是否侵权。如果两者相同或近似，则法院就可认定侵权。

三、技术鉴定中要注意的三个问题

(1) 要寻找有资质的技术鉴定机构。一定要选择那些获得国家科技管理部门或主管相关行业的行政部门许可的，有资质的技术鉴定机构。

(2) 鉴定人员要有高超的业务水平和行业权威性。在选择鉴定人员时一定要注意选取那些业务水平高，在行业内具有代表性和权威性的专家。

(3) 技术鉴定中要注意司法回避问题。有以下情形之一的，应当自行回避，委托人和利害关系人也有权要求其回避：①是本案当事人或者其近亲属的；②本人或者其近亲属与本案有利害关系的；③担任过本案证人、诉讼代理人、辩护人的；④与本案当事人有其他关系可能影响公正鉴定的。

最后，朱妙春律师表示将会一如既往地帮助中国企业维护商业秘密等知识产权，并祝愿中国企业更快、更好地发展！

第六，上海鼎芯科技有限公司 CEO 陈凯讲述其企业商业秘密被侵害及维权经过。

本次论坛从上午 9 时开始到 12 点，大家均不休息，与会各企业代表和专家热烈互动，忘了午餐，大家都很珍惜这次交流与学习的机会，就企业自身目前面临的知识产权问题向专家咨询。下午 1 点，大家才满意而归，但意犹未尽。

后　记

我的第五本办案纪实丛书——《商业秘密诉讼案代理纪实》自 2004 年 8 月出版发行，至今已有七年。其间，又积累了不少商业秘密案件，屈指一计，又有数十起，择其精彩又可集册，如果顺利，年底即可付梓出版。对此，我甚感欣慰，因为此书之出版意义非同一般。

其一，此书的出版进一步说明了我的专业定位。虽说外界称我为知识产权专业律师，但知识产权外延甚广，包括专利、商标、版权、商业秘密、网络、软件、集成电路、植物新品种和不正当竞争等。各类知识产权案件我均有涉足，然独商业秘密案件相对集中，不但能集案成册，且集册两本，这就决定了我在知识产权领域里的专业定位——商业秘密。

其二，此书的出版使我在著作的数量上达到了一定的境界。2009 年刚出版的《朱妙春律师知识产权名案精选》是我的第九本著作，则本书即为第十本作品。正应了我的好友蒲增平律师几年前所言："妙春兄，如你出书十本（当时仅六本），也就不虚此生了，吾等仰慕不已！"近年来，我将好友之勉鞭策自己，虽老仍勤，抱病奋蹄，冲刺终点！如今虽不能说此书是我的封笔之作，也是我律师生涯的一个里程碑。

其三，此书虽非搁笔之作，但也可谓封笔前奏。何以见得？我年逾花甲，精力渐衰，血糖甚高，常感疲惫。好友相劝，不要拼命，放松心态，急事缓做，友言忠诚，我却任之。然岁不饶人，心虽逞能，却力不从心，午夜执笔，脑昏目混，效率低下，久熬不出，无奈搁笔，次日依旧。我终醒悟：终有一天，难以执笔！日暮黄昏，著书不易。

本书早欲出版，但一则老牛拖车，欲速难达；二则佳案不断，不忍割舍，如：国内首例确认商业秘密不侵权案进展甚缓；美籍华人陈博士涉嫌侵犯商业秘密罪，含冤囹圄 17 个月；更有河北 L 市邢律师说："新书莫忘录载德森商业秘密案。"故，杀青便一再推迟，转眼又一年。

此书作后记之前，翻阅了前书的序和后记，十年创作，历历在目，含辛茹苦，记忆犹新！感慨之余，我真正感悟到爱因斯坦的格言："耐心和恒心总会得到回报的。"

感谢众人的努力及知识产权出版社的大力协助，特别应当感谢的是李琳编辑，由于她的支持，使我一偿多年之夙愿。我的助手王小兵、钱元春、杨渝、杜学智、李威杰、王翔、张兵、张宇和朱天宏等人，为本书的出版也均先后付出了辛勤的劳动，在此一并致谢。

由于年逾六旬，且才疏学浅，加之部分案例所涉内容较为前沿，故不妥之处，还望海涵。留下我的邮箱：thlaw@ vip. 163. com，联系电话：13311991977，欢迎诸位指正和切磋。

朱妙春

2011 年 10 月 7 日凌晨 2 时

朱妙春律师著作一览表

（按出版年代排序）

1.《版权诉讼案代理》：法律出版社，2000 年 6 月版。
2.《反不正当竞争诉讼代理》：上海三联书店，2001 年 10 月版。
3.《商标及专利纠纷案代理纪实》：知识产权出版社，2003 年 5 月版。
4.《著名、疑难案代理纪实》：知识产权出版社，2004 年 1 月版。
5.《商业秘密诉讼案代理纪实》：知识产权出版社，2004 年 8 月版。
6.《劳工血泪史》：上海三联书店，2005 年 8 月版。
7.《我为鲁迅打官司》：知识产权出版社，2006 年 1 月版。
8.《网络及软件纠纷案代理纪实》：知识产权出版社，2008 年 3 月版。
9.《朱妙春律师知识产权名案精选》：上海三联书店，2009 年 5 月版。
10.《商业秘密诉讼案代理纪实（续）》：知识产权出版社，2012 年 2 月版。

内容提要

本书是《商业秘密诉讼案代理纪实》的续本，同时也是朱妙春律师办案辑系列第十本著作，由案例代理纪实、学术文章以及相关论坛纪要三个部分组成。其中，案例代理纪实部分案件类型新颖，全面展示了作者近年来在技术信息类、经营信息类、涉及刑事案件和涉外案件类商业秘密案件代理的技巧和策略。

读者对象：知识产权领域管理人员、法律实务工作者以及企事业单位经营管理者。

责任编辑：李　琳　　**责任校对**：韩秀天
文字编辑：倪江云　　**责任出版**：卢运霞
装帧设计：段维东

图书在版编目（CIP）数据

商业秘密诉讼案代理纪实：续／朱妙春著．—北京：知识产权出版社，2012.1
（中国名律师办案实录．朱妙春律师办案辑；10）
ISBN 978-7-5130-0933-1

Ⅰ.①商…　Ⅱ.①朱…　Ⅲ.①法律-商业秘密-案例-汇编-中国
Ⅳ.①D922.294.5

中国版本图书馆 CIP 数据核字（2011）第 231081 号

中国名律师办案实录

商业秘密诉讼案代理纪实（续）

——朱妙春律师办案辑（十）

朱妙春　著

出版发行：知识产权出版社
社　　址：北京市海淀区马甸南村 1 号　　邮　　编：100088
网　　址：http：//www.ipph.cn　　邮　　箱：bjb@cnipr.com
发行电话：010-82000860 转 8101/8102　　传　　真：010-82005070/82000893
责编电话：010-82000887/82000860 转 8118　　责编邮箱：lilin@cnipr.com
印　　刷：北京富生印刷厂　　经　　销：新华书店及相关销售网点
开　　本：850mm×1168mm　1/32　　印　　张：13.5
版　　次：2012 年 2 月第 1 版　　印　　次：2012 年 2 月第 1 次印刷
字　　数：337 千字　　定　　价：36.00 元
ISBN 978-7-5130-0933-1/D・1356(3812)